Paul McFedries

Analyse de données avec Excel pour les nuls

Nouvelle édition

F1RST
INTERACTIVE

Analyse de données avec Excel pour les Nuls, nouvelle édition

Titre de l'édition originale : *Excel Data Analysis For Dummies* © 2022 John Wiley & Sons, Inc

Éditions First, un département d'Édi8
92 avenue de France
75013 Paris
Tél. : 01 44 16 09 00
Fax : 01 44 16 09 01
Courriel : firstinfo@efirst.com
Site Internet : www.pourlesnuls.fr

ISBN : 978-2-412-08008-5
Dépôt légal : septembre 2022
Imprimé en Italie
Adaptation française : Servane Heudiard
Mise en page : Catherine Kédémos

Sommaire

Introduction

Partie 4 Les dix commandements

Introduction

Tout d'abord, faisons un petit point : vous commencez à vous débrouiller avec Excel, vous savez créer des classeurs simples et les imprimer ; peut-être même savez-vous créer des graphiques assez représentatifs et d'aspect plutôt agréable.

Mais je parie que, maintenant, vous souhaitez aller plus loin avec Excel. Dans certaines circonstances, vous êtes bloqué et ne savez pas comment obtenir un aperçu de l'information ni des données que vous manipulez dans le cadre de votre travail.

Ce livre vous aidera à analyser et à exploiter des données avec Excel. Nous supposons que vous souhaitez utiliser ce programme pour apprendre de nouvelles choses, découvrir de nouveaux secrets et acquérir de nouvelles connaissances concernant l'exploitation des informations que vous manipulez déjà avec Excel ou des données stockées électroniquement dans un autre format, comme celles de votre comptabilité système ou celles issues de l'analyse de données de votre serveur Web.

À propos de ce livre

Cet ouvrage ne vise pas à être lu de manière continue, du début jusqu'à la fin ; il est organisé en plusieurs parties qui traitent de sujets différents, en expliquant la façon de procéder. Vous êtes donc invité à lire les chapitres en fonction des sujets qui vous intéressent et de vos priorités.

Si vous êtes le genre de personne qui a besoin de lire un livre en commençant par la première page et en terminant à la dernière, c'est très bien ! Sinon, je vous recommande de vous plonger dans les chapitres sur les statistiques déductives ; cependant, ne le faites que si vous vous souvenez un peu de vos cours de collège. Mais ce n'est qu'un conseil : rien ne vous y oblige.

Ce que vous pouvez ignorer en toute sécurité

Ce livre a été conçu pour vous permettre d'améliorer votre maîtrise d'Excel 2021. Si des parties vous paraissent trop complexes et difficiles à assimiler, n'insistez pas : vous y reviendrez plus tard.

Dans de nombreuses sections de cet ouvrage, les tâches sont présentées étape par étape. Dans ce cas, chaque étape commence par une description en gras, qui correspond à l'action à réaliser. Ensuite, l'action et ses conséquences sont commentées avec des informations détaillées. Parfois, le niveau d'explication vous semblera simple mais très détaillé ; comme celui-ci :

1. **Appuyez sur la touche Entrée.**

   Repérez la touche du clavier marquée Entrée. Pointez votre index et, dans un mouvement souple et fluide, posez-le sur la touche Entrée, puis relâchez cette dernière.

D'accord, cet exemple est un peu extrême ! Je n'entrerai jamais dans de tels détails, surtout parce que mon éditeur ne le permettrait pas, mais cela vous donne une idée. Si vous savez comment appuyer sur la touche Entrée, vous pouvez simplement accomplir cette action et ne pas lire le paragraphe suivant. En revanche, si vous avez besoin d'aide et d'une description plus précise, vous pouvez le lire.

Dans un tout autre ordre d'idées, à l'opposé de ce qui a été dit précédemment, vous pouvez ne pas lire les paragraphes signalés par cette icône. Celle-ci caractérise des informations assez techniques, susceptibles de ne pas intéresser certains lecteurs. Cependant, si vous êtes décidé à plonger dans le vif du sujet, allez-y, profitez-en ! Si vous n'êtes pas passionné, sautez le paragraphe.

Je pourrais aussi vous conseiller de ne pas lire les informations associées à cette icône. Mais, je suppose que vous souhaitez connaître des astuces qui vous simplifieront certaines tâches. Mieux vaut donc lire cette rubrique, sauf si, dans un esprit d'ascèse, vous préférez vous confronter à la difficulté.

Ce que vous ne devriez pas ignorer (à moins d'être masochiste)

Ne négligez pas les paragraphes signalés par cette icône : ils décrivent certaines actions que vous ne devez surtout pas faire. Ces avertissements signalent des dangers importants que vous risquez de rencontrer et qu'il faut éviter. Par exemple : « Ne fumez pas lorsque vous faites le plein d'essence de votre voiture ! »

Les hypothèses de base

Je suppose que les trois préalables suivants sont exacts :

» **Vous possédez un PC équipé d'une version récente de Microsoft Excel. Ce livre est consacré à Excel 2021 et est illustré principalement avec cette version du programme. Néanmoins, comme un très grand nombre d'explications et de tâches valent également pour Excel 2016 et Excel 2019, vous rencontrerez aussi des captures d'écran réalisées avec ces versions.**

» **Vous maîtrisez les bases du travail sur PC et avec Microsoft Windows.**

» **Vous êtes déjà un peu familiarisé avec Excel : vous savez le démarrer et l'arrêter, enregistrer des classeurs ouverts, saisir du texte et des valeurs dans les cellules des feuilles de calcul, et vous arrivez à remplir des formules.**

Comment ce livre est organisé

Ce livre est organisé en quatre parties.

La première traite de la manière d'obtenir des données dans des classeurs Excel, afin que vous puissiez commencer les analyses. Ce sont des choses importantes, mais heureusement, la plupart sont assez simples. Si vous débutez en analyse de données, commencez par la première partie.

La deuxième partie de ce livre aborde les plus puissants outils d'analyse de données d'Excel : ses capacités de croisements avec les tableaux croisés dynamiques et les commandes de gestion des graphiques croisés dynamiques.

La troisième partie présente quelques-uns des outils les plus sophistiqués pour réaliser des analyses de données. Certains d'entre eux sont directement accessibles dans Excel, comme les fonctions statistiques ; d'autres nécessitent quelques manipulations pour être ajoutés au logiciel, tels que l'analyseur de données et le Solveur.

Ces outils ne seront pas indispensables à tous les lecteurs. Cependant, si vous avez déjà quelques notions de base et si les méthodes statistiques vous intéressent, vous devez prendre connaissance des chapitres qui leur sont consacrés.

Les chapitres de la quatrième partie, « Les dix commandements », ne sont pas techniques. Ils sont assez basiques. Vous devriez être en mesure de parcourir les informations qu'ils donnent et de repartir avec au moins quelques pépites d'informations utiles.

Comme les autres livres de la collection *Pour les nuls*, celui-ci utilise des icônes ou des petites images dans la marge pour des informations qui ne s'insèrent pas parfaitement dans le flux du chapitre. Les voici :

Cette icône signale quelques détails techniques que vous pouvez ignorer.

Cette icône indique un raccourci ou un conseil pour vous faciliter la vie.

Cette icône signale les éléments que vous devriez retenir et ne pas oublier.

Cette icône est un rappel amical, pour vous inviter à être prudent.

Où aller en partant d'ici

Si vous débutez dans l'analyse de données sous Excel, tournez la page et commencez à lire le premier chapitre.

Si vous savez déjà vous servir un peu de ce logiciel, si vous recherchez une réponse à un problème particulier ou si vous avez une question, utilisez la table des matières ou l'index.

Bonne lecture !

Partie 1

En route pour l'analyse de données

Dans cette partie

- » Comment construire des tableaux Excel pour stocker les données qui seront analysées ultérieurement.
- » Des moyens rapides et simples pour commencer les premières analyses statistiques : le tri et le filtrage.
- » Quelques stratagèmes pratiques et de bon sens pour obtenir des données à partir de sources supplémentaires.
- » Les outils pour nettoyer et organiser les données brutes avant de les analyser.

DANS CE CHAPITRE

Tableaux Excel

•

Construction de tableaux

•

Analyses et statistiques simples

•

Tri dans les tableaux

•

Différence entre filtrages simple et automatique

Chapitre 1

Les tableaux Excel

Avant d'analyser des données dans des tableaux Excel, il faut commencer par construire un tableau et y insérer des données. Ce chapitre décrit ce qui définit un tableau Excel, comment le construire, l'analyser, le trier et pourquoi utiliser des filtres pour créer un sous-tableau.

Qu'est-ce qu'un tableau ?

Un tableau est composé de listes. Cette définition semble simpliste, mais jetez un coup d'œil à la liste simple de la Figure 1.1. Elle montre la liste des produits que vous pourriez décider d'acheter ce soir en revenant du travail.

Généralement, les tableaux sont plus complexes et comprennent plus d'informations que celui présenté dans la Figure 1.1. Par exemple, regardez celui de la Figure 1.2. La colonne A affiche les commerces où vous pouvez vous procurer les produits (colonne B), la colonne C indique la quantité de produits à acheter, et la colonne D fournit une estimation approximative du prix.

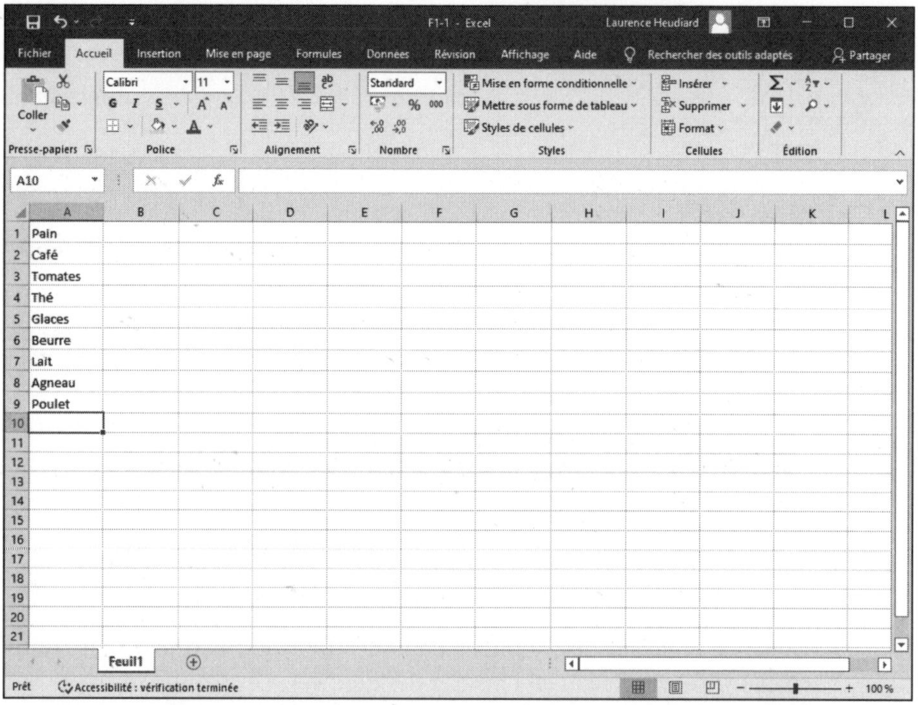

Figure 1.1 Un tableau constitué d'une simple liste.

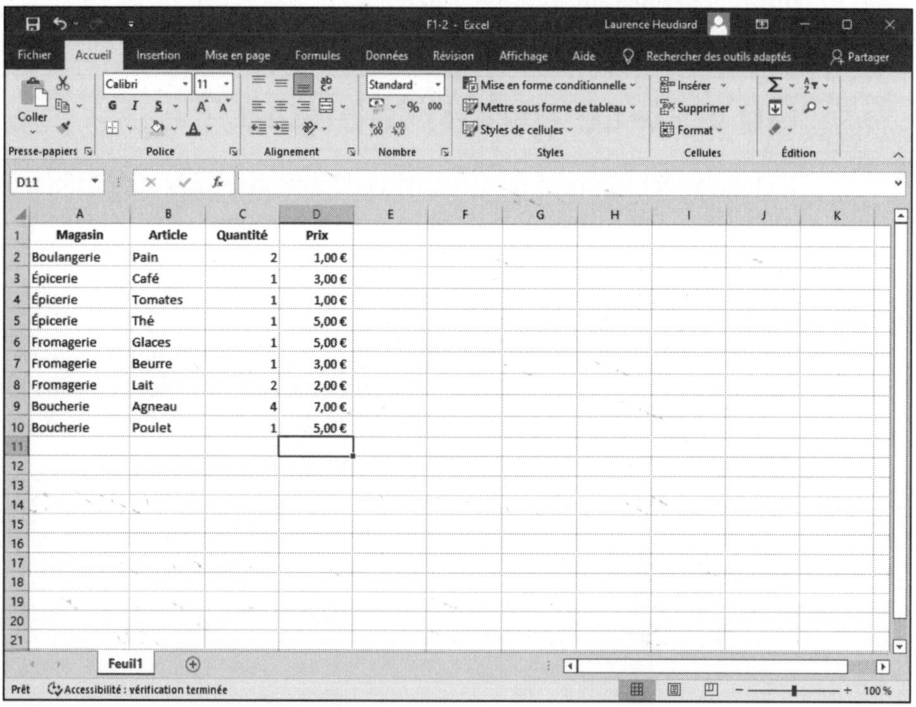

Figure 1.2 Une liste de produits à acheter, complétée par les commerçants, la quantité et le prix.

Généralement, un tableau Excel est beaucoup plus complet que celui illustré par la Figure 1.2 : il énumère les descriptions assez détaillées de nombreux articles. Cependant, une fois dépouillé de tous ces détails, il ressemble à la liste de courses de la Figure 1.2.

Chaque *colonne* indique un type particulier d'information. Dans le langage de la conception de bases de données, chaque colonne représente un *champ*, et chaque champ stocke le même genre d'informations. La colonne A, par exemple, indique le magasin où certains articles peuvent être achetés ; on peut donc nommer ce champ `Magasin`. Chaque élément d'information figurant dans la colonne A caractérise un type de magasin : `Boulangerie`, `Épicerie`, `Fromagerie`, *etc.*

La première *ligne* de la feuille de calcul Excel fournit les noms des champs. Par exemple, dans la Figure 1.2, la ligne est composée de quatre champs : `Magasin`, `Article`, `Quantité` et `Prix`. Cette première ligne, appelée *ligne d'en-tête*, sert à identifier les champs de la liste.

À partir de la ligne 2, chaque ligne représente un *enregistrement*, ou un élément, dans le tableau. Un enregistrement est une collection de champs connexes. Par exemple, l'enregistrement de la ligne 2 de la Figure 1.2 montre que vous envisagez d'acheter à la boulangerie deux pains au prix de 1 € chacun.

La ligne 3 décrit un autre article à acheter : un paquet de café, à l'épicerie, au prix de 3 € l'unité. Pour chaque article, le tableau indique le magasin où le trouver, le type de produit, la quantité et le prix.

Construction de tableaux

Deux méthodes permettent d'élaborer un tableau Excel destiné à être analysé ultérieurement :

» exportation du tableau à partir d'une base de données ;

» saisie manuelle des éléments dans un classeur Excel.

Exportation à partir d'une base de données

La manière habituelle de créer un tableau dans Excel consiste à exporter les informations à partir d'une base de données. L'exportation de ces informations n'est pas difficile. Cependant, vous avez besoin de réfléchir un peu sur le fait que les informations stockées dans votre base de données sont probablement organisées en plusieurs tables distinctes, qu'il faut combiner pour former sous Excel un tableau, c'est-à-dire une grande base de données à plat.

Le processus d'exportation des données est décrit au Chapitre 2. Passez directement à celui-ci si vous souhaitez en savoir plus sur la création d'un tableau exporté à partir d'un gestionnaire de bases de données, puis importé sous Excel.

Même si vous envisagez de créer vos tableaux en exportant des données à partir d'une base de données, vous pouvez lire ce premier chapitre. Les informations relatives à la construction d'un tableau vous aideront plus tard, lors de l'exportation de bases de données.

Compléments pour vous aider à comprendre les tableaux Excel

Un tableau Excel est une base de données dans un fichier plat : cela signifie qu'il n'y a qu'un seul tableau dans la base de données. Chaque enregistrement stocke le jeu d'informations spécifique à un élément.

En comparaison, les applications de base de données de bureautique populaires, telles que Microsoft Access, sont des bases de données relationnelles. Elles stockent des informations plus efficacement. En effet, dans une base de données relationnelle, les informations ne sont ni dupliquées ni redondantes. Dans une telle base, par exemple, vous pourriez ne pas voir le type de magasin `Épicerie` apparaître dans les cellules A3, A4, et A5. Une base de données relationnelle pourrait éliminer cette redondance en utilisant une table séparée des magasins.

Ce point peut sembler un peu ésotérique. Cependant, vous y serez sans doute confronté lorsque vous récupérerez des données à partir d'une base de données relationnelle (dans laquelle les informations seront efficacement stockées dans des tables séparées). Vous devrez alors dupliquer certaines données pour constituer votre tableau Excel, qui sera une base de données dans un fichier plat. Dans le Chapitre 2, vous verrez comment récupérer des données en provenance de bases de données externes.

Construction d'un tableau à partir de zéro

L'autre méthode courante pour créer un tableau Excel consiste à le faire manuellement. Par exemple, vous pouvez créer un tableau comme cela a été fait pour la liste de magasins présentée à la Figure 1.2, en entrant d'abord les noms des champs sur la première ligne de la feuille de calcul, puis en saisissant chaque enregistrement dans les lignes suivantes. Lorsque le tableau n'est pas trop grand, cette méthode est très pratique.

Construction manuelle d'un tableau

Pour créer un tableau manuellement, vous entrez généralement les noms des champs dans la première ligne. Vous devez alors sélectionner les cellules dans lesquelles vous saisirez les noms des champs et les cellules vides de la ligne 2. Ensuite, vous exécutez la commande Insertion/Tableau. Pourquoi ? La commande Tableau indique à Excel, dès le départ, que vous construisez un tableau. Le processus est décrit dans la partie suivante.

Ajout manuel des enregistrements dans une table

Pour créer manuellement une liste en utilisant la commande Tableau, procédez de la manière suivante :

❶ Identifiez les champs dans la liste.

Dans un classeur Excel vide, entrez les noms des champs dans la ligne 1, dans les champs A1, B1, C1 et D1. La Figure 1.3 montre la première étape de la construction d'un tableau destiné à recevoir une liste de courses.

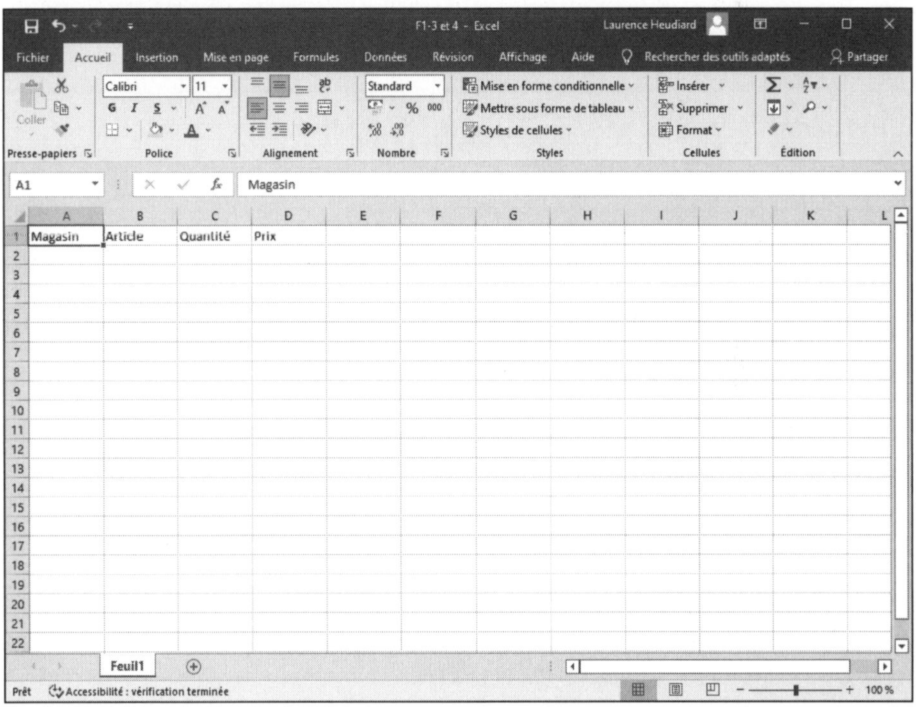

Figure 1.3 La première étape de construction d'un tableau.

❷ **Sélectionnez le tableau Excel.**

Le tableau Excel doit inclure la première ligne avec les noms des champs et au moins une autre rangée. Celle-ci peut être vide ou contenir des données. Dans la Figure 1.3, par exemple, vous pouvez sélectionner une liste Excel en faisant glisser la souris de la cellule A1 à la cellule D2.

❸ **Cliquez sur l'onglet Insertion, puis sur le bouton Tableau.**

Excel affiche la boîte de dialogue Créer un tableau, comme le montre la Figure 1.4. Vérifiez que la première cellule est la cellule A1 et que la dernière est la cellule D2, puis cochez la case Mon tableau comporte des en-têtes. Lorsque vous cliquez sur OK, le tableau est inséré dans la feuille de calcul, comme le montre la Figure 1.5.

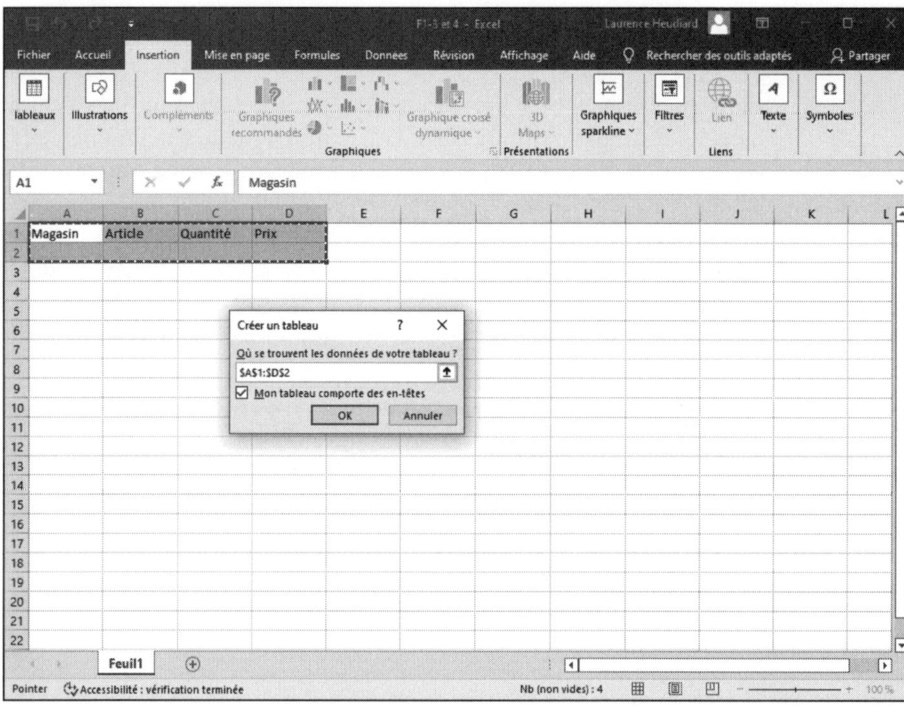

Figure 1.4 La boîte de dialogue Créer un tableau.

❹ **Décrivez chaque enregistrement.**

Remplissez ensuite la première ligne vide : dans la colonne Magasin, entrez le type de magasin dans lequel vous achetez le premier article, puis remplissez les champs Article, Quantité et Prix.

Figure 1.5

Le tableau affiché dans la feuille de calcul.

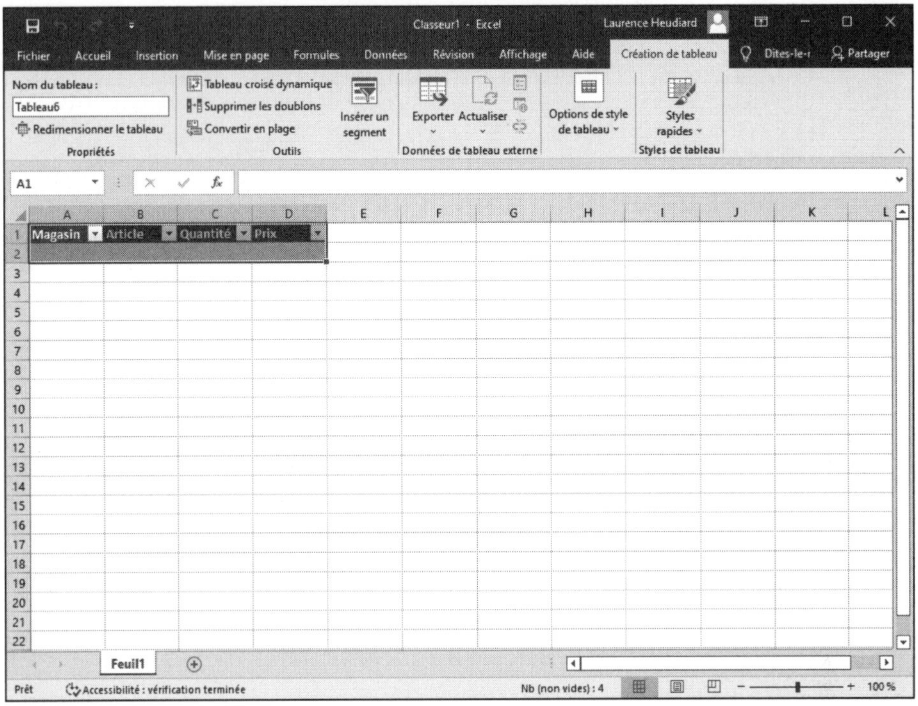

❺ **Intégrez votre enregistrement au tableau.**

Cliquez sur la touche Tab ou Entrée lorsque le champ est rempli. Au fur et à mesure de la saisie, Excel ajoute une ligne pour chaque nouvel enregistrement. Chaque ligne est différenciée de la précédente et de la suivante par un fond blanc ou bleuté.

Outils d'aide à la saisie

Excel propose une fonctionnalité particulièrement pertinente pour la construction du tableau : la Saisie semi-automatique. Elle fonctionne de la manière suivante : si vous commencez à entrer dans une cellule les premiers caractères d'un contenu qui a déjà été saisi, le programme complète automatiquement le champ. Par exemple, si vous avez écrit **Épicerie** dans la cellule A3 et si vous commencez à taper **É** dans la cellule A4, Excel « suppose » que vous souhaitez entrer à nouveau **Épicerie** et complète automatiquement le texte pour vous. Il suffit ensuite d'appuyer sur la touche Entrée pour valider la proposition (voir la Figure 1.6).

Figure 1.6
Illustration de la saisie semi-automatique.

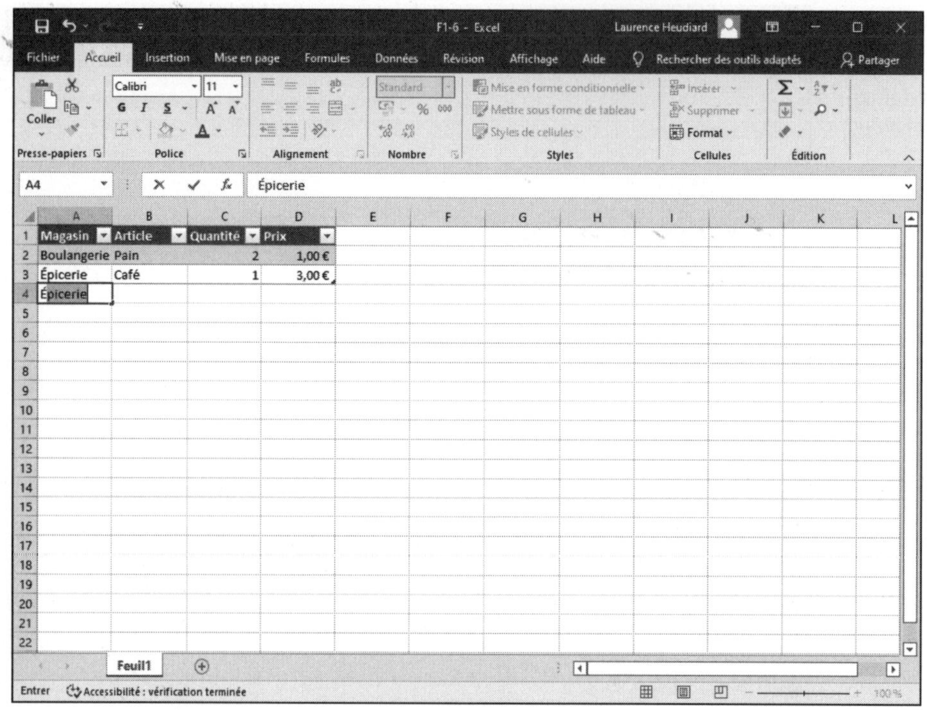

Excel dispose également d'une commande de recopie que vous pouvez utiliser pour remplir une plage de cellules, une colonne ou une rangée. Pour remplir une plage de cellules avec la valeur de la cellule en cours, cliquez en bas à droite de la cellule, puis, lorsque le pointeur de la souris se transforme en signe plus (+), faites-le glisser vers le bas de la colonne en maintenant le bouton gauche de la souris enfoncé. Lorsque vous relâchez le bouton, la colonne est automatiquement remplie avec le contenu de la cellule. La Figure 1.7 montre le remplissage automatique de la plage A4:A12 avec le contenu de la cellule A3.

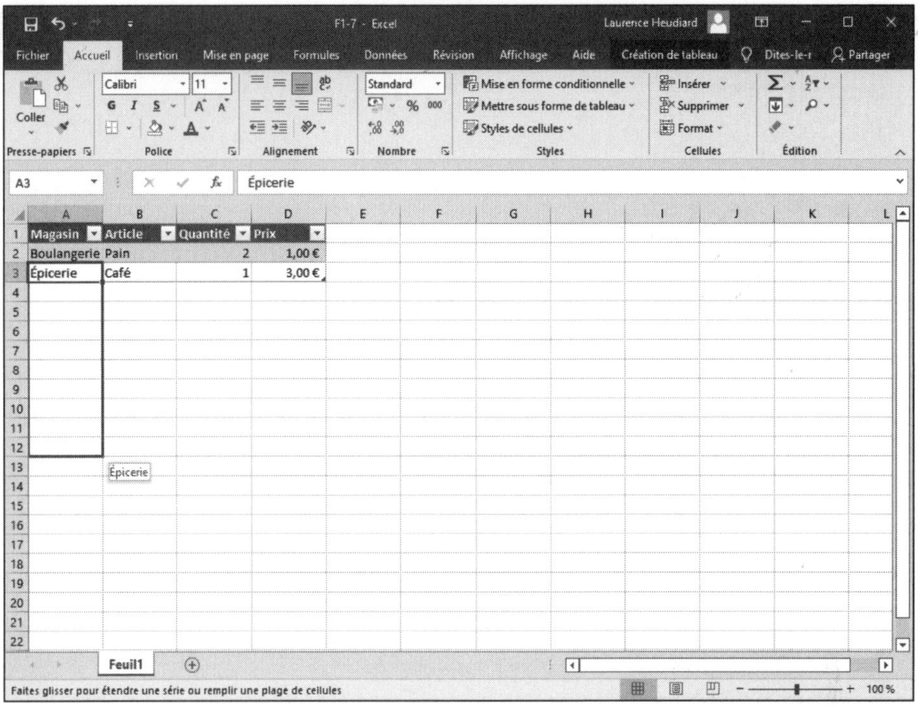

Figure 1.7 Illustration de la fonction de recopie.

Analyse de données dans un tableau

Excel fournit plusieurs outils pratiques et faciles à utiliser pour analyser les informations stockées dans un tableau. La simplicité de mise en œuvre de certains de ces outils constitue un bon point de départ.

Statistiques simples

La Figure 1.2 donnée au début de ce chapitre nous permettra de présenter les premiers outils statistiques fournis par Excel.

Celui-ci donne la possibilité de calculer facilement la somme, la moyenne, le nombre d'éléments, le minimum et le maximum des valeurs dans une plage sélectionnée. Par exemple, si vous sélectionnez la plage C2 à C10 dans la Figure 1.8, Excel calcule la moyenne, le nombre de valeurs et la somme, puis affiche ces résultats dans la barre d'état, en bas de la fenêtre. Dans la Figure 1.8, notez les informations dans la barre d'état (le bord inférieur du classeur) :

```
Moyenne : 1,3333333333    Nb (non vides) : 9    Somme : 12
```

Figure 1.8 Commencez par le début.

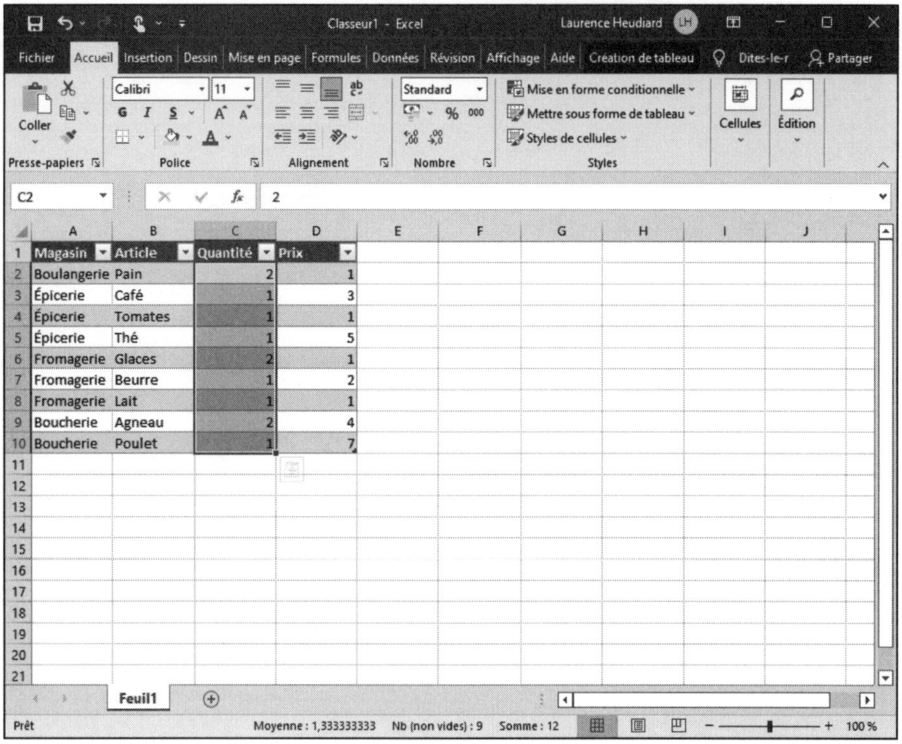

Cela indique que la quantité moyenne d'articles est d'environ 1,33, que vous achèterez 9 types d'articles différents et qu'il y aura 14 articles : deux pains, un paquet de café, un kilo de tomates, une boîte de thé, *etc.*

La grande question pourrait être de savoir si, avec 9 produits différents et au total 14 articles, tous les produits tiendront dans un seul sac ; mais cette information n'est pas pertinente ici.

Vous n'êtes pas limité au simple calcul de moyennes, de nombres d'éléments ou de sommes dans une liste. Vous avez accès à beaucoup d'autres mesures statistiques.

Pour afficher un autre calcul statistique dans la plage sélectionnée, faites un clic droit sur la barre d'état. Excel affiche le menu de configuration Personnaliser la barre d'état. Dans la moitié inférieure de celui-ci, six mesures statistiques sont proposées : Moyenne, Nb (non vides), Nb (nombres), Minimum, Maximum et Somme. Le Tableau 1.1 décrit brièvement chacune de ces options. Pour afficher une mesure statistique dans la barre d'état, il faut la sélectionner avec une coche.

Tableau 1.1 Mesures statistiques disponibles dans la barre d'état.

Mesure statistique	Son rôle
Moyenne	Calcule la moyenne dans une plage de cellules de valeurs ou de formules.
Nb (non vides)	Indique le nombre de cellules qui ne sont pas vides dans la plage de cellules sélectionnée.
Nb (nombre)	Indique le nombre de cellules que contient la plage sélectionnée.
Minimum	Affiche la plus petite valeur dans la plage sélectionnée.
Maximum	Affiche la plus grande valeur dans la plage sélectionnée.
Somme	Calcule la somme des valeurs dans la plage sélectionnée.

Ces mesures statistiques sont simples, mais elles sont souvent largement suffisantes pour vous permettre d'analyser les données stockées dans le tableau Excel. Évidemment, l'exemple de cette liste de courses n'est peut-être pas probant et ne vous donne pas une idée de la puissance de ces mesures statistiques. Néanmoins, sachez qu'avec des données réelles, ces mesures produiront des résultats importants.

Au cours de mon travail en tant qu'auteur spécialiste des technologies, j'ai remarqué, il y a plus de dix ans, la déflation de la bulle technologique. J'y suis parvenu en étudiant des tableaux Excel traitant du nombre total de livres d'informatique vendus par l'un des plus gros distributeurs. L'information est apparue lorsque j'ai commencé à m'intéresser aux mesures statistiques simples, présentées dans les tableaux.

Tri des enregistrements du tableau

Lorsque les informations ont été saisies dans un tableau Excel, il est très facile de trier les enregistrements. Pour ce faire, vous pouvez utiliser les commandes des boutons Trier et Filtrer.

Les boutons de tri

Pour trier les informations du tableau avec les commandes des boutons Trier et Filtrer, cliquez dans la colonne que vous souhaitez utiliser pour le tri. Par exemple, pour trier une liste de magasins comme ceux représentés dans la Figure 1.8, faites un clic droit sur une cellule de la colonne Magasin.

Ensuite, dans le menu contextuel qui s'affiche, cliquez sur la commande Trier et choisissez Trier de A à Z pour un tri par ordre alphabétique. Pour un tri par ordre alphabétique inverse, choisissez Trier de Z à A.

La boîte de dialogue Tri pour un tri personnalisé

Lorsque vous ne pouvez pas trier les informations du tableau comme vous le souhaitez avec les commandes Trier de A à Z ou Trier de Z à A, utilisez la commande Tri personnalisé.

Pour cela, procédez comme suit :

1. **Faites un clic droit sur une cellule du tableau.**
2. **Cliquez sur la commande Trier et choisissez Tri personnalisé.**

   Excel affiche la boîte de dialogue Tri, comme le montre la Figure 1.9.

Figure 1.9 Définition des paramètres de tri.

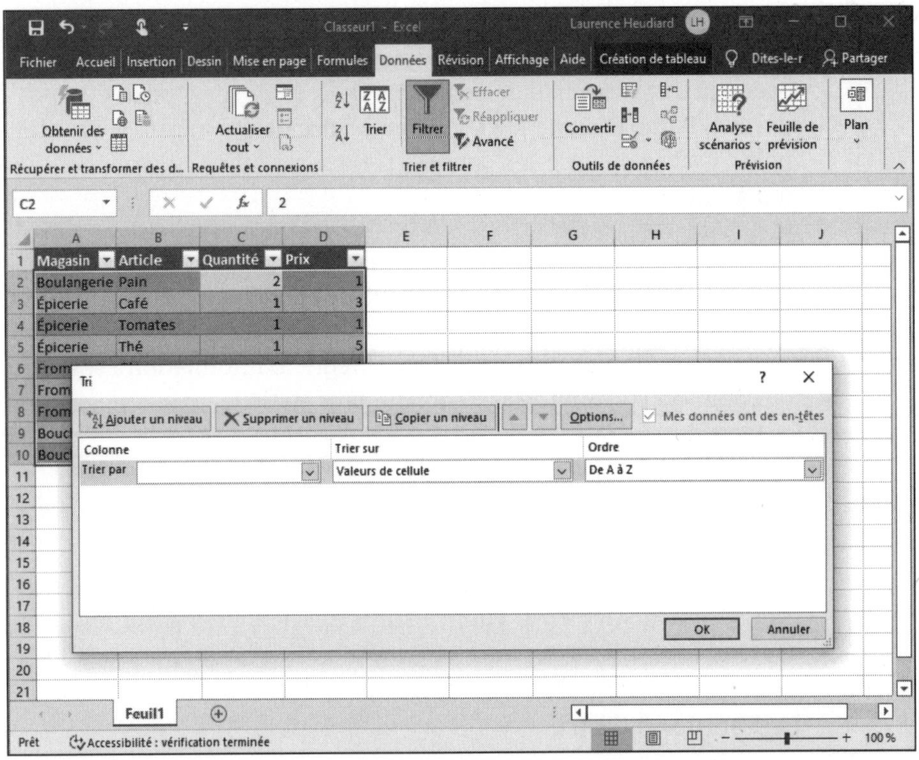

Cette technique vaut également pour Excel 2019. Avec la version 2016, cliquez sur l'onglet Données, puis sur la commande Trier pour afficher la boîte de dialogue Tri.

3. **Sélectionnez la première clé de tri.**

   Utilisez la liste déroulante Trier par pour sélectionner le champ que vous souhaitez utiliser pour le tri. Ensuite, choisissez le paramètre de tri : Valeurs, Couleur de cellules, Couleur de police ou Icône de mise en forme conditionnelle. Il est probable que vous allez trier des valeurs ; dans ce cas, vous devrez également indiquer si vous voulez disposer les résultats par ordre croissant ou décroissant en sélectionnant l'ordre croissant A à Z ou descendant Z à A. Le tri ascendant classe les résultats par ordre alphabétique pour les étiquettes, et du plus petit au plus grand pour les valeurs numériques. Le tri descendant effectue un classement inverse. Si vous triez par couleur ou par icône, vous devrez spécifier à Excel comment il doit trier les couleurs.

   En règle générale, les tris sont le plus souvent réalisés par ordre croissant ou décroissant. Cependant, vous pouvez trier les enregistrements en utilisant une séquence chronologique, comme dimanche, lundi, mardi, et ainsi de suite, ou janvier, février, mars, *etc.* Pour utiliser l'une de ces options de tri, sélectionnez l'option Liste personnalisée dans la liste Ordre de la boîte de dialogue Tri, puis choisissez une liste personnalisée parmi celles proposées, ou créez votre propre liste.

4. **Spécifiez des clés secondaires.**

   Si vous souhaitez trier les enregistrements qui ont la même clé primaire avec une clé secondaire, cliquez sur le bouton Ajouter un niveau et spécifiez dans la ligne suivante la colonne d'après laquelle sera effectué le tri, puis le type et l'ordre de ce tri. Si vous avez ajouté un niveau de tri et si vous n'en avez plus besoin, sélectionnez-le, puis cliquez sur le bouton Supprimer un niveau. Vous pouvez également dupliquer un niveau de tri sélectionné en cliquant sur Copier un niveau. Enfin, si vous créez des clés de tri multiples, vous pouvez déplacer l'ordre de tri en sélectionnant En haut ou En bas.

   La boîte de dialogue Tri permet d'indiquer si les données possèdent des en-têtes, c'est-à-dire si la sélection de la plage de la feuille de calcul comporte des noms de colonnes : pour ce faire, cochez la case Mes données ont des en-têtes. Si vous avez indiqué à Excel qu'une zone de la feuille de calcul est un tableau, cette case à cocher est désactivée.

5. **Définissez les options de tri.**

   Si vous cliquez sur le bouton Options dans la boîte de dialogue Tri, Excel affiche la boîte de dialogue Options de tri, illustrée à la Figure 1.10. Elle permet de spécifier plusieurs options de tri.

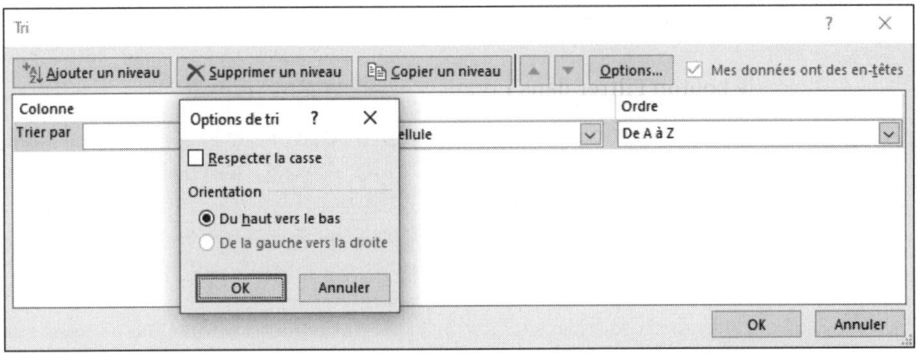

Figure 1.10 La boîte de dialogue Options de tri.

La première ligne affiche la case à cocher Respecter la casse, qui active ou non la différentiation entre les majuscules et les minuscules.

L'option Orientation permet de trier les données du haut vers le bas ou de la gauche vers la droite.

6. **Cliquez sur OK.**

   Excel trie la liste suivant vos spécifications.

Utilisation de la commande Filtre automatique

Excel dispose d'une commande de filtrage automatique, qui est assez pratique. Elle produit un nouveau tableau qui est un sous-ensemble du tableau d'origine. Par exemple, dans le cas d'un tableau de liste de courses, vous pouvez utiliser la commande de filtrage automatique pour créer un sous-ensemble qui présente uniquement les produits achetés à la boucherie ou un tableau qui montre seulement les articles de plus de 4 €.

Pour utiliser la commande de filtrage automatique, procédez de la manière suivante :

1. **Sélectionnez le tableau.**

   Sélectionnez le tableau en cliquant sur l'une de ses cellules. Si vous n'avez pas encore créé un tableau de tests identique à celui de la Figure 1.10, faites-le à partir de la commande Tableaux de l'onglet Insertion.

2. **Cliquez sur le bouton de filtrage automatique.**

   Lorsque vous indiquez à Excel qu'une zone particulière de la feuille de calcul représente un tableau, le logiciel ajoute à la ligne d'en-tête, ou à la ligne des noms de champs, des listes déroulantes, comme le montre la Figure 1.11. Si votre tableau ne propose pas ces listes déroulantes, ajoutez-les en cliquant sur le bouton Filtrer dans l'onglet Données.

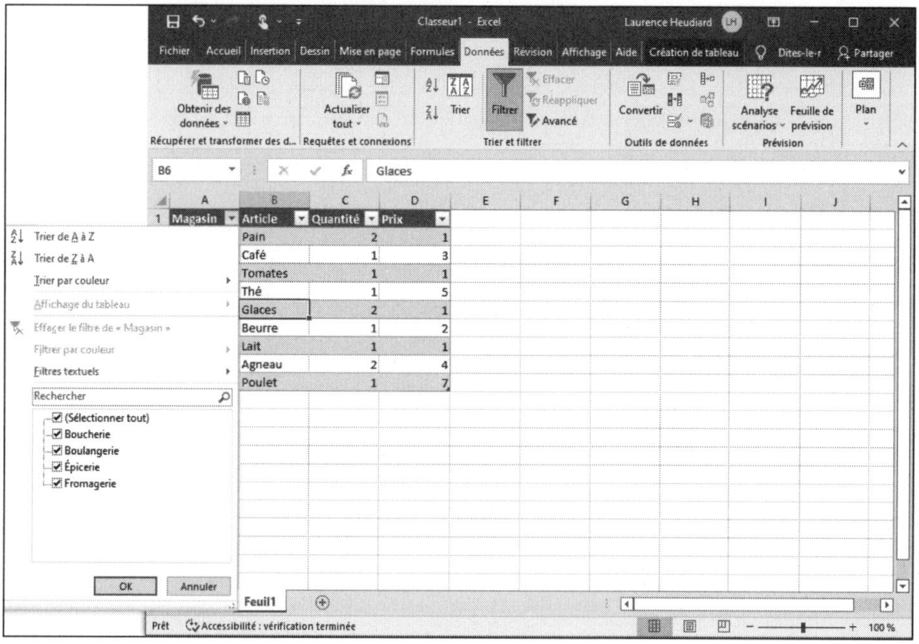

Figure 1.11 Les listes déroulantes pour le filtrage automatique.

❸ **Dans la liste déroulante, sélectionnez les éléments à filtrer.**

Chacune des listes déroulantes associée à la ligne d'en-tête peut être utilisée pour filtrer le tableau.

Pour filtrer la liste sur un ou plusieurs champs, cochez les éléments dans la liste déroulante. Par exemple, pour sélectionner uniquement les produits à acheter à l'épicerie (voir la Figure 1.11), laissez coché seulement Épicerie. Pour ce faire, cliquez sur la case Sélectionner tout pour décocher l'ensemble des magasins et cochez Épicerie. Cliquez sur OK. La Figure 1.12 montre la liste filtrée avec seulement les articles à acheter à l'épicerie.

Si vous regardez bien votre écran, vous devriez être en mesure de voir une petite image d'entonnoir sur le bouton de la liste déroulante de la colonne Magasin. Cette icône indique que le tableau est filtré à partir de données de cette colonne.

Pour désactiver le filtrage automatique du tableau, ouvrez la liste déroulante Magasin et choisissez Sélectionner tout.

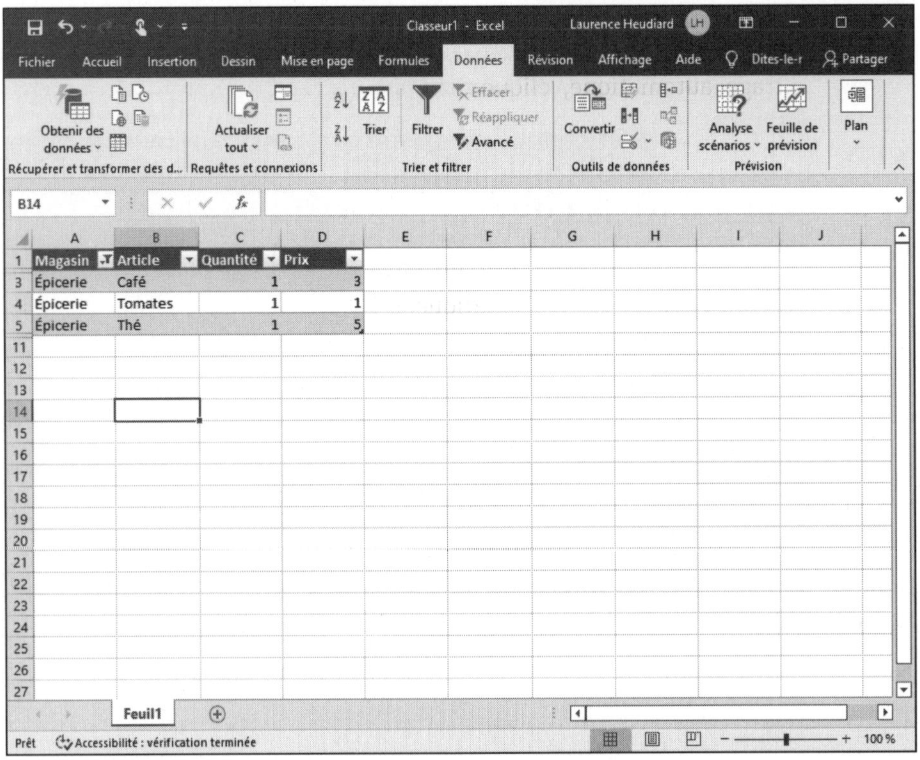

Figure 1.12 La liste filtrée avec seulement les articles à acheter à l'épicerie.

Le menu de la liste déroulante de filtrage automatique permet également de trier les enregistrements du tableau ; Trier de A à Z trie les enregistrements (filtrés ou non) dans l'ordre croissant, Trier de Z à A trie les enregistrements (filtrés ou non) dans l'ordre décroissant, et Trier par couleur vous permet de trier en fonction des couleurs des cellules.

Annulation d'un filtre

Pour supprimer un filtre automatique, affichez le menu du tableau en cliquant sur le bouton d'une liste déroulante qui sert de filtre. Ensuite, choisissez la commande Effacer le filtre dans le menu qui s'affiche.

Mise hors tension du filtre

La commande de filtrage automatique fonctionne comme un interrupteur à bascule ; lorsque le filtrage est activé, Excel affiche un bouton d'activation des listes déroulantes dans chaque cellule de la ligne d'en-tête du tableau.

Lorsque le filtrage est désactivé, Excel supprime les boutons d'accès aux listes déroulantes. Pour désactiver le filtrage et supprimer les listes déroulantes de filtrage automatique, cliquez simplement sur le bouton Filtrer dans l'onglet Données.

Utilisation du filtre automatique personnalisé

Vous pouvez aussi construire un filtre automatique personnalisé. Pour ce faire, ouvrez le menu Filtre automatique, sélectionnez la commande Filtres textuels et choisissez l'une de ses options de filtrage de texte.

Peu importe l'option que vous choisissez, Excel affiche la boîte de dialogue Filtre automatique personnalisé, comme le montre la Figure 1.13. Cette boîte permet de spécifier avec une grande précision les éléments que vous souhaitez voir apparaître dans la liste filtrée.

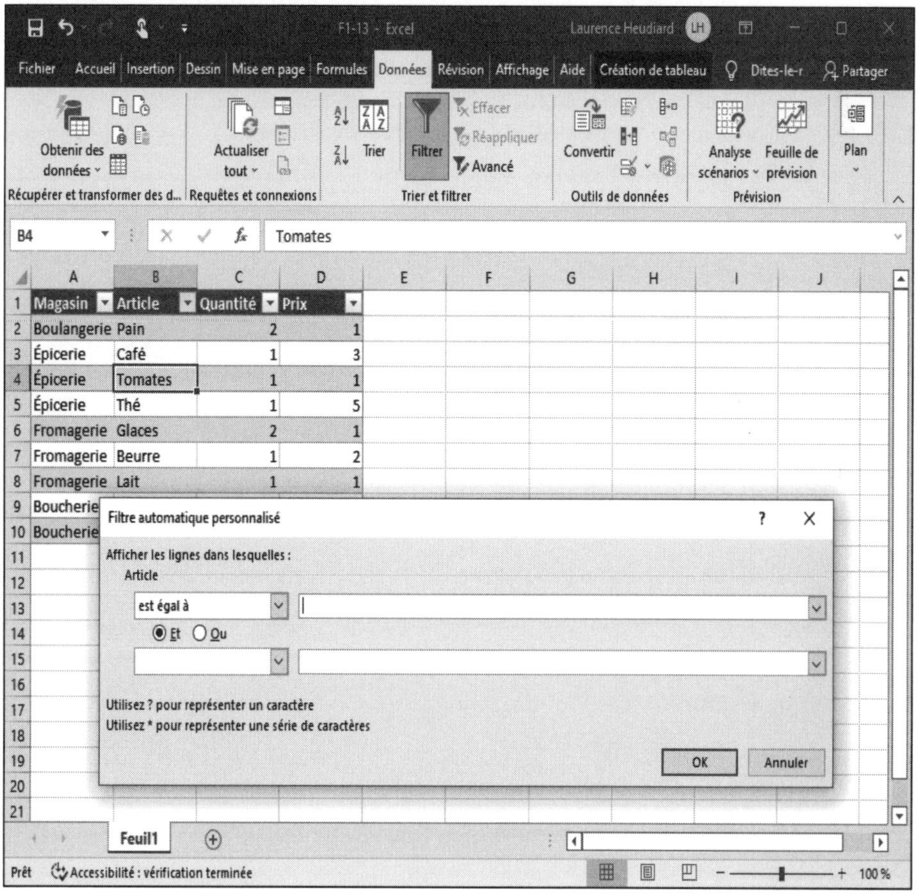

Figure 1.13 La boîte de dialogue Filtre automatique personnalisé.

Pour créer un filtre automatique personnalisé, procédez de la manière suivante :

1. **Activez le filtrage automatique.**

   Comme cela a été mentionné précédemment dans cette section, le filtrage est probablement déjà actif, puisque vous avez créé un tableau. Toutefois, si ce n'est pas le cas, sélectionnez le tableau et cliquez sur le bouton Filtrer dans l'onglet Données.

2. **Sélectionnez une cellule de la colonne à laquelle vous souhaitez appliquer le filtre automatique personnalisé.**

   Pour spécifier la nature du filtrage, ouvrez la liste déroulante de filtrage automatique, sélectionnez Filtres textuels, puis une option de filtrage. Excel affiche la boîte de dialogue Filtre automatique personnalisé (voir la Figure 1.13).

3. **Sélectionnez l'opération de filtrage automatique.**

   Pour ce faire, vous devez identifier (ou confirmer) l'opération de filtrage et les critères associés. Sélectionnez une option de filtrage dans la liste qui apparaît à gauche ; par exemple, dans la Figure 1.14, l'option de filtrage sélectionnée dans le premier jeu automatique personnalisé des boîtes de dialogue est Se termine par. Si vous ouvrez cette liste déroulante, vous verrez qu'Excel propose une série d'options de filtrage :

   - est égal à ;
   - est différent de ;
   - est supérieur à ;
   - est supérieur ou égal à ;
   - est inférieur à ;
   - est inférieur ou égal à ;
   - commence par ;
   - ne commence pas par ;
   - se termine par ;
   - ne se termine pas par ;
   - contient ;
   - ne contient pas ;
   - entre ;
   - 10 premiers ;
   - au-dessus de la moyenne ;
   - en dessous de la moyenne.

Figure 1.14

Mise en place d'un filtre automatique personnalisé.

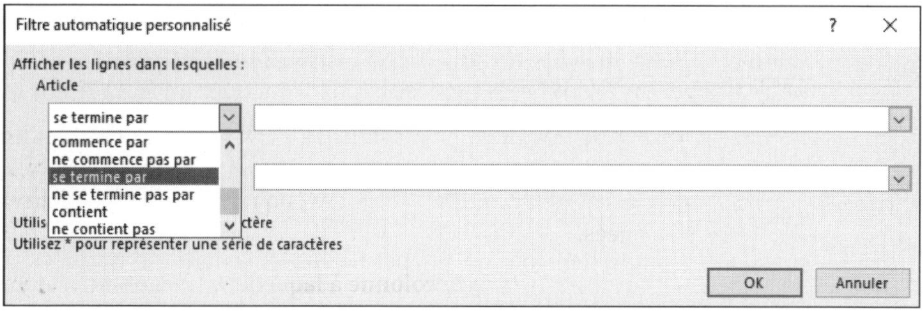

Soyez conscient que vous devez choisir une opération de filtrage qui permette d'identifier les enregistrements que vous souhaitez voir apparaître dans la liste filtrée. Notez qu'Excel propose uniquement dans l'option de filtrage des critères en adéquation avec les éléments à traiter, c'est-à-dire des filtres numériques ou des filtres textuels.

Dans la liste droite de la boîte de dialogue, sélectionnez le critère souhaité.

Dans la pratique, il n'est pas conseillé d'utiliser des critères de filtrage trop précis, parce qu'il n'est pas sûr que les données de votre liste aient été saisies avec suffisamment de rigueur. Par exemple, si les magasins ont été entrés avec des noms propres, ceux-ci pourraient ne pas correspondre parfaitement à cause de fautes d'orthographe. Pour cette raison, vous trouverez des options de filtrage comme Commence par, Contient ou Est supérieur ou égal à.

4. **Ajoutez des critères de filtrage automatique.**

   Après avoir défini la première option de filtrage et ses critères, vous pouvez en ajouter d'autres en les combinant à des opérateurs Et ou Ou. Par exemple, vous pourriez souhaiter filtrer les produits à acheter à l'épicerie et sélectionner ceux qui se terminent par un s.

5. **Cliquez sur OK.**

   Excel filtre le tableau selon le filtre automatique personnalisé.

Filtrage d'un tableau filtré

Vous pouvez filtrer un tableau déjà filtré. Cela signifie que vous pouvez appliquer un filtre sur une autre colonne du tableau et affiner le filtrage en fonction des résultats intermédiaires.

Par exemple, si vous souhaitez filtrer la liste de produits de l'épicerie et afficher uniquement les articles les plus chers, vous pourriez d'abord filtrer le tableau pour afficher les produits de l'épicerie, puis appliquer un filtrage sur le prix et ne conserver que les articles dont le prix est supérieur à 1 €.

L'idée de filtrer un tableau filtré peut vous sembler bizarre. Cependant, l'application de plusieurs ensembles de filtres réduit souvent un très grand tableau presque incompréhensible en un petit sous-ensemble de données regroupant seulement les informations dont vous avez besoin.

N'oubliez pas que, lors de l'utilisation du filtrage personnalisé, celui-ci ne permet pas de filtrer une liste en fonction de plus de deux critères. Si vous avez besoin d'appliquer plus de deux options de filtrage sur le même champ, la seule façon de le faire facilement est de filtrer un tableau filtré.

Filtrage avancé

La plupart du temps, vous pourrez filtrer les enregistrements du tableau en utilisant la commande Filtrer ou le menu du filtrage automatique. Cependant, dans certains cas, vous voudrez peut-être contrôler plus finement les opérations de filtrage ; vous devrez alors faire appel au filtrage avancé d'Excel.

Écriture d'expressions booléennes

Avant de commencer à utiliser les filtres avancés d'Excel, vous devez savoir comment construire des expressions logiques booléennes. Par exemple, si vous souhaitez filtrer le tableau de la liste de courses de sorte qu'il montre seulement les articles coûtant plus de 1 € ou ceux d'un prix supérieur ou égal à 5 €, vous devez savoir comment écrire une expression logique ou algébrique, qui décrive la condition dans laquelle le prix est supérieur à 1 € ou le prix total est supérieur ou égal à 5 €.

La Figure 1.15 montre comment spécifier ces expressions booléennes dans Excel. Dans cette figure, la plage A13:B14 décrit deux critères : l'un pour lequel le prix est supérieur à 1 €, et l'autre pour lequel le prix total est égal ou supérieur à 5 €. Pour que cela fonctionne, comme vous pouvez le deviner, vous devez utiliser la première ligne de la plage pour nommer les champs employés dans votre expression. Ceci fait, utilisez les lignes sous les noms de champs pour spécifier la comparaison logique à réaliser en utilisant le champ.

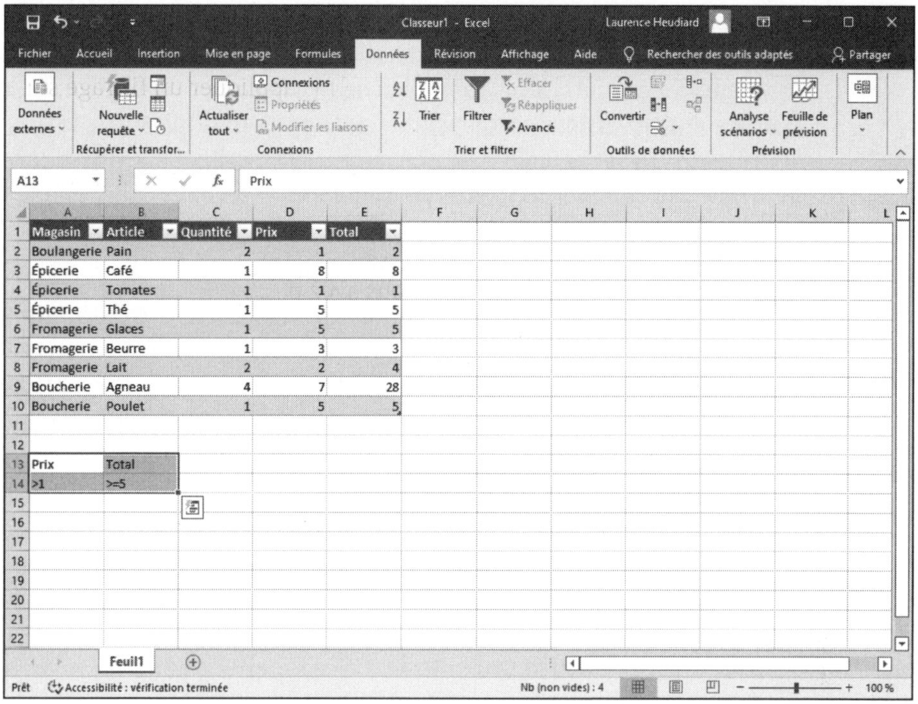

Figure 1.15 Un tableau mis en place pour les filtres avancés.

Pour construire une expression booléenne, utilisez un opérateur de comparaison du Tableau 1.2, puis une valeur à comparer.

Tableau 1.2 Logique booléenne.

Opérateur	Son rôle
=	Égal
<	Est inférieur à
<=	Est inférieur ou égal à
>	Est supérieur à
>=	Est supérieur ou égal à
<>	N'est pas égal à

Dans la Figure 1.15, par exemple, l'expression booléenne de la cellule A14 (>1) vérifie si une valeur est supérieure à 1, et l'expression booléenne de la cellule B14 (>=5) si la valeur est supérieure ou égale à 5. Le résultat sera validé pour tout enregistrement qui répondra à ces deux critères de test.

Tout enregistrement du tableau qui répond aux critères de l'une des rangées sera inclus dans le tableau filtré. Par conséquent, si vous voulez inclure les enregistrements des articles qui coûtent plus de 1 € chacun ou dont le total est au moins égal à 5 € (cette valeur correspond à la quantité multipliée par le prix unitaire), vous devez utiliser deux lignes, une pour chaque critère. La Figure 1.16 montre la feuille de calcul avec les critères de tri qui exécuteront ce OU logique.

Exécution d'une opération de filtrage avancé

Après avoir configuré le tableau pour un filtrage avancé en spécifiant la plage de critères comme le montre la Figure 1.16, vous êtes prêt à mettre en œuvre l'opération de filtrage avancé. Pour ce faire, procédez de la manière suivante :

1. **Sélectionnez le tableau.**

   Pour cela, faites glisser la souris de la cellule supérieure gauche à la cellule inférieure droite. Vous pouvez également sélectionner cliquer sur la cellule supérieure gauche, en maintenant enfoncée la touche Maj et en appuyant successivement sur les touches fléchées vers la droite et vers le bas, jusqu'à la dernière cellule du tableau. Autre possibilité : sélectionnez la cellule supérieure gauche et appuyez sur Ctrl + A.

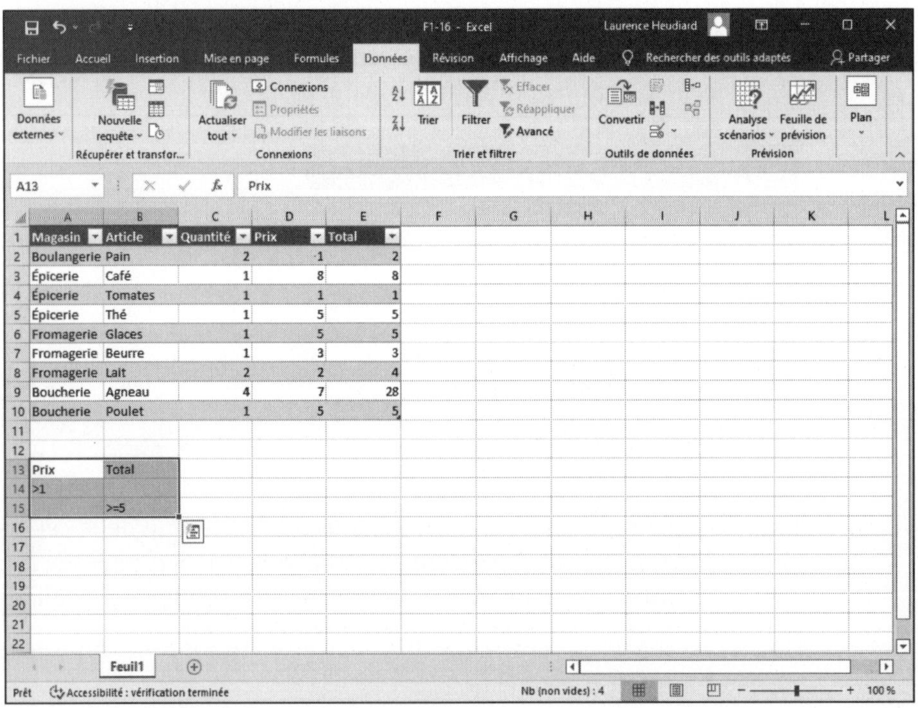

Figure 1.16 Une feuille de calcul avec des éléments qui répondent aux deux critères.

2. **Choisissez la commande Filtrer/Avancé dans l'onglet Données.**

   Excel affiche la boîte de dialogue Filtre avancé, comme le montre la Figure 1.17.

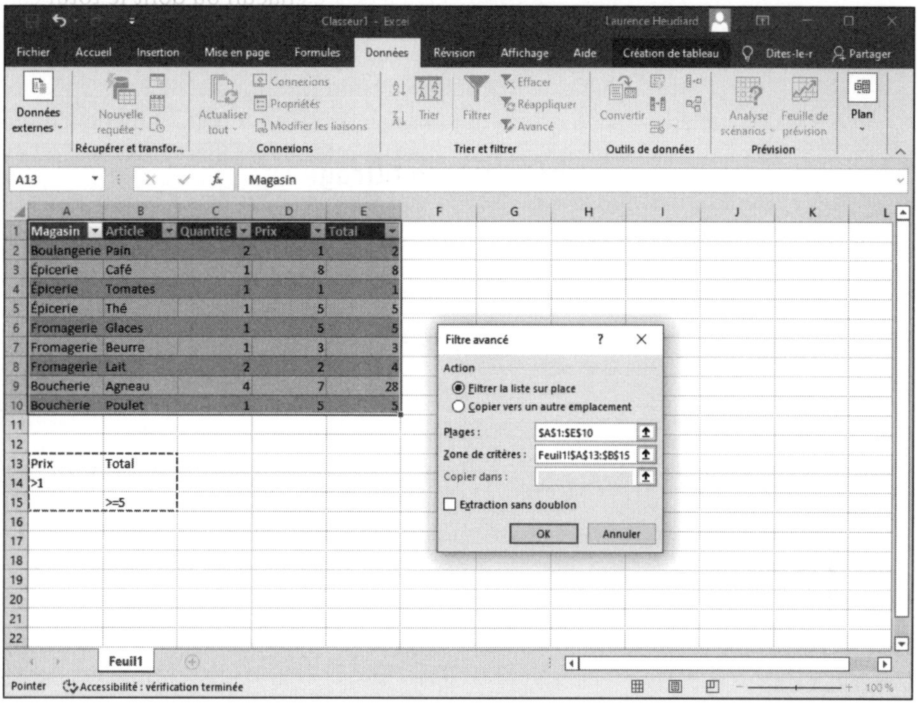

Figure 1.17 La boîte de dialogue Filtre avancé.

3. **Indiquez à Excel où placer le tableau filtré.**

   Utilisez l'un des boutons radio d'action pour spécifier où placer la liste : Filtrer la liste sur place (Excel cache simplement les enregistrements du tableau qui ne répondent pas aux critères de filtrage) ou Copier vers un autre emplacement (les enregistrements qui répondent aux critères de filtrage sont copiés à un nouvel emplacement).

4. **Spécifiez la plage à filtrer.**

   La plage $A$1:$E$10 (voir la Figure 1.17) identifie la bonne liste. Si votre plage ne correspond pas, vous pouvez modifier les valeurs dans la zone de saisie.

5. **Indiquez la plage de critères.**

   Dans la Zone de critères, indiquez la plage de critères à appliquer pour le filtrage avancé ; la Figure 1.17 affiche la plage de critères $A$13:$B$15.

6. **Si vous souhaitez copier les résultats du filtrage dans une zone spécifique de la feuille de calcul, entrez la destination.**

Pour qu'Excel copie les résultats du filtrage à un nouvel emplacement, sélectionnez la commande Copier vers un autre emplacement et indiquez la première cellule de celui-ci.

❼ **Cliquez sur OK.**

Excel filtre le tableau et affiche le résultat, comme le montre la Figure 1.18. Le tableau affiche maintenant uniquement les enregistrements dont le prix unitaire est supérieur à 1 € et pour lesquels le total est supérieur ou égal à 5 €.

Le filtrage avancé est relativement simple : vous devez tout d'abord définir les expressions logiques booléennes, puis indiquer à Excel de filtrer le tableau en utilisant ces expressions.

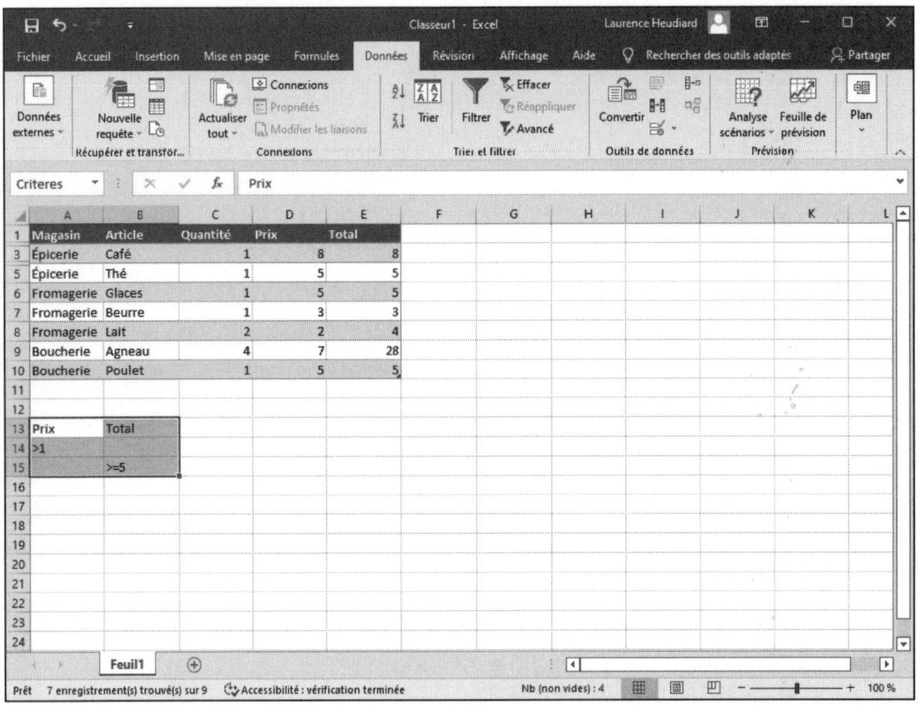

Figure 1.18
Les résultats filtrés.

DANS CE CHAPITRE

Exportation de données issues d'autres programmes

•

Importation dans Excel

•

Exécution d'une requête Web

•

Importation d'un tableau de base de données

•

Interrogation d'une base de données externe

Chapitre 2

Données provenant de sources externes

Dans de nombreux cas, les données à analyser avec Excel sont stockées dans une base de données externe ou dans une application de base de données, comme le système de comptabilité d'une entreprise. La première étape et le premier véritable défi consistent à récupérer ces données dans un classeur Excel, sous la forme d'un tableau.

Deux approches de base sont à votre disposition pour accéder à ces données externes : soit les exporter à partir d'un autre programme, puis les importer dans Excel, soit interroger une base de données directement à partir d'Excel. Les deux méthodes sont décrites dans ce chapitre.

Obtention de données après exportation, puis importation

Vous pouvez généralement exporter facilement des données à partir des gestionnaires de bases de données populaires et des systèmes de gestion comptable. Étant donné qu'Excel est l'outil d'analyse de données utilisé par la plus grande partie des entreprises, la plupart des programmes de gestion de bases de données et la majorité des systèmes de gestion d'information possèdent des fonctions d'exportation des données dans un format aisément importable dans Excel.

Exportation : la première étape

Si vous avez acquis et géré des données à partir de l'une de ces sources externes, et en supposant que vous souhaitiez importer les données, la première étape consiste à utiliser d'abord ce programme (par exemple un programme de comptabilité) pour exporter les données dans un fichier.

Le plus souvent, vous disposez de deux approches de base pour l'exportation des données : l'exportation directe et l'exportation vers un fichier texte.

Exportation directe

L'exportation directe est disponible dans de nombreux programmes de comptabilité, parce que les comptables aiment utiliser Excel pour analyser les données. Par exemple, l'un des programmes de comptabilité des petites entreprises le plus populaire dans le monde est QuickBooks d'Intuit. Lorsque vous produisez un rapport comptable dans ce logiciel, la fenêtre du rapport affiche un bouton Exporter. Quand vous cliquez sur ce bouton, QuickBooks donne la possibilité d'exporter le rapport au format Excel, comme le montre la Figure 2.1.

Figure 2.1 Exporter un rapport comptable à partir de QuickBooks.

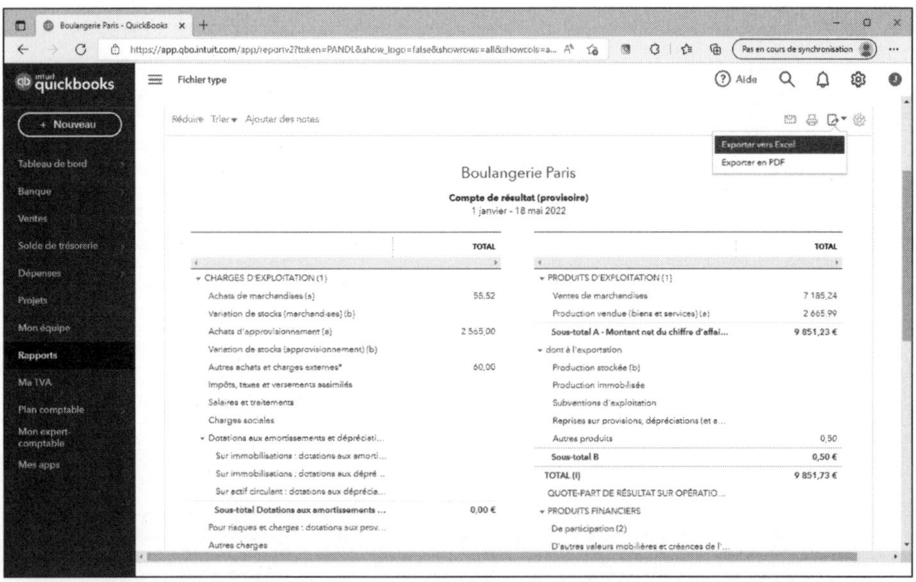

QuickBooks exporte les données et enregistre le fichier XLS ainsi généré dans le dossier Téléchargements. Vous pouvez alors y accéder en cliquant sur l'icône de dossier dans le petit panneau de téléchargement, en haut à droite, ou ouvrir directement le fichier Excel en cliquant sur le lien Ouvrir un fichier dans le même panneau (voir la Figure 2.2).

Figure 2.2 Le panneau de téléchargement qui apparaît après l'exportation du rapport QuickBooks au format Excel.

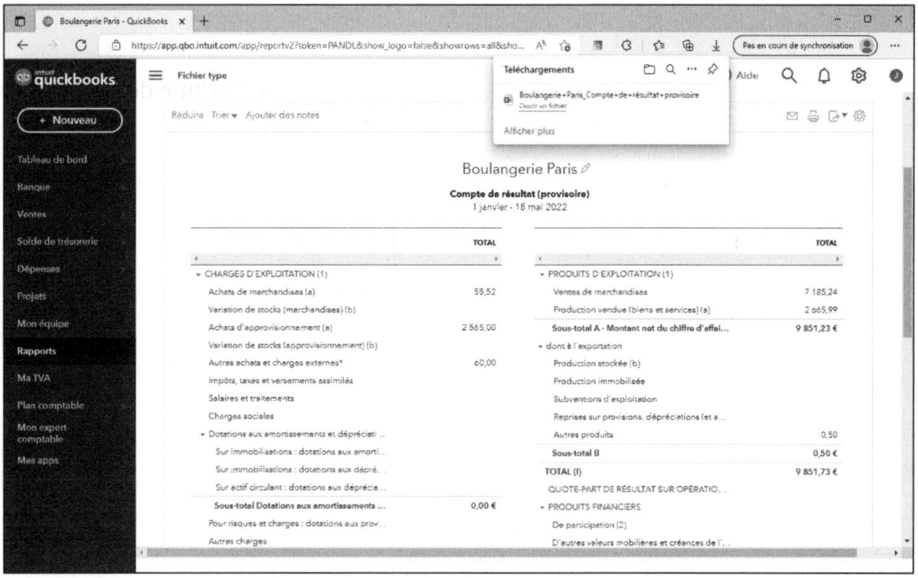

La Figure 2.3 montre le rapport QuickBooks après son exportation directe vers Excel.

Figure 2.3 Un rapport QuickBooks qui a été directement exporté vers Excel.

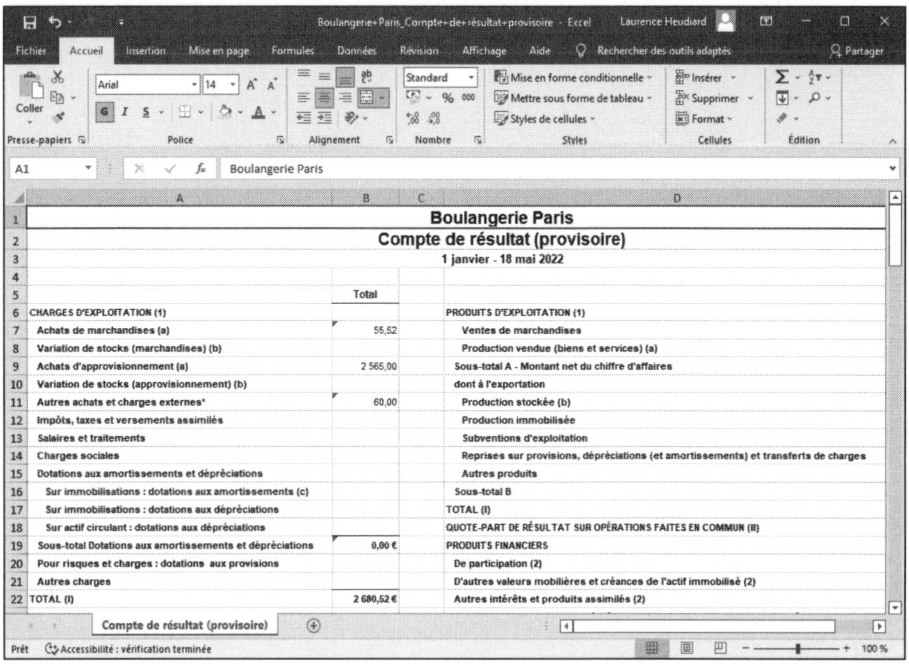

Lors de l'exportation des données à partir d'un autre programme, la première étape consiste à rechercher s'il existe un moyen d'exporter facilement et automatiquement les données vers un format d'Excel. Cette quête devrait être rapide si l'on utilise le système d'aide en ligne.

Depuis Access 2007, le logiciel propose une commande Exporter dans le menu Microsoft Office, qui permet d'exporter une table Access, un rapport ou encore une requête vers Excel. Il suffit de choisir la commande appropriée, puis de spécifier où les informations exportées doivent être placées à partir de la boîte de dialogue affichée par Access.

Exportation vers un fichier texte

Il se peut que vous ayez besoin d'exporter les données d'abord dans un fichier texte, parce qu'elles ne pourront pas être exportées automatiquement vers un classeur Excel ; bien que le processus soit encore assez simple, cette manipulation vous demandera un peu plus d'efforts.

Lorsque vous travaillez avec des applications qui ne proposent pas de créer automatiquement un classeur Excel, il suffit de générer une version texte du rapport qui contient les éléments à analyser. Par exemple, pour analyser les articles vendus par votre entreprise, créez un rapport qui les liste.

L'astuce consiste à envoyer le rapport dans un fichier texte, plutôt qu'à une imprimante. Il est ainsi stocké sur le disque sous la forme d'un fichier texte, et non imprimé. Excel pourra ensuite l'importer facilement.

Quand votre programme ne propose pas cette option, il suffit d'exporter le rapport au format PDF, puis d'enregistrer ce document au format texte depuis Adobe Acrobat.

Voyons comment cela fonctionne en termes plus concrets en suivant la façon dont le processus est mis en place dans QuickBooks. Supposons que, pour des raisons d'illustration, vous ne vouliez vraiment imprimer qu'une liste des articles que vous vendez. La première étape consiste à produire un rapport qui montre cette liste. Dans QuickBooks, il faut choisir la commande appropriée dans le menu Rapports, comme le montre la Figure 2.4.

L'étape suivante consiste à exporter ce rapport au format PDF. Dans QuickBooks, cliquez sur le bouton Exporter, puis sur la commande Exporter en PDF, comme le montre la Figure 2.4.

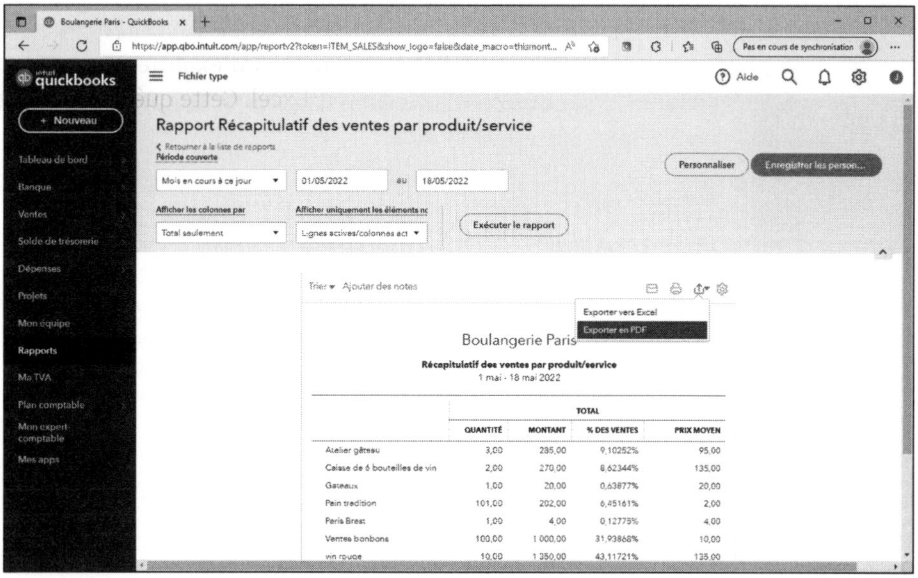

Figure 2.4 Toute première étape : exportation d'un fichier PDF à partir d'un rapport QuickBooks.

La plupart des applications permettent d'imprimer des fichiers texte délimités ; ceux-ci utilisent des caractères standard, appelés *délimiteurs*, pour séparer les champs d'information dans le rapport. Vous pourrez toujours importer dans Excel un fichier texte au format ASCII DOS, mais un fichier texte importé comme fichier texte délimité est plus simple à manipuler. Par conséquent, si votre autre programme donne la possibilité de créer des fichiers texte délimités, choisissez cette fonctionnalité.

La Figure 2.5 montre la fenêtre permettant d'enregistrer le rapport au format PDF, mais aussi de l'imprimer ou de l'envoyer par courriel. Cliquez sur le bouton Enregistrer en PDF.

Pour produire le fichier texte, il suffit ensuite d'ouvrir le PDF dans Adobe Acrobat, puis de cliquer sur Fichier/Enregistrer au format texte. La boîte de dialogue Enregistrer sous apparaît, comme le montre la Figure 2.6. Indiquez où stocker le fichier, tapez un nom si celui proposé ne vous convient pas et cliquez sur Enregistrer.

Figure 2.5 Enregistrement d'un rapport au format PDF.

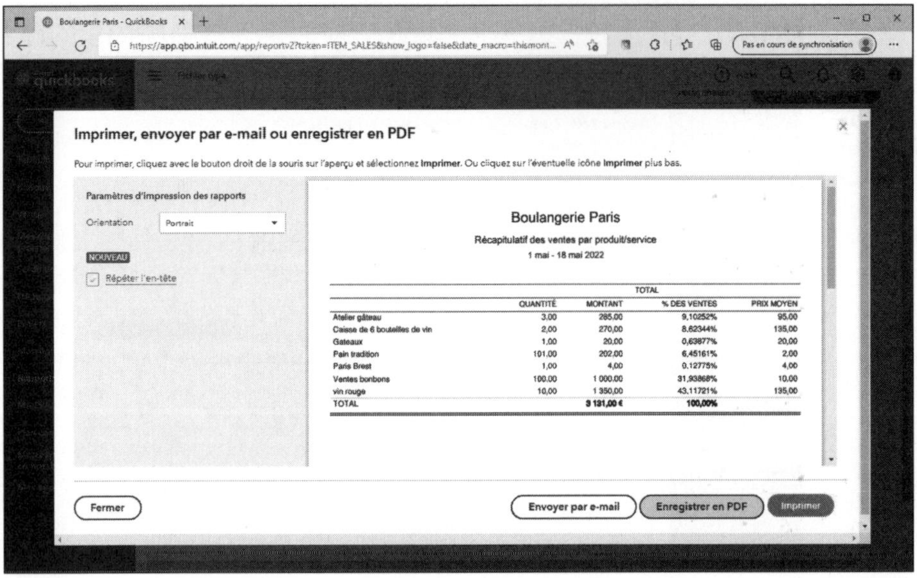

Figure 2.6 La boîte de dialogue Enregistrer sous.

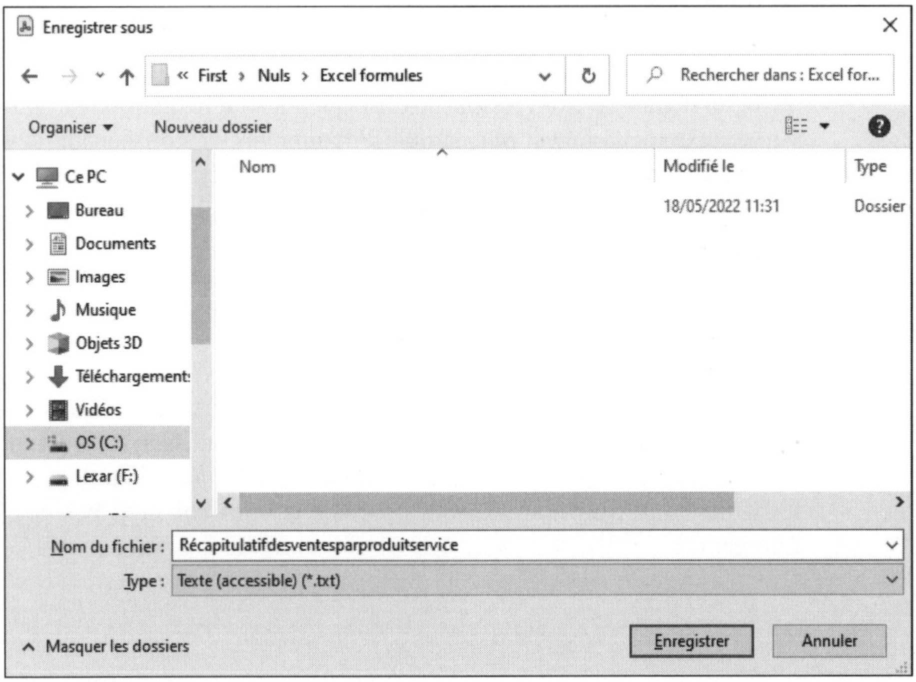

Importation : la seconde étape (si nécessaire)

Lorsqu'il est impossible d'exporter directement le document vers Excel, cette seconde étape permet d'importer le fichier texte ASCII qui a été exporté.

Cette importation s'effectue à partir de l'Assistant Importation de texte. Celui-ci vous guide à travers des étapes qui définissent comment les informations du fichier texte doivent être formatées et réarrangées pour être importées dans un classeur Excel.

La procédure d'importation se déroule différemment selon que l'on importe un fichier ASCII à largeur fixe ou un fichier ASCII délimité.

Importation d'un fichier texte à largeur fixe

La procédure pour importer un fichier à largeur fixe est la suivante :

1. **Cliquez sur la commande Fichier/Ouvrir/Parcourir.**

   Si un fichier ou classeur vide est déjà en cours dans Excel, vous pouvez aussi cliquer sur la commande À partir d'un fichier/À partir d'un fichier texte/CSV du menu du bouton Obtenir des données de l'onglet Données, mais elle ne donne de résultats probants que si votre fichier texte est parfaitement formaté. Pour mieux contrôler la procédure, mieux vaut donc utiliser la commande Ouvrir du menu Fichier.

   Dans Excel 2016 ou 2019, si un fichier ou classeur est déjà ouvert, cliquez sur le bouton Données externes de l'onglet Données, puis sur la commande Fichier texte.

   Excel affiche la boîte de dialogue Ouvrir, comme le montre la Figure 2.7. Si vous sélectionnez le bouton Obtenir des données, une boîte de dialogue analogue, appelée Importer des données, apparaît.

2. **Vérifiez que Fichiers texte est sélectionné dans la liste déroulante à droite de la zone Nom de fichier.**

Figure 2.7 La boîte de dialogue Ouvrir.

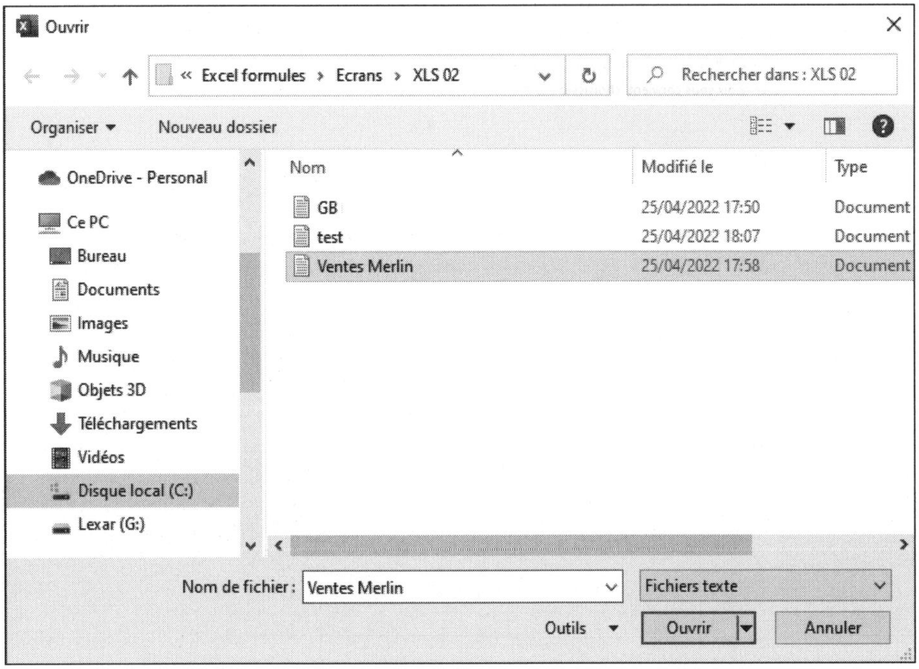

❸ **Localisez le fichier texte, puis double-cliquez sur son icône.**

Excel démarre l'Assistant Importation de texte, comme le montre la Figure 2.8.

❹ **Sélectionnez le bouton radio Largeur fixe.**

Cela indique à Excel que les champs sont disposés en colonnes et séparés par des espaces.

❺ **Dans la zone Commencer l'importation à la ligne, identifiez la première ligne de la feuille de calcul dans le fichier texte ASCII.**

En général, les premières lignes des fichiers texte ASCII contiennent des informations d'en-tête du rapport. Pour cette raison, il faut spécifier la première ligne du tableau.

Ne vous inquiétez pas si vous vous trompez sur le numéro de la première ligne à importer : vous pourrez facilement supprimer les lignes supplémentaires plus tard.

La partie inférieure de la boîte de dialogue affiche un aperçu du fichier texte.

❻ **Cliquez sur Suivant.**

Excel affiche la boîte de dialogue Étape 2 sur 3, comme le montre la Figure 2.9 ; elle permet de choisir la largeur des champs.

Figure 2.8 L'Assistant Importation de texte.

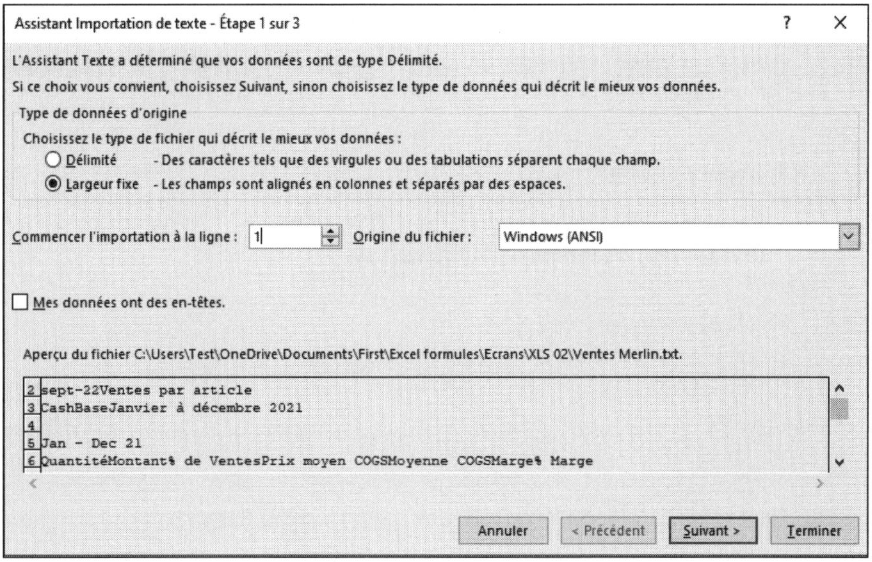

Figure 2.9 L'Assistant Importation de texte Étape 2 sur 3.

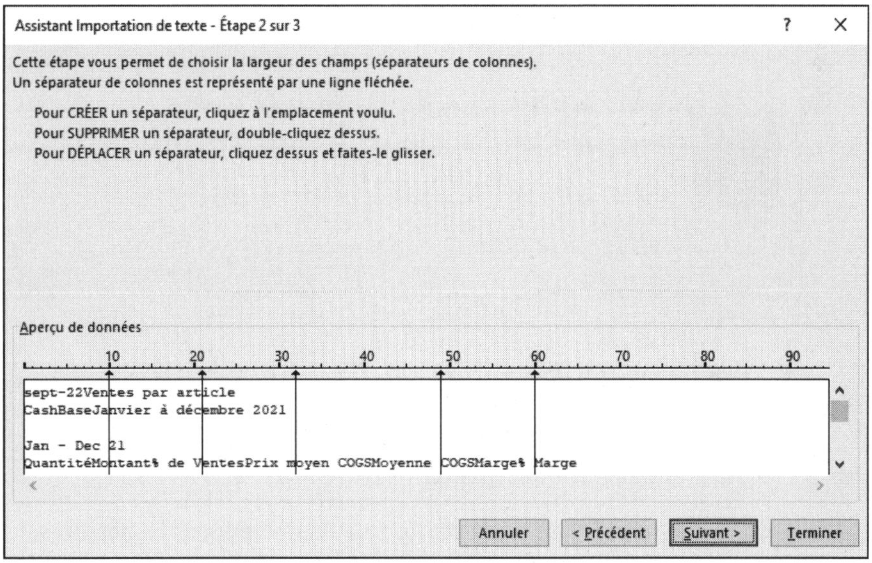

Cette étape est en partie prise en charge par Excel, qui suggère les largeurs des colonnes en traçant des lignes verticales.

❼ **Vérifiez dans la zone Aperçu de données que les largeurs de colonnes sont correctement placées et modifiez-les si besoin.**

» Si elles sont incorrectes, faites glisser les lignes verticales vers un nouvel emplacement.

» Pour supprimer un séparateur de colonne, double-cliquez dessus.

» Pour créer ou ajouter un nouveau séparateur, cliquez là où vous voulez le placer.

8 Cliquez sur Suivant.

Excel affiche la boîte de dialogue Étape 3 sur 3 de l'Assistant Importation de texte, comme le montre la Figure 2.10.

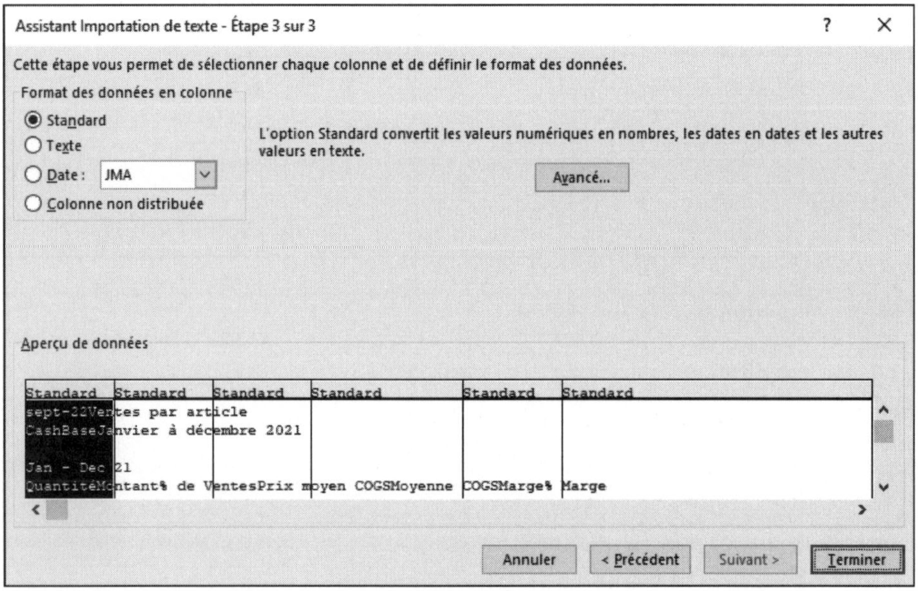

Figure 2.10 L'Assistant Importation de texte Étape 3 sur 3.

9 Optionnel : choisissez le format de données pour les colonnes dans votre nouveau classeur.

L'Assistant Importation de texte affiche quatre boutons radio pour définir le format des données en colonne.

» L'option Standard convertit les valeurs numériques en nombres, les dates en dates, et les autres valeurs en texte.

» Si vous choisissez le bouton radio Date pour une colonne, sélectionnez le format de date à partir de la liste déroulante.

⑩ **Optionnel : modifiez les paramètres utilisés dans la reconnaissance des données numériques.**

Le bouton Avancé affiche la boîte de dialogue Paramètres avancés d'importation de texte, comme le montre la Figure 2.11 ; elle permet de spécifier les paramètres utilisés dans la reconnaissance des paramètres numériques.

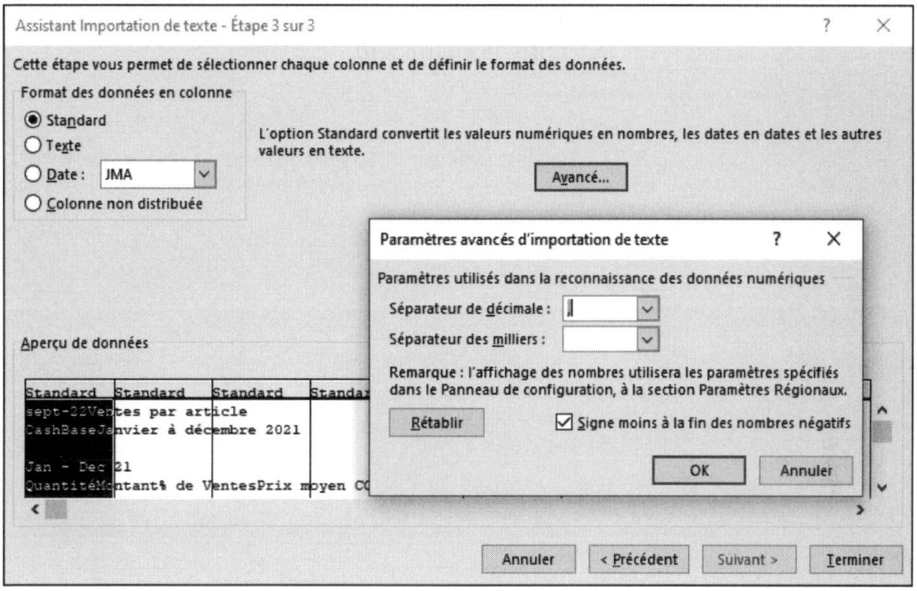

Figure 2.11 La boîte de dialogue Paramètres avancés d'importation de texte.

» Le Séparateur de décimale est, au choix, un point (.) ou une virgule (,).

» Le Séparateur des milliers est, au choix, une virgule (,), un point (.), une espace ( ) ou une apostrophe (').

Cliquez sur OK pour revenir à la boîte de dialogue Étape 3 sur 3.

⑪ **Cliquez sur Terminer.**

Excel importe le fichier texte suivant les spécifications et l'insère dans un nouveau classeur, comme le montre la Figure 2.12. Les données ne sont pas systématiquement bien présentées : il faut parfois procéder à quelques modifications, supprimer des lignes, redimensionner des colonnes, faire un peu de mise en forme, *etc.* Cependant, lorsqu'il s'agit de l'importation d'une grande quantité de données, le gain de temps est très important.

Figure 2.12 Le fichier texte importé dans un classeur Excel.

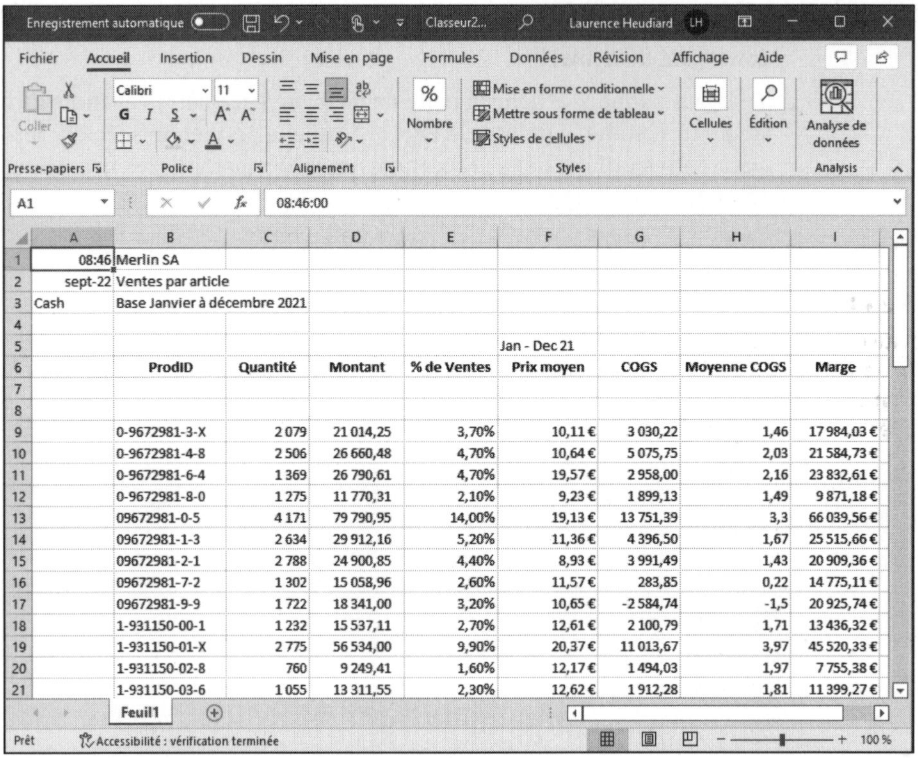

Importation d'un fichier texte délimité

La procédure pour importer un fichier texte délimité est la suivante :

1. **Cliquez sur la commande Fichier/Ouvrir/Parcourir.**

   Si un fichier ou classeur vide est déjà en cours dans Excel, vous pouvez aussi cliquer sur la commande À partir d'un fichier/À partir d'un fichier texte/CSV du menu du bouton Obtenir des données de l'onglet Données, mais elle ne donne de résultats probants que si votre fichier texte est parfaitement formaté. Pour mieux contrôler la procédure, mieux vaut donc utiliser la commande Ouvrir du menu Fichier.

   Dans Excel 2016 ou 2019, si un fichier ou classeur est déjà ouvert, cliquez sur le bouton Données externes de l'onglet Données, puis sur la commande Fichier texte.

   Excel affiche la boîte de dialogue Ouvrir, comme le montre la Figure 2.7. Si vous sélectionnez le bouton Obtenir des données, une boîte de dialogue analogue, appelée Importer des données, apparaît.

❷ **Vérifiez que Fichiers texte est sélectionné dans la liste déroulante à droite de la zone Nom de fichier.**

❸ **Localisez le fichier texte, puis double-cliquez sur son icône.**

Excel peut être en mesure de « deviner » qu'il s'agit d'un fichier texte délimité. Dans ce cas, il l'ouvre directement dans la fenêtre du classeur ; sinon, l'Assistant Importation de texte apparaît, comme le montre la Figure 2.13.

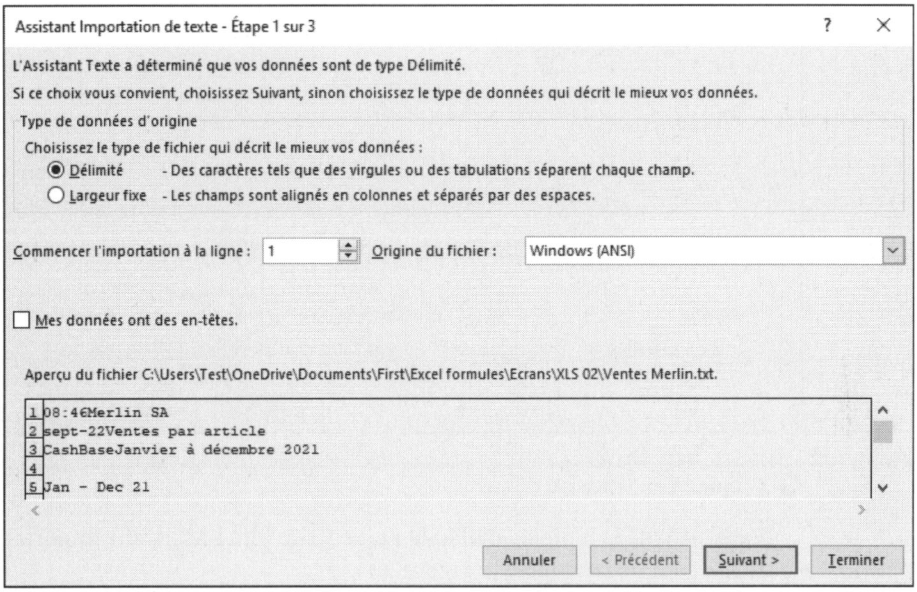

Figure 2.13

La boîte de dialogue Assistant Importation de texte.

❹ **Sélectionnez le bouton radio Délimité pour indiquer à Excel que les champs du fichier sont séparés par un (ou plusieurs) délimiteur(s).**

❺ **Dans la zone Commencer l'importation à la ligne, identifiez la première ligne de la feuille de calcul dans le fichier texte.**

En général, les premières lignes des fichiers texte ASCII affichent les informations d'en-tête du rapport. Pour cette raison, il faut spécifier la première ligne du tableau.

Ne vous inquiétez pas si vous vous trompez sur le numéro de la première ligne à importer : vous pourrez facilement supprimer les lignes supplémentaires plus tard.

La partie inférieure de la boîte de dialogue affiche un aperçu du fichier texte.

❻ **Cliquez sur Suivant.**

Excel affiche la boîte de dialogue Étape 2 sur 3, comme le montre la Figure 2.14 ; elle permet de choisir le séparateur de colonnes. Si le fichier importé est délimité par des tabulations, cochez la case Tabulation.

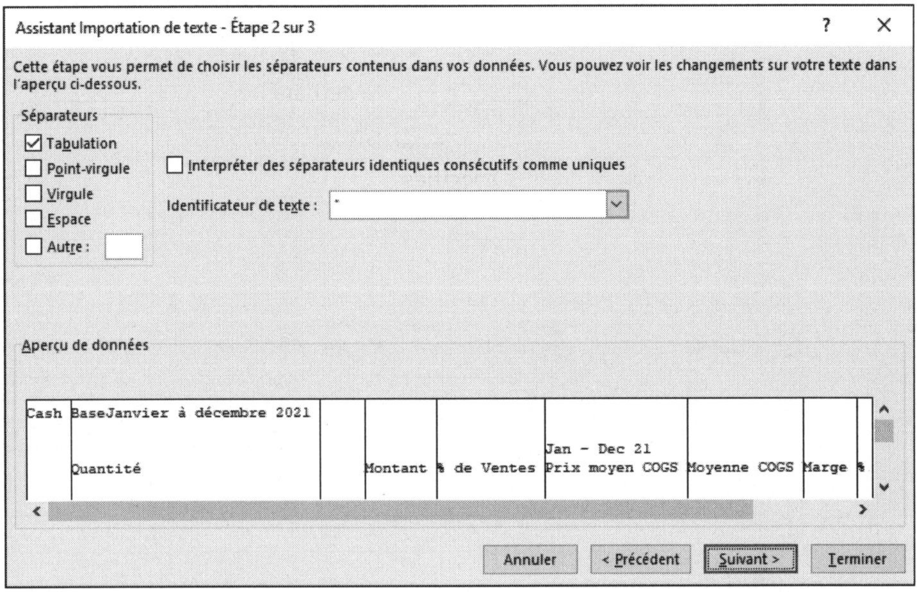

Figure 2.14 L'Assistant Importation de texte Étape 2 sur 3.

❼ **Cliquez sur Suivant.**

Excel affiche la boîte de dialogue Étape 3 sur 3 de l'Assistant Importation de texte, comme le montre la Figure 2.15.

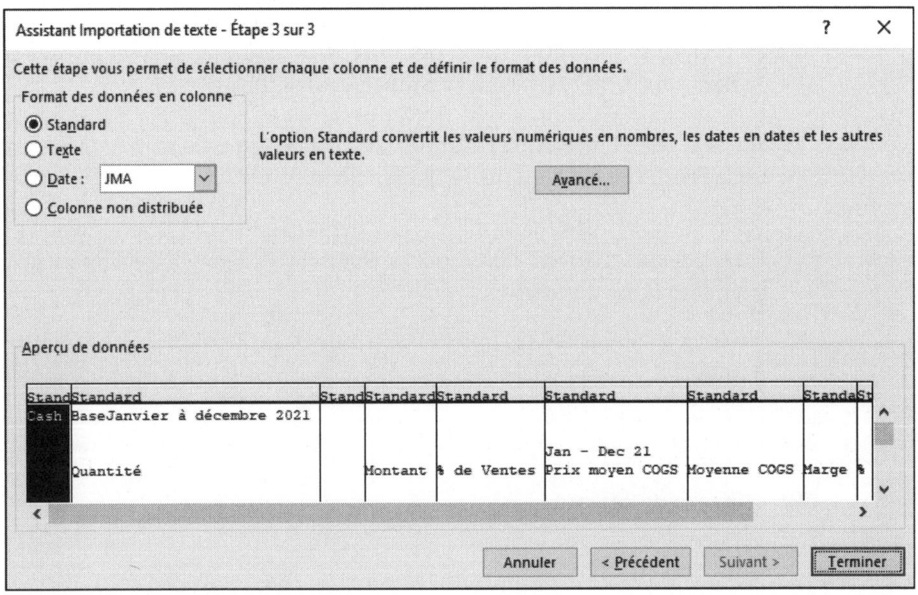

Figure 2.15 L'assistant Importation de texte Étape 3 sur 3.

8. **Optionnel : choisissez le format de données pour les colonnes de votre nouveau classeur :**

   » L'option Standard convertit les valeurs numériques en nombres, les dates en dates, et les autres valeurs en texte.

   » Si vous choisissez le bouton radio Date pour une colonne, sélectionnez le format de date à partir de la liste déroulante.

   La zone Aperçu de données montre l'aspect du fichier lorsqu'il sera importé sur la base des délimiteurs spécifiés.

9. **Optionnel : modifiez les paramètres utilisés dans la reconnaissance des données numériques.**

   Le bouton Avancé affiche la boîte de dialogue Paramètres avancés d'importation de texte, comme le montre la Figure 2.11 ; elle permet de spécifier les paramètres utilisés dans la reconnaissance des paramètres numériques, le séparateur décimal et le séparateur des milliers.

   Cliquez sur OK pour revenir à la boîte de dialogue Étape 3 sur 3.

10. **Cliquez sur Terminer.**

    Excel importe le fichier texte suivant les spécifications et l'insère dans un nouveau classeur. Les données ne sont pas systématiquement bien présentées : il faut parfois procéder à quelques modifications, supprimer des lignes, redimensionner des colonnes, faire un peu de mise en forme, *etc.* Cependant, lorsqu'il s'agit de l'importation d'une grande quantité de données, le gain de temps est très important.

Interrogation de bases de données externes et de tableaux dans des pages Web

Les pages Web ou les bases de données externes représentent un autre vivier pour collecter des données, que vous analyserez ultérieurement. Excel propose trois méthodes pour importer ces données externes :

» Effectuer une requête Web, ce qui signifie récupérer des données à partir d'un tableau stocké dans une page Web.

» Importer des tables stockées dans des bases de données communes, telles que Microsoft Access.

» Exécuter une requête dans une base de données avec Microsoft Query, puis placer les résultats dans un classeur Excel.

Ces trois approches, destinées à saisir des données externes, sont décrites dans les paragraphes suivants.

Exécution d'une requête Web

La récupération de données externes par le biais d'une requête Web est l'une des méthodes les plus élégantes. Comme vous avez pu vous en rendre compte en surfant sur le Web, les sites Internet fournissent d'énormes volumes de données toutes plus intéressantes les unes que les autres. Excel fournit un moyen simple pour déplacer ces données d'une page Web dans une feuille de calcul : l'outil de requête Web.

Pour réaliser une requête Web, procédez de la manière suivante :

1. **Exécutez la commande Nouveau du menu Fichier pour ouvrir un classeur vide.**

   Les résultats de la requête seront placés dans une feuille vierge.

   Vous pouvez vous contenter d'insérer une feuille de calcul vierge dans un classeur existant ; pour ce faire, cliquez sur la commande Insérer/Insérer une feuille à partir de l'onglet Accueil.

2. **Choisissez la commande À partir d'autres sources/À partir du web dans le menu du bouton Obtenir des données de l'onglet Données.**

   Dans Excel 2016 ou 2019, cliquez sur le bouton Données externes de l'onglet Données, puis sur la commande Web.

   Excel affiche la boîte de dialogue À partir du web.

3. **Indiquez la page Web où figure le tableau contenant les données à extraire.**

   Tapez l'adresse de la page dans la zone URL et cliquez sur OK.

   Ici, comme le montre la Figure 2.16, nous utilisons le serveur Temperature World et le tableau des équivalences entre les degrés Celsius et Fahrenheit. Ce site fournit des tonnes d'informations relatives aux températures dans le monde entier. Son adresse est la suivante : http://www.temperatureworld.com/ctable1.htm.

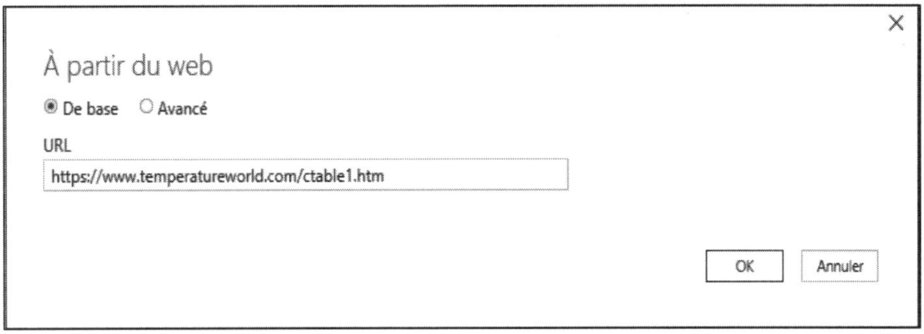

Figure 2.16 La boîte de dialogue À partir du web.

Excel affiche la boîte de dialogue Navigateur.

❹ **Identifiez le tableau.**

Cliquez sur l'onglet Affichage web, puis sur le tableau pour le sélectionner, comme le montre la Figure 2.17.

Vous pouvez ensuite cliquer sur l'onglet Affichage Table pour obtenir un aperçu du tableau final, comme le montre la Figure 2.18.

Dans Excel 2016 ou 2019, cliquez sur le petit bouton avec une flèche jaune juste à côté pour sélectionner le tableau. La flèche se transforme alors en coche.

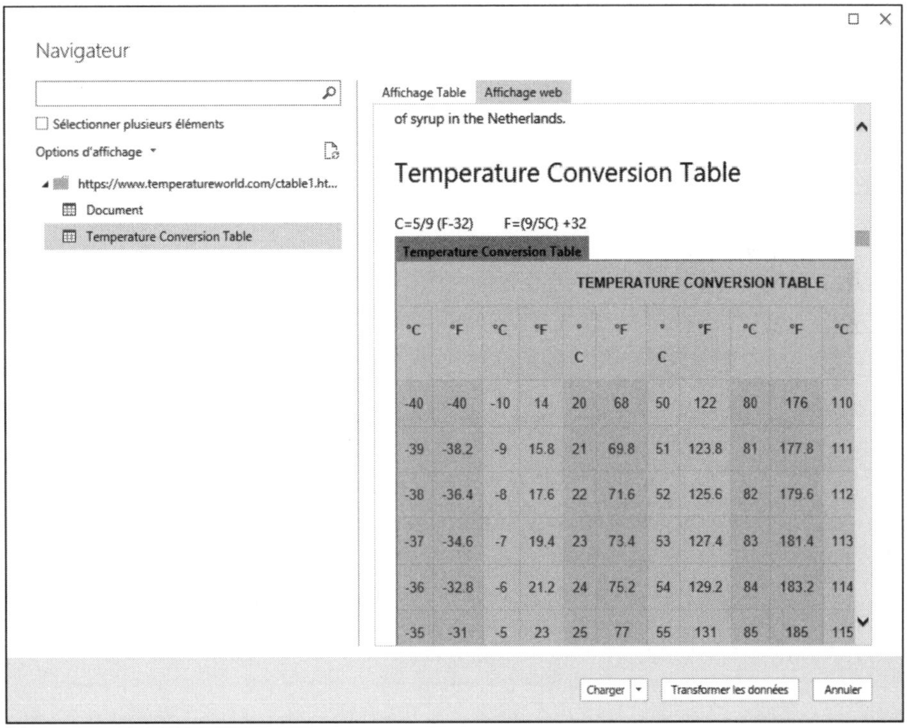

Figure 2.17 La boîte de dialogue Navigateur, avec le tableau sélectionné dans la page Web.

Figure 2.18 La boîte de dialogue Navigateur, avec le tableau tel qu'il apparaîtra dans la feuille de calcul.

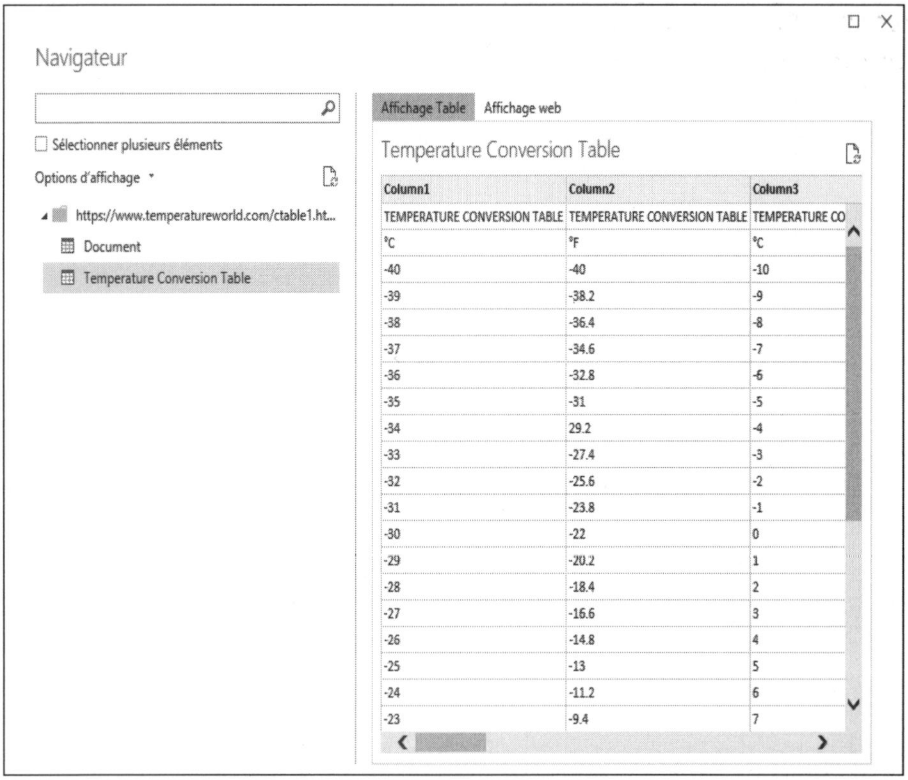

5. **Après avoir fait votre choix, cliquez sur le bouton Transformer les données.**

   Excel affiche l'Éditeur Power Query.

6. **Enregistrez les données Web importées dans un fichier Excel.**

   Dans l'onglet Accueil, cliquez sur la flèche du bouton Fermer et charger, puis sur la commande Fermer et charger dans, comme le montre la Figure 2.19.

   Excel affiche la boîte de dialogue Importation de données, comme le montre la Figure 2.20.

7. **Indiquez à quel endroit placer les données Web importées.**

   Entrez les coordonnées d'une cellule de la feuille en cours ou sélectionnez le bouton radio Nouvelle feuille de calcul.

Figure 2.19 L'Éditeur Power Query.

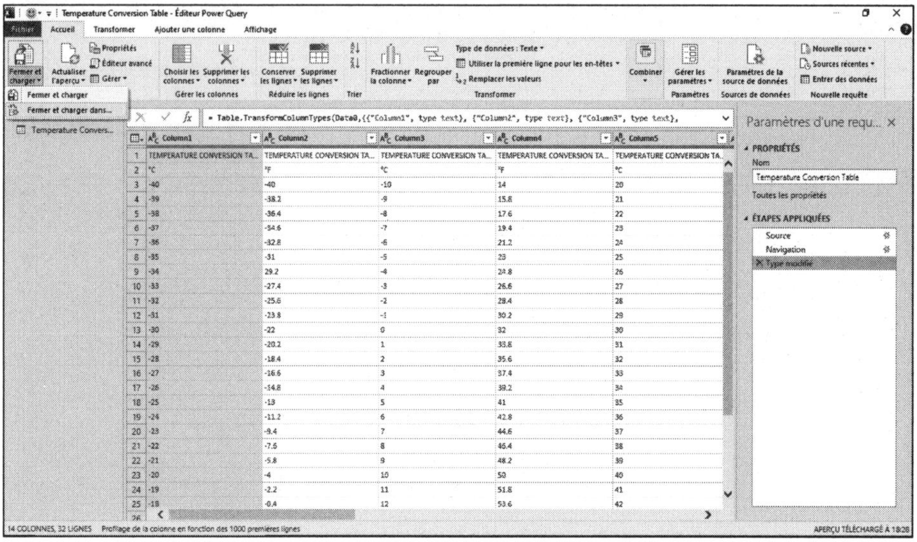

Figure 2.20 La boîte de dialogue Importation de données.

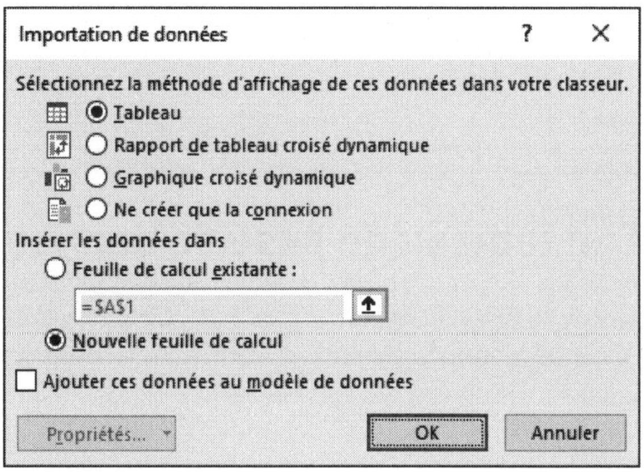

8 Cliquez sur OK.

Excel place les données du tableau à l'emplacement spécifié.

La Figure 2.21 montre les données extraites du tableau de la page Web.

Figure 2.21 Importation d'un tableau à partir d'une page Web.

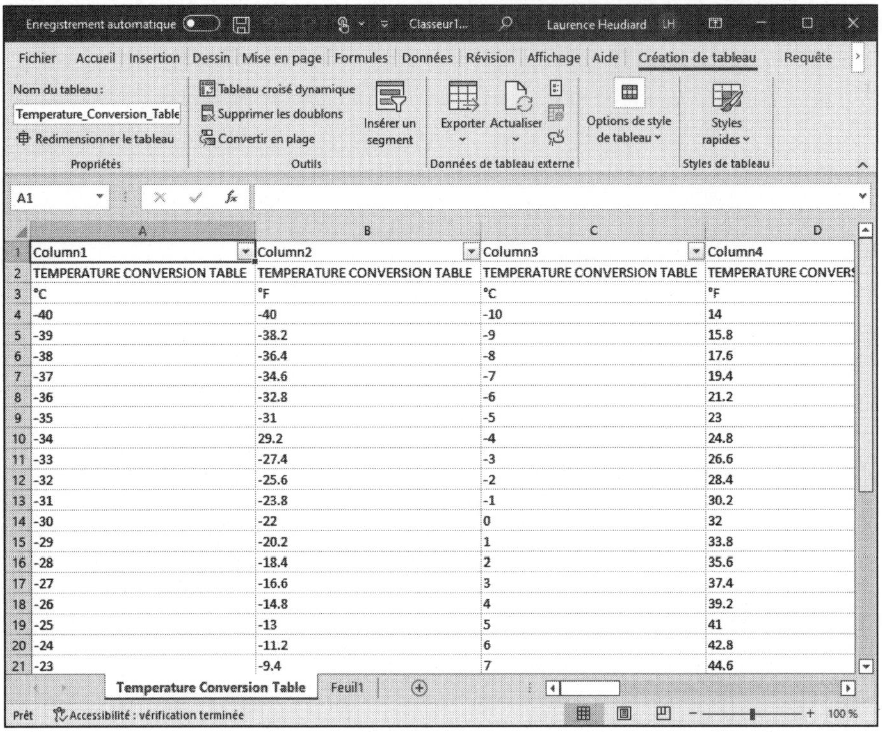

Importation d'un tableau de base de données

Des informations peuvent être récupérées à partir d'une source de données externe, comme une base de données ; celles-ci sont directement importées à partir des tables du logiciel.

Pour importer des données à partir d'un tableau de base de données, procédez de la manière suivante :

1. **Choisissez la commande À partir d'une base de données/À partir d'une base de données Microsoft Access dans le menu du bouton Obtenir des données de l'onglet Données.**

   Dans Excel 2016 ou 2019, cliquez sur le bouton Données externes de l'onglet Données, puis sur la commande Access.

   Excel affiche la boîte de dialogue Importer des données, comme le montre la Figure 2.22.

Figure 2.22

La boîte de dialogue Importer des données.

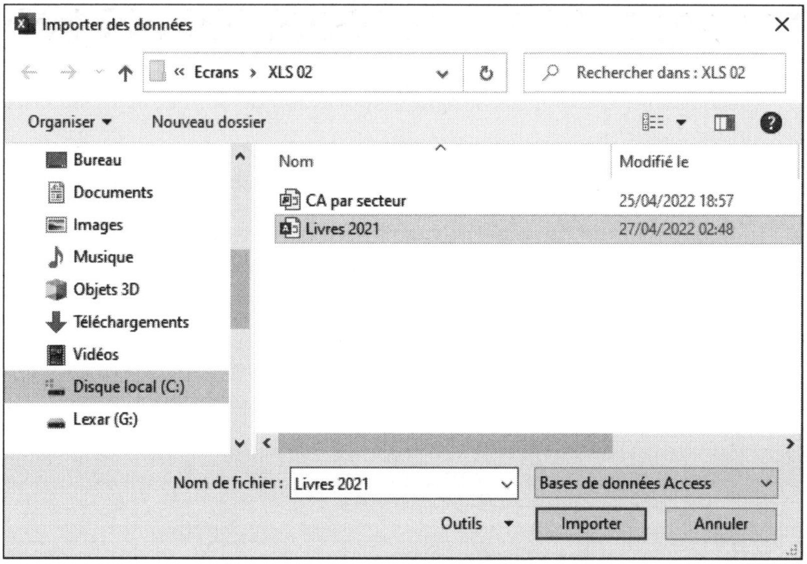

❷ **Localisez le fichier qui stocke la base de données.**

Sélectionnez le lecteur et le dossier où se trouve la base de données.

❸ **Sélectionnez le fichier Access, puis cliquez sur Importer.**

Excel affiche la boîte de dialogue Navigateur, comme le montre la Figure 2.23.

Figure 2.23

La boîte de dialogue Navigateur.

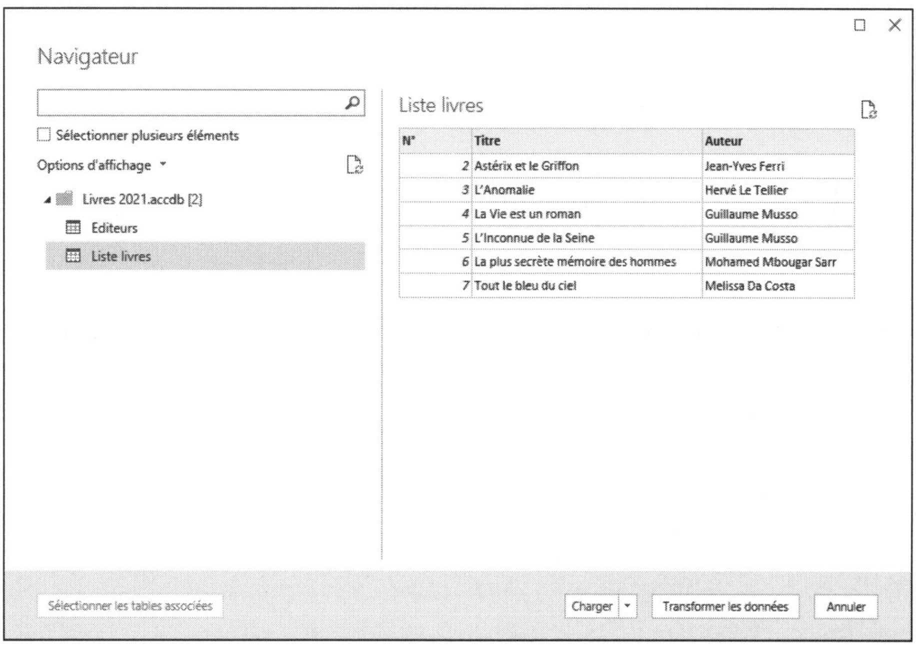

❹ **Sélectionnez la ou les table(s) à récupérer, puis cliquez sur la flèche qui borde le bouton Charger et sur la commande Charger dans.**

Excel affiche la boîte de dialogue Importation de données (présentée à la Figure 2.20).

❺ **Choisissez la méthode d'affichage, puis l'endroit où insérer les données.**

Indiquez l'endroit où placer les données, dans la feuille de calcul en cours ou dans une nouvelle feuille.

❻ **Cliquez sur OK.**

Excel récupère les informations de la table Access et les place à l'endroit spécifié. La Figure 2.24 montre le résultat de l'importation.

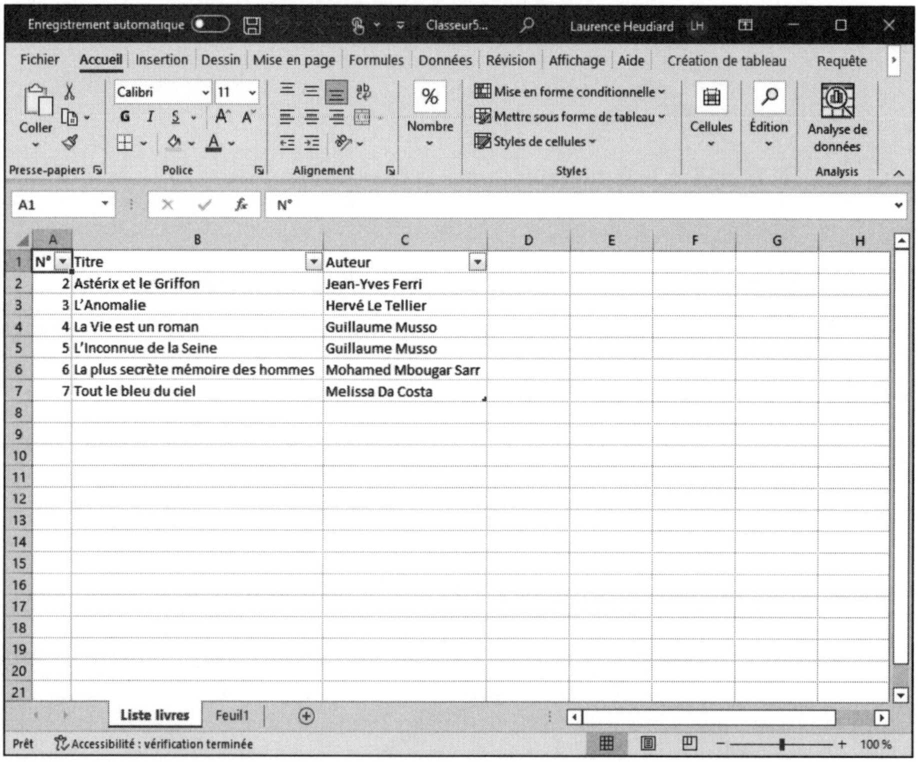

Figure 2.24 Une feuille de calcul Excel avec des données importées d'une base de données Access.

Interrogation d'une base de données externe

Excel propose une autre méthode puissante pour extraire des informations à partir des bases de données externes. Celle-ci n'est pas limitée à une ou plusieurs tables ; elle permet d'interroger directement une base de données et de récupérer ainsi uniquement les informations qui correspondent aux critères de recherche.

L'interrogation est souvent la meilleure approche lorsque l'on souhaite combiner les données avant de les importer et que l'on a besoin de les filtrer auparavant. Par exemple, si l'on interroge une très grande base de données contenant des centaines de milliers d'enregistrements, il est préférable d'exécuter au préalable une requête pour réduire la quantité d'informations à importer dans Excel.

❶ **Choisissez la commande À partir d'autres sources/À partir de Microsoft Query dans le menu du bouton Obtenir des données de l'onglet Données.**

Dans Excel 2016 ou 2019, cliquez sur le bouton Données externes de l'onglet Données, puis sur la commande À partir d'autres sources/À partir de Microsoft Query.

Excel affiche la boîte de dialogue Choisir la source de données, comme le montre la Figure 2.25.

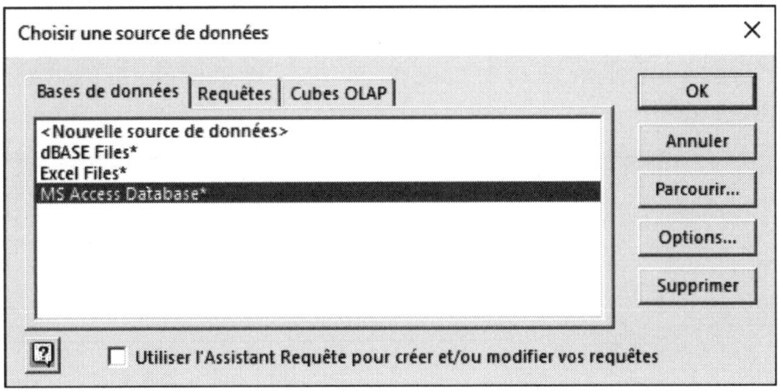

Figure 2.25 La boîte de dialogue Choisir une source de données.

❷ **À partir de l'onglet Bases de données, identifiez le type de base de données que vous souhaitez interroger.**

Par exemple, pour interroger une base de données Microsoft Access, cliquez sur l'entrée MS Access Database, puis sur OK.

Vous pouvez accéder aux résultats d'une requête en cliquant sur l'onglet Requêtes, puis en sélectionnant l'un des éléments proposés.

L'onglet Cubes OLAP (OLAP, *Online Analytical Processing*, c'est-à-dire traitement analytique en ligne) permet de récupérer ce type d'informations. Consultez l'administrateur de la base de données pour de plus amples informations.

Excel affiche la fenêtre Microsoft Query et la boîte de dialogue Sélectionner la base de données, comme le montre la Figure 2.26.

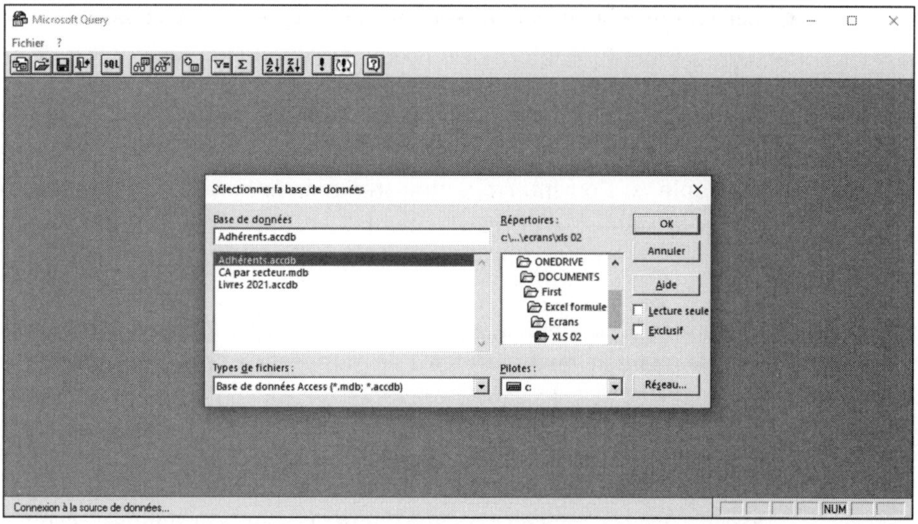

Figure 2.26 La fenêtre Microsoft Query et la boîte de dialogue Sélectionner la base de données.

❸ **Sélectionnez la base de données que vous souhaitez interroger.**

Dans la zone Répertoires, ouvrez l'emplacement de la base de données à interroger, puis, dans la zone Base de données, cliquez sur la base à interroger. Cliquez sur OK.

La boîte de dialogue Ajouter une table apparaît, comme le montre la Figure 2.27.

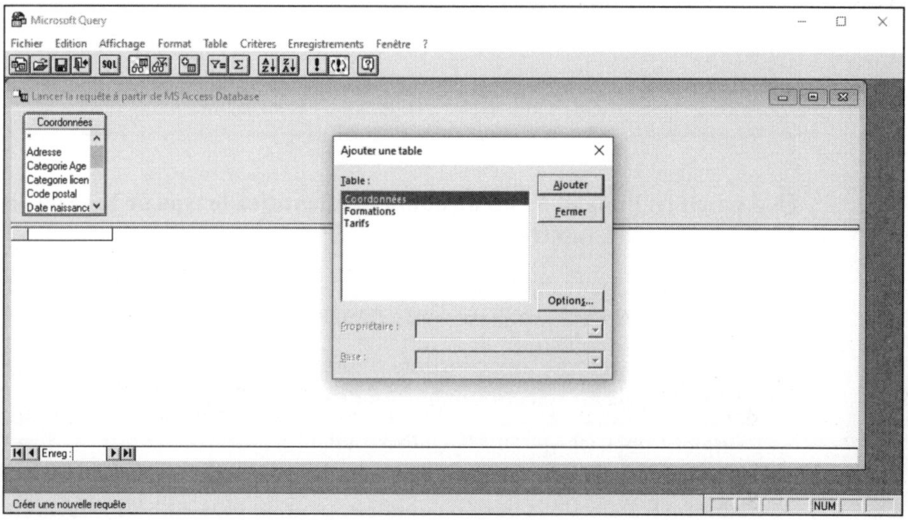

Figure 2.27 La boîte de dialogue Ajouter une table.

❹ **Sélectionnez la table à utiliser dans la base de données choisie.**

Cliquez sur le nom de la table à importer, puis sur Ajouter et sur Fermer.

Dans Excel 2016 ou 2019, l'Assistant Requête s'ouvre et vous guide pas à pas dans la procédure de sélection des champs et de construction du tableau Excel.

Microsoft Query liste tous les champs de la table importée dans l'ordre alphabétique.

❺ **Indiquez les champs que vous voulez importer sous forme de colonne dans votre feuille Excel. Sélectionnez chaque champ et faites-le glisser dans la moitié inférieure de la fenêtre.**

Pour ajouter tous les champs d'une table dans la requête, cliquez sur l'astérisque au début de la liste et faites-le glisser dans la moitié inférieure de la fenêtre.

Pour supprimer un champ, sélectionnez-le dans la moitié inférieure de la fenêtre et appuyez sur la touche Suppr du clavier.

La Figure 2.28 montre la préparation de la requête.

Figure 2.28 La préparation de la requête dans la fenêtre Microsoft Query.

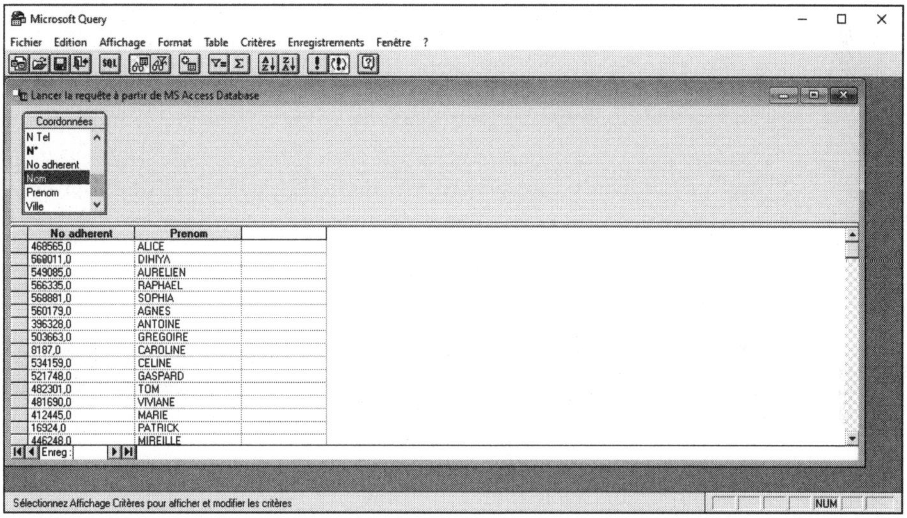

❻ **Optionnel : si vous voulez filtrer les données, définissez les critères adéquats depuis la boîte de dialogue Ajouter des critères, présentée à la Figure 2.29.**

Cliquez sur le menu Critères, puis sur la commande Ajouter des critères. Sélectionnez le champ d'après lequel vous voulez filtrer les enregistrements, puis l'opérateur souhaité et, si celui-ci réclame une valeur, indiquez cette dernière. Cliquez sur Ajouter.

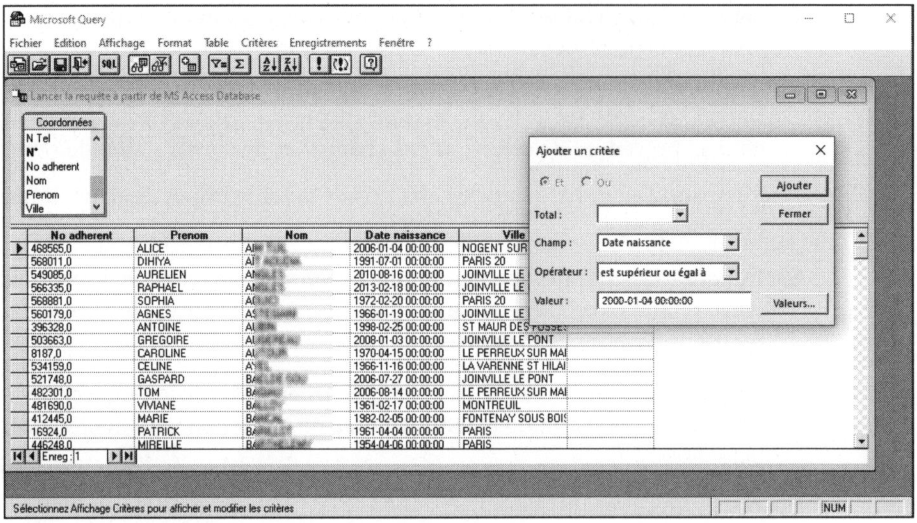

Figure 2.29 La boîte de dialogue Ajouter des critères.

Le filtre est immédiatement appliqué. Si vous voulez appliquer un filtre multiple, sélectionnez le bouton radio Et ou Ou, et définissez le deuxième critère.

» *Et* : signifie que les deux conditions doivent être remplies.

» *Ou* : signifie que l'une ou l'autre des conditions doit être remplie.

Après avoir ajouté tous les critères souhaités, cliquez sur Fermer.

7. **Optionnel : si vous voulez trier les données selon des champs spécifiques, définissez les critères adéquats depuis la boîte de dialogue Trier, présentée à la Figure 2.30.**

Cliquez sur le menu Enregistrements, puis sur la commande Trier. Sélectionnez la colonne d'après laquelle vous voulez trier les enregistrements, puis un tri croissant ou décroissant. Cliquez sur Ajouter.

Le tri n'est pas appliqué immédiatement aux enregistrements, mais il est pris en compte, comme le montre la zone Tris dans la requête.

Si vous voulez appliquer un tri multiple, sélectionnez une autre colonne, le type de tri et cliquez sur Ajouter.

Après avoir terminé, cliquez sur Fermer.

8. **Envoyez les résultats de la requête dans Excel et indiquez où les placer.**

Cliquez sur le bouton de fermeture de la fenêtre Microsoft Query, en haut à droite, et, dans la boîte de dialogue Importation de données (présentée à la

Figure 2.20), choisissez la méthode d'affichage et l'emplacement pour les résultats de la requête.

» Pour placer les résultats de la requête dans la feuille de calcul en cours, sélectionnez le bouton radio correspondant et indiquez les coordonnées de la cellule de l'angle supérieur gauche de la plage de la feuille de calcul.

» Sinon, placez les données dans une nouvelle feuille en sélectionnant le bouton radio Nouvelle feuille de calcul.

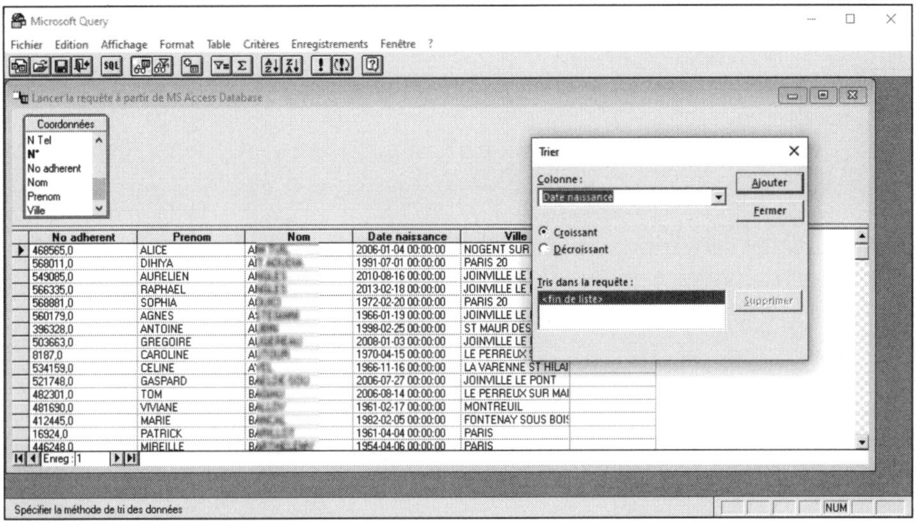

Figure 2.30 La boîte de dialogue Trier.

❾ **Cliquez sur OK.**

Excel place les données à l'emplacement choisi.

Les données importées sont parfois brutes de fonderie

Les données importées à partir d'une source externe à l'aide des méthodes décrites dans ce chapitre ne seront pas toujours très présentables. Ne vous inquiétez pas : dans le Chapitre 3, vous verrez comment nettoyer le classeur en éliminant les lignes et les colonnes parasites qui ne font pas partie de vos données. Vous apprendrez à disposer celles-ci différemment, afin qu'elles apparaissent dans un format et une structure permettant de les analyser ultérieurement.

Il se peut aussi que le processus d'importation des données à partir d'une source externe ait fourni des données très propres et prêtes à être exploitées ; dans ce cas, il ne vous reste plus qu'à passer directement au Chapitre 4 pour étudier les techniques d'analyse de données.

DANS CE CHAPITRE

Modification d'un classeur importé

•

Nettoyage des données avec des fonctions texte

•

Maintien de données pertinentes et validation

Chapitre 3
Nettoyage des données

Excel propose des techniques élaborées pour nettoyer et réorganiser les données des classeurs. En effet, la plupart du temps, les données importées à partir d'autres programmes sont assez désorganisées et ne sont pas immédiatement exploitables. Leur nettoyage facilitera leur manipulation et leur analyse.

Modification d'un classeur importé

Pour commencer, nous allons étudier quelques techniques de base d'édition de classeur. Si vous jetez un coup d'œil au classeur illustré à la Figure 3.1, vous voyez que les données, bien que parfaitement formatées, n'apparaissent pas comme un tableau Excel. Ce classeur comporte des colonnes et des lignes vides, certaines colonnes sont mal dimensionnées. Par exemple, la colonne I n'est pas assez large pour afficher les valeurs qui y sont stockées et, dans la majorité des cellules, Excel affiche seulement des signes dièse (#).

Vous risquez d'être souvent confronté à ce genre de situation, bien que vous importiez des données au format Excel. Le classeur illustré à la Figure 3.1 a été importé à partir de QuickBooks. Heureusement, plusieurs techniques d'édition de classeur vous permettront de réaliser un nettoyage ; les sections suivantes donnent un aperçu très utile.

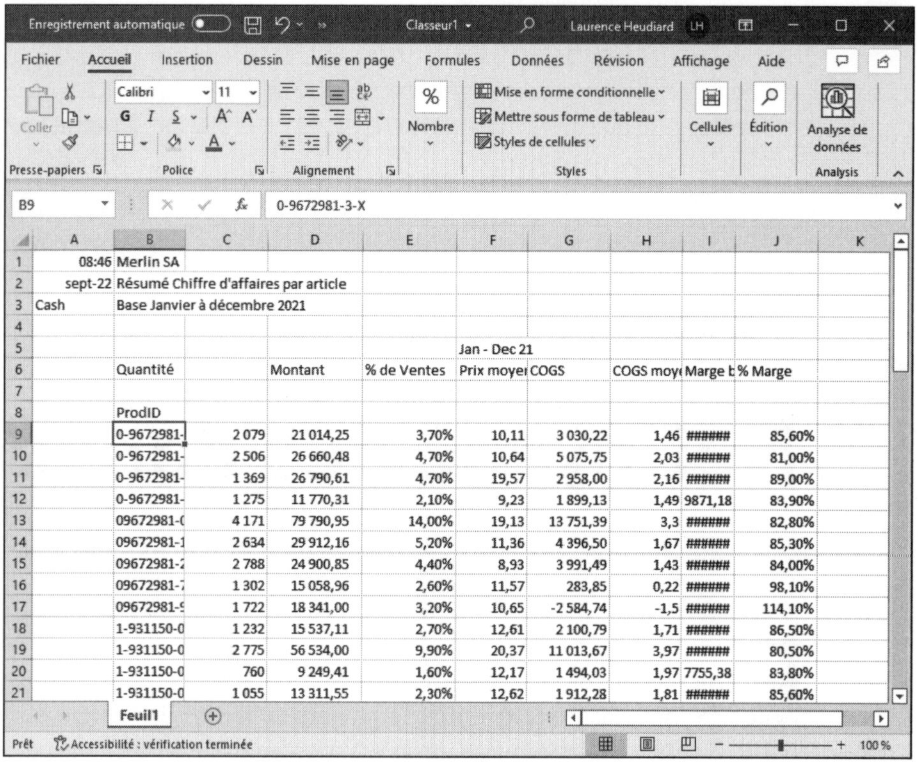

Figure 3.1 L'exportation de ce classeur requiert un nettoyage.

Suppression des colonnes inutiles

Si certaines colonnes sont vides ou comportent des données dont vous n'avez pas besoin, vous pouvez les supprimer. Pour ce faire, cliquez sur la lettre de la colonne pour la sélectionner, puis choisissez la commande Supprimer à partir de l'onglet Accueil.

Vous pouvez sélectionner plusieurs colonnes pour des suppressions multiples en maintenant la touche Ctrl enfoncée, puis en cliquant successivement sur les lettres des colonnes à supprimer.

Suppression des lignes inutiles

Pour supprimer des lignes inutiles, cliquez sur le numéro de la ligne, puis choisissez la commande Supprimer à partir de l'onglet Accueil. Pour supprimer plusieurs lignes, maintenez la touche Ctrl enfoncée et sélectionnez les numéros des lignes que vous souhaitez supprimer. Ensuite, choisissez la commande Supprimer à partir de l'onglet Accueil.

Redimensionnement des colonnes

Pour augmenter la largeur d'une colonne, de telle sorte que son contenu s'affiche clairement, déplacez le curseur de la souris à droite de la lettre de la colonne et double-cliquez lorsque le curseur se transforme en deux flèches (l'une vers la droite et l'autre vers la gauche), ou sélectionnez la colonne et, dans le menu déroulant Format de l'onglet Accueil, cliquez sur Ajuster la largeur des colonnes. Par exemple, dans la Figure 3.2, comme la colonne I est trop étroite pour afficher les valeurs des cellules, Excel fait juste apparaître plusieurs signes dièse (########) dans les cellules.

Figure 3.2
La colonne I doit être élargie.

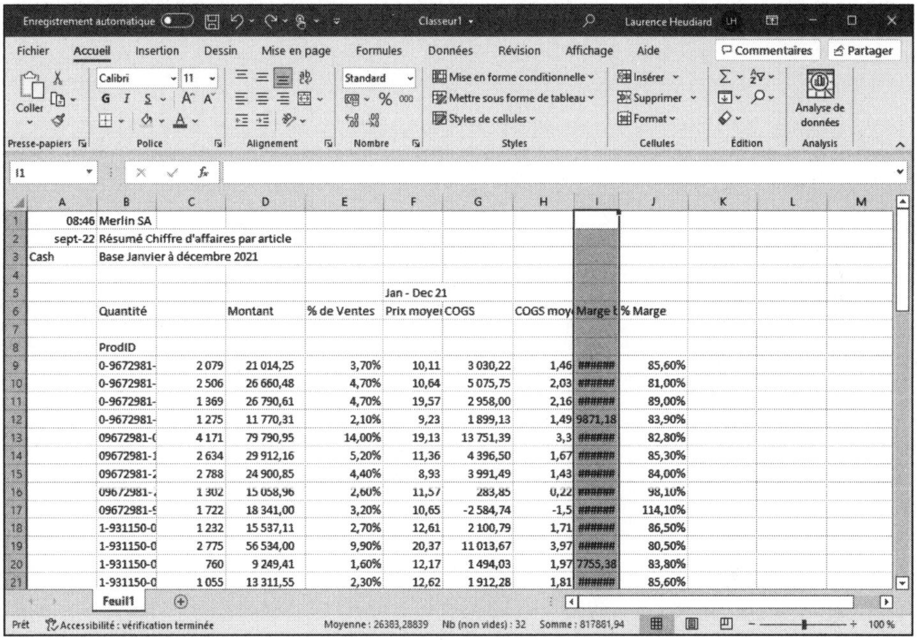

Placez le curseur de la souris entre les colonnes I et J et double-cliquez ; Excel redimensionne la colonne I, de façon qu'elle soit assez large pour afficher les valeurs ou les étiquettes qui y sont stockées. La Figure 3.3 montre la colonne I élargie, avec toutes ses valeurs désormais visibles.

Vous pouvez également redimensionner une colonne en la sélectionnant, puis en choisissant la commande Format/Largeur de Colonne dans l'onglet Accueil. Excel affiche la boîte de dialogue Largeur de colonne, comme le montre la Figure 3.4. Dans la zone de saisie, entrez une valeur plus grande que celle qui apparaît, puis cliquez sur OK. La valeur tapée correspond au nombre de caractères qui peuvent tenir dans une colonne.

Figure 3.3 La colonne I a été élargie, laissant à présent apparaître tout son contenu.

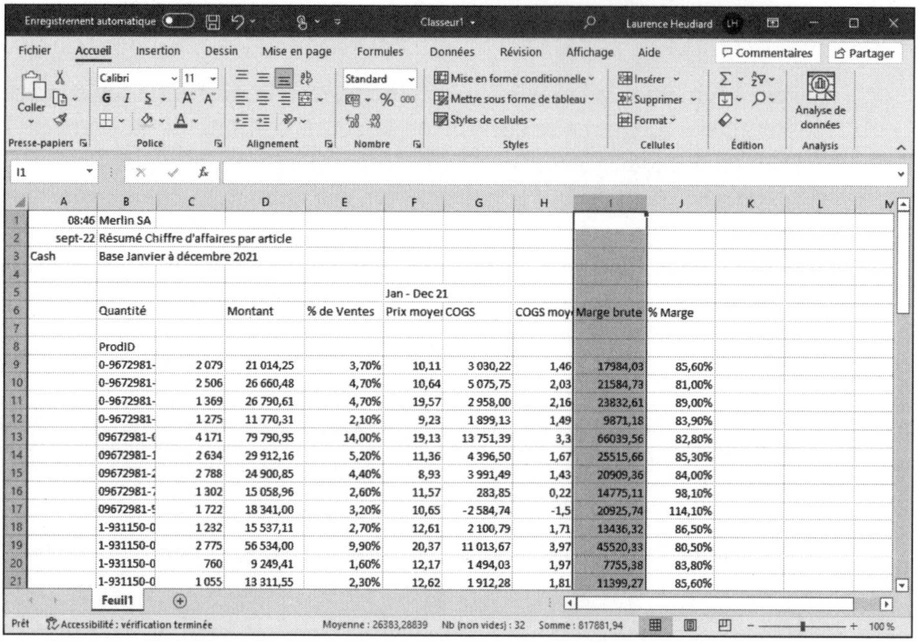

Figure 3.4 Redimensionnement d'une colonne depuis la boîte de dialogue Largeur de colonne.

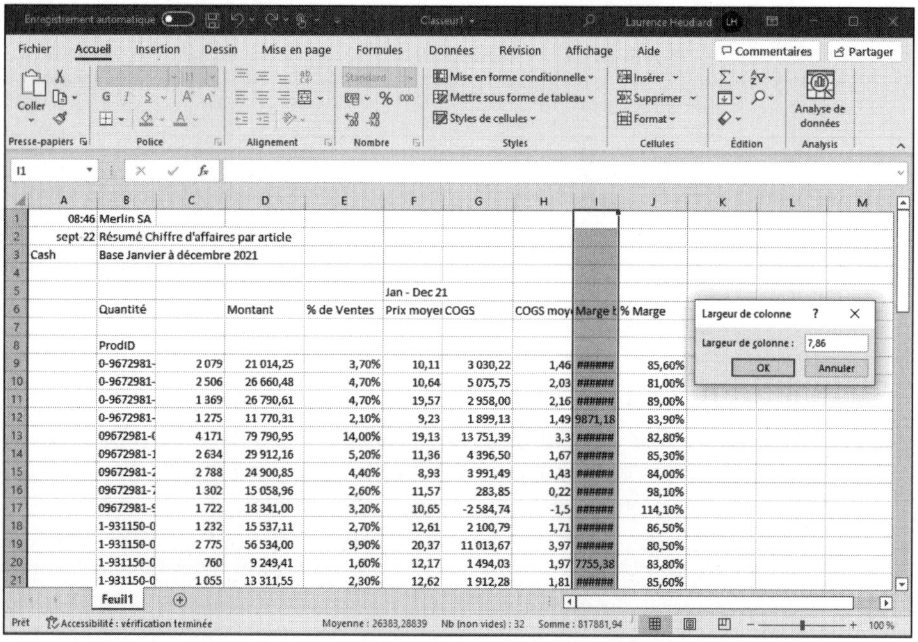

Vous pouvez également redimensionner une colonne en cliquant sur le bord droit de la cellule de son étiquette (où se trouve la lettre de la colonne) et en faisant glisser latéralement la ligne de limite droite de la colonne.

Redimensionnement des lignes

La méthode qui permet de redimensionner des lignes est analogue à celle qui permet de redimensionner des colonnes. Sélectionnez l'étiquette de numéro de ligne, puis, choisissez Format/Hauteur de ligne à partir de l'onglet Accueil. Lorsqu'Excel affiche la boîte de dialogue Hauteur de ligne, comme le montre la Figure 3.5, vous pouvez entrer une nouvelle valeur dans la zone de saisie.

Figure 3.5 Réglage de la hauteur de ligne.

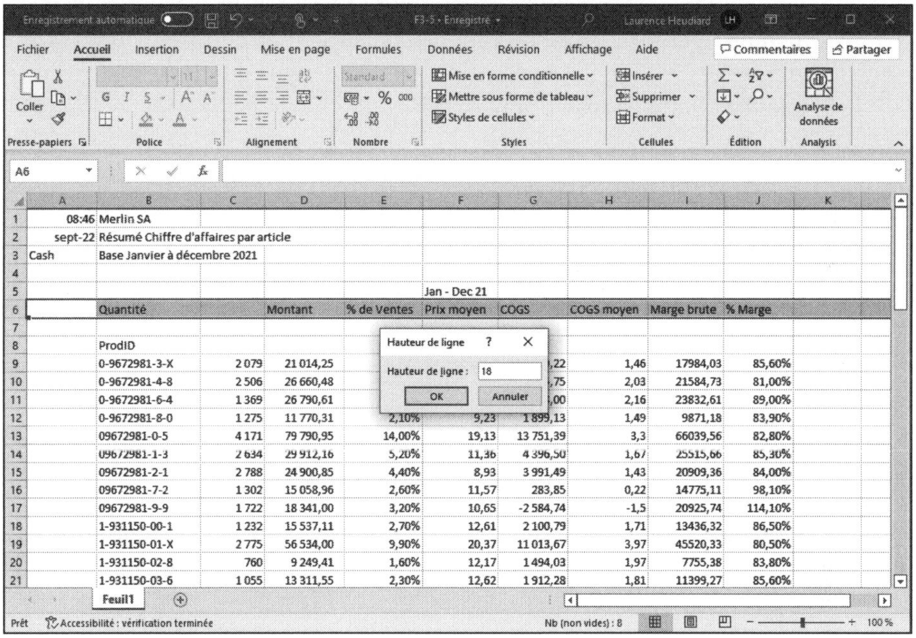

La hauteur de ligne est mesurée en points ; un point est égal à 1/72e de pouce, et un pouce à 25,4 millimètres.

Suppression du contenu des cellules

Pour effacer le contenu d'une plage contenant des données devenues inutiles, sélectionnez la plage dans la feuille de calcul, puis choisissez la commande Effacer/Effacer Tout dans la rubrique Édition de l'onglet Accueil.

Excel efface à la fois le contenu des cellules de la plage sélectionnée et le formatage affecté à ces cellules.

Formatage des valeurs numériques

Pour modifier la mise en forme de valeurs numériques dans un classeur, sélectionnez d'abord la plage à reformater, puis, à partir de l'onglet Accueil, cliquez sur la commande Format/Format de cellule. Lorsqu'Excel affiche la boîte de dialogue Format de cellule, comme le montre la Figure 3.6, choisissez la catégorie et la mise en forme souhaitées. Par exemple, à partir de la catégorie Nombre, sélectionnez des nombres avec deux décimales et, si vous voulez utiliser un séparateur pour les milliers, cochez la case correspondante. Les options de l'onglet Alignement définissent la façon dont le texte et les valeurs sont placés dans la cellule ; l'onglet Police permet de choisir la police utilisée pour les valeurs et les étiquettes, et l'onglet Bordure caractérise le type du contour et de l'intérieur de la plage de cellules sélectionnées.

Figure 3.6 Formatage de valeurs numériques.

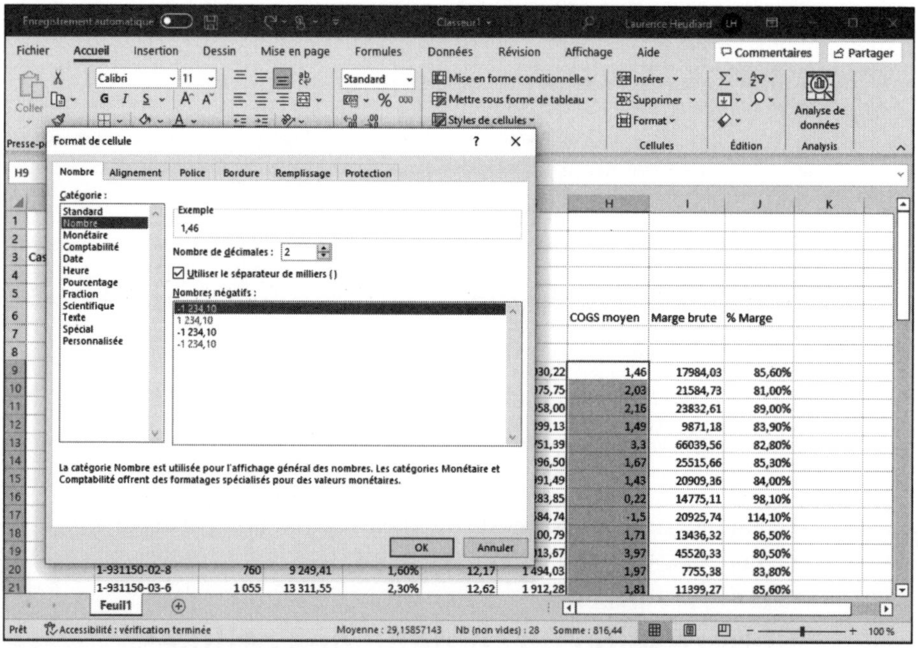

Les boutons qui apparaissent dans la rubrique Nombre de l'onglet Accueil permettent d'affecter un format en un seul clic. Par exemple, le bouton de commande marqué du symbole monétaire applique le format Comptabilité à la plage sélectionnée.

Copie des données de la feuille de calcul

Pour copier des données de la feuille de calcul, sélectionnez d'abord les données à dupliquer. Vous pouvez copier une seule cellule ou une plage de cellules. Ensuite, à partir de l'onglet Accueil, choisissez la commande Copier, sélectionnez la plage dans laquelle vous voulez placer les données et cliquez sur la commande Coller de l'onglet Accueil.

Vous pouvez également copier des plages de feuille de calcul en faisant glisser la souris. Pour ce faire, sélectionnez la plage que vous souhaitez copier ; ensuite, maintenez la touche Ctrl enfoncée et faites glisser le contour de la plage jusqu'à la zone souhaitée.

Déplacement des données de la feuille de calcul

Pour déplacer les données de la feuille de calcul, sélectionnez la plage où sont stockées les données, puis, à partir de l'onglet Accueil, choisissez la commande Couper. Cliquez dans la cellule supérieure gauche de la plage dans laquelle vous souhaitez déplacer les données et activez la commande Coller dans l'onglet Accueil.

Vous pouvez également déplacer des plages de la feuille de calcul en faisant glisser la souris. Pour ce faire, sélectionnez la plage à déplacer, puis faites glisser son contour jusqu'à la zone souhaitée.

Remplacement des données dans des champs

La commande Rechercher et sélectionner de l'onglet Accueil est extrêmement pratique pour modifier des listes de données. Pour la mettre en œuvre, sélectionnez d'abord la colonne contenant les données à nettoyer en cliquant sur sa lettre. Ensuite, activez la commande Rechercher et sélectionner/Remplacer pour afficher la boîte de dialogue Rechercher et remplacer, comme le montre la Figure 3.7.

Entrez le texte à rechercher dans la zone Rechercher, puis tapez le texte de remplacement dans la zone Remplacer par. Cliquez sur le bouton Remplacer tout pour corriger le texte incorrect.

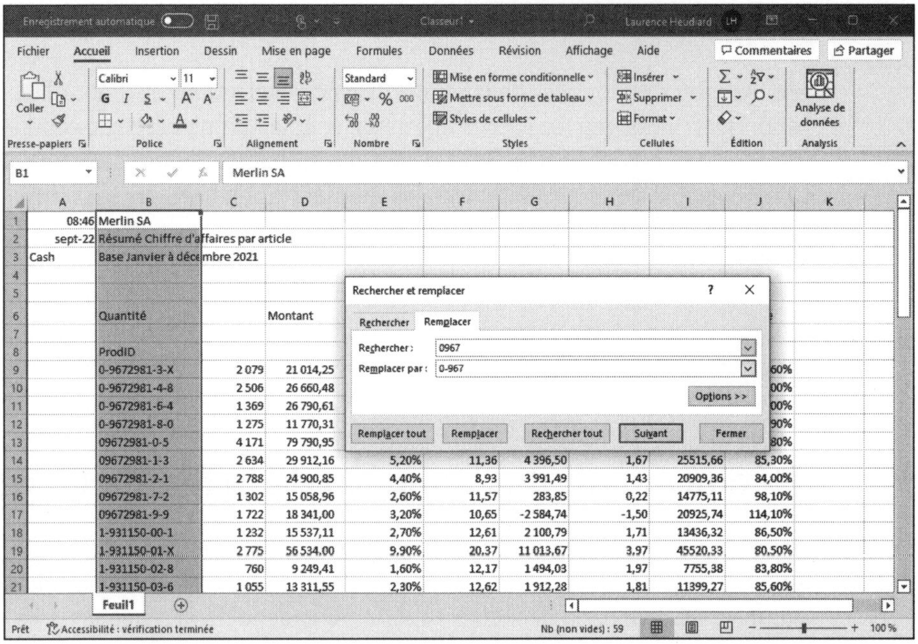

Figure 3.7 Remplacement de données avec la boîte de dialogue Rechercher et remplacer.

Nettoyage des données avec des fonctions texte

La plupart du temps, les données que vous importez ne correspondent pas exactement à ce que vous auriez voulu. Par exemple, vous pourriez avoir récupéré pour des adresses les informations relatives à la ville, au département et au code postal dans une seule cellule plutôt que dans trois cellules distinctes. À l'inverse, vous pourriez vous retrouver avec des informations stockées dans trois cellules distinctes, alors que vous auriez voulu qu'elles figurent dans une seule cellule. Vous pouvez également préférer que des éléments d'information soient enregistrés comme étiquettes plutôt que comme valeurs, et *vice versa*.

Beaucoup de travail en perspective

Pour illustrer le paragraphe précédent, regardez les Figures 3.8 et 3.9. Bien sûr, ce sont des données sans grand intérêt, mais les exemples montrent une situation fréquente. Dans la Figure 3.8, la première colonne utilise des noms de produits inutilement longs ; dans la deuxième colonne, quelques noms de clients sont suivis du numéro de magasin, et dans la colonne suivante, le nom de la ville et celui de l'état sont dans le même champ.

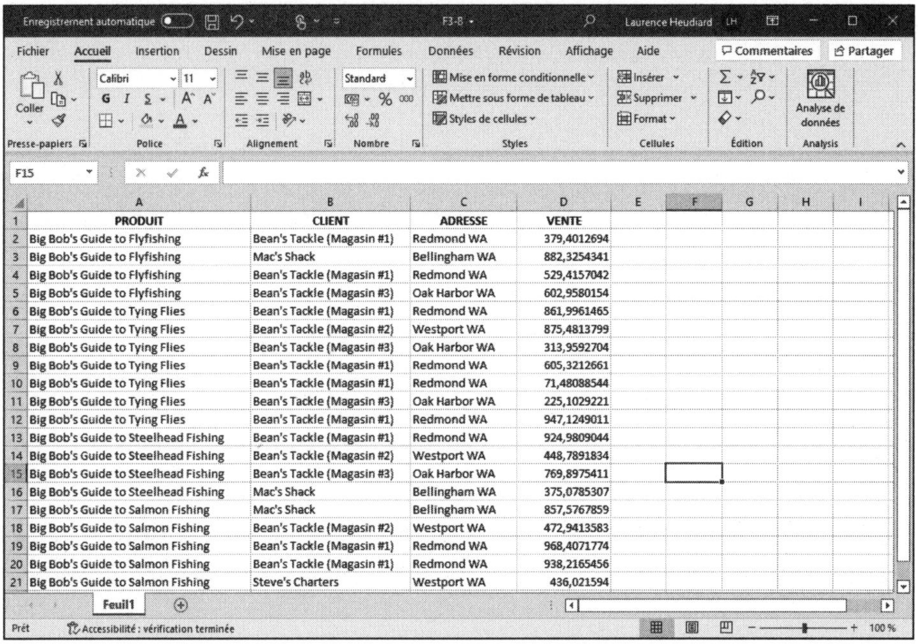

	A	B	C	D
1	PRODUIT	CLIENT	ADRESSE	VENTE
2	Big Bob's Guide to Flyfishing	Bean's Tackle (Magasin #1)	Redmond WA	379,4012694
3	Big Bob's Guide to Flyfishing	Mac's Shack	Bellingham WA	882,3254341
4	Big Bob's Guide to Flyfishing	Bean's Tackle (Magasin #1)	Redmond WA	529,4157042
5	Big Bob's Guide to Flyfishing	Bean's Tackle (Magasin #3)	Oak Harbor WA	602,9580154
6	Big Bob's Guide to Tying Flies	Bean's Tackle (Magasin #1)	Redmond WA	861,9961465
7	Big Bob's Guide to Tying Flies	Bean's Tackle (Magasin #2)	Westport WA	875,4813799
8	Big Bob's Guide to Tying Flies	Bean's Tackle (Magasin #3)	Oak Harbor WA	313,9592704
9	Big Bob's Guide to Tying Flies	Bean's Tackle (Magasin #1)	Redmond WA	605,3212661
10	Big Bob's Guide to Tying Flies	Bean's Tackle (Magasin #1)	Redmond WA	71,48088544
11	Big Bob's Guide to Tying Flies	Bean's Tackle (Magasin #3)	Oak Harbor WA	225,1029221
12	Big Bob's Guide to Tying Flies	Bean's Tackle (Magasin #1)	Redmond WA	947,1249011
13	Big Bob's Guide to Steelhead Fishing	Bean's Tackle (Magasin #1)	Redmond WA	924,9809044
14	Big Bob's Guide to Steelhead Fishing	Bean's Tackle (Magasin #2)	Westport WA	448,7891834
15	Big Bob's Guide to Steelhead Fishing	Bean's Tackle (Magasin #3)	Oak Harbor WA	769,8975411
16	Big Bob's Guide to Steelhead Fishing	Mac's Shack	Bellingham WA	375,0785307
17	Big Bob's Guide to Salmon Fishing	Mac's Shack	Bellingham WA	857,5767859
18	Big Bob's Guide to Salmon Fishing	Bean's Tackle (Magasin #2)	Westport WA	472,9413583
19	Big Bob's Guide to Salmon Fishing	Bean's Tackle (Magasin #1)	Redmond WA	968,4071774
20	Big Bob's Guide to Salmon Fishing	Bean's Tackle (Magasin #1)	Redmond WA	938,2165456
21	Big Bob's Guide to Salmon Fishing	Steve's Charters	Westport WA	436,021594

Figure 3.8 Toutes les informations sont dans la feuille, mais leur analyse sera difficile.

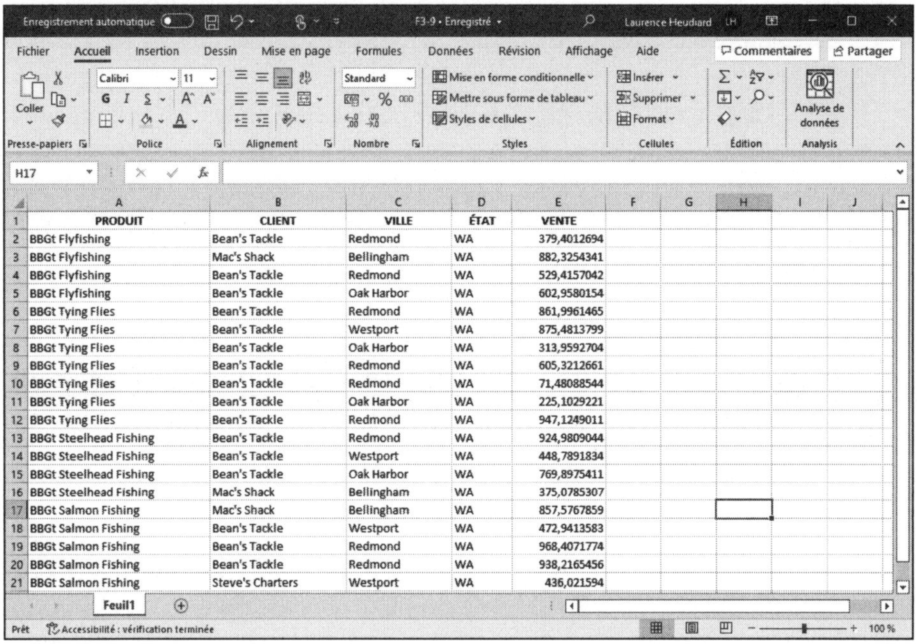

	A	B	C	D	E
1	PRODUIT	CLIENT	VILLE	ÉTAT	VENTE
2	BBGt Flyfishing	Bean's Tackle	Redmond	WA	379,4012694
3	BBGt Flyfishing	Mac's Shack	Bellingham	WA	882,3254341
4	BBGt Flyfishing	Bean's Tackle	Redmond	WA	529,4157042
5	BBGt Flyfishing	Bean's Tackle	Oak Harbor	WA	602,9580154
6	BBGt Tying Flies	Bean's Tackle	Redmond	WA	861,9961465
7	BBGt Tying Flies	Bean's Tackle	Westport	WA	875,4813799
8	BBGt Tying Flies	Bean's Tackle	Oak Harbor	WA	313,9592704
9	BBGt Tying Flies	Bean's Tackle	Redmond	WA	605,3212661
10	BBGt Tying Flies	Bean's Tackle	Redmond	WA	71,48088544
11	BBGt Tying Flies	Bean's Tackle	Oak Harbor	WA	225,1029221
12	BBGt Tying Flies	Bean's Tackle	Redmond	WA	947,1249011
13	BBGt Steelhead Fishing	Bean's Tackle	Redmond	WA	924,9809044
14	BBGt Steelhead Fishing	Bean's Tackle	Westport	WA	448,7891834
15	BBGt Steelhead Fishing	Bean's Tackle	Oak Harbor	WA	769,8975411
16	BBGt Steelhead Fishing	Mac's Shack	Bellingham	WA	375,0785307
17	BBGt Salmon Fishing	Mac's Shack	Bellingham	WA	857,5767859
18	BBGt Salmon Fishing	Bean's Tackle	Westport	WA	472,9413583
19	BBGt Salmon Fishing	Bean's Tackle	Redmond	WA	968,4071774
20	BBGt Salmon Fishing	Bean's Tackle	Redmond	WA	938,2165456
21	BBGt Salmon Fishing	Steve's Charters	Westport	WA	436,021594

Figure 3.9 Les données ont été remises en forme et seront plus faciles à analyser.

La Figure 3.9 montre les données modifiées pour faciliter leur tri et leur filtrage : les noms des produits ont été abrégés, les numéros des magasins ont été supprimés des noms des clients, et les adresses ont été réparties dans deux colonnes : une pour la ville, et une pour l'état.

Un autre point important à propos de la Figure 3.9 : le réarrangement réalisé permettra de traiter les données au moyen d'un tableau croisé dynamique (notion abordée dans le Chapitre 4).

La réponse à certains problèmes

Tous les traitements qui permettent de passer de la Figure 3.8 à la Figure 3.9 sont réalisés avec des fonctions texte présentées dans les sections suivantes.

Excel fournit plus de 20 fonctions texte pour manipuler des chaînes de texte, les réorganiser facilement et traiter les données importées dans un classeur Excel. Les paragraphes suivants expliquent comment mettre en œuvre ces fonctions texte primaires.

Dans la pléthore de fonctions proposées par Excel, voici trois fonctions texte que vous n'aurez probablement pas l'occasion d'utiliser pour le nettoyage de vos données :

- » BAHTTEXT convertit un nombre en texte en langue thaï et lui ajoute le suffixe Baht ;
- » CAR renvoie le caractère représenté par un nombre au format ANSI (*American National Standards Institute*) ;
- » CODE renvoie le code ANSI du premier caractère du texte.

Pour obtenir une description des fonctions texte, cliquez sur la flèche vers le bas à côté de la fonction Somme automatique à partir de l'onglet Accueil et choisissez Autres fonctions en bas de la liste déroulante. Dans la boîte de dialogue Insérer une fonction qui apparaît, tapez une brève description de la fonction ou sélectionnez une catégorie de fonctions, puis faites votre choix dans la liste des fonctions proposées dans la zone Sélectionnez une fonction.

La fonction EPURAGE

La fonction EPURAGE supprime tous les caractères de contrôle du texte, c'est-à-dire les caractères non imprimables. Par exemple, si les étiquettes de texte figurant dans une colonne utilisent des caractères non imprimables qui risquent de nuire à la compréhension du texte, la fonction EPURAGE permettra de nettoyer ce texte. Le texte assaini peut être stocké dans une autre colonne, pour être ensuite remis en forme.

La fonction EPURAGE utilise la syntaxe suivante :

```
EPURAGE(texte)
```

L'argument `texte` est la chaîne de texte à nettoyer ou la référence de la cellule contenant cette chaîne. Par exemple, pour traiter le texte stocké dans la cellule A1, utilisez la syntaxe suivante :

```
EPURAGE(A1)
```

La fonction CONCATENER

La fonction CONCATENER combine, ou assemble, des chaînes de caractères en une seule chaîne de texte. Elle utilise la syntaxe suivante :

```
CONCATENER(texte1; texte2; texte3;…)
```

Les arguments `texte1`, `texte2` et `texte3` sont les chaînes de texte à concaténer en une seule chaîne. Par exemple, si le code postal, la ville et la boîte postale ont été stockés dans des champs nommés `Code postal`, `Ville` et `BP` dans les cellules A4, A5 et A6, vous pouvez créer une seule chaîne de texte qui stocke ces informations en utilisant la syntaxe suivante :

```
CONCATENER(A4; A5; A6)
```

Pour éviter les erreurs de saisie et vous faciliter la tâche, ne tapez pas manuellement les références des cellules : après avoir saisi la parenthèse ouvrante, cliquez dans la cellule A4, tapez un point-virgule, cliquez dans la cellule A5, tapez un point-virgule, cliquez dans la cellule A6 et terminez en tapant la parenthèse fermante.

Si la ville était Rambouillet, le code postal 78830, et la boîte postale BP 9, la fonction retournerait la chaîne de texte :

```
78830RambouilletBP 9
```

Chaque sous-chaîne est directement accolée à la suivante, ce qui produit un résultat plutôt illisible ; ce n'est pas une erreur typographique. Pour produire un résultat plus intelligible, il faut séparer chaque partie par des espaces. Celles-ci doivent être insérées comme arguments de la fonction :

```
CONCATENER(A4; " "; A5; " "; A6)
```

La fonction retourne alors la chaîne de texte suivante :

```
78830 Rambouillet BP 9
```

La fonction EXACT

La fonction EXACT compare deux chaînes de texte. Si celles-ci sont parfaitement identiques, elle renvoie la valeur logique VRAI, qui est 1. Si les deux chaînes de texte diffèrent, la fonction renvoie la valeur logique FAUX, qui est 0. La fonction EXACT est sensible à la casse ; par exemple, `Paris` orthographié avec un P majuscule diffère du mot `paris` orthographié avec un p minuscule.

La fonction EXACT utilise la syntaxe suivante :

```
EXACT(texte1; texte2)
```

Les arguments `texte1` et `texte2` sont les chaînes de texte à comparer. Par exemple, pour vérifier si les deux chaînes `"Ajaccio"` et `"ajaccio"` sont identiques, utilisez la formule suivante :

```
EXACT("Ajaccio"; "ajaccio")
```

Cette fonction retourne la valeur logique pour Faux, 0, parce que ces deux chaînes de texte ne correspondent pas exactement. L'une commence par un `A` majuscule, tandis que l'autre débute par un `a` minuscule.

La fonction TROUVE

La fonction TROUVE localise la position d'une sous-chaîne de caractères dans une chaîne ; il est possible de spécifier à partir de quel caractère débute la recherche. Par exemple, si vous voulez savoir à quelle position dans une chaîne de texte se trouve le mot `Saint` dans `22000 Saint-Brieuc`, vous pouvez utiliser la fonction TROUVE.

La fonction TROUVE utilise la syntaxe suivante :

```
TROUVE(texte_cherché; texte_source; No_départ)
```

L'argument `texte_cherché` est la sous-chaîne recherchée, l'argument `texte_source` identifie la chaîne de caractères dans laquelle effectuer la recherche, et l'argument `No_départ` indique à partir de quel caractère commencer la recherche. Par exemple, pour trouver à quelle position se trouve `Saint` dans la chaîne `22000 Saint-Brieuc`, utilisez la formule suivante :

```
TROUVE("Saint"; "22000 Saint-Brieuc"; 1)
```

La fonction retourne la valeur 7, parce que `Saint` commence à la septième position, puisque les espaces sont comptées.

L'argument `No_départ` est facultatif ; s'il est omis, Excel commence à chercher dès le début de la chaîne.

La fonction CTXT

La fonction CTXT arrondit une valeur avec la précision spécifiée, puis la convertit sous forme de texte. Elle utilise la syntaxe suivante :

```
CTXT(nombre; décimales; No_séparateur)
```

L'argument `nombre` est la valeur à arrondir et à convertir en texte. L'option `décimales` indique à Excel le nombre de chiffres à placer après la virgule. L'argument `No_séparateur` doit être égal à 0 si vous voulez afficher des espaces comme séparateurs des milliers dans le texte renvoyé ou à 1 si vous ne souhaitez pas d'espaces dans le texte retourné.

Par exemple, pour arrondir la valeur 1234,56789 et la convertir en texte avec deux décimales et une espace comme séparateur de milliers, utilisez la formule suivante :

```
CTXT(1234,56789; 2; 0)
```

La fonction retourne le texte `1 234,57`.

La fonction GAUCHE

La fonction GAUCHE retourne un nombre spécifié de caractères à partir de l'extrémité gauche d'une chaîne de texte. Elle utilise la syntaxe suivante :

```
GAUCHE(texte; No_car)
```

L'argument `texte` correspond à la chaîne de texte ou à la référence de la cellule qui contient cette chaîne. L'argument optionnel `No_car` indique à Excel le nombre de caractères à prendre en compte.

Par exemple, pour saisir les onze premiers caractères de la chaîne `Paris ville lumière`, utilisez la formule suivante :

```
GAUCHE("Paris ville lumière"; 11)
```

La fonction retourne le texte `Paris ville`.

La fonction NBCAR

La fonction NBCAR compte le nombre de caractères dans une chaîne de texte. Elle utilise la syntaxe suivante :

```
NBCAR(texte)
```

L'argument `texte` correspond à la chaîne de texte que vous souhaitez évaluer ou à la référence de la cellule qui contient cette chaîne. Par exemple, pour mesurer la longueur de la chaîne de texte `mignonne allons voir si la rose`, utilisez la formule suivante :

```
NBCAR("mignonne allons voir si la rose")
```

La fonction retourne la valeur 31 ; les espaces sont comptées comme des caractères.

La fonction MINUSCULE

La fonction MINUSCULE convertit les caractères d'une chaîne de texte en minuscules. Elle utilise la syntaxe suivante :

```
MINUSCULE(texte)
```

L'argument `texte` correspond à la chaîne de texte à convertir ou à la référence de la cellule qui contient cette chaîne. Par exemple, pour convertir la chaîne de texte `PROFESSIONNEL du Bâtiment`, utilisez la formule suivante :

```
MINUSCULE("PROFESSIONNEL du Bâtiment")
```

La fonction retourne `professionnel du bâtiment`.

La fonction STXT

La fonction STXT renvoie une partie de texte. Elle utilise la syntaxe suivante :

```
STXT(texte; No_départ; No_car)
```

L'argument `texte` correspond à la chaîne de texte à traiter ou à la référence de la cellule contenant cette chaîne. L'argument `No_départ` indique à Excel où commencer l'extraction. L'argument `No_car` spécifie le nombre de caractères à extraire.

Par exemple, pour obtenir le fragment de texte `tac` à partir de la chaîne de caractères `tic tac toe`, utilisez la formule suivante :

```
STXT("tic tac toe"; 5; 3)
```

La fonction retourne `tac`.

La fonction NOMPROPRE

La fonction NOMPROPRE met en majuscule la première lettre de chaque mot dans une chaîne de texte. Elle utilise la syntaxe suivante :

```
NOMPROPRE(texte)
```

L'argument `texte` correspond à la chaîne de texte ou à la référence de la cellule contenant cette chaîne. Par exemple, pour convertir en majuscules les initiales des mots `le président mao zedong`, utilisez la formule suivante :

```
NOMPROPRE("le président mao zedong")
```

La fonction retourne la chaîne de texte `Le Président Mao Zedong`.

La fonction REMPLACER

La fonction REMPLACER remplace une partie d'une chaîne de texte. Elle utilise la syntaxe suivante :

```
REMPLACER(ancien_texte; No_départ; No_car; nouveau_texte)
```

L'argument `ancien_texte`, qui est sensible à la casse, correspond à la chaîne de texte contenant la partie à modifier ou à la référence de la cellule contenant cette chaîne. L'argument `No_départ` indique la position de départ, c'est-à-dire où commence le texte à remplacer. L'argument `No_car` correspond à la longueur du fragment de texte (le nombre de caractères) que vous souhaitez remplacer, et `nouveau_texte`, également sensible à la casse, spécifie le texte de substitution. Par exemple, pour remplacer le nom `Chamberlain` par le nom de `Churchill` dans la chaîne de texte `Monsieur Chamberlain`, utilisez la formule suivante :

```
REMPLACER("Monsieur Chamberlain"; 10; 11; "Churchill")
```

La fonction retourne la chaîne de texte `Monsieur Churchill`.

La fonction REPT

La fonction REPT répète une chaîne de texte un certain nombre de fois. Elle utilise la syntaxe suivante :

```
REPT(texte; No_fois)
```

L'argument `texte` correspond à la chaîne de texte ou à la référence de la cellule contenant cette chaîne. L'argument `No_fois` indique à Excel combien de fois vous voulez répéter le texte. Par exemple, la formule suivante :

```
REPT("Voilà "; 4)
```

renvoie la chaîne de texte `Voilà Voilà Voilà Voilà`.

Si vous ne voulez pas que les textes répétés soient accolés les uns aux autres, saisissez une espace entre le dernier caractère de votre texte et les guillemets fermants.

La fonction DROITE

La fonction DROITE renvoie un nombre de caractères spécifié à partir de l'extrémité droite d'une chaîne de texte. Elle utilise la syntaxe suivante :

```
DROITE(texte; No_car)
```

L'argument `texte` correspond à la chaîne de texte à manipuler ou à la référence de la cellule contenant cette chaîne. L'argument `No_car` indique à Excel le nombre de caractères à saisir.

Par exemple, pour saisir les cinq caractères les plus à droite de la chaîne de texte `Orsay 91400`, utilisez la formule suivante :

```
DROITE("Orsay 91400"; 5)
```

La fonction retourne le texte `91400`.

La fonction CHERCHE

La fonction CHERCHE calcule la position de départ d'un fragment de texte dans une chaîne de texte. Elle utilise la syntaxe suivante :

```
CHERCHE(texte_cherché; texte; No_départ)
```

L'argument `texte_cherché` correspond au fragment de texte recherché, `texte` définit la chaîne de texte à analyser, et l'argument No_départ indique à Excel où commencer sa recherche. Cet argument est facultatif. Si vous laissez le champ vide, Excel démarre la recherche au début de la chaîne `texte_cherché`.

Par exemple, pour identifier la position à laquelle le fragment de texte `Tuil` commence dans la chaîne de texte `L'autrice Karine Tuil`, utilisez la formule suivante :

```
CHERCHE("Tuil"; "L'autrice Karine Tuil"; 1)
```

La fonction renvoie la valeur `18`.

La fonction SUBSTITUE

La fonction SUBSTITUE remplace les occurrences de texte dans une chaîne de texte. Elle utilise la syntaxe suivante :

```
SUBSTITUE(texte; ancien_texte; nouveau_texte; No_position)
```

L'argument `texte` correspond à la chaîne de texte dans laquelle modifier certains fragments de texte. L'argument `ancien_texte` identifie le fragment de texte à remplacer, `nouveau_texte` définit le texte de substitution, et `No_position` indique quelle occurrence modifier.

Par exemple, si dans la chaîne de texte `des Papous pas papas pas à poux pas papas`, vous voulez remplacer le mot `papa` par `maman` seulement dans la seconde occurrence de `papas`, la syntaxe de la fonction sera la suivante :

```
SUBSTITUE("des Papous pas papas pas à poux pas papas"; "papa";
"maman"; 2)
```

La fonction retourne la chaîne de texte `des Papous pas papas pas à poux pas mamans`.

L'argument `No_position` est facultatif ; s'il n'est pas spécifié, Excel remplace chaque occurrence de l'ancien texte par le nouveau. Par exemple, la fonction :

```
SUBSTITUE("des Papous pas papas pas à poux pas papas"; "papa";
"maman")
```

retourne la chaîne de texte `des Papous pas mamans pas à poux pas mamans.`

La fonction T

La fonction T renvoie son argument si celui-ci est une chaîne de texte. Si l'argument n'est pas du texte, la fonction ne renvoie rien ; elle utilise la syntaxe suivante :

```
T(valeur)
```

Par exemple, la fonction `T(123)` ne renvoie rien, parce que 123 est une valeur. En revanche, la formule `T("Aix en Provence")` renvoie la chaîne `Aix en Provence`, car l'argument est une chaîne de caractères.

La Fonction TEXTE

La fonction TEXTE formate une valeur, puis la renvoie sous forme de texte. Elle utilise la syntaxe suivante :

```
TEXTE(valeur; format_texte)
```

L'argument valeur est la valeur à formater ; elle sera retournée sous forme de texte. L'argument format_texte est une chaîne de texte qui montre la position du séparateur des milliers, la virgule, le nombre de décimales et le symbole monétaire. Par exemple, la formule :

```
TEXTE(12345678,98765; "# #,## €")
```

affiche le texte 12 345 678,99 €.

Notez que la fonction arrondit la valeur.

La fonction SUPPRESPACE

La fonction SUPPRESPACE supprime les espaces supplémentaires à partir de l'extrémité droite d'une chaîne de texte. Elle utilise la syntaxe suivante :

```
SUPPRESPACE(texte)
```

L'argument texte est la chaîne de texte ou, plus probablement, la référence de la cellule contenant cette chaîne. Par exemple, la formule :

```
SUPPRESPACE("Les   filles    du        bord de    mer        ")
```

affiche le texte Les filles du bord de mer

La fonction MAJUSCULE

La fonction MAJUSCULE renvoie une version tout en majuscules d'une chaîne de texte. Elle utilise la syntaxe suivante :

```
MAJUSCULE(texte)
```

L'argument texte correspond à la chaîne de texte à convertir ou à la référence de la cellule contenant cette chaîne. Par exemple, pour convertir la chaîne de texte Les membres de la FIFA en LES MEMBRES DE LA FIFA, vous pouvez utiliser la formule suivante :

```
MAJUSCULE("Les membres de la FIFA")
```

La fonction retourne la chaîne de texte LES MEMBRES DE LA FIFA.

La fonction CNUM

La fonction CNUM convertit une chaîne de texte représentant un nombre (comme un prix, un horaire ou une date) en une valeur numérique. Elle utilise la syntaxe suivante :

```
CNUM(texte)
```

L'argument `texte` correspond à la chaîne de texte à convertir ou à la référence de la cellule contenant cette chaîne. Par exemple, pour convertir la chaîne de texte `123 456,78 €` (ce n'est pas une valeur, mais une chaîne de texte), vous pouvez utiliser la formule suivante :

```
CNUM("123 456,78 €")
```

La fonction retourne la valeur `123456,78`.

Conversion de formules de fonctions texte en leur résultat

Vous avez importé des données à partir d'un logiciel particulier, puis vous les avez nettoyées, traitées et converties avec des formules utilisant des fonctions texte. Vous vous retrouvez alors avec une feuille de calcul contenant des formules qui vous encombrent, et vous préféreriez probablement travailler avec uniquement les résultats de ces formules.

Vous devez alors convertir les formules en leurs résultats, des étiquettes ou des valeurs. Pour ce faire, sélectionnez la plage de la feuille de calcul contenant les formules, choisissez la commande Copier à partir de l'onglet Accueil, puis, sans désélectionner la plage en cours (elle apparaît entourée de pointillés), cliquez sur la flèche au bas du bouton Coller et sur l'une des trois commandes Coller des valeurs, toujours dans l'onglet Accueil : la première duplique les valeurs brutes, tandis que les deux autres copient les valeurs mises en forme.

Validation des données

La fonction de validation de données permet de contrôler les données au moment de leur saisie ; auparavant, vous devez avoir décrit les caractéristiques des données dont la saisie sera autorisée. La commande de validation de données permet également l'affichage d'un message qui guidera l'utilisateur dans sa saisie et de messages d'erreur pour lui indiquer que ses données ne sont pas valides.

Pour mettre en œuvre la validation des données, procédez comme suit :

❶ **Sélectionnez la plage de la feuille de calcul où les données soumises à validation seront saisies.**

Pour cela, faites glisser la souris ou utilisez les touches de navigation.

❷ **À partir de la rubrique Outils de données de l'onglet Données, choisissez la commande Validation des données.**

Excel affiche la boîte de dialogue Validation des données de la Figure 3.10.

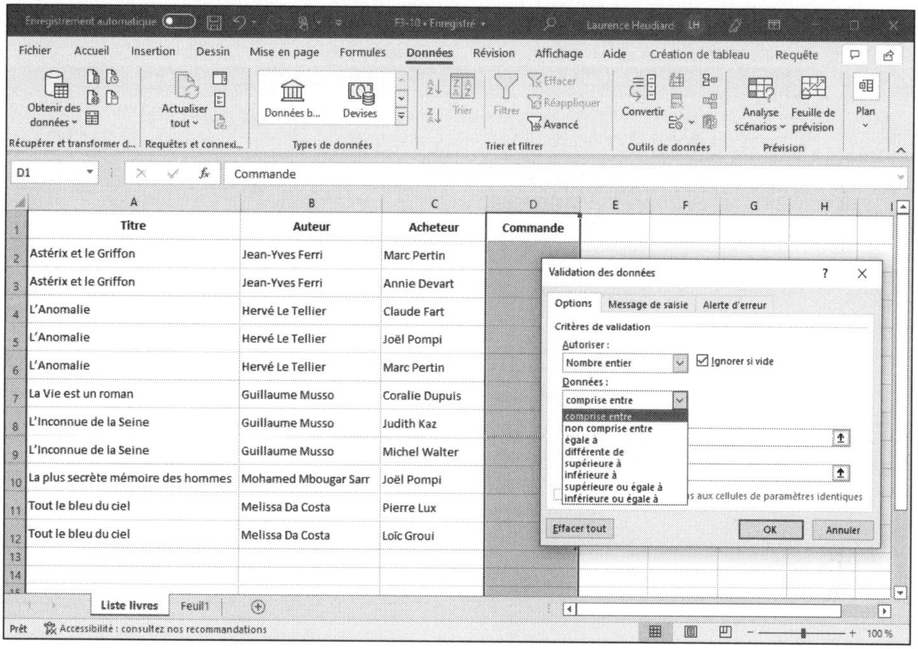

Figure 3.10 La boîte de dialogue Validation des données.

❸ **Dans la zone Critères de validation de l'onglet Options, spécifiez les paramètres qui caractériseront les données valides.**

Dans la rubrique Autoriser, une liste déroulante permet de définir le type de données valides : Nombre entier, Décimal, Liste, Date, Heure, Longueur du texte, Personnalisé.

Si vous autorisez des nombres, des dates, des heures ou du texte, la rubrique Données permet de restreindre encore la saisie avec une liste déroulante qui propose les choix suivants : comprise entre, non comprise entre, égale à, différente de, supérieure à, inférieure à, supérieure ou égale à, inférieure ou égale à.

En fonction de votre choix dans la rubrique Données, vous pouvez affiner les critères de validation en spécifiant une valeur Minimum et/ou une valeur Maximum.

Les options des critères de validation dépendent de l'option choisie dans la liste déroulante de la rubrique Autoriser. Par exemple, la Figure 3.11 montre la boîte de dialogue permettant de guider l'utilisateur pour la saisie d'un nombre entier en fonction de la plage de valeurs minimale et maximale que vous avez définie. Toutefois, si vous avez sélectionné des critères différents dans la rubrique Autoriser, les zones de texte pourront être différentes. En d'autres termes, Excel personnalise l'onglet Options en fonction du type de critères de validation.

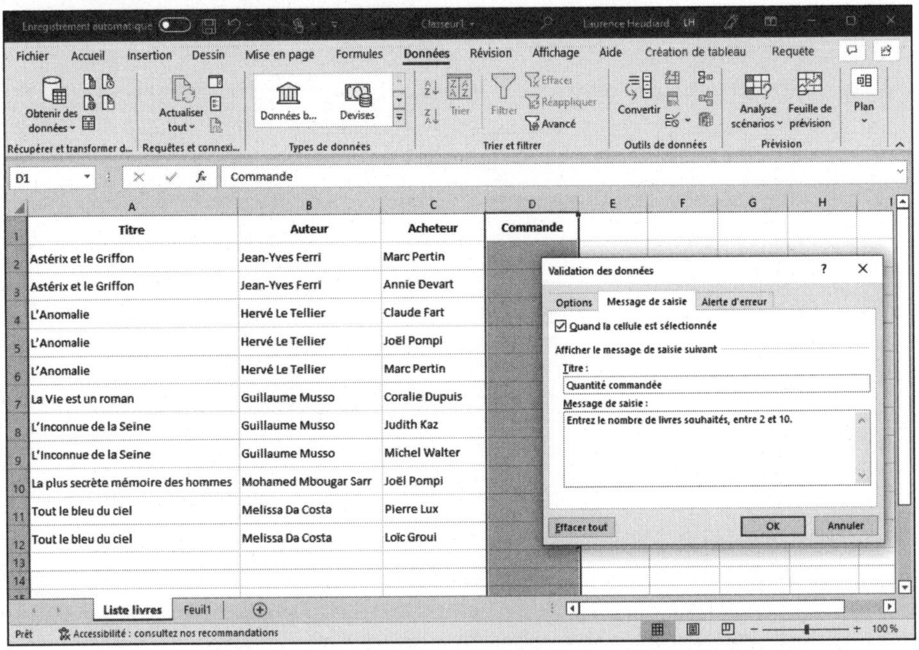

Figure 3.11 Message de saisie permettant de guider l'utilisateur.

❹ **Peaufinez la validation.**

Si besoin, vous pouvez désactiver la validation des données pour les cellules vides : décochez la case Ignorer si vide.

❺ **Pour élargir la portée de la validation des données, cochez la case Appliquer ces modifications aux cellules de paramètres identiques.**

Les critères de validation seront étendus aux cellules similaires.

Cliquez sur le bouton Effacer tout pour supprimer les critères de validation.

6 À partir de l'onglet Message de saisie, entrez un message pour guider l'utilisateur lors de la saisie.

L'onglet Message de saisie, comme le montre la Figure 3.11, permet d'afficher un message d'information lorsqu'une cellule avec validation de données est sélectionnée. Pour créer le message d'entrée, vous pouvez taper un titre dans la zone Titre et le corps du message dans la zone Message de saisie. Assurez-vous que la case Quand la cellule est sélectionnée est cochée. La Figure 3.12 montre un message de saisie destiné à aider l'utilisateur.

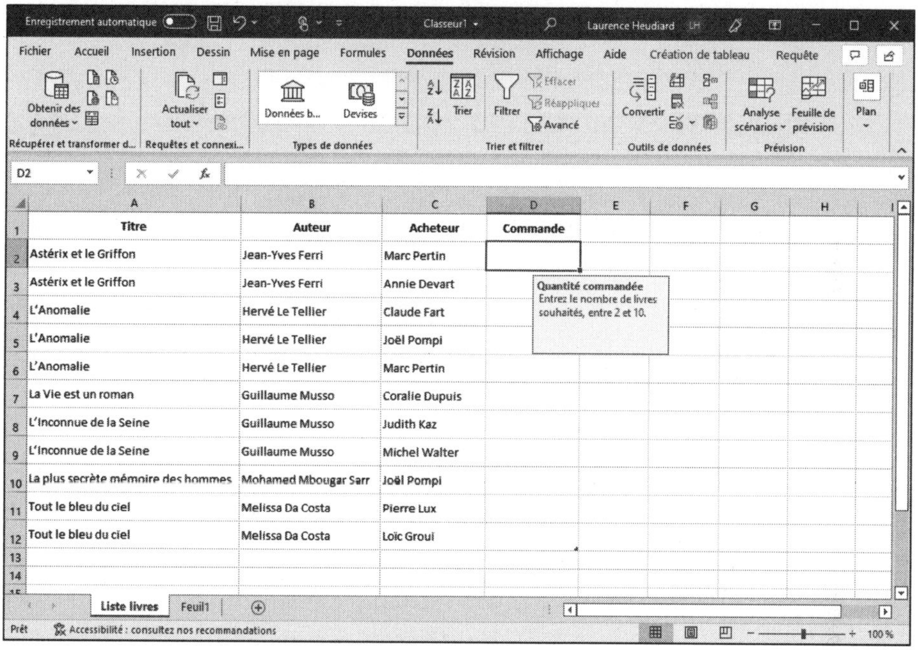

Figure 3.12 Un message de saisie renseigne l'utilisateur.

7 À partir de l'onglet Alerte d'erreur, un message d'erreur peut être paramétré, comme le montre la Figure 3.13.

Si les données saisies ne sont pas valides, Excel affichera un message d'erreur. Vérifiez d'abord que la case à cocher Quand des données non valides sont tapées est cochée, puis indiquez à Excel la conduite à tenir : Stop, Avertissement ou Informations.

Entrez un titre, puis un message explicite dans la zone de texte Message d'erreur. La Figure 3.14 montre le message d'erreur qui apparaît lorsque l'utilisateur a entré des données non valides.

Figure 3.13 Création d'un message d'erreur qui sera affiché si la saisie est erronée.

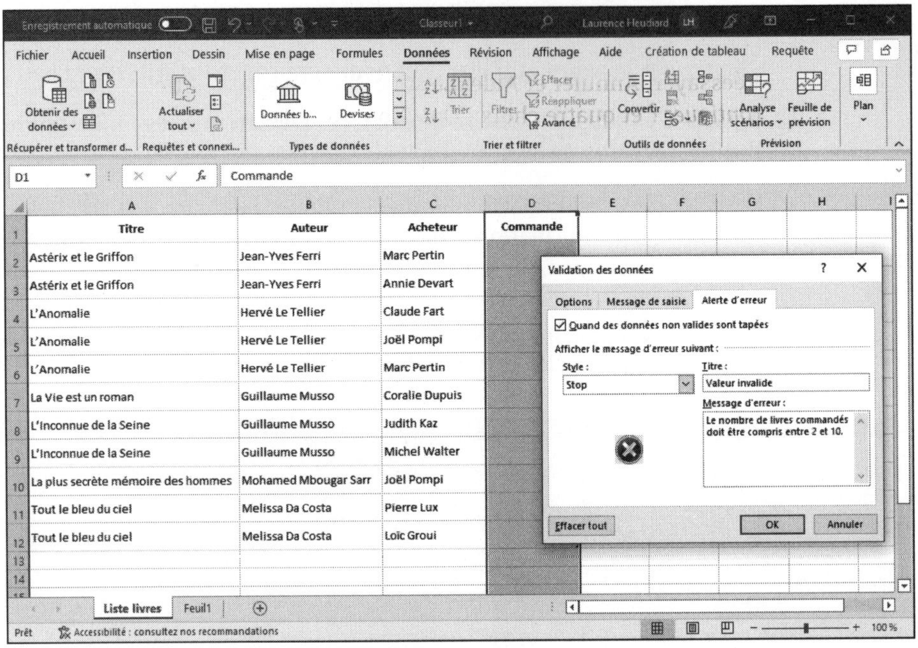

Figure 3.14 Message d'erreur explicite.

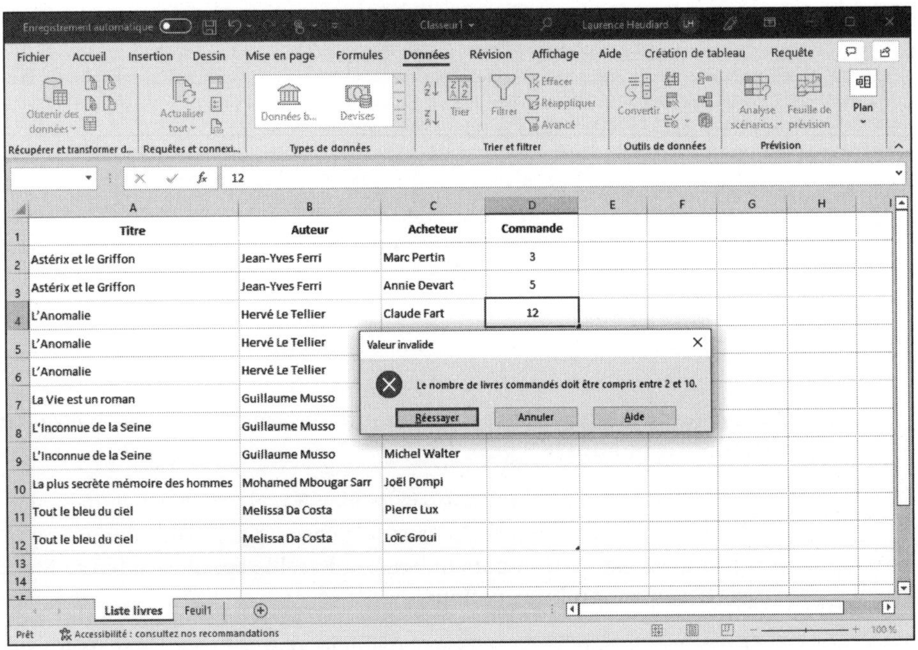

La liste déroulante Style propose les styles de messages Stop, Avertissement et Informations. En cas de saisie erronée, le style Stop propose trois choix : Réessayer, Annuler et Aide. Le style Avertissement affiche *Voulez-vous continuer ?* et quatre choix : Oui, Non, Annuler et Aide. Le style Informations propose trois choix : OK, Annuler et Aide.

Partie 2

Tableaux et graphiques croisés dynamiques

Dans cette partie

- Croiser des données avec les tableaux croisés dynamiques et acquérir sur elles de nouvelles connaissances.
- Augmenter la puissance des tableaux croisés dynamiques d'Excel en créant des formules personnalisées.
- Présenter les tableaux croisés dynamiques dans des graphiques pour découvrir de nouvelles perspectives.
- Personnaliser les graphiques croisés dynamiques pour s'assurer qu'ils véhiculent les bons messages.

DANS CE CHAPITRE

Conception de tableaux croisés dynamiques

•

L'Assistant Tableau croisé dynamique

•

Manipulation et réorganisation des tableaux croisés dynamiques

•

Personnalisation des tableaux croisés dynamiques

Chapitre 4

Les tableaux croisés dynamiques

La commande de tableau croisé dynamique est l'outil d'analyse le plus puissant fourni par Excel ; il vous permet de recouper les données stockées dans les listes Excel. Un tableau croisé résume l'information en deux parties (voire plus) : par exemple, les ventes de produits et la région, ou les ventes par produit et par mois.

Les tableaux croisés dynamiques constituent une technique d'analyse de base très intéressante, qui peut être extrêmement utile lorsque vous vous penchez sur des données dont dépend votre entreprise ou votre vie. Comme leur nom l'indique, les tableaux croisés dynamiques ne sont pas statiques : vous pouvez recouper les données, puis les recouper à nouveau et les recouper encore tout simplement grâce à des boutons ou en les faisant glisser. De plus, si vous modifiez des données sous-jacentes, les tableaux croisés seront mis à jour instantanément d'un simple clic sur un bouton.

Observation des données sous plusieurs angles

Les tableaux croisés sont des outils puissants. Voici un exemple rapide : supposons que, dans un avenir assez lointain, vous soyez ministre plénipotentiaire de la Confédération Freedonian et responsable de la sécurité pour une galaxie lointaine, la deuxième sur votre droite en direction d'Alpha du Centaure, à environ 50 millions d'années-lumière.

Malheureusement, au cours des dernières semaines, vous êtes de plus en plus préoccupé par les conflits militaires avec les autres grandes puissances politico-militaires de ce coin perdu de l'univers. Supposons un instant que la Confédération dispose d'informations permettant de suivre les mouvements des troupes dans votre galaxie. Il s'agit d'une liste qui stocke les informations suivantes : des données sur les mouvements des troupes, les spécificités de l'ennemi et le type de vaisseaux spatiaux impliqués. Supposons également que votre travail consiste à maintenir cette liste à jour et à l'utiliser pour des analyses que vous devrez ensuite présenter aux parties concernées.

Avec ce genre d'informations, vous pouvez créer des tableaux croisés dynamiques qui présentent les données suivantes :

» **L'activité de l'ennemi au fil du temps** : un tableau croisé dynamique est intéressant pour observer les mouvements des troupes ennemies par mois, sur une période de deux à cinq ans. Il permet de voir que certaines troupes ennemies pouvaient se préparer intensément, tandis que d'autres avaient une activité réduite. Ces informations obtenues par des agents de renseignement de la Confédération Freedonian sont très utiles pour évaluer les menaces de sécurité et guider les diplomates dans leur travail.

» **Les mouvements de troupes par type de vaisseau spatial** : une autre compilation croisée intéressante consiste à regarder où les vaisseaux spatiaux ennemis (ou potentiellement ennemis) déplacent leurs troupes. Cette observation est utile pour comprendre l'intention des ennemis et la gravité des menaces. Par ailleurs, votre longue expérience des Uglinites, l'un de vos antagonistes, pourrait vous inciter à minimiser la menace, si vous savez qu'ils font appel aux Jabbergloop pour le transport des troupes sur leurs navires spatiaux. D'autre part, si vous remarquez une forte augmentation des mouvements des troupes avec des chasseurs-bombardiers équipés du nouveau photon-turbine, vous devrez immédiatement alerter votre hiérarchie.

Cet exemple illustre bien la puissance des tableaux croisés dynamiques pour analyser et interpréter un ensemble de données stockées dans de simples tableaux Excel. Il est probable que si vous n'aviez pas fait appel aux tableaux croisés dynamiques, vous seriez passé à côté d'informations importantes. En résumé, le croisement de données est réalisé grâce aux tableaux croisés dynamiques.

Préparation au croisement des données

Pour créer un tableau croisé dynamique, la première étape consiste à concevoir le tableau Excel qui servira de base pour les exemples de ce chapitre et pour générer des tableaux croisés dynamiques ; la Figure 4.1 montre un exemple de tableau Excel. Il présente des ventes de cafés aromatisés aux plantes dans quelques régions de France pour les mois de janvier à septembre ; bien sûr, il s'agit d'une entreprise imaginaire.

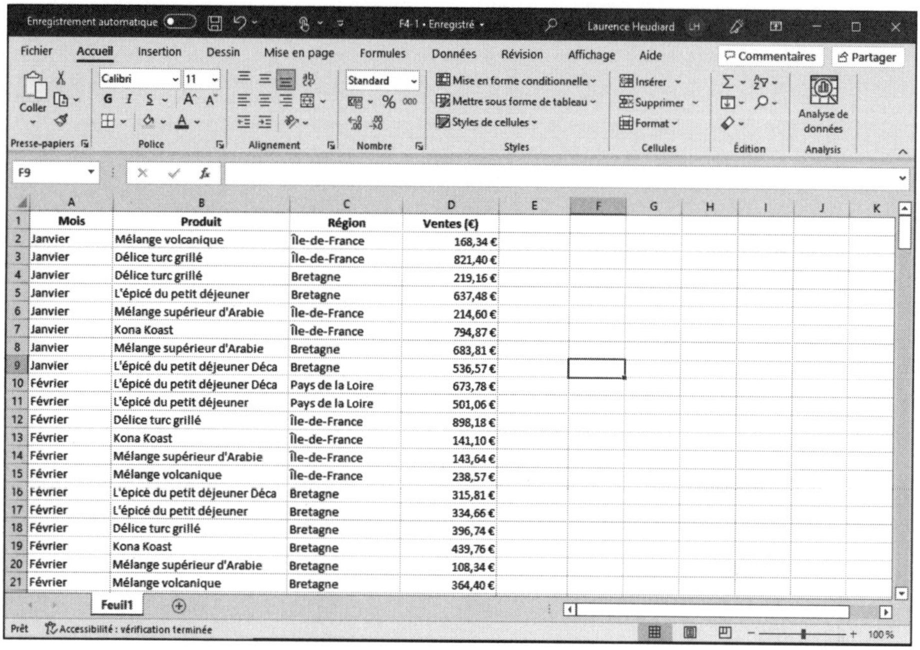

	Mois	Produit	Région	Ventes (€)
2	Janvier	Mélange volcanique	Île-de-France	168,34 €
3	Janvier	Délice turc grillé	Île-de-France	821,40 €
4	Janvier	Délice turc grillé	Bretagne	219,16 €
5	Janvier	L'épicé du petit déjeuner	Bretagne	637,48 €
6	Janvier	Mélange supérieur d'Arabie	Île-de-France	214,60 €
7	Janvier	Kona Koast	Île-de-France	794,87 €
8	Janvier	Mélange supérieur d'Arabie	Bretagne	683,81 €
9	Janvier	L'épicé du petit déjeuner Déca	Bretagne	536,57 €
10	Février	L'épicé du petit déjeuner Déca	Pays de la Loire	673,78 €
11	Février	L'épicé du petit déjeuner	Pays de la Loire	501,06 €
12	Février	Délice turc grillé	Île-de-France	898,18 €
13	Février	Kona Koast	Île-de-France	141,10 €
14	Février	Mélange supérieur d'Arabie	Île-de-France	143,64 €
15	Février	Mélange volcanique	Île-de-France	238,57 €
16	Février	L'épicé du petit déjeuner Déca	Bretagne	315,81 €
17	Février	L'épicé du petit déjeuner	Bretagne	334,66 €
18	Février	Délice turc grillé	Bretagne	396,74 €
19	Février	Kona Koast	Bretagne	439,76 €
20	Février	Mélange supérieur d'Arabie	Bretagne	108,34 €
21	Février	Mélange volcanique	Bretagne	364,40 €

Figure 4.1 Tableau Excel de base pour illustrer les tableaux croisés dynamiques.

L'Assistant Tableau croisé dynamique

Vous pouvez créer un tableau croisé dynamique soit à partir des données figurant dans le classeur en cours, soit à partir de celles issues d'une source de données externe. Ici, néanmoins, nous nous en tiendrons à la première méthode, de loin la plus simple. Pour créer votre tableau, donc, exécutez les étapes suivantes :

❶ **À partir de l'onglet Insertion, dans la rubrique Tableaux, cliquez sur le bouton Tableau croisé dynamique.**

Excel affiche la boîte de dialogue Tableau croisé dynamique à partir d'une table ou d'une plage, comme le montre la Figure 4.2.

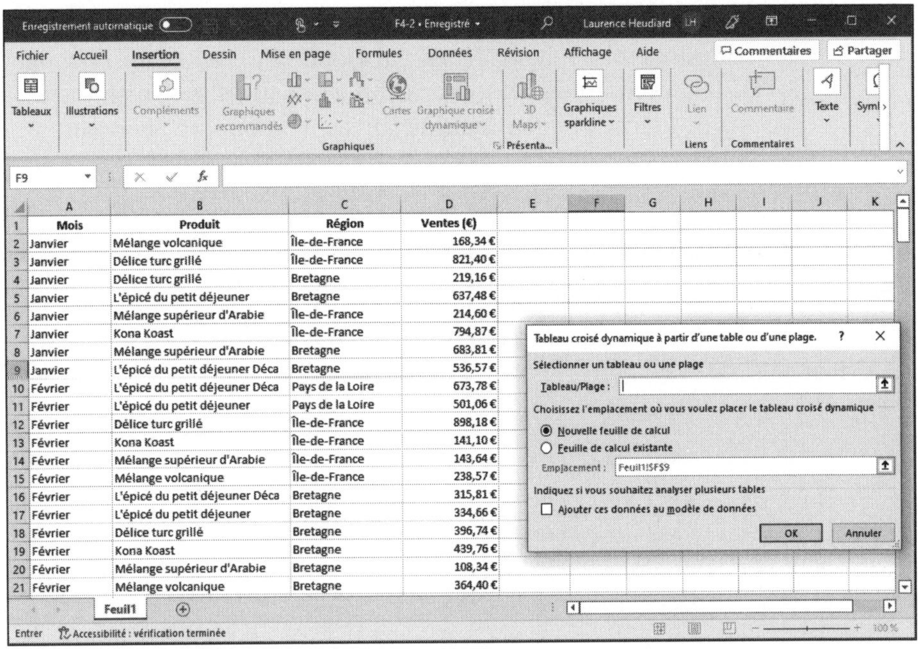

Figure 4.2 La boîte de dialogue Tableau croisé dynamique à partir d'une table ou d'une plage.

Pour créer un tableau croisé dynamique à partir d'une source de données externe, cliquez sur la flèche au bas du bouton Tableau croisé dynamique, puis sur À partir de External Data Source. Pour mémoire, le Chapitre 2 a abordé la récupération de données à partir d'une source externe.

❷ **Indiquez à Excel où sont stockées les données à analyser.**

Si les données se trouvent dans un seul tableau Excel, entrez les coordonnées de la plage dans la zone de saisie Tableau/Plage. Vous pouvez le faire de deux manières :

- » Saisissez les coordonnées de la plage ; par exemple, si la plage est définie par les cellules A1 à D225, tapez $A$1:$D$225.
- » Cliquez sur le bouton à l'extrémité droite de la zone de saisie Tableau/Plage pour afficher une boîte de dialogue Tableau croisé dynamique à partir d'une table ou d'une plage tronquée, comme le montre la Figure 4.3, puis utilisez les touches de navigation ou la souris pour sélectionner la plage contenant

les données à traiter. Ensuite, cliquez à nouveau sur le bouton situé au bout de la ligne de saisie. Excel redéveloppe alors la boîte de dialogue telle qu'elle apparaît dans la Figure 4.2.

Figure 4.3 La boîte de dialogue Tableau croisé dynamique à partir d'une table ou d'une plage tronquée.

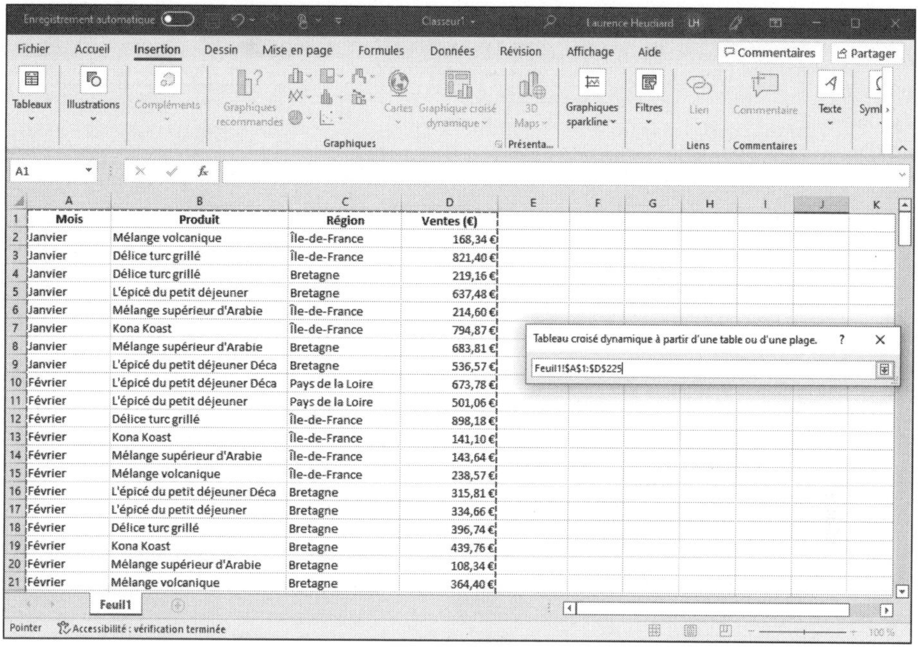

Si les données sont stockées dans différentes plages de plusieurs feuilles de calcul, séparez simplement chaque plage de feuille de calcul avec un point-virgule. Cette approche étant plus complexe, attendez d'être initié au maniement des tableaux croisés dynamiques pour la mettre en œuvre.

Si vos données sont dispersées dans différents endroits d'une feuille de calcul ou même dans différents classeurs, les tableaux croisés dynamiques sont un excellent moyen de les consolider.

3. **Indiquez où placer le tableau croisé dynamique.**

Pour plus de clarté, placez le tableau croisé dynamique dans une nouvelle feuille du classeur en sélectionnant le bouton radio Nouvelle feuille de calcul.

Néanmoins, si vous préférez ajouter le tableau dans la feuille en cours, sélectionnez le bouton radio Feuille de calcul existante et indiquez l'endroit où placer le tableau, soit en sélectionnant directement la plage concernée dans le classeur, soit en tapant les coordonnées de cette plage dans la zone Emplacement.

❹ **Après avoir identifié les données à analyser dans un tableau croisé dynamique et indiqué où le placer, cliquez sur OK.**

Excel affiche une nouvelle feuille de calcul avec une ébauche du tableau croisé dynamique, comme le montre la Figure 4.4.

Figure 4.4 Une ébauche du tableau croisé dynamique.

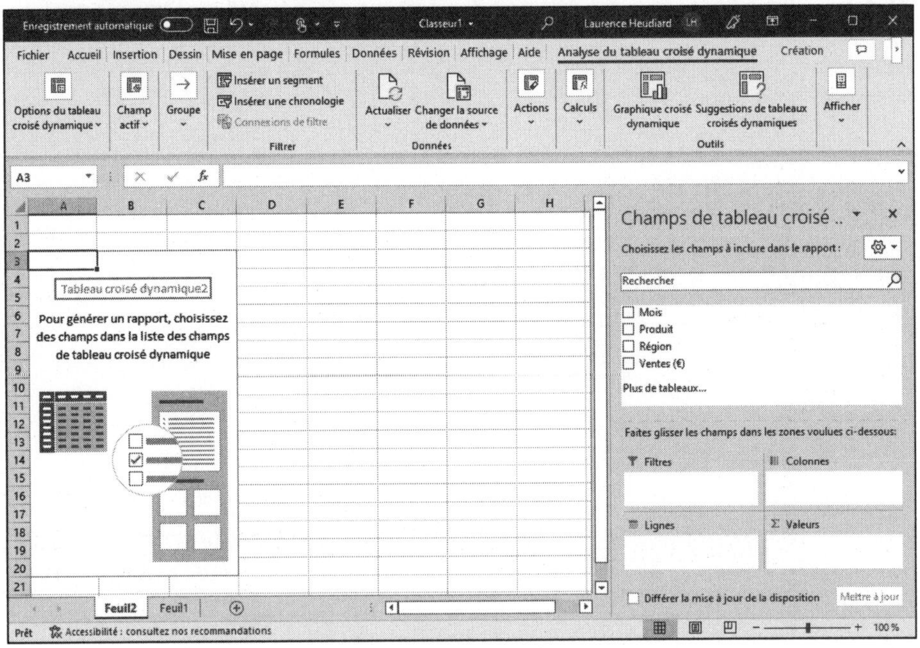

❺ **Sélectionnez le champ Lignes.**

Vous devez tout d'abord décider quel champ sera résumé dans les lignes du tableau croisé dynamique ; ensuite, faites-le glisser dans la zone Lignes de la partie Champs de tableau croisé dynamique (en bas à droite de la Figure 4.4) ; par exemple, si vous souhaitez utiliser les lignes qui montrent les produits, faites glisser le champ Produit dans la zone Lignes.

En utilisant les données de l'exemple de la Figure 4.1, le tableau croisé dynamique partiellement construit doit ressembler à celui de la Figure 4.5.

❻ **Sélectionnez le champ Colonnes.**

Comme pour le champ Lignes, vous devez indiquer quelles informations seront stockées dans les colonnes du tableau croisé. Une fois ce choix réalisé, faites glisser l'élément dans la zone Colonnes de la partie Champs de tableau croisé dynamique. La Figure 4.6 montre l'évolution du tableau croisé dynamique avec des colonnes pour afficher les régions.

Figure 4.5

Tableau croisé dynamique partiellement construit.

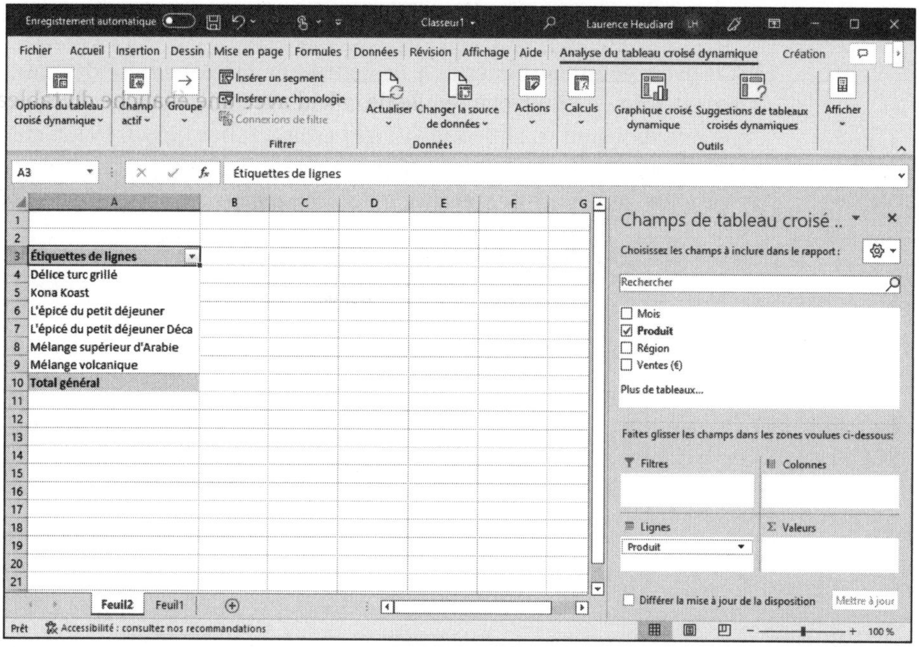

Figure 4.6

Évolution du tableau croisé dynamique.

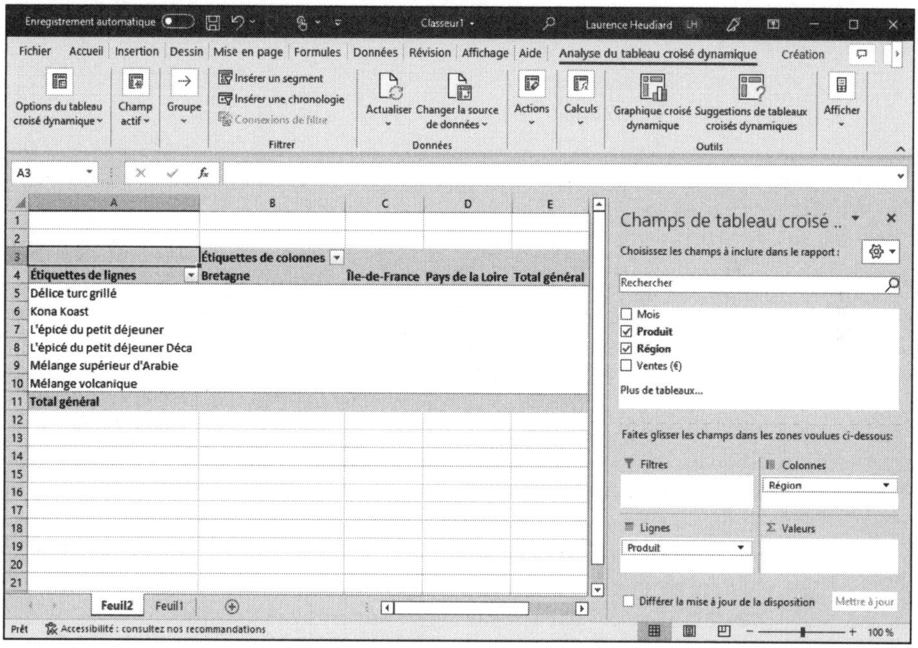

❼ Sélectionnez l'élément de données souhaité.

Après avoir défini les lignes et les colonnes du tableau croisé dynamique, vous devez indiquer à Excel les données que vous souhaitez croiser dans le tableau. Par exemple, pour un chiffre d'affaires croisé, faites glisser l'élément Ventes dans la zone Valeurs à partir de la liste de la zone Champs de tableau croisé dynamique. La Figure 4.7 montre le tableau croisé dynamique complété.

Figure 4.7 Un tableau croisé dynamique terminé.

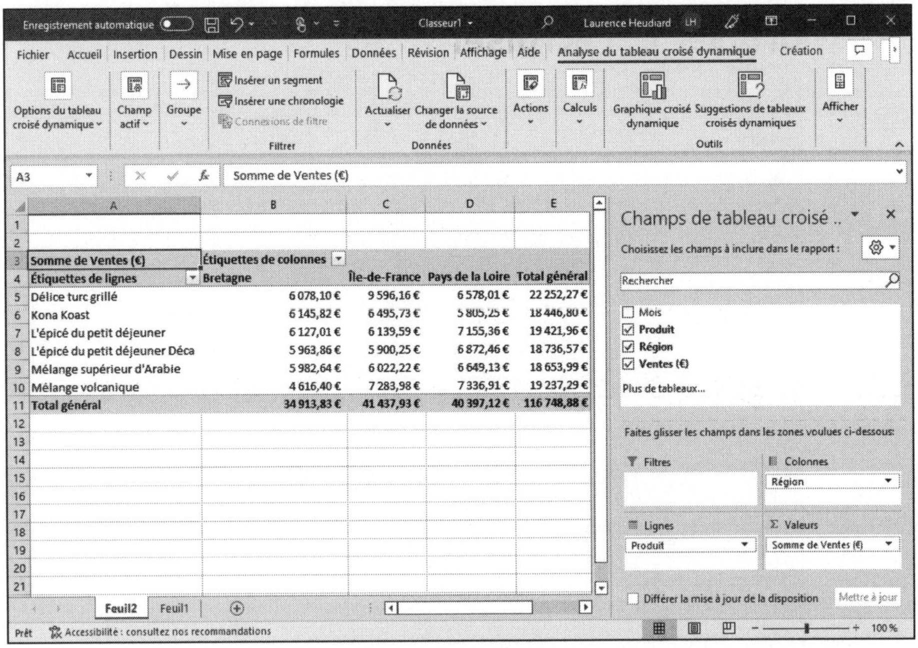

Le tableau croisé dynamique se rapporte aux informations du tableau Excel illustré à la Figure 4.1. Chaque ligne du tableau croisé dynamique montre les ventes par produit. Chaque colonne du tableau croisé dynamique montre les ventes par région. Vous pouvez consulter la colonne E pour voir les totaux des ventes par produit ; la ligne 11 affiche les totaux des ventes par région.

Les tableaux croisés dynamiques peuvent faire beaucoup plus que ce qui est illustré dans cet exemple simple, mais cette configuration de base vous aura permis de commencer à comprendre ce que sont ces tableaux. Avec un tableau indiquant les articles que vous vendez, à qui vous les vendez, et où vous les vendez, un tableau croisé dynamique permet de voir exactement la quantité vendue pour chaque produit, la quantité achetée par chaque client, et où vous vendez le plus. Ces informations sont très précieuses.

Tourner autour des tableaux croisés dynamiques

Maintenant que votre tableau croisé dynamique est créé, vous pouvez analyser vos données avec des outils conviviaux qu'Excel met à votre disposition.

Croiser et recroiser

Comme leur nom l'indique, les tableaux croisés dynamiques sont « dynamiques », c'est-à-dire que vous pouvez continuer à y croiser les données. Par exemple, avec les données de la Figure 4.7, vous pouvez permuter les lignes en colonnes et les colonnes en lignes : il suffit de déplacer le champ Produit dans la zone Colonnes, et le champ Région dans la zone Lignes. La Figure 4.8 montre les mêmes informations que la Figure 4.7, mais les ventes par région apparaissent dans les lignes, et les ventes par produit dans les colonnes.

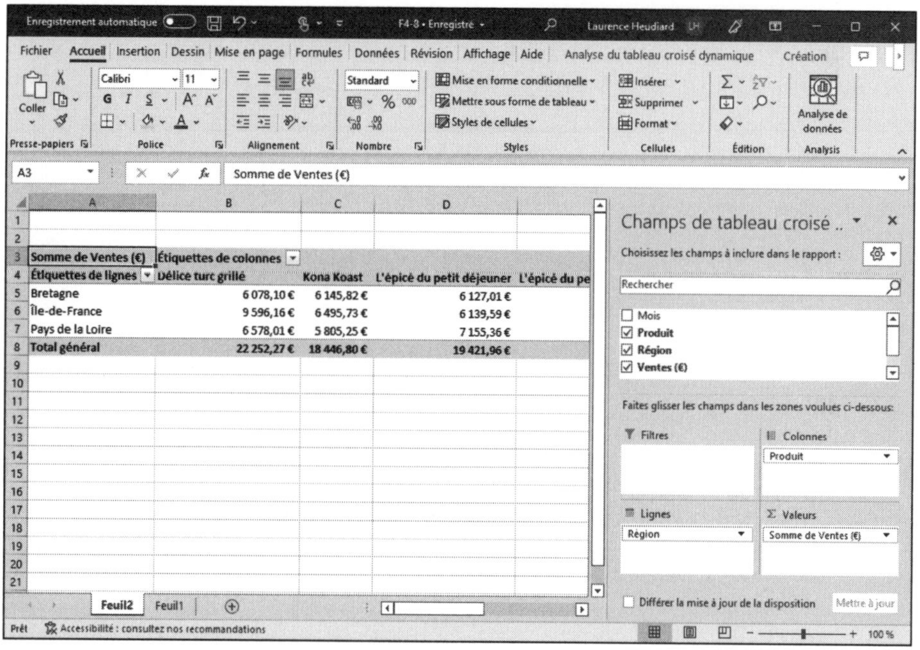

Figure 4.8 Le tableau croisé dynamique a pivoté.

Lorsque vous faites pivoter un tableau croisé dynamique, la fenêtre Excel est parfois trop étroite pour afficher la totalité du tableau, vous obligeant à le faire défiler pour voir les informations.

Les tableaux croisés dynamiques ne se limitent pas au traitement de deux éléments. Par exemple, dans les deux tableaux croisés dynamiques représentés sur les Figures 4.7 et 4.8, il n'y a qu'un élément de ligne et un seul élément de colonne. Heureusement, vous n'êtes pas limité à cela ; vous pouvez décomposer l'information pour chaque région, pour chaque produit, et les ventes par mois. Pour ce faire, il suffit de faire glisser le champ Mois dans la zone Lignes de la zone Champs de tableau croisé dynamique. Excel crée le tableau croisé dynamique illustré à la Figure 4.9 ; celui-ci affiche des informations de vente pour tous les mois, ou tout simplement l'un des mois.

Figure 4.9 Utilisation de plusieurs champs de tableau croisé dynamique pour les lignes.

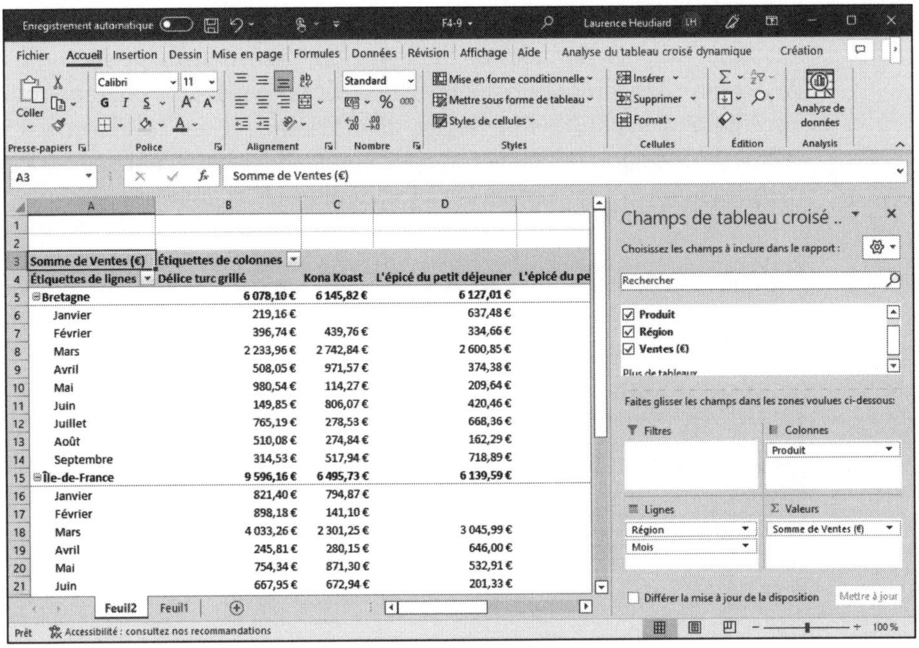

Les lignes Région, pour la Bretagne, l'Île-de-France et les Pays de la Loire (voir la Figure 4.9) sont appelées « lignes parents » ou « ligne de haut niveau » ; les lignes Mois, pour les mois de janvier à septembre sont appelées « lignes enfants ».

Filtrage des données de tableau croisé dynamique

Il est possible de filtrer les données d'un tableau croisé dynamique. Pour filtrer les ventes par mois, faites glisser le champ Mois dans la zone Filtres de la partie Champs de tableau croisé dynamique. Excel modifie le tableau croisé dynamique, comme le montre la Figure 4.10. Pour voir les ventes de café par région pour un mois spécifique, par exemple janvier, cliquez sur le bouton flèche vers le bas qui se trouve dans la cellule B1, puis, dans la liste déroulante qui apparaît, sélectionnez le mois que vous voulez observer et cliquez sur OK. La Figure 4.11 montre les ventes du mois de janvier.

Pour annuler un filtre, cliquez de nouveau sur le bouton fléché de la cellule qui sert de filtre, puis sur (Tous) et sur OK.

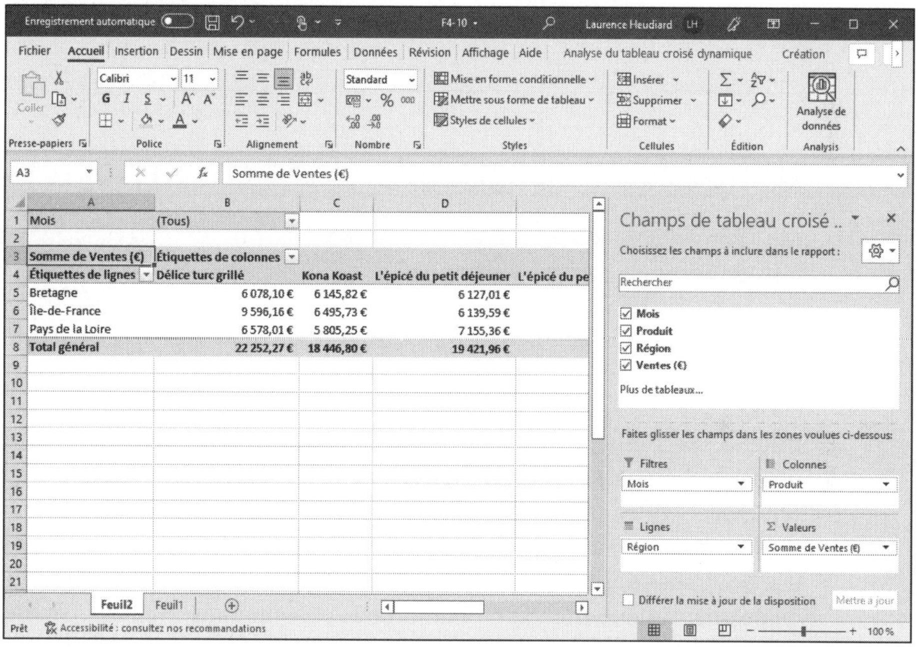

Figure 4.10 Filtrage dans le tableau croisé dynamique.

Figure 4.11

Filtrage sur le mois de janvier dans le tableau croisé dynamique.

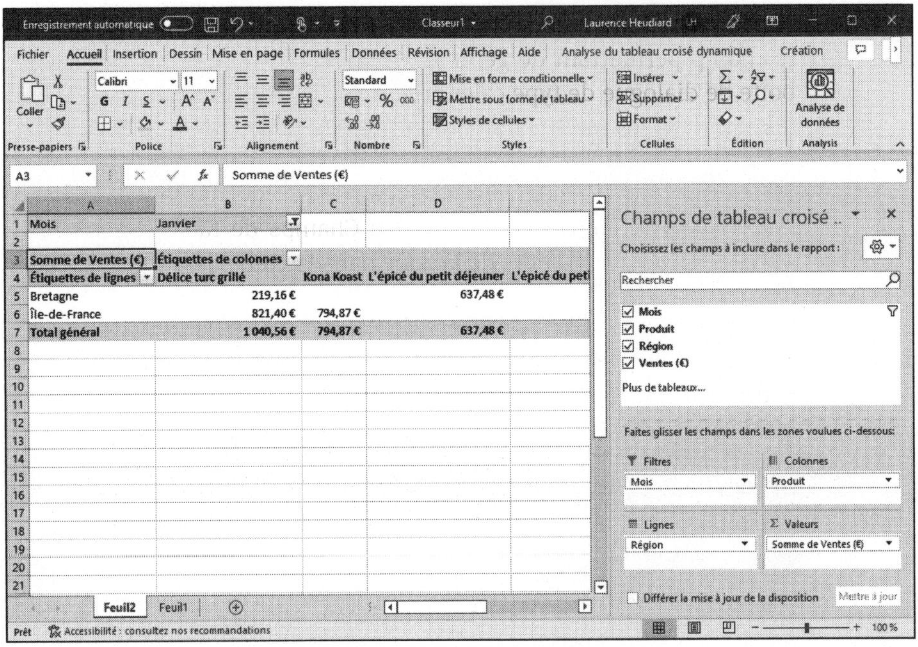

Utilisation de segments ou de chronologies

Les segments ou la chronologie permettent parfois de filtrer les données encore plus facilement.

Pour accéder à la segmentation, sélectionnez la cellule que vous utilisez pour filtrer les données (ce pourrait être la cellule B1 de la Figure 4.10 ou 4.11), puis cliquez sur l'outil Insérer un segment de l'onglet Analyse du tableau croisé dynamique. Excel affiche la boîte de dialogue Insérer des segments, qui présente la liste des champs que vous pouvez utiliser pour filtrer vos données ou les segmenter. Sélectionnez un champ et cliquez sur OK. Excel ajoute une boîte de dialogue de segmentation avec des boutons cliquables pour afficher ou masquer les données. Si vous choisissez, par exemple, de segmenter par mois, la boîte de dialogue de segmentation affiche un bouton pour chaque mois : Janvier, Février, Mars et ainsi de suite. Pour visualiser les données d'un mois particulier, cliquez sur le bouton de ce mois.

Pour accéder à la chronologie (vous avez besoin d'un tableau croisé dynamique qui comprend un champ de date formatée), cliquez sur l'outil Insérer une chronologie de l'onglet Analyse du tableau croisé dynamique. Excel affiche la boîte de dialogue Insérer des chronologies, qui répertorie les champs au format date que vous pouvez utiliser pour filtrer les données. Une fois que vous avez sélectionné le champ permettant de gérer la chronologie, cliquez sur OK. Excel affiche une boîte de dialogue de type calendrier, avec des boutons cliquables, pour filtrer les données sur des intervalles de temps précis.

Pour supprimer un élément du tableau croisé dynamique, décochez simplement la case de son champ dans la partie Champs de tableau croisé dynamique ou faites-le glisser en dehors de la zone dans laquelle il se trouve.

Vous pouvez déplacer les champs de Colonnes dans les Lignes, et ceux des Lignes dans les Colonnes ; le tableau croisé dynamique est modifié en conséquence. Faites des essais et observez les résultats et les interprétations que vous pouvez faire en fonction de ces nouvelles dispositions.

La Figure 4.12 montre les résultats obtenus après permutation des champs Mois et Région dans la zone Colonnes et du champ Produit dans la zone Lignes.

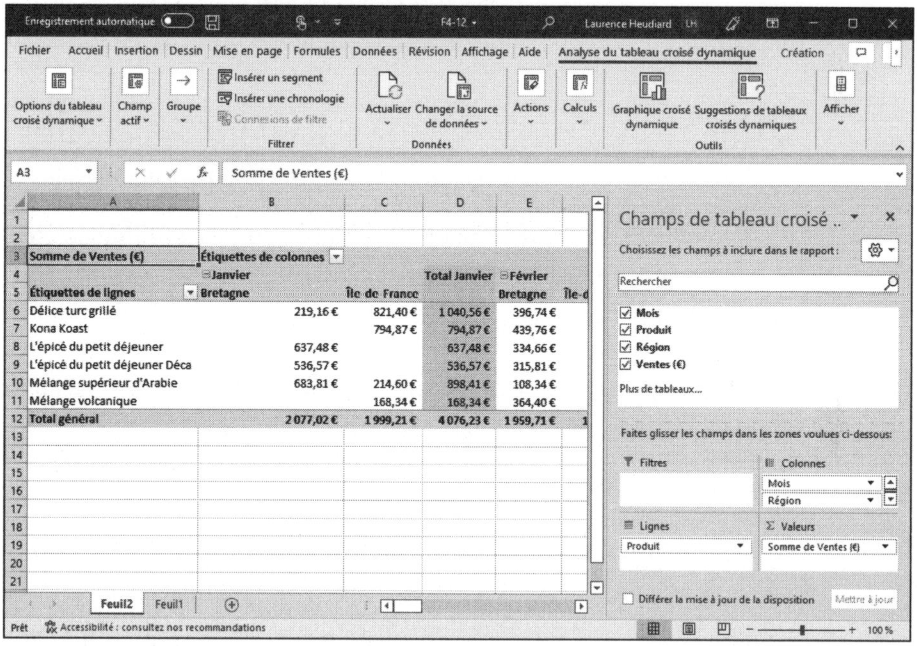

Figure 4.12 Permutation des champs Mois et Région dans la zone Colonnes et du champ Produit dans la zone Lignes.

Il est parfois logique d'avoir plusieurs éléments de ligne et plusieurs éléments de colonne, et on ne sait pas toujours trop comment disposer les champs. Cependant, l'intérêt d'un tableau croisé dynamique est sa souplesse de mise en œuvre : vous pouvez facilement et rapidement croiser et recroiser les données en faisant glisser les petits boutons qui représentent les champs et en les disposant dans l'une ou l'autre zone du Champs de tableau croisé dynamique. Par conséquent, essayez de visualiser vos données à partir de différents cadres de référence. Affichez-les à différents niveaux de granularité. Passez un peu de temps à regarder les différents tableaux croisés dynamiques que vous aurez créés.

Vous pouvez supprimer et réafficher la liste des Champs de tableau croisé dynamique en cliquant sur le bouton Liste de champs de la commande Afficher de l'onglet Analyse du tableau croisé dynamique.

Rafraîchissement des données des tableaux croisés dynamiques

Dans la plupart des cas, les données des tableaux Excel sont appelées à être modifiées et à évoluer au fil du temps. Heureusement, cela ne signifie pas que vous devez recréer vos tableaux croisés dynamiques à chaque changement. Si vous mettez à jour les données de votre tableau Excel sous-jacent, vous pouvez indiquer à Excel de faire une mise à jour des données du tableau croisé dynamique.

Trois méthodes permettent d'actualiser les tableaux croisés dynamiques :

- **Cliquez sur la commande Actualiser de l'onglet Analyse du tableau croisé dynamique. Notez que le bouton de la commande Actualiser est visible dans la Figure 4.12 ; il se trouve à peu près au milieu du ruban de l'onglet Analyse du tableau croisé dynamique.**
- **Choisissez la commande Actualiser dans le menu contextuel qui s'affiche lorsque vous cliquez avec le bouton droit sur le tableau croisé dynamique.**
- **Indiquez à Excel d'actualiser le tableau croisé dynamique lors de l'ouverture du fichier. Pour ce faire, cliquez sur le bouton Options de la commande Options du tableau croisé dynamique dans le ruban de l'onglet Analyse du tableau croisé dynamique. Excel affiche la boîte de dialogue Options du tableau croisé dynamique. Cliquez sur l'onglet Données, sélectionnez Actualiser les données lors de l'ouverture du fichier et cliquez sur OK.**

Vous pouvez pointer un bouton de commande du ruban pour faire apparaître une explication de son rôle dans une bulle contextuelle. Souvenez-vous de cette technique lorsque vous ne connaissez pas une commande.

Tri des données d'un tableau croisé dynamique

Vous pouvez trier les données d'un tableau croisé dynamique de la même manière que vous triez une liste Excel. Supposons que vous vouliez trier les ventes de cafés aromatisés aux plantes en Île-de-France dans le tableau croisé dynamique représenté sur la Figure 4.13 (le tableau a été filtré pour afficher uniquement les ventes d'Île-de-France) et classer le résultat par ventes décroissantes pour mettre en évidence les produits les mieux vendus.

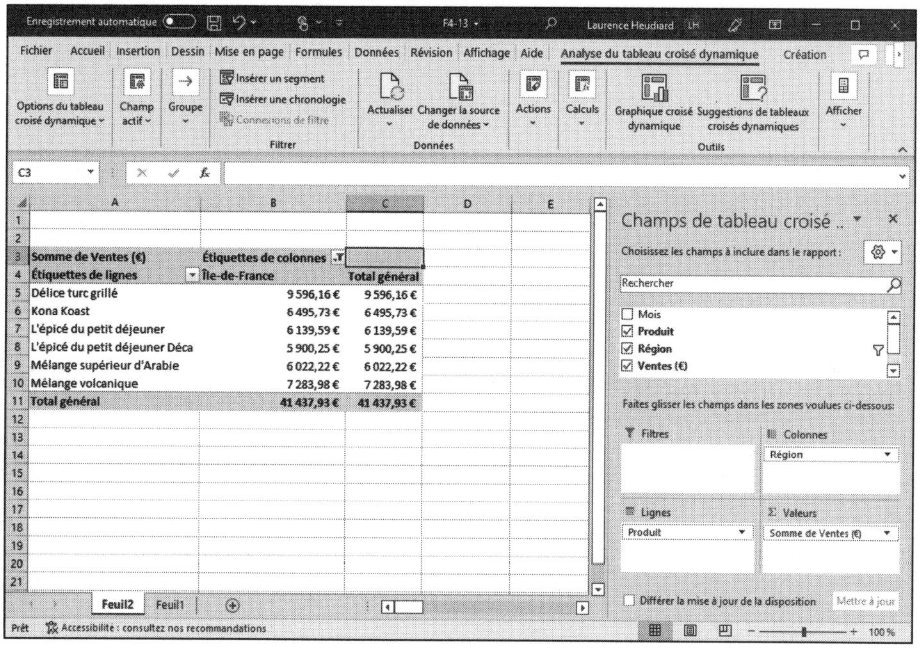

Figure 4.13 Un tableau croisé dynamique avant le tri sur les ventes en Île-de-France.

Pour trier les données du tableau croisé dynamique, faites un clic droit sur une cellule de la colonne qui comporte la clé de tri ; dans l'exemple de la Figure 4.13, vous devez cliquer sur une cellule de la plage B5:B10. Dans le menu contextuel qui apparaît, choisissez Trier, puis Trier du plus grand au plus petit. Excel trie les données du tableau croisé dynamique, comme le montre la Figure 4.14. Le résultat est sans surprise : ce sont les ventes de Délice turc grillé qui commencent à décoller.

Vous pouvez également exercer plus de contrôle sur le tri des données des tableaux croisés dynamiques. Pour ce faire, procédez comme suit :

❶ **Choisissez la commande Trier à partir de l'onglet Données.**

Figure 4.14

Un tableau croisé dynamique après un tri sur les ventes en Île-de-France.

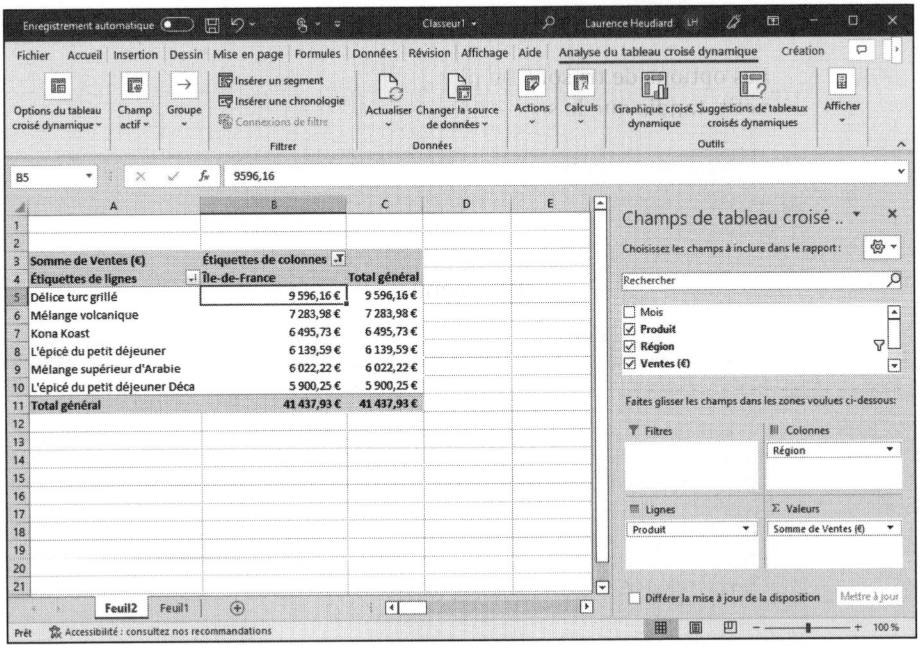

Excel affiche la boîte de dialogue Trier par valeur, comme le montre la Figure 4.15.

Figure 4.15

La boîte de dialogue Trier par valeur.

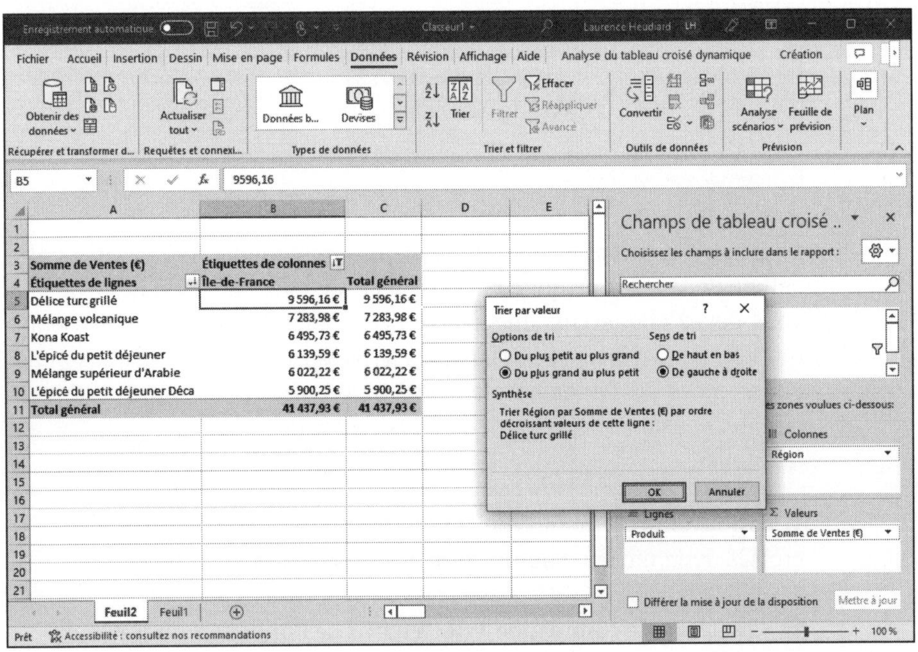

❷ **Sélectionnez la méthode de tri.**

Les options de tri sont Du plus petit au plus grand ou Du plus grand au plus petit, tandis que le sens de tri est De haut en bas ou De gauche à droite.

❸ **Cliquez sur OK.**

Pseudo-tri

Vous pouvez aussi organiser manuellement les éléments de votre tableau croisé dynamique. Vous voudrez peut-être modifier l'ordre des lignes ou des colonnes pour qu'il corresponde à la façon dont vous voulez présenter des informations ou pour qu'il vous permette de passer en revue les informations suivant vos critères.

Pour changer l'ordre des éléments dans votre tableau croisé dynamique, faites un clic droit sur la ligne de Tableau croisé dynamique ou de la colonne que vous souhaitez déplacer. Dans le menu contextuel qui apparaît, choisissez la commande Déplacer. Vous devriez voir une liste de commandes du sous-menu : Déplacer [X] au début, Déplacer [X] vers le haut, Déplacer [X] vers le bas, et ainsi de suite ; [X] correspond au nom du champ que vous avez sélectionné. Ces commandes modifient l'ordre des éléments dans le tableau croisé dynamique ; par exemple, vous pouvez déplacer un produit de cette liste, ou encore déplacer une région.

Grouper et dissocier des éléments de données

Vous pouvez grouper des lignes et des colonnes dans un tableau croisé dynamique, par exemple lorsque vous avez besoin de traiter les données d'une manière qui n'est pas explicitement prise en charge dans votre tableau Excel.

Dans l'exemple de ce chapitre, supposons que l'on souhaite combiner deux régions, la Bretagne et les Pays de la Loire, afin de visualiser les données de ventes pour l'Île-de-France, d'une part, et pour la Bretagne et les Pays de la Loire, d'autre part. Ce regroupement est utile, parce que l'Île-de-France est gérée par un vendeur, tandis que la Bretagne et les Pays de la Loire sont gérées par un autre vendeur. Le regroupement des ventes pour la Bretagne et les Pays de la Loire dans le tableau croisé dynamique permettra de comparer le travail des deux vendeurs. Pour l'instant, les ventes de l'Île-de-France apparaissent dans une colonne et celles de la Bretagne et des Pays de la Loire dans deux autres colonnes.

Pour créer un groupe, sélectionnez les éléments que vous souhaitez grouper : faites un clic droit sur le tableau croisé dynamique, puis choisissez Grouper dans le menu contextuel qui apparaît.

Excel crée un nouveau regroupement, qu'il nomme dans l'ordre numérique, en commençant par Groupe1. Comme le montre la Figure 4.16, Excel affiche toujours des informations individuelles détaillées sur la Bretagne et les Pays de la Loire dans le tableau croisé dynamique. Cependant, la Bretagne et les Pays de la Loire se trouvent dans une nouvelle catégorie, Groupe1.

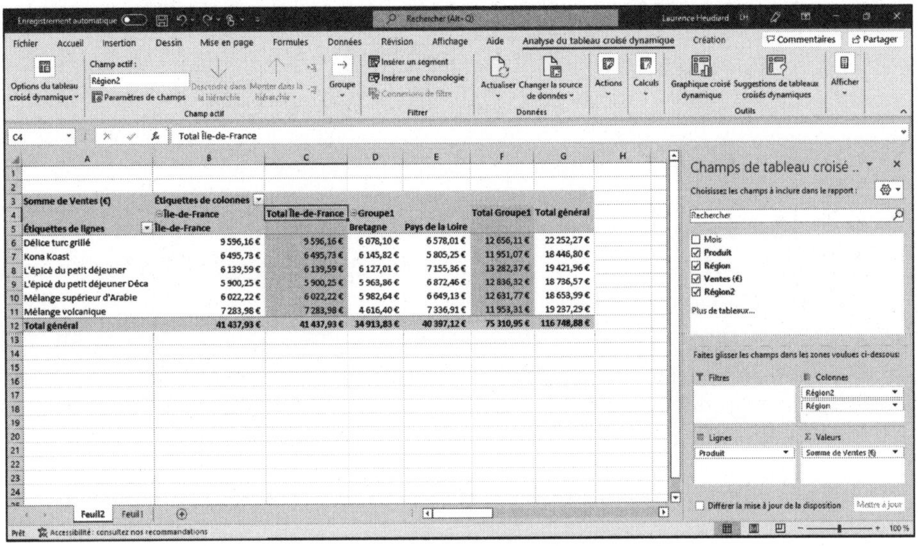

Somme de Ventes (€)	Étiquettes de colonnes					
	Île-de-France	Total Île-de-France	Groupe1		Total Groupe1	Total général
Étiquettes de lignes	Île-de-France		Bretagne	Pays de la Loire		
Délice turc grillé	9 596,16 €	9 596,16 €	6 078,10 €	6 578,01 €	12 656,11 €	22 252,27 €
Kona Koast	6 495,73 €	6 495,73 €	6 145,82 €	5 805,25 €	11 951,07 €	18 446,80 €
L'épicé du petit déjeuner	6 139,59 €	6 139,59 €	6 127,01 €	7 155,36 €	13 282,37 €	19 421,96 €
L'épicé du petit déjeuner Déca	5 900,25 €	5 900,25 €	5 963,86 €	6 872,46 €	12 836,32 €	18 736,57 €
Mélange supérieur d'Arabie	6 022,22 €	6 022,22 €	5 982,64 €	6 649,13 €	12 631,77 €	18 653,99 €
Mélange volcanique	7 283,98 €	7 283,98 €	4 616,40 €	7 336,91 €	11 953,31 €	19 237,29 €
Total général	41 437,93 €	41 437,93 €	34 913,83 €	40 397,12 €	75 310,95 €	116 748,88 €

Figure 4.16 Regroupement de données dans un tableau croisé dynamique.

Vous pouvez renommer le groupe en cliquant sur la cellule portant l'étiquette Groupe1, puis en entrant un nouveau nom.

Pour dissocier les données précédemment groupées, faites un clic droit dans la cellule portant le nom du groupe (Groupe1, dans notre cas) pour afficher le menu contextuel, puis choisissez Dissocier. Excel supprime le regroupement du tableau croisé dynamique.

Les sous-totaux du groupe ne s'affichent pas automatiquement ; pour les obtenir, vous devez réduire le groupe. Pour réduire les détails d'un groupe, faites un clic droit sur la cellule portant le nom du groupe (Groupe1, dans notre cas), et choisissez Développer/Réduire, puis Réduire dans le menu contextuel qui apparaît. La Figure 4.17 montre le groupe réduit. Pour développer un groupe qui a été réduit, faites un clic droit sur la cellule portant le nom du groupe et choisissez Développer/Réduire, puis Développer dans le menu contextuel qui s'affiche. Vous pouvez aussi double-cliquer sur le nom du groupe, tout simplement.

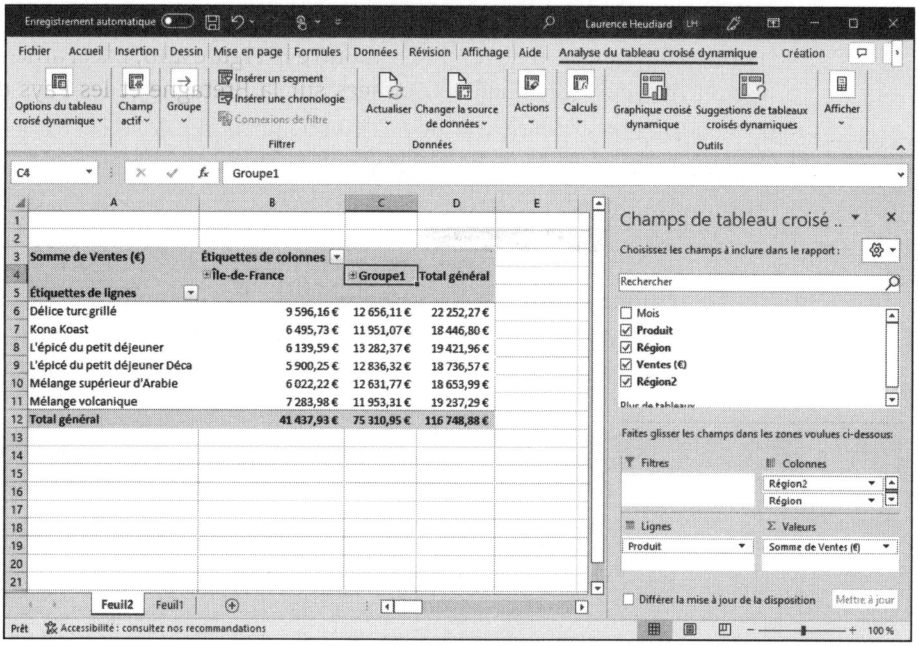

Figure 4.17 Réduction d'un groupe dans un tableau croisé dynamique.

Sélection de ceci, sélection de cela

Le bouton Sélectionner de la commande Actions de l'onglet Analyse du tableau croisé dynamique permet de sélectionner les Étiquettes et valeurs, les Valeurs, les Étiquettes, le Tableau croisé dynamique complet ou d'Activer la sélection. Pour afficher le sous-menu Sélectionner, cliquez sur le bouton fléché au bas de la commande.

Lorsque vous choisissez l'une de ces commandes du sous-menu Sélectionner, Excel sélectionne l'élément référencé dans le tableau. Par exemple, si vous choisissez Sélectionner/Étiquettes, Excel sélectionne toutes les étiquettes du tableau croisé dynamique. De même, si vous choisissez la commande Sélectionner/Valeurs, Excel sélectionne toutes les cellules contenant des valeurs dans le tableau croisé dynamique.

La commande Activer la sélection est la plus délicate à utiliser ; elle indique à Excel d'élargir la sélection pour inclure tous les autres articles similaires dans le tableau croisé dynamique. Par exemple, dans le tableau croisé dynamique qui nous sert d'exemple, si vous sélectionnez une étiquette se rapportant au mois de juin et si vous cliquez sur la commande Activer la sélection, Excel sélectionne les ventes de tous les produits, pour les trois régions au mois de juin.

Quel est le détail de cette cellule ?

Faites un clic droit sur une cellule, puis choisissez la commande Afficher les détails dans le menu contextuel. Excel ajoute une feuille de calcul dans le classeur et crée un tableau regroupant chaque cellule se rapportant à la valeur de cette cellule.

Par exemple, faites un clic droit dans la cellule D6 (voir la Figure 4.16) et choisissez la commande Afficher les détails dans le menu contextuel. Excel crée un nouveau tableau, comme le montre la Figure 4.18. Celui-ci regroupe le détail des ventes dont la somme constitue la valeur de la cellule D6 (voir la Figure 4.16).

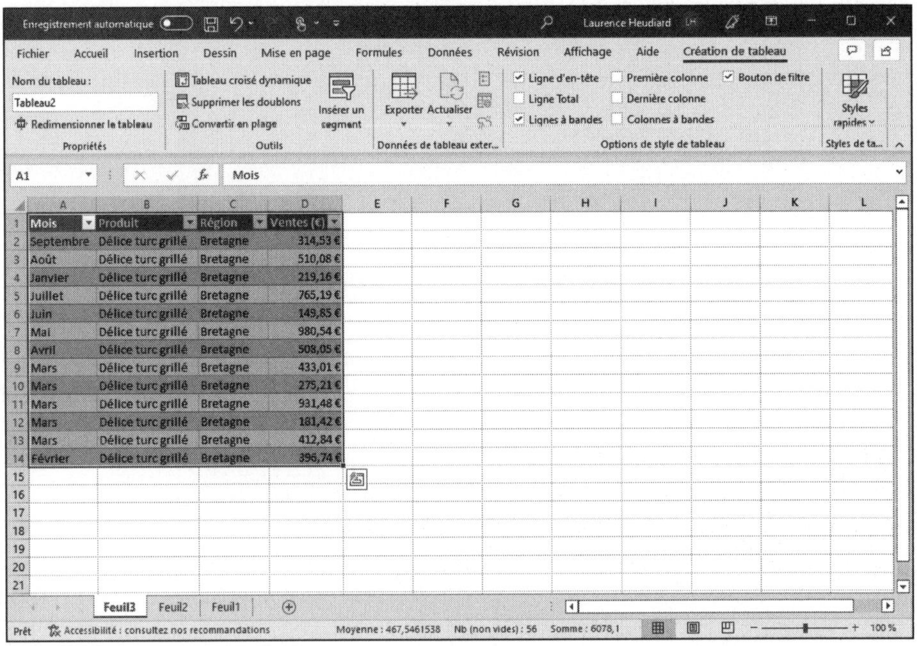

Figure 4.18 Le détail des ventes dont la somme constitue la valeur de la cellule D6.

Vous pouvez également afficher les détails d'une valeur dans un tableau croisé dynamique en double-cliquant sur la cellule contenant la valeur.

Définition des paramètres des champs de valeurs

Les paramètres des champs de valeurs d'un tableau croisé dynamique déterminent ce qu'Excel fait avec un champ quand celui-ci est traité dans le tableau croisé dynamique. Si ce processus semble compliqué, voici un exemple rapide qui montre comment cela fonctionne. Si vous faites un clic droit sur une valeur du tableau croisé dynamique et que vous choisissez Paramètres des champs de valeurs dans le menu contextuel qui apparaît, Excel affiche la boîte de dialogue Paramètres des champs de valeurs, comme le montre la Figure 4.19.

Figure 4.19 La boîte de dialogue Paramètres des champs de valeurs.

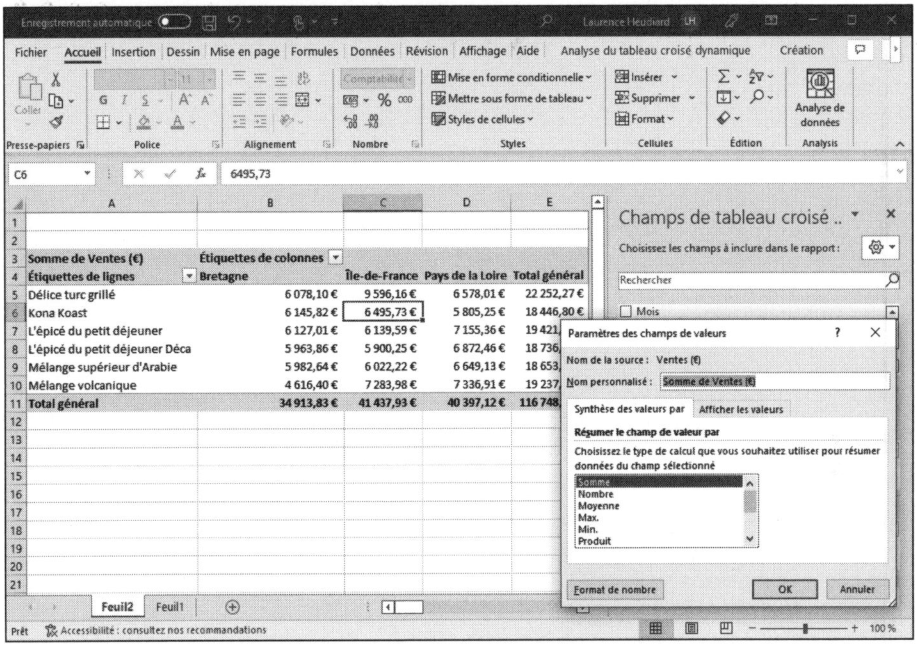

La zone Résumer le champ de valeur par permet de définir le type de calcul qui sera utilisé pour calculer les données du champ sélectionné. Vous pouvez indiquer si l'élément de données doit être une somme, le nombre d'éléments, la moyenne, *etc.*, dans le tableau croisé dynamique. Par défaut, les éléments de données sont additionnés (c'est une somme), mais vous pouvez choisir une autre opération arithmétique. Par exemple, vous pouvez calculer la moyenne des ventes en sélectionnant Moyenne dans la liste des opérations. Vous pouvez également rechercher la plus grande valeur en utilisant la fonction Max, la plus petite valeur grâce à la fonction Min, le nombre de transactions de vente en utilisant la fonction de comptage Nombre, et ainsi de suite. Dans la boîte de dialogue Paramètres des champs de valeurs, vous choisissez l'opération arithmétique qu'Excel doit effectuer sur les éléments de données stockés dans le tableau croisé dynamique.

Le bouton Format de nombre, en bas de la boîte de dialogue Paramètres des champs de valeurs, affiche une version réduite de la boîte de dialogue Format de cellule (voir la Figure 4.20). Vous pouvez y choisir un format numérique pour l'élément de données.

Figure 4.20 La boîte de dialogue Format de cellule pour les tableaux croisés dynamiques.

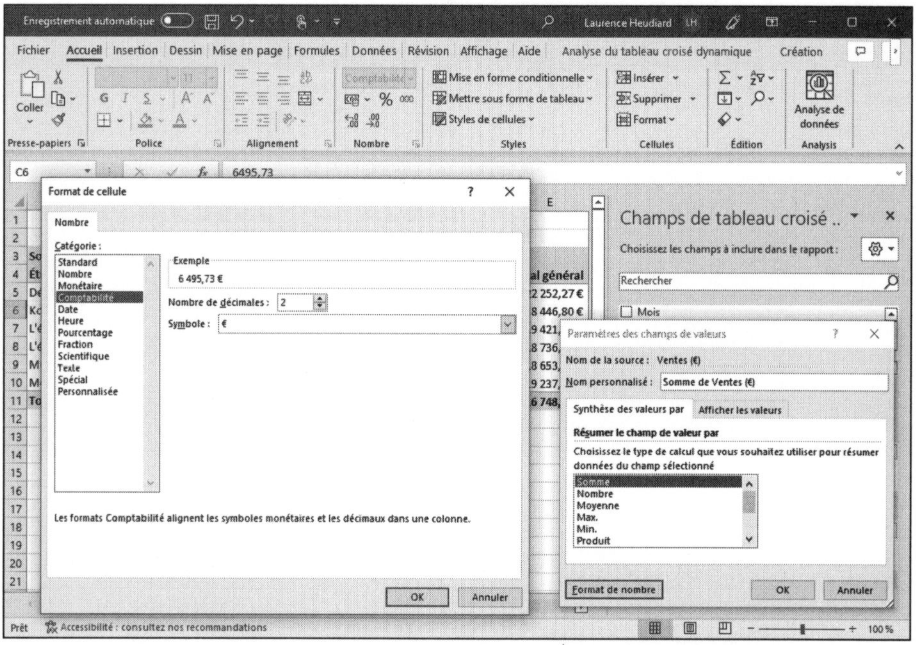

L'onglet Afficher les valeurs fournit plusieurs options supplémentaires de traitement (voir la Figure 4.21) ; il permet de spécifier la manière dont l'élément de données doit être manipulé. Ce sujet est un peu prématuré, et il vous manque un peu d'expérience pour que nous le traitions maintenant : il sera présenté dans le Chapitre 5.

Figure 4.21 L'onglet Afficher les valeurs permet des traitements plus élaborés.

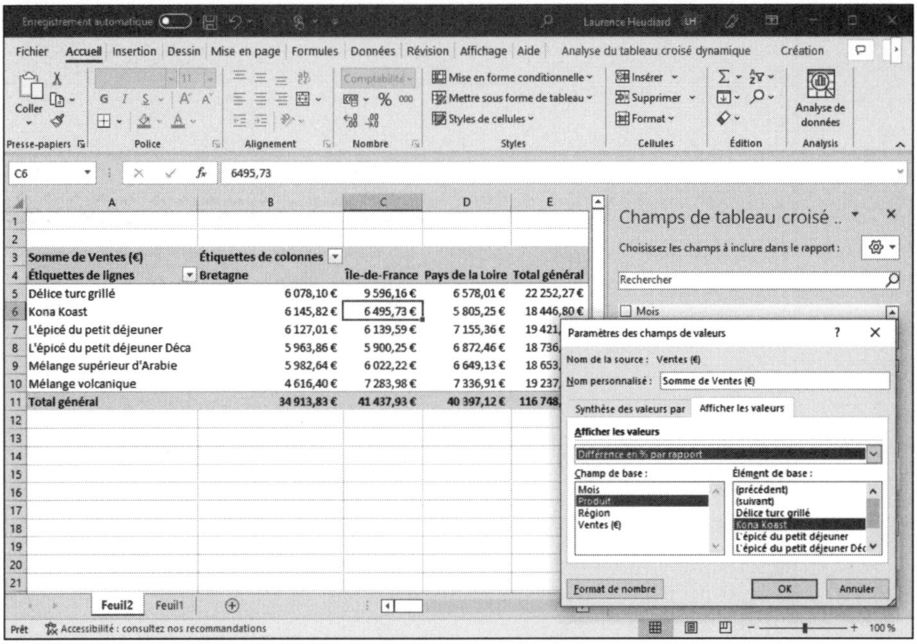

Personnalisation de l'aspect et des fonctions des tableaux croisés dynamiques

Excel laisse de la flexibilité à l'utilisateur sur la façon de manipuler et de présenter un tableau croisé dynamique : diverses options permettent de changer son nom, de le formater et de manipuler ses données.

Options du tableau croisé dynamique

Faites un clic droit dans un tableau croisé dynamique et choisissez la commande Options du tableau croisé dynamique dans le menu contextuel pour afficher la boîte de dialogue éponyme, comme le montre la Figure 4.22.

La boîte de dialogue Options du tableau croisé dynamique propose plusieurs onglets et des zones de texte pour peaufiner la présentation et les traitements à appliquer. Les sections suivantes présentent ces options.

Figure 4.22 La boîte de dialogue Options du tableau croisé dynamique.

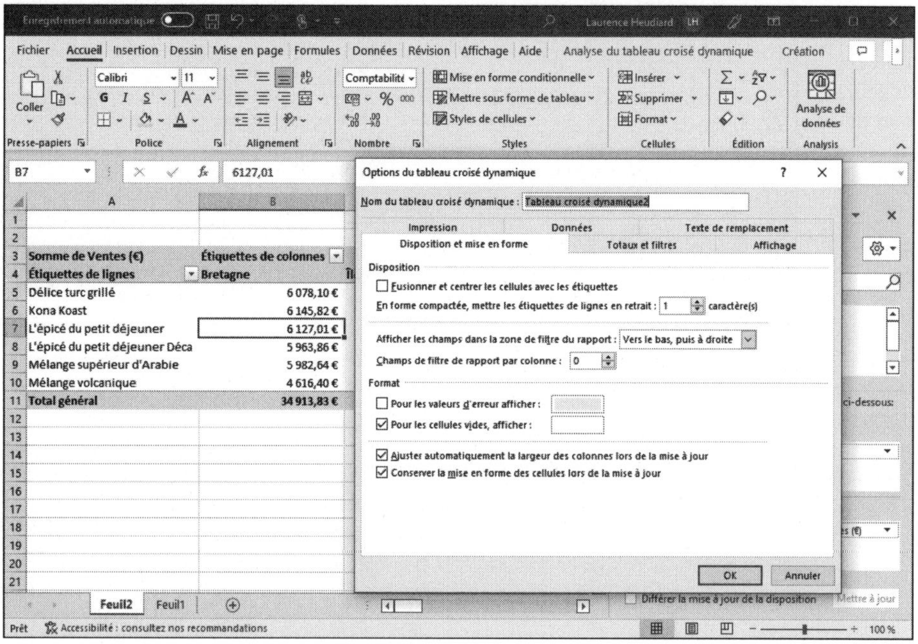

L'onglet Disposition et mise en forme

L'onglet Disposition et mise en forme (voir la Figure 4.22) contrôle l'apparence du tableau croisé dynamique. Cochez la case Fusionner et centrer les cellules avec les étiquettes pour centrer horizontalement et verticalement les rangées extérieures et les étiquettes de colonnes extérieures. Utilisez l'option En forme compactée, mettre les étiquettes de lignes en retrait : [X] caractère(s) lorsque le rapport de tableau croisé dynamique est affiché dans le format compact. Les options Afficher les champs dans la zone de filtre du rapport et Champs de filtre de rapport par colonne spécifient l'ordre des filtres du tableau croisé dynamique et le nombre de champs de filtre par colonne.

Les cases à cocher de la rubrique Format, Pour les valeurs d'erreur afficher et Pour les cellules vides, afficher, permettent de spécifier des messages particuliers. Enfin, il est possible d'Ajuster automatiquement la largeur des colonnes lors de la mise à jour et de Conserver la mise en forme des cellules lors de la mise à jour.

La meilleure façon de bien comprendre le rôle de ces options de mise en page et de formatage est tout simplement de les expérimenter et de faire des essais.

L'onglet Totaux et filtres

L'onglet Totaux et filtres (voir la Figure 4.23) permet d'afficher les totaux des lignes et des colonnes, de Calculer les sous-totaux des éléments des pages filtrés, d'Autoriser plusieurs filtres par champ et d'Utiliser des listes personnalisées lors du tri (les listes de tri personnalisé comprennent les mois de l'année ou les jours de la semaine).

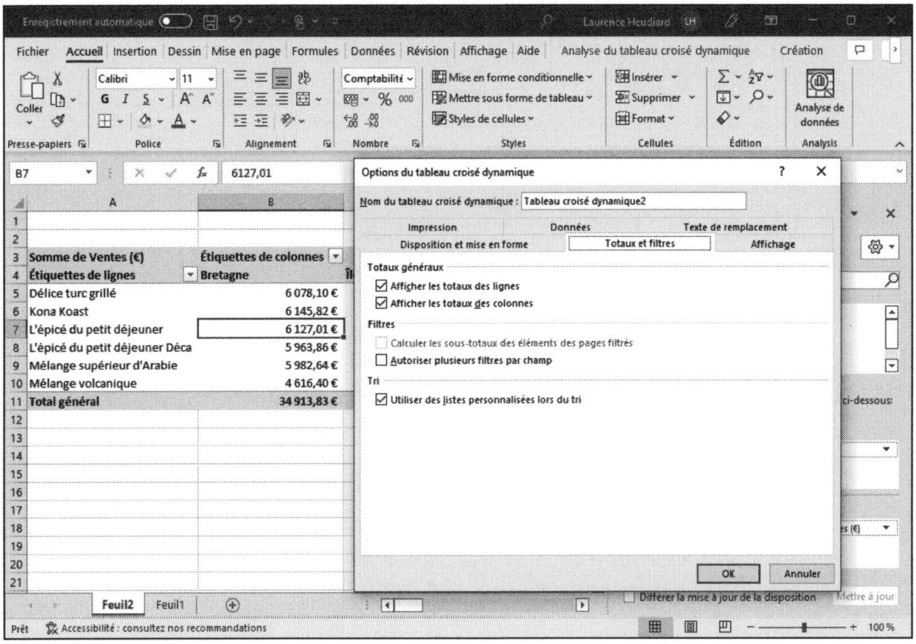

Figure 4.23 L'onglet Totaux et filtres de la boîte de dialogue Options du tableau croisé dynamique.

L'onglet Affichage

L'onglet Affichage (voir la Figure 4.24) gère l'affichage des boutons Développer/Réduire, celui des propriétés dans les info-bulles, de la légende des champs et des listes déroulantes de filtrage. La Disposition classique du tableau croisé dynamique permet également de revenir à l'ancienne (dite « classique ») mise en page de tableau croisé dynamique d'Excel, afin de le concevoir en faisant glisser les champs dans un modèle de tableau croisé dynamique vide.

Encore une fois, le meilleur moyen de découvrir ces options est de faire des essais : n'hésitez pas à cocher des cases. Vous pouvez également cliquer sur le bouton d'aide, marqué d'un point d'interrogation, en haut à droite de la boîte de dialogue.

Figure 4.24

L’onglet Affichage de la boîte de dialogue Options du tableau croisé dynamique.

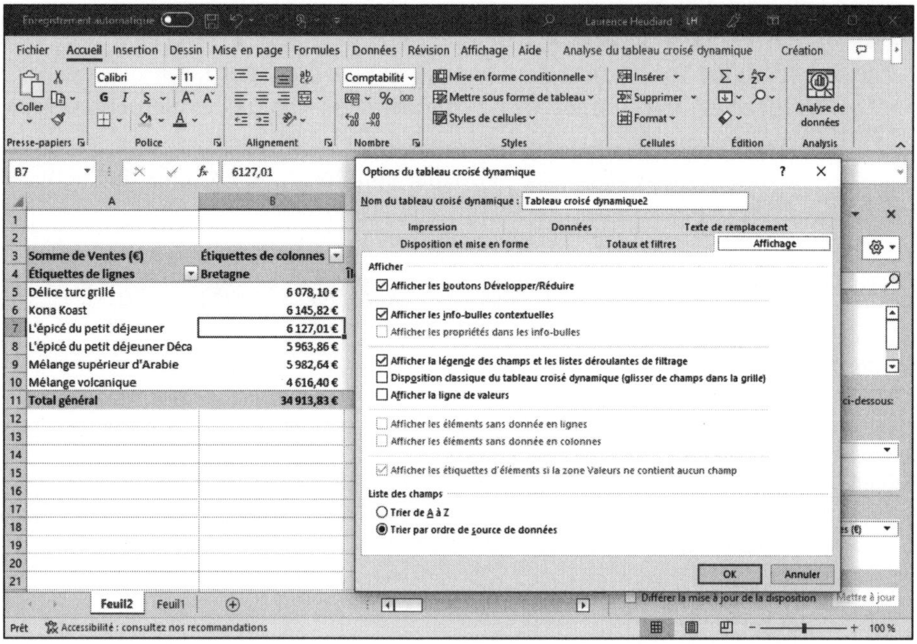

L’onglet Impression

L’onglet Impression (voir la Figure 4.25) permet d’Imprimer les boutons Développer/Réduire lorsqu’ils sont dans un tableau croisé dynamique, de Répéter les étiquettes de lignes sur chaque page imprimée et de Définir les titres d’impression pour qu’ils apparaissent sur chaque page imprimée.

L’onglet Données

Les cases à cocher de l’onglet Données (voir la Figure 4.26) permettent d’indiquer à Excel d’Enregistrer les données sources avec le fichier, d’Activer l’affichage des détails et d’Actualiser les données lors de l’ouverture du fichier.

Figure 4.25 L'onglet Impression de la boîte de dialogue Options du tableau croisé dynamique.

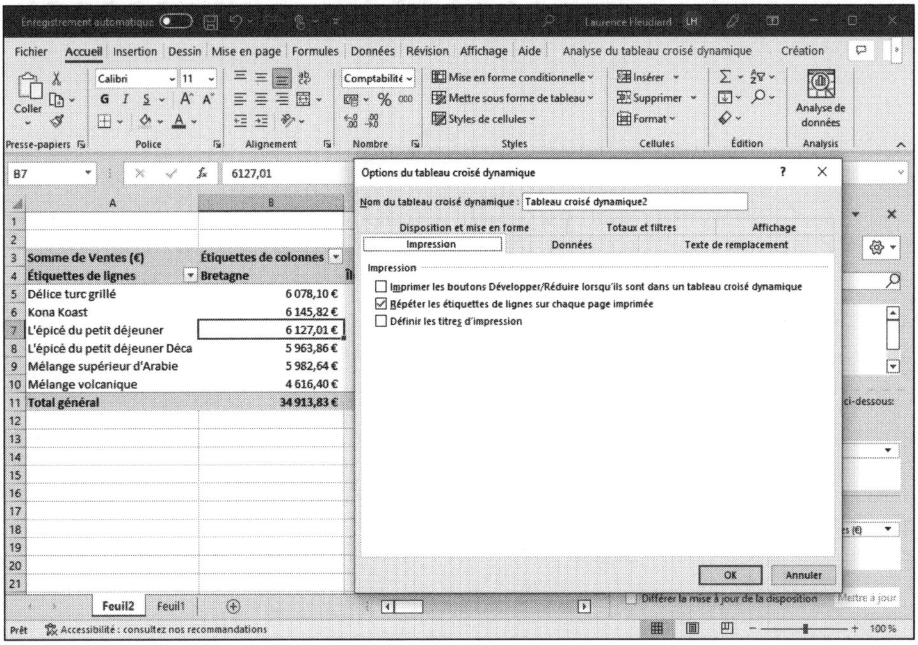

Figure 4.26 L'onglet Données de la boîte de dialogue Options du tableau croisé dynamique.

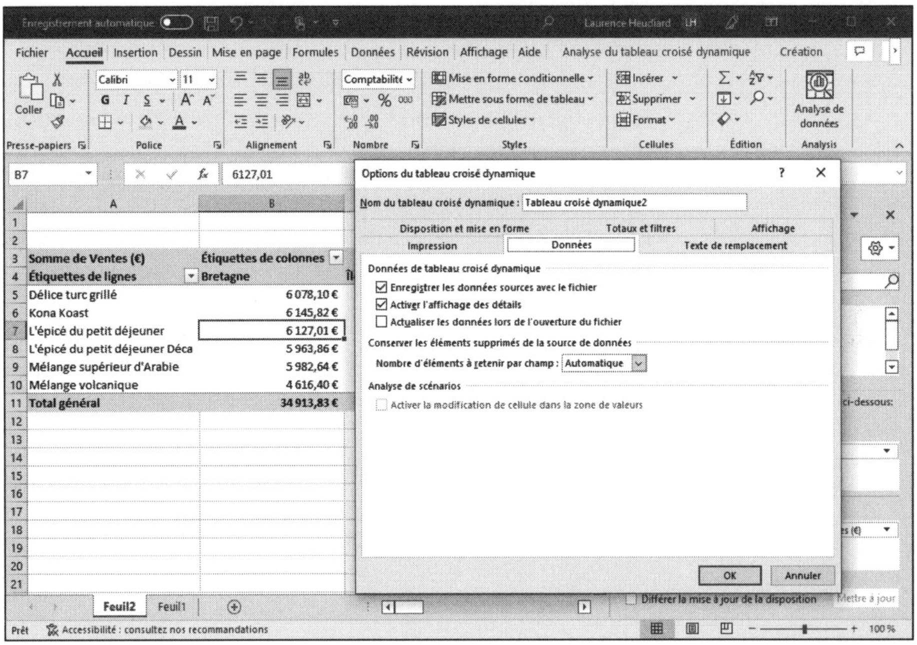

Le Nombre d'éléments à retenir par champ n'est probablement pas une option dont vous devez vous préoccuper : vous pouvez laisser la valeur Automatique par défaut.

L'onglet Texte de remplacement

L'onglet Texte de remplacement (voir la Figure 4.27) est destiné à l'aide aux déficients visuels ou mentaux : il permet d'ajouter des descriptions pour expliquer le tableau croisé dynamique.

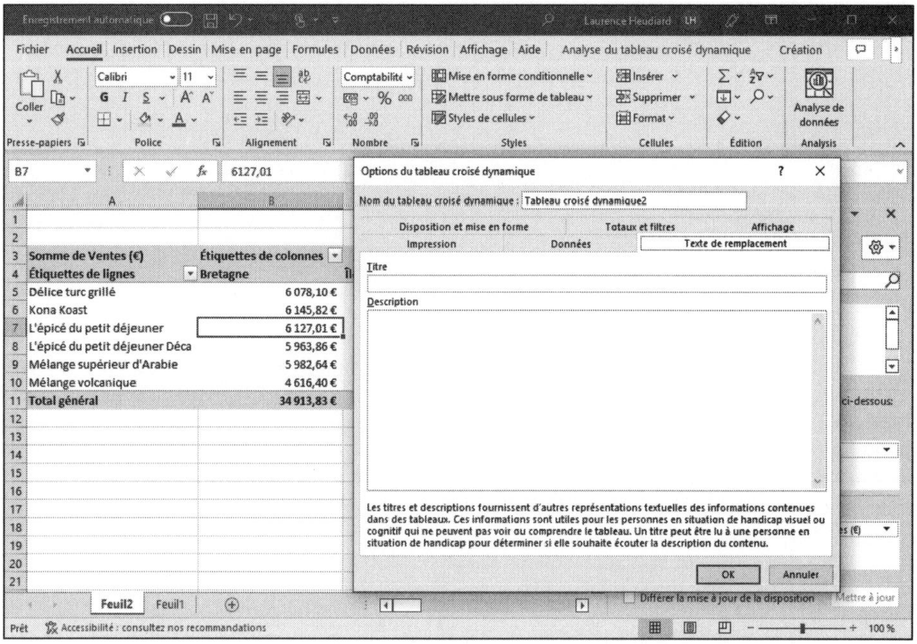

Figure 4.27 L'onglet Texte de remplacement de la boîte de dialogue Options du tableau croisé dynamique.

Formatage des informations de tableau croisé dynamique

Excel propose deux méthodes pour formater les informations contenues dans les tableaux croisés dynamiques : soit en utilisant la mise en forme de cellules standard, soit en faisant appel à une mise en forme automatique.

La mise en forme de cellules standard

Pour formater une seule cellule ou une plage de cellules dans un tableau croisé dynamique, sélectionnez la ou les cellules, faites un clic droit sur la sélection, puis choisissez Format de cellule dans le menu contextuel. Excel affiche la boîte de dialogue Format de cellule, comme le montre la Figure 4.28. Utilisez les onglets pour attribuer un formatage à la plage sélectionnée. Par exemple, si vous souhaitez affecter une mise en forme numérique, cliquez sur l'onglet Nombre, choisissez une catégorie de nombres et, si besoin, indiquez d'autres spécifications de formatage, comme le nombre de décimales.

Figure 4.28
La boîte de dialogue Format de cellule.

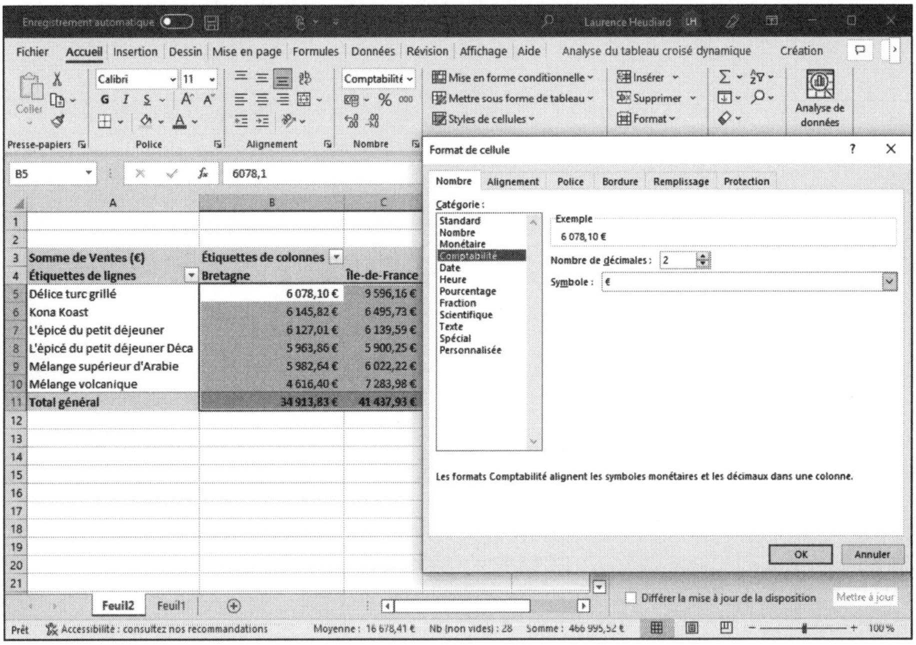

La mise en forme automatique avec les styles de tableaux croisés dynamiques

Vous pouvez également formater un tableau croisé dynamique dans sa totalité. Pour ce faire, sélectionnez l'onglet Création, puis recherchez dans les styles proposés et cliquez sur celui qui vous convient (voir la Figure 4.29). La Figure 4.30 montre le tableau croisé dynamique mis en forme avec un style automatique.

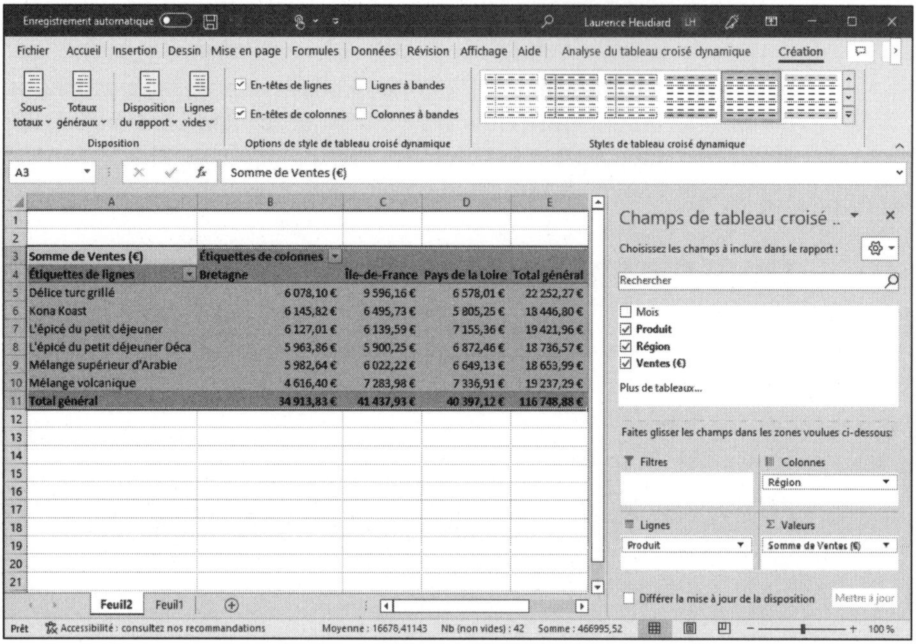

Figure 4.29

Choisissez un format pour le tableau croisé dynamique.

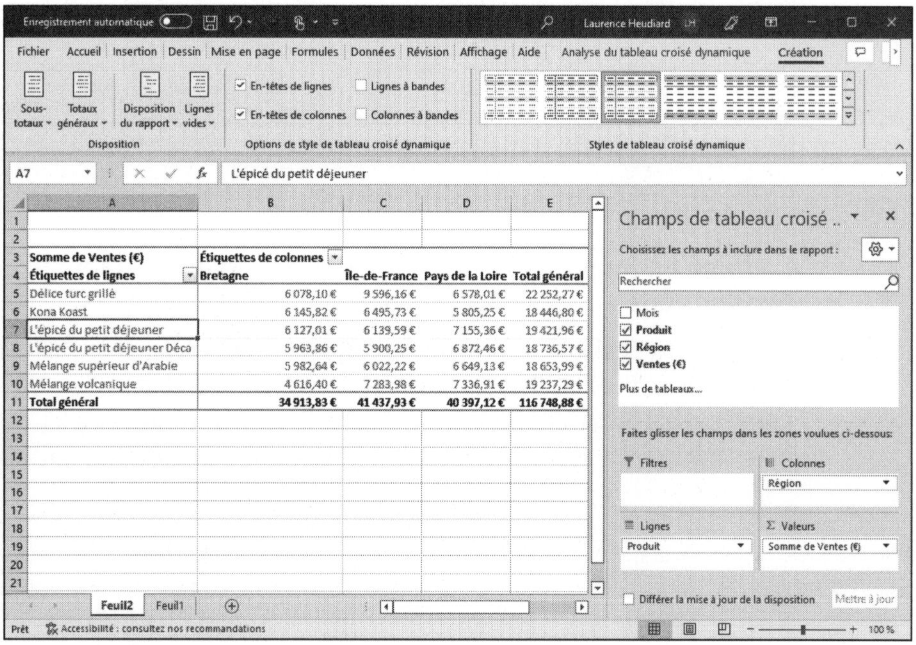

Figure 4.30

Le tableau croisé dynamique formaté automatiquement grâce à un style.

Lorsque le pointeur de la souris passe au-dessus d'un style proposé par Excel, ce dernier est affecté (tant que le pointeur de la souris le survole) au tableau croisé dynamique pour vous montrer quel sera le résultat. Les flèches de la barre de défilement des styles automatiques permettent de visualiser d'autres styles. Si vous cliquez sur le bouton le plus bas de la barre de défilement, marqué d'une flèche surmontée d'un petit trait, une fenêtre avec tous les styles apparaît à l'écran, avec les modèles Clair, Moyen et Foncé.

Les autres outils de l'onglet Création

L'onglet Création offre plusieurs autres outils très utiles, dont les boutons Sous-totaux et Totaux généraux pour afficher ou masquer les sous-totaux et les totaux, Disposition du rapport pour ajuster la mise en page du tableau, et Lignes vides pour aérer la présentation et mettre en évidence des groupes de valeurs.

Enfin, les cases à cocher En-têtes de lignes, En-têtes de colonnes, Lignes à bandes et Colonnes à bandes permettent également de modifier l'apparence d'un tableau croisé dynamique. Si, malgré les explications, vous avez du mal à comprendre le rôle de ces options, n'hésitez pas : faites des essais et observez les résultats.

DANS CE CHAPITRE

Ajout d'un autre calcul standard

•

Création de calculs personnalisés

•

Les champs calculés et les éléments calculés

•

Récupération de données d'un tableau croisé dynamique

Chapitre 5

Formules et tableaux croisés dynamiques

Vous n'aurez pas très souvent besoin de la plupart des techniques abordées dans ce chapitre. Les données croisées sous forme de tableau qui apparaissent dans un tableau croisé dynamique après avoir exécuté l'Assistant Tableau croisé dynamique répondent presque toujours exactement à vos besoins. Et si ce n'est pas le cas, un peu de bidouille avec les boutons et autres options arrangera tout (pour en savoir plus sur l'Assistant Tableau croisé dynamique, consultez le Chapitre 4).

Il est fréquent que l'on ait besoin soit de récupérer des informations à partir d'un tableau croisé dynamique pour les utiliser à un autre endroit, soit de coder des calculs et de les ajouter à un tableau croisé dynamique. Dans ces cas précis, les techniques décrites dans ce chapitre pourraient vous faire économiser beaucoup de pleurs et de grincements de dents.

Au-delà des calculs standard

Le tableau croisé dynamique que montre la Figure 5.1 présente les ventes de café par région pour une entreprise imaginaire dont vous êtes le gérant. Les éléments de données calculés dans ce tableau croisé dynamique sont les ventes. Ce sont souvent les seules informations que vous souhaitez consulter, et vous pouvez les regrouper pour calculer la moyenne des ventes par produit et par région dans un tableau croisé dynamique. Cependant, vous pouvez faire davantage et introduire des calculs beaucoup plus complexes.

Figure 5.1 Exemple de calculs standard pour les tableaux croisés dynamiques de base.

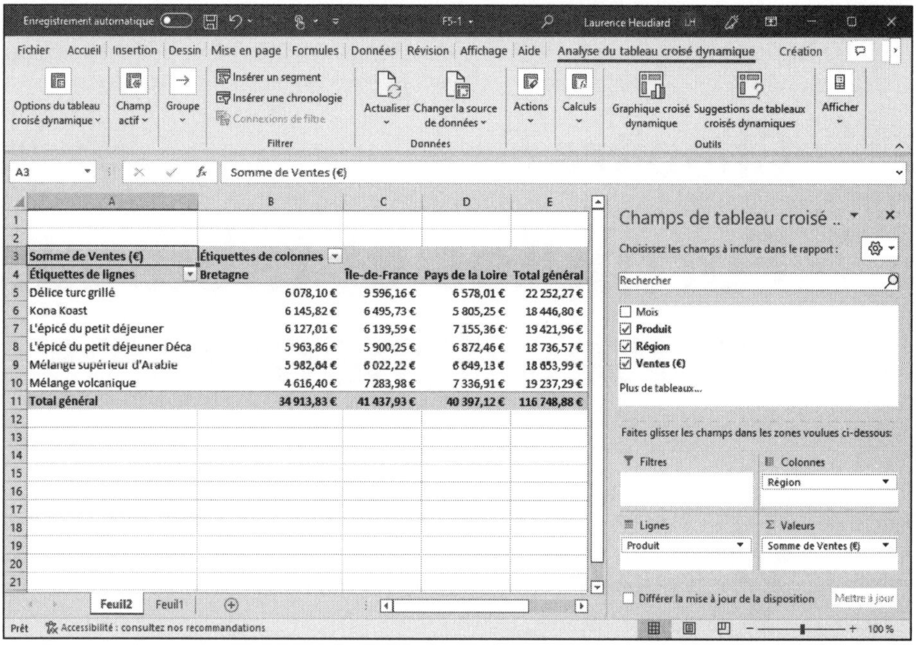

Pour ce faire, cliquez du bouton droit sur le tableau croisé dynamique et choisissez Paramètres des champs de valeurs dans le menu contextuel qui apparaît. Ensuite, dans la boîte de dialogue éponyme, sélectionnez Moyenne dans la zone Résumer le champ de valeur par, comme le montre la Figure 5.2.

Si vous ne voulez pas remplacer l'élément qui calcule la somme des ventes, mais ajouter le calcul de la moyenne des ventes à la feuille de calcul, la Figure 5.2 montre comment modifier votre feuille de calcul.

Si vous voulez afficher ces deux calculs, il est préférable de recommencer à partir de zéro avec une nouvelle version de la feuille de calcul illustrée à la Figure 5.1.

Pour ajouter un second calcul au tableau croisé dynamique, après avoir ajouté l'élément Moyenne depuis la boîte de dialogue Paramètres des champs de valeurs, faites glisser l'élément de données Ventes de la liste de champs de la zone Champs de tableau croisé dynamique à la zone Valeurs. La Figure 5.3 montre l'affichage de la moyenne des ventes et de la somme des ventes pour chacune des trois régions. Vous pouvez déplacer ou permuter les valeurs des zones Colonnes, Lignes et Valeurs.

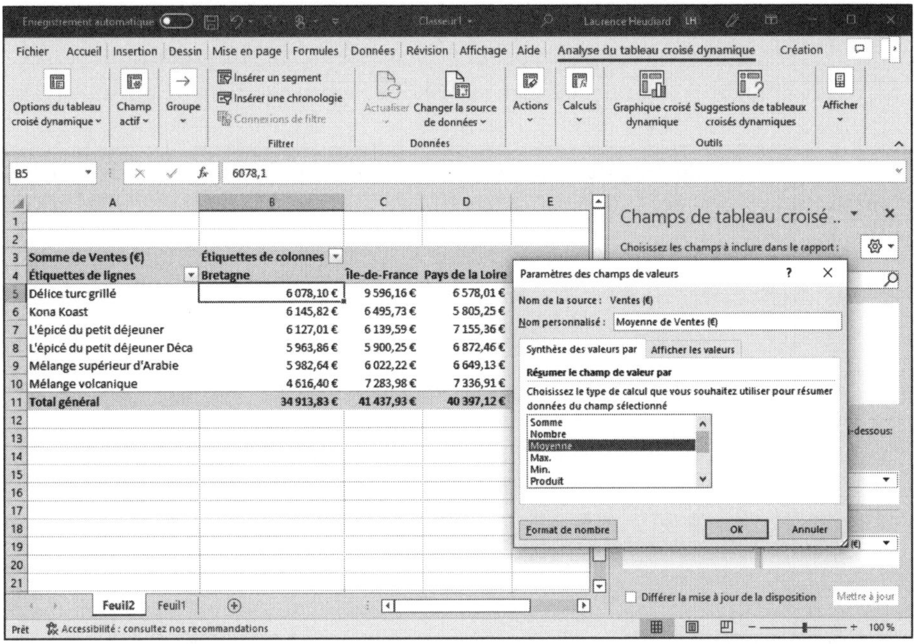

Figure 5.2 Sélection de Moyenne dans la zone Résumer le champ de valeur par.

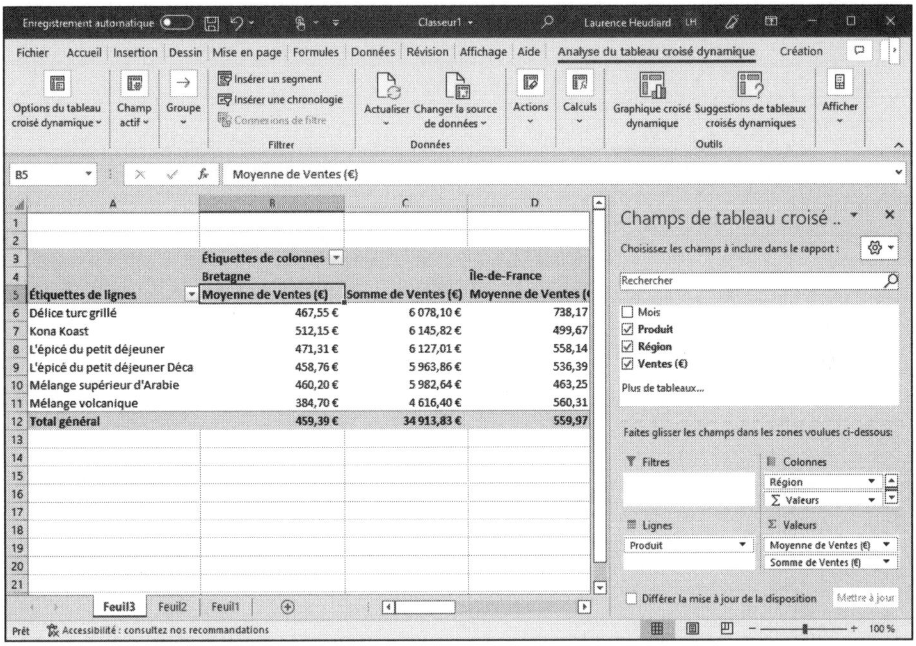

Figure 5.3 Ajout d'un deuxième calcul à un tableau croisé dynamique.

Après avoir ajouté un second calcul qui affiche la moyenne et la somme des ventes par région, déplacez le champ Valeurs de la zone Colonnes dans la zone Lignes, puis faites un clic droit sur cet élément de données et choisissez Paramètres des champs de valeur dans le menu contextuel. Dans la boîte de dialogue éponyme, renommez le champ avec un nom explicite dans la zone Nom personnalisé (voir la Figure 5.4), puis cliquez sur OK. La Figure 5.5 montre le résultat obtenu.

Figure 5.4

Renommage du résultat du deuxième calcul standard.

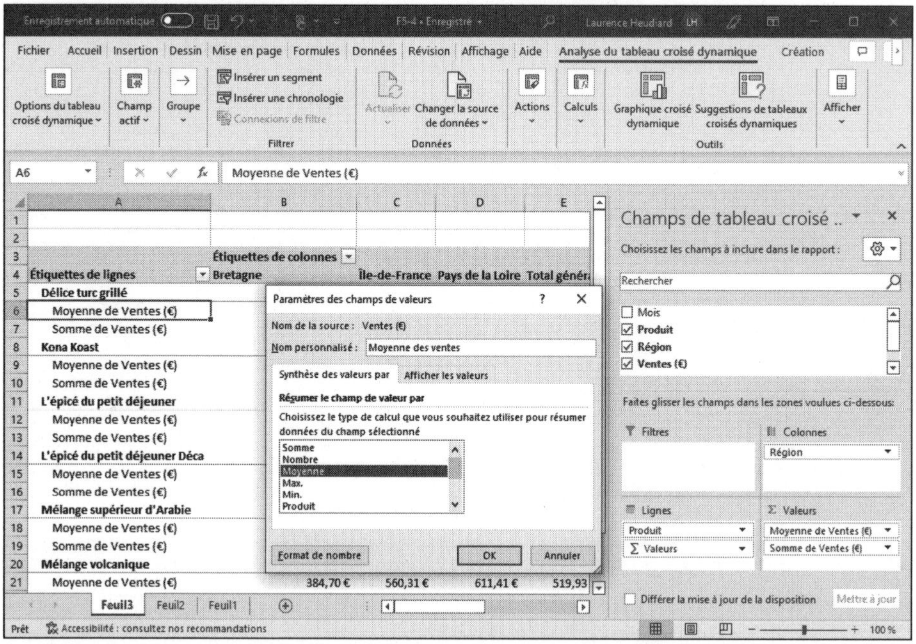

Figure 5.5

Un tableau croisé dynamique avec deux calculs standard.

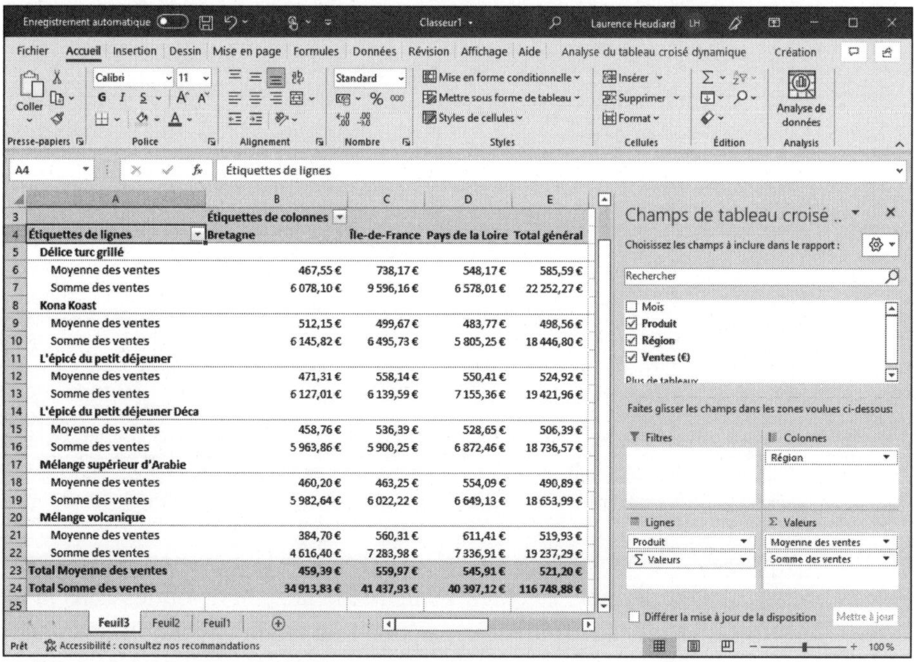

Le tableau croisé dynamique montre maintenant deux calculs : la somme des ventes par type de café dans chacune des régions et la moyenne des ventes. Par exemple, la cellule D19 montre que le Mélange supérieur d'Arabie est le mieux vendu dans les Pays de la Loire, pour 6 649,13 €, et la cellule C6 indique que la meilleure moyenne a été obtenue par le Délice turc grillé en Île-de-France, avec 738,17 €.

Vous pouvez ajouter de nombreux types de calculs standard à votre tableau croisé dynamique et modifier les noms des champs pour en améliorer la compréhension.

Création de calculs personnalisés

Les tableaux croisés dynamiques Excel offrent une fonctionnalité appelée Calculs personnalisés, qui permet d'ajouter de nombreux calculs semi-standard dans un tableau croisé dynamique. Par exemple, grâce aux calculs personnalisés, vous pouvez calculer la différence entre deux cellules de tableaux croisés, des pourcentages ou des différences de pourcentage.

Pour illustrer la mise en œuvre de calculs personnalisés dans un tableau croisé dynamique, jetez un coup d'œil à la Figure 5.6. Le tableau croisé dynamique montre les ventes de café par mois pour l'entreprise imaginaire que vous possédez et exploitez. Supposons que vous souhaitiez ajouter une valeur calculée à ce tableau croisé dynamique pour montrer la différence entre les ventes de deux mois. Cela pourrait mettre en évidence de grandes variations entre ces ventes et vous aider à identifier d'éventuels problèmes ou des opportunités importantes.

Pour ajouter un calcul personnalisé à un tableau croisé dynamique, vous devez accomplir deux tâches : ajouter un autre calcul standard au tableau croisé dynamique et le personnaliser avec l'un des paramètres présentés par le Tableau 5.1.

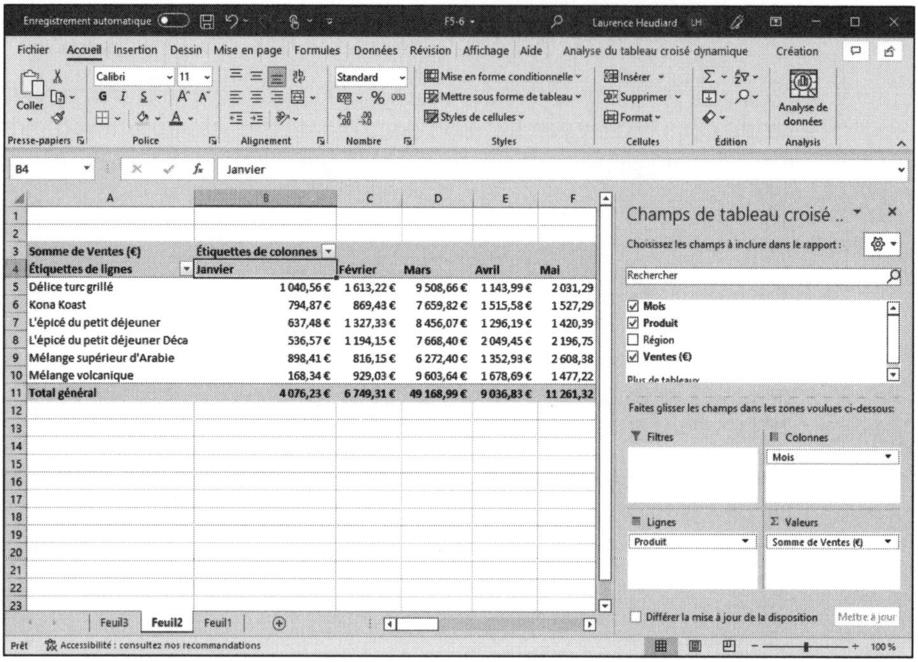

Figure 5.6 Les calculs personnalisés pour comparer les données d'un tableau croisé dynamique.

Tableau 5.1 Options de calcul personnalisé pour les tableaux croisés dynamiques.

Calcul	Descriptif
% du total général	Pourcentage du champ Valeur du tableau croisé dynamique.
% du total de la colonne	Pourcentage du champ Valeur du tableau croisé dynamique par rapport au total des valeurs de la colonne.
% du total de la ligne	Pourcentage du champ Valeur du tableau croisé dynamique par rapport au total des valeurs de la ligne.
% de	Pourcentage du champ Valeur du tableau croisé dynamique par rapport au total des valeurs de base.
% du total de la ligne parente	Pourcentage du champ Valeur du tableau croisé dynamique par rapport au sous-total de la ligne parente.
% du total de la colonne parente	Pourcentage du champ Valeur du tableau croisé dynamique par rapport au sous-total de la colonne parente.

Calcul	Descriptif
% du total du parent	Pourcentage du champ Valeur du tableau croisé dynamique par rapport au sous-total de l'élément parent.
Différence par rapport	Différence entre les champs Valeur de deux tableaux croisés dynamiques, par exemple la différence entre le mois actuel et la valeur du mois précédent.
Différence en % par rapport	Différence en pourcentage entre les champs Valeur de deux tableaux croisés dynamiques, par exemple la différence en pourcentage entre le mois actuel et la valeur du mois précédent.
Résultat cumulé par	Totaux cumulés ou en cours des champs Valeur de tableaux croisés dynamiques, par exemple les ventes ou les dépenses cumulatives de l'année à aujourd'hui.
% résultat cumulé dans	Pourcentage des totaux cumulés ou en cours des champs Valeur de tableaux croisés dynamiques, par exemple le pourcentage cumulé des ventes ou des dépenses de l'année à ce jour.
Rang - Du plus petit au plus grand	Indique le rang dans un ensemble de valeurs, du plus petit au plus grand.
Rang - Du plus grand au plus petit	Indique le rang dans un ensemble de valeurs, du plus grand au plus petit.
Index	Le calcul index personnalisé utilise la formule suivante : [(valeur de la cellule) × (grand total de grands totaux)] / [(grand total de la ligne) × (grand total de la colonne)].

Pour ajouter un second calcul standard au tableau croisé dynamique, ajoutez un deuxième élément de données. Par exemple, dans le cas du tableau croisé dynamique de la Figure 5.6, pour calculer la différence entre les ventes d'un mois à l'autre, vous devez faire glisser un deuxième élément de données de Ventes dans la zone Valeurs de la partie Champs de tableau croisé dynamique ; la Figure 5.7 montre le tableau croisé dynamique après avoir effectué ce changement.

Figure 5.7 Ajout d'un deuxième calcul standard, puis personnalisation.

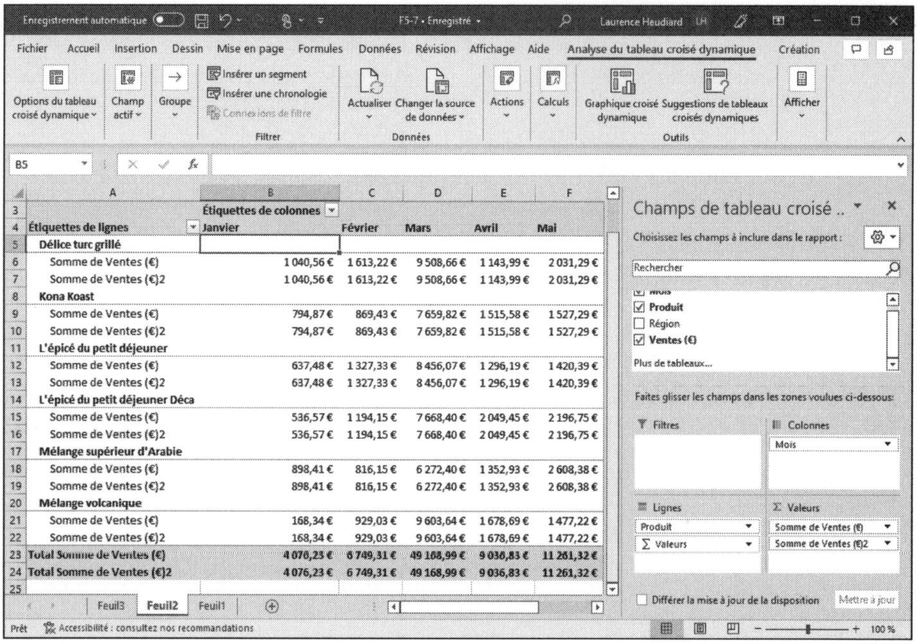

Après avoir ajouté un deuxième calcul standard au tableau croisé dynamique, vous devez le personnaliser en spécifiant le calcul à effectuer. Pour ce faire, procédez comme suit :

1. **Cliquez sur le nouveau champ de calcul standard de la zone Valeurs, puis choisissez Paramètres des champs de valeurs dans le menu contextuel qui apparaît.**

2. **Dans la boîte de dialogue Paramètres des champs de valeurs, cliquez sur l'onglet Afficher les valeurs (voir la Figure 5.8).**

   L'onglet Afficher les valeurs présente trois rubriques supplémentaires : Afficher Valeurs, Champ de base et Élément de base.

   Les éléments proposés dans la rubrique Champ de base dépendent du type de calcul personnalisé qui a été sélectionné.

3. **Choisissez un calcul personnalisé après avoir cliqué sur la flèche à droite de l'option Aucun calcul pour afficher la liste déroulante.**

   Par exemple, pour calculer la différence entre deux cellules du tableau croisé dynamique, sélectionnez le calcul Différence par rapport ; consultez le Tableau 5.1 pour une explication sur les choix qui sont proposés.

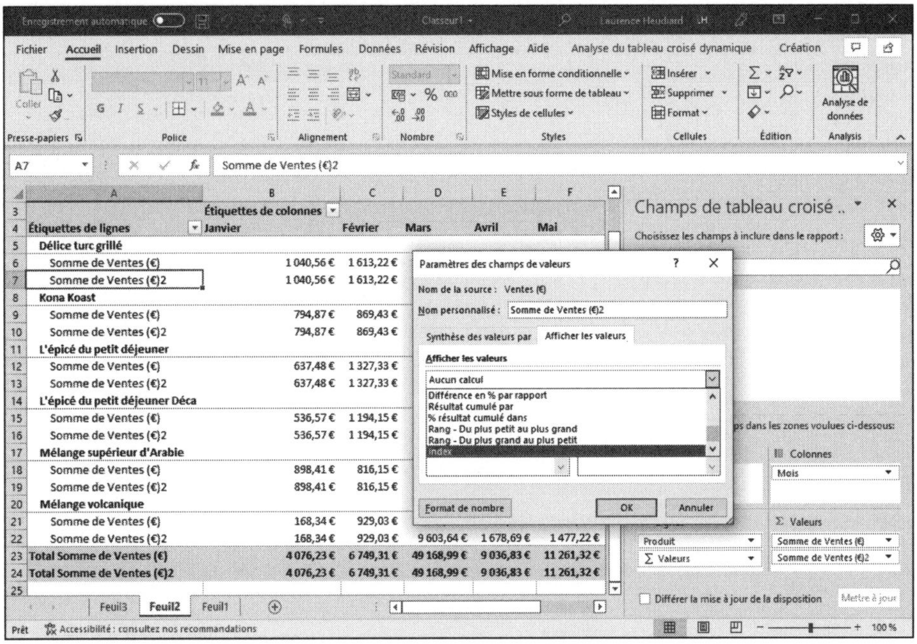

Figure 5.8 Personnalisation d'un calcul standard.

❹ **Spécifiez le Champ de base et l'Élément de base pour réaliser le calcul personnalisé.**

Lorsque vous avez sélectionné le type de calcul personnalisé, vous devez indiquer à Excel d'autres éléments. Par exemple, pour calculer la différence entre les ventes du mois courant et du mois précédent, sélectionnez Mois dans la zone Champs de base et (précédent) dans la zone Élément de base de l'article. La Figure 5.9 montre comment le calcul personnalisé est paramétré.

❺ **Dans la zone Nom personnalisé, affectez un nom approprié au nouveau calcul personnalisé.**

Par exemple, pour calculer la variation entre deux champs de tableau croisé dynamique, comme la différence entre les ventes d'un mois à l'autre, vous pouvez nommer le champ `Variation des ventes depuis le mois précédent` ou, plus simplement, `Variation des revenus mensuels`.

❻ **Cliquez sur OK.**

Excel ajoute le nouveau calcul personnalisé au tableau croisé dynamique, comme le montre la Figure 5.10.

Figure 5.9

Paramétrage du calcul.

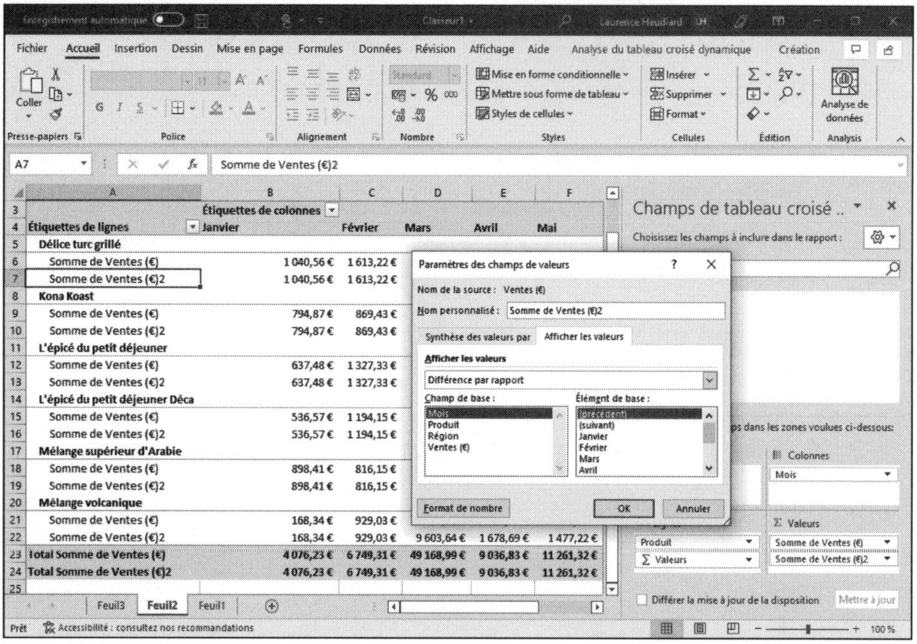

Figure 5.10

Le tableau croisé dynamique affiche maintenant un calcul personnalisé.

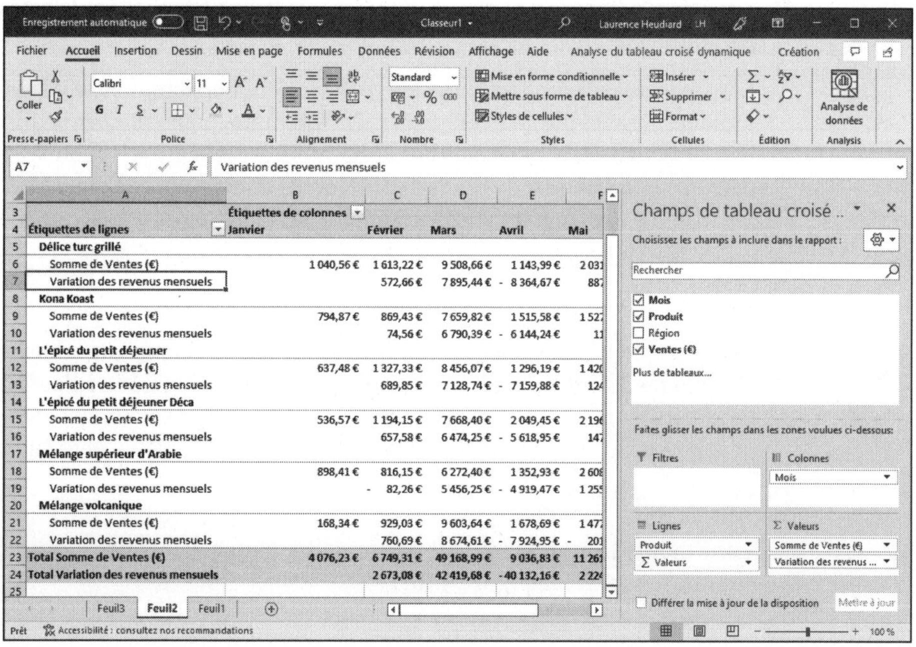

Insertion de champs calculés et d'éléments calculés

Excel fournit d'autres moyens pour ajouter des formules de calculs dans un tableau croisé dynamique, en l'occurrence insérer des champs et des éléments calculés. Il est alors possible d'intégrer à peu près tous les types de formules dans un tableau croisé dynamique ; cependant, cela requiert un peu de travail.

Ajout d'un champ calculé

Lorsqu'un champ calculé a été inséré dans une nouvelle ligne ou une nouvelle colonne d'un tableau croisé dynamique, il faut ensuite lui affecter une formule de calcul. Par exemple, si vous vous référez au tableau croisé dynamique de la Figure 5.10, vous voyez qu'il présente les ventes par produit et par mois, ainsi que les variations entre le mois précédent et le mois en cours. Comment faire si vous voulez ajouter les frais de commission que vous avez engagés sur ces ventes ?

Supposons que les représentants commerciaux indépendants de votre réseau gagnent une commission de 25 % sur les ventes de café. Ces sommes n'étant pas représentées dans le tableau, elles ne peuvent pas être prises en compte dans les ventes. Cependant, vous savez comment calculer ces frais de commission, vous pouvez donc facilement les ajouter à l'aide d'un champ calculé.

Pour ajouter un champ calculé à un tableau croisé dynamique, procédez de la manière suivante :

1. **Identifiez le tableau croisé dynamique en cliquant sur l'une de ses cellules.**
2. **Indiquez à Excel que vous souhaitez ajouter un champ calculé.**

   Cliquez sur la commande Calculs de l'onglet Analyse du tableau croisé dynamique et choisissez Champs, éléments et jeux, puis Champ calculé ; la boîte de dialogue Insertion d'un champ calculé apparaît, comme le montre la Figure 5.11.

Figure 5.11 Insertion d'un champ calculé.

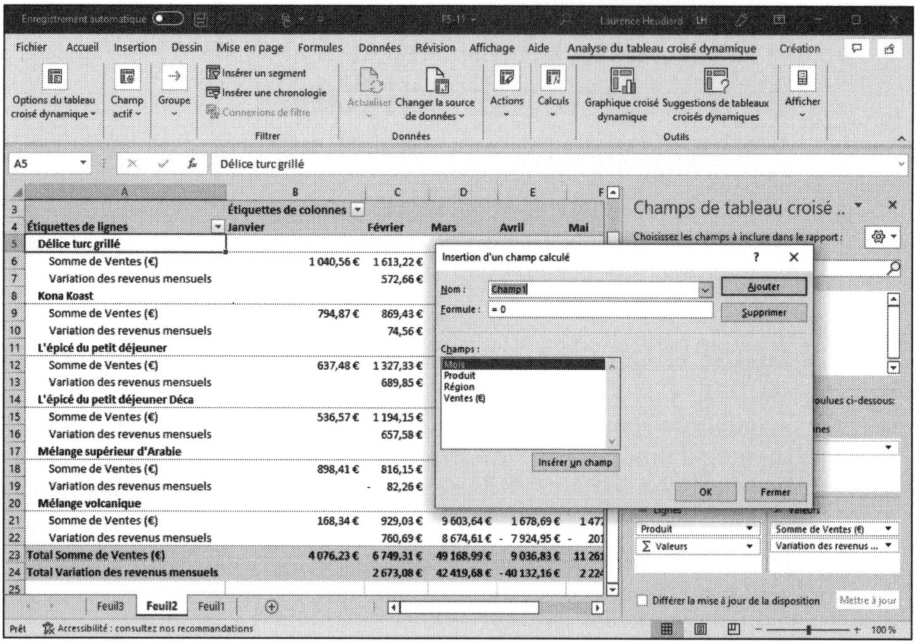

❸ **Dans la zone de saisie Nom, nommez la nouvelle ligne ou la nouvelle colonne associée au champ calculé.**

Par exemple, si vous voulez ajouter une ligne qui montre les commissions versées à vos collaborateurs, vous pouvez appeler le nouveau champ `Commissions`.

❹ **Écrivez la formule dans la zone de saisie Formule.**

Les formules de champs calculés sont mises en œuvre de la même manière que les formules de cellules régulières :

a. Commencez la saisie de la formule en tapant le signe égal (=).

b. Entrez l'opérateur et les opérandes qui composent la formule.

   Si vous voulez calculer des commissions égales à 25 % des ventes, entrez `=0,25 *`.

c. La zone Champs répertorie tous les champs qui peuvent être inclus dans la formule. Pour inclure un choix dans la liste Champs, cliquez sur l'élément Ventes (€) dans la zone Champs, puis sur le bouton Insérer un champ.

La Figure 5.11 montre la boîte de dialogue Insertion d'un champ calculé avec le bouton Insérer un champ.

❺ **Cliquez sur OK.**

Excel ajoute le champ calculé au tableau croisé dynamique. La Figure 5.12 montre le tableau croisé dynamique avec des ventes de café auxquelles sont ajoutés les champs calculés Somme de Commissions.

Figure 5.12

Un tableau croisé dynamique avec un champ calculé.

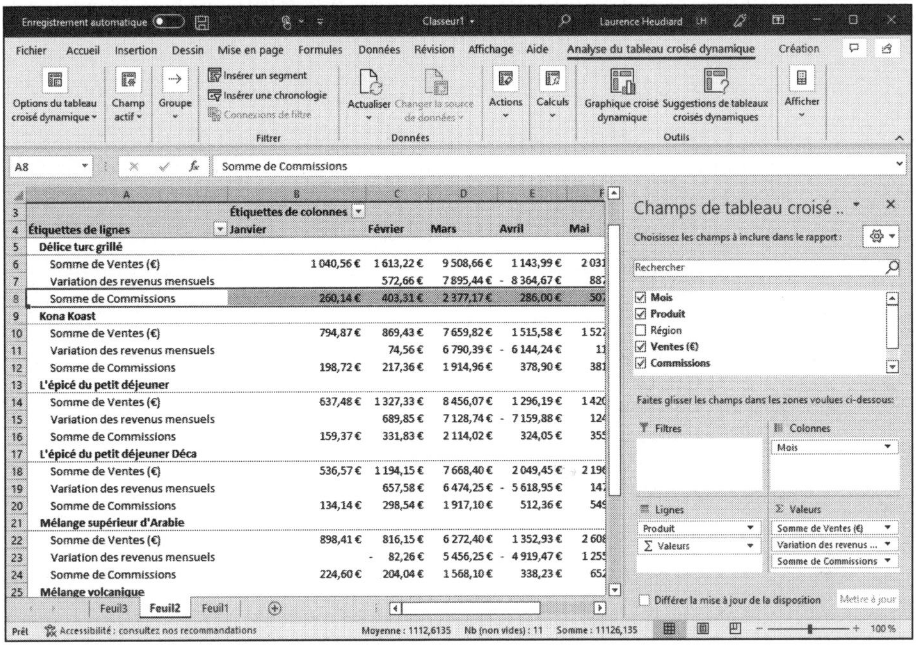

> Lorsqu'un champ calculé est créé, Excel l'ajoute à la liste des champs du tableau croisé dynamique. Vous pouvez alors travailler avec l'élément calculé de la même manière qu'avec des objets traditionnels.

Ajout d'un élément calculé

Vous pouvez également ajouter des éléments calculés à un tableau croisé dynamique. Dans notre exemple, toutefois, cela risque de ne pas avoir vraiment de sens. Si les données de votre tableau croisé dynamique ont été récupérées à partir d'une liste Excel riche et complète ou à partir d'une base de données, la création de données issues de calculs sur les montants d'articles semblera un peu maladroite. Cependant, nous le ferons dans un but didactique, dans le cadre d'un scénario destiné à s'appuyer sur les ventes mensuelles de café torréfié.

Supposons que, dans la liste Excel, nous ayons omis un produit important : un café torréfié, appelé Mélange volcanique Déca. Bien que les informations sur ce produit ne figurent pas dans la liste Excel, vous pouvez les calculer à l'aide d'une formule simple.

Vous savez que les ventes de Mélange volcanique Déca représentent toujours exactement 25 % de celles du produit Mélange volcanique. En d'autres termes, peu importe que vous n'ayez pas d'informations directes sur le café Mélange volcanique Déca : vous pouvez les obtenir à partir des données sur le café Mélange volcanique en votre possession.

Excel ne permet pas d'avoir plusieurs champs calculés. Avant de passer aux étapes suivantes, vous devez donc vous assurer que vous avez supprimé les exemples des sections précédentes. Dans la section suivante, nous verrons comment supprimer des champs calculés.

Voici la marche à suivre pour ajouter un élément calculé au tableau croisé dynamique : le café Mélange volcanique Déca. Pour ce faire, revenez au tableau du début de ce chapitre (présenté à la Figure 5.1) :

1. **Sélectionnez le bouton Étiquettes de lignes dans la colonne A4 du tableau croisé dynamique.**
2. **Indiquez à Excel que vous souhaitez ajouter un élément calculé.**

   Dans l'onglet Analyse du tableau croisé dynamique, cliquez sur le bouton Calculs, puis Champs, éléments et jeux, et sélectionnez Élément calculé.

   La boîte de dialogue Insérer un élément calculé dans « Produit » apparaît, comme le montre la Figure 5.13.
3. **Nommez le nouvel élément calculé dans la zone de saisie Nom.**

   Dans l'exemple, le nom de l'élément pourrait être Mélange volcanique Déca.
4. **Entrez la formule pour obtenir l'élément calculé dans la zone de saisie Formule.**

   Nous savons que les ventes du café Mélange volcanique Déca représentent 25 % de celles du café Mélange volcanique ; la formule est donc = 0,25 * 'Mélange volcanique'.

   a. Entrez dans la zone de saisie la formule, `= 0,25 *`.

   b. Ensuite, sélectionnez Mélange volcanique dans la zone Éléments et cliquez sur le bouton Insérer un élément.

   La Figure 5.14 montre la boîte de dialogue Insérer un élément calculé dans « Produit » avec tous les champs renseignés.

Figure 5.13
La boîte de dialogue Insérer un élément calculé dans « Produit ».

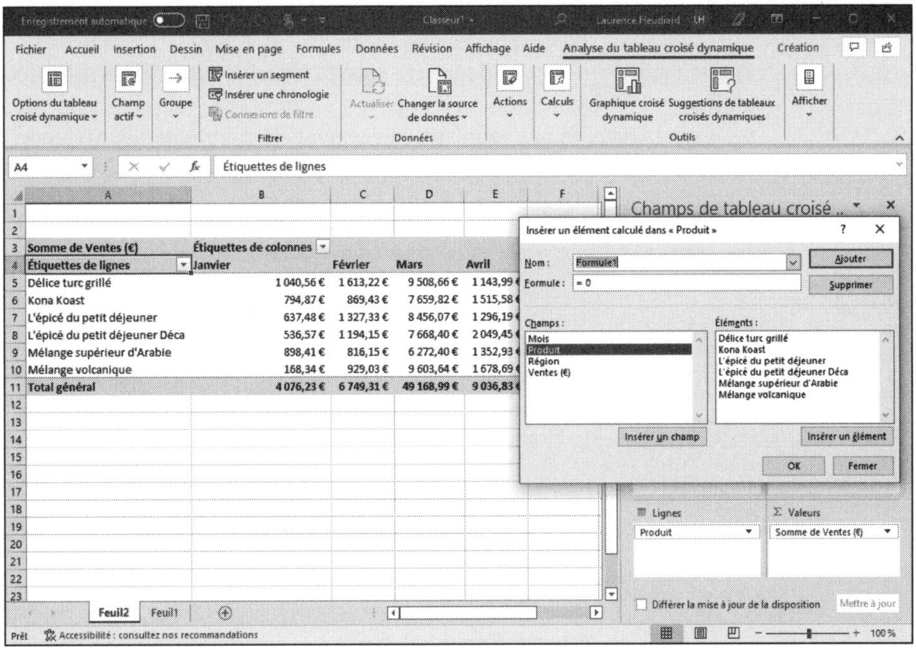

Figure 5.14
La boîte de dialogue Insérer un élément calculé dans « Produit » avec tous les champs renseignés.

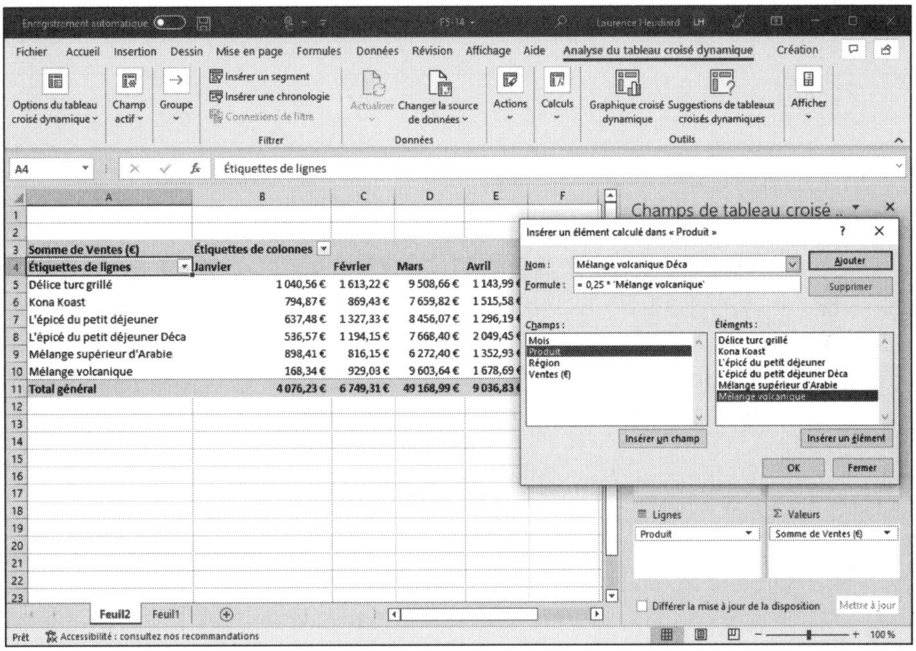

❺ Ajoutez l'élément calculé.

Cliquez sur OK pour valider votre saisie ; Excel ajoute l'élément calculé au tableau croisé dynamique. La Figure 5.15 montre le tableau croisé dynamique des ventes de café par mois avec le nouvel élément calculé, Mélange volcanique Déca. Cet élément ne provient pas directement de la liste de données Excel : il est calculé à partir d'autres éléments de données.

Figure 5.15 Le nouveau tableau croisé dynamique avec l'élément calculé inséré.

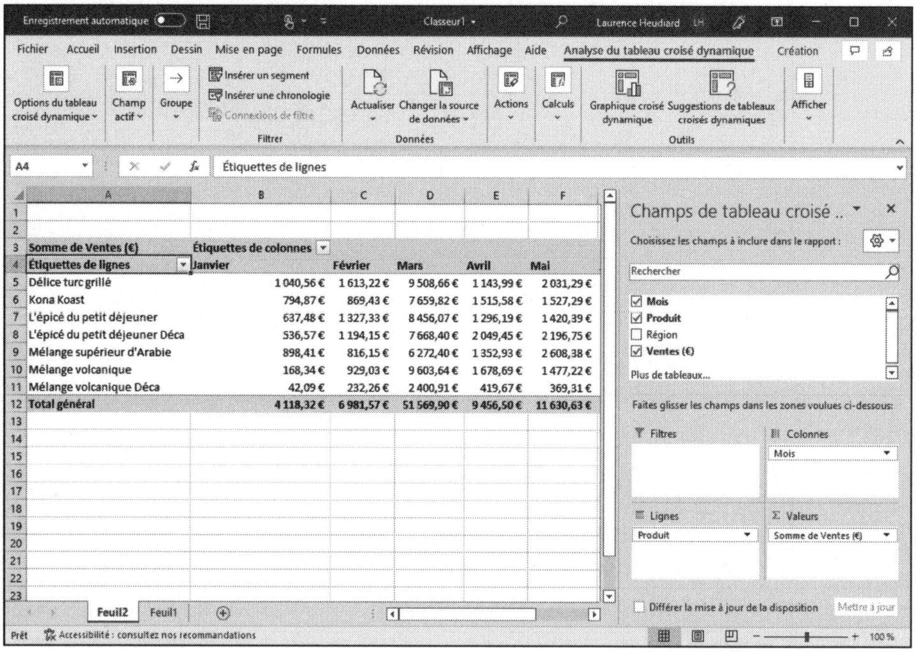

Suppression de champs calculés et d'éléments calculés

Vous pouvez facilement supprimer des champs et des éléments calculés dans un tableau croisé dynamique.

Pour supprimer un champ calculé, cliquez sur une cellule du tableau croisé dynamique ; ensuite, à partir de l'onglet Analyse du tableau croisé dynamique, cliquez sur Calculs, puis Champs, éléments et jeux, et sélectionnez Champ calculé. Dans la boîte de dialogue Insertion d'un champ calculé, cliquez sur le bouton flèche vers le bas dans la zone Nom, sélectionnez le champ calculé à supprimer, comme le montre la Figure 5.16, puis cliquez sur le bouton Supprimer et sur OK. Excel supprime le champ calculé.

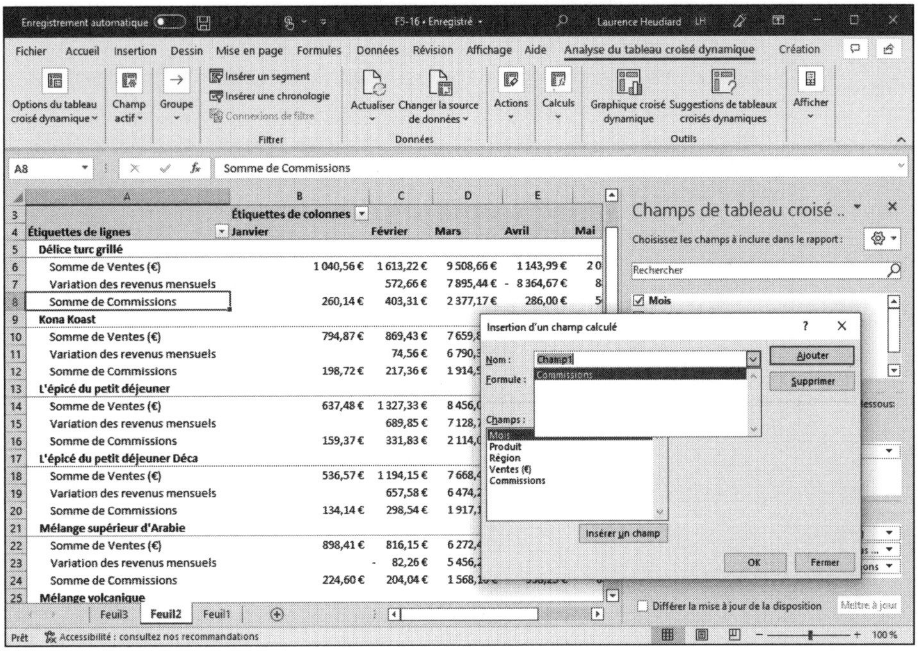

Figure 5.16 Suppression d'un champ calculé à partir de la boîte de dialogue Insertion d'un champ calculé.

Pour supprimer un élément calculé à partir d'un tableau croisé dynamique, procédez comme suit :

1. **Cliquez sur la cellule de l'élément calculé que vous souhaitez supprimer.**

   Par exemple, sélectionnez le produit Mélange volcanique Déca dans le tableau croisé dynamique (représenté sur la Figure 5.15).

2. **À partir de l'onglet Analyse du tableau croisé dynamique, cliquez sur Calculs, puis Champs, éléments et jeux, et sélectionnez Élément calculé.**

   La boîte de dialogue Insérer un élément calculé dans « Produit » apparaît.

3. **Sélectionnez l'élément calculé à partir de la zone de saisie Nom.**

4. **Cliquez sur le bouton Supprimer.**

5. **Cliquez sur OK.**

   La Figure 5.17 montre l'élément calculé Mélange volcanique Déca dans la boîte de dialogue Insérer un élément calculé dans « Produit », prêt à être supprimé.

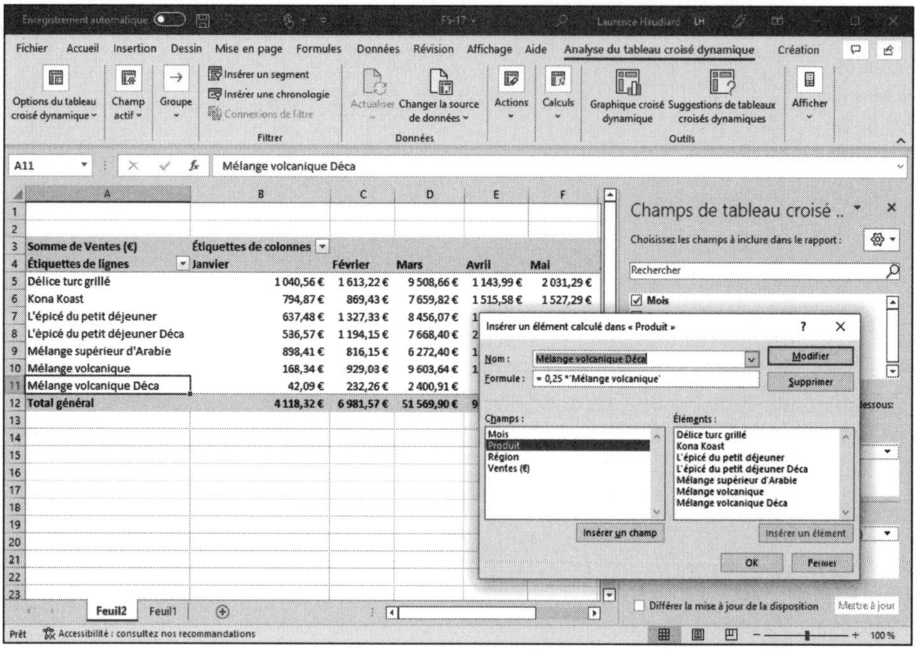

Figure 5.17 L'élément calculé Mélange volcanique Déca dans la boîte de dialogue Insérer un élément calculé dans « Produit », prêt à être supprimé.

Formules de champs calculés et d'éléments calculés

La commande Liste des formules obtenue à partir de la commande Champs, éléments et jeux du bouton Calculs, dans l'onglet Analyse du tableau croisé dynamique, ajoute une nouvelle feuille au classeur. Cette dernière, comme le montre la Figure 5.18, identifie les champs calculés et les formules associées, ainsi que les éléments calculés et les formules associées qui ont été ajoutés au tableau croisé dynamique.

Pour chaque champ calculé et/ou chaque élément calculé, Excel fournit un rapport sur l'ordre de résolution, le nom du champ ou de l'élément et la formule qui lui a été affectée. Si vous n'avez créé qu'un petit nombre de champs ou d'éléments, l'ordre de résolution n'a pas vraiment d'importance. Toutefois, si vous avez défini de nombreux champs et de nombreux éléments qui doivent être calculés dans un ordre spécifique, l'ordre de résolution devient pertinent. Vous pouvez choisir l'ordre dans lequel les champs et les articles sont calculés. Les champs et colonnes de la feuille de calcul donnent un nom de domaine ou un élément. La colonne Formule montre la formule actuelle.

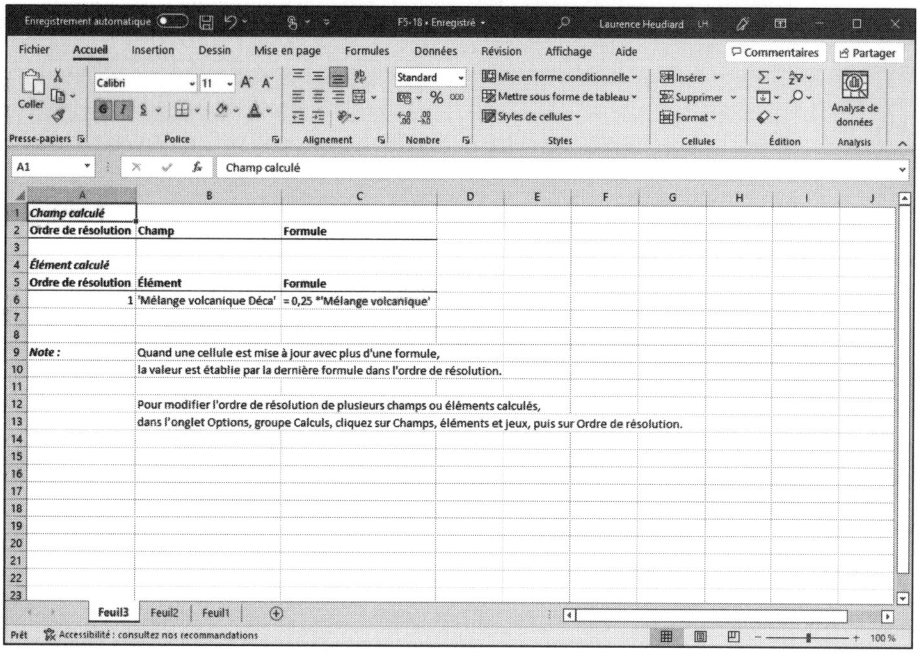

Figure 5.18 Champs calculés et éléments calculés, et les formules associées.

Examiner et modifier l'ordre de résolution

La commande Ordre de résolution obtenue à partir de l'onglet Analyse du tableau croisé dynamique, en cliquant sur le bouton Calculs, puis sur Champs, éléments et jeux affiche la boîte de dialogue Ordre de résolution des éléments calculés, comme le montre la Figure 5.19. Cette boîte de dialogue permet de définir l'ordre dans lequel les formules calculées doivent être résolues.

Dans de nombreux cas, l'ordre de résolution n'a pas d'importance. En revanche, si, par exemple, vous ajoutez au produit Kona Koast des éléments calculés pour Octobre, Novembre et Décembre dans le tableau croisé dynamique (voir la Figure 5.6), l'ordre de résolution pourrait être important. Par exemple, si la formule de l'élément calculé pour Octobre dépend des trois mois précédents et qu'il en va de même pour Novembre et Décembre, vous devez calculer les valeurs des éléments suivant un ordre chronologique. La boîte de dialogue Ordre de résolution des éléments calculés permet de définir cet ordre grâce à ses commandes Monter, Descendre et Supprimer.

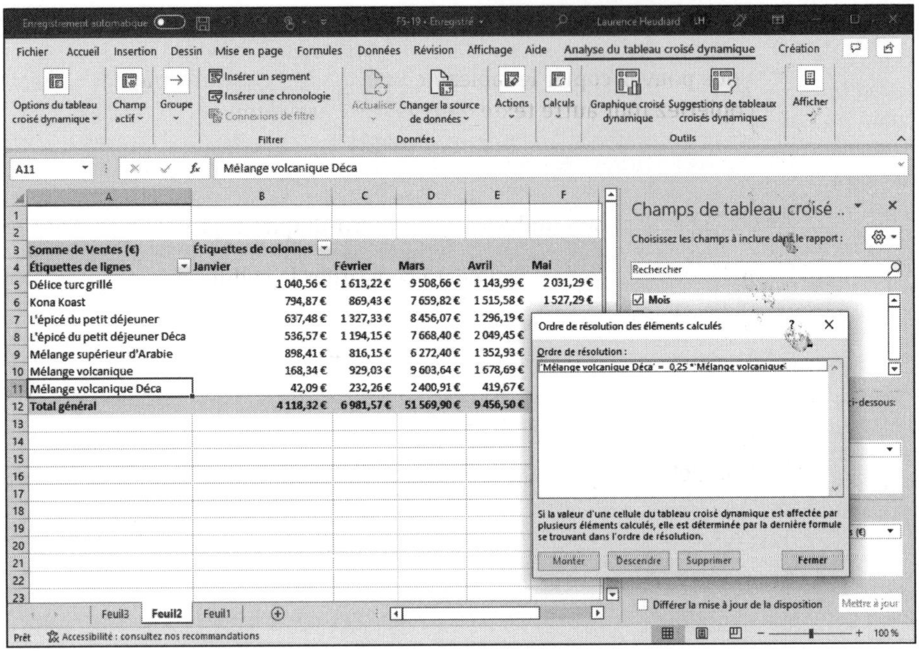

Figure 5.19 Ordre de résolution des éléments calculés.

Récupération de données à partir d'un tableau croisé dynamique

Vous pouvez créer des formules pour récupérer les données d'un tableau croisé dynamique, mais également recouvrer un tableau croisé dynamique dans sa totalité.

Obtenir toutes les données d'un tableau croisé dynamique

Pour récupérer toutes les informations d'un tableau croisé dynamique, procédez comme suit :

❶ **Sélectionnez le tableau croisé dynamique en cliquant sur l'une de ses cellules.**

❷ **Dans l'onglet Analyse du tableau croisé dynamique, cliquez sur la commande Actions/Sélectionner/Tableau croisé dynamique complet.**

Excel sélectionne la totalité de la plage du tableau croisé dynamique.

❸ **Copiez le tableau croisé dynamique.**

Vous pouvez copier le tableau croisé dynamique de la même façon que vous copieriez tout autre texte dans Excel. Par exemple, cliquez sur le bouton Copier de l'onglet Accueil ou appuyez sur les touches Ctrl + C du clavier. Excel place une copie de la sélection dans le Presse-papiers.

❹ **Sélectionnez un emplacement à partir duquel copier les données.**

Cliquez sur la cellule qui devra constituer la cellule supérieure gauche de la plage dupliquée.

❺ **Collez le tableau croisé dynamique dans la nouvelle plage.**

Vous pouvez coller vos données de tableau croisé dynamique dans la nouvelle plage de la manière habituelle : en cliquant sur le bouton Coller à partir de l'onglet Accueil ou en pressant les touches Ctrl + V. Notez, cependant, que lorsque vous collez un tableau croisé dynamique, vous obtenez un autre tableau croisé dynamique, et non pas ses données.

Si vous souhaitez obtenir uniquement les données, et non le tableau croisé dynamique – en d'autres termes, si vous voulez une plage qui comprenne des étiquettes et des valeurs –, vous devez utiliser une commande Coller des valeurs. Cliquez sur le bouton flèche vers le bas sous le bouton Coller, puis sur Valeurs, si vous voulez coller les données brutes, ou sur Valeurs avec mise en forme des nombres, si vous préférez coller les données formatées. Lorsque vous pointez l'une des deux commandes, Excel affiche un aperçu du résultat, comme le montre la Figure 5.20.

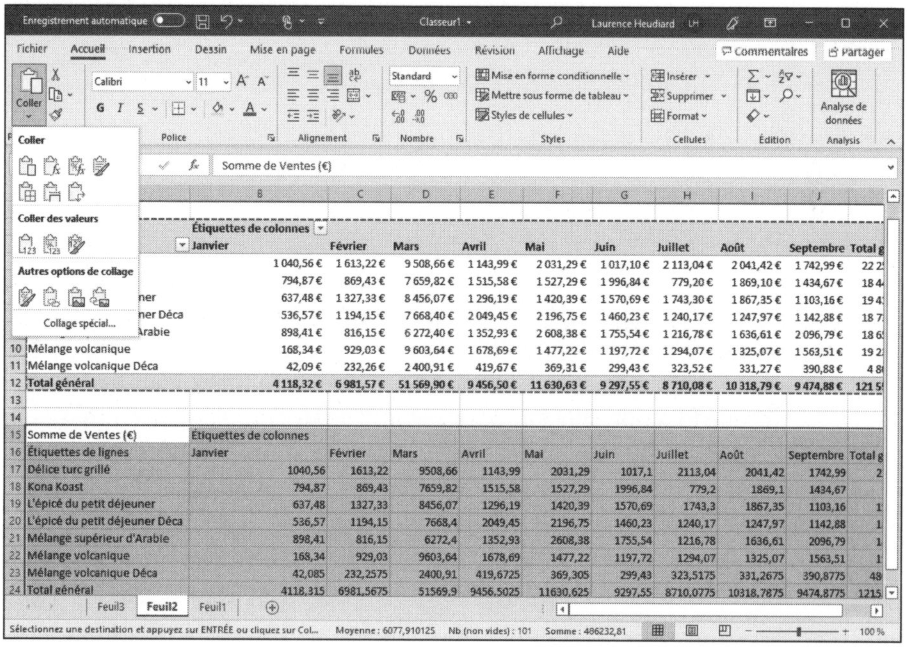

Figure 5.20 Utilisation d'une commande Coller des valeurs.

Obtenir une valeur à partir d'un tableau croisé dynamique

Pour obtenir une valeur unique à partir d'une formule d'un tableau croisé dynamique, il faut créer une référence de cellule. Par exemple, supposons que vous vouliez récupérer la valeur indiquée dans la cellule C8 de la feuille de calcul illustrée à la Figure 5.21. Supposons en outre que vous souhaitiez placer cette valeur dans la cellule C15. Pour ce faire, cliquez sur la cellule C15, tapez le signe =, cliquez sur la cellule C8, puis appuyez sur la touche Entrée du clavier. La Figure 5.21 montre la feuille de calcul avant votre appui sur la touche Entrée : la formule y apparaît.

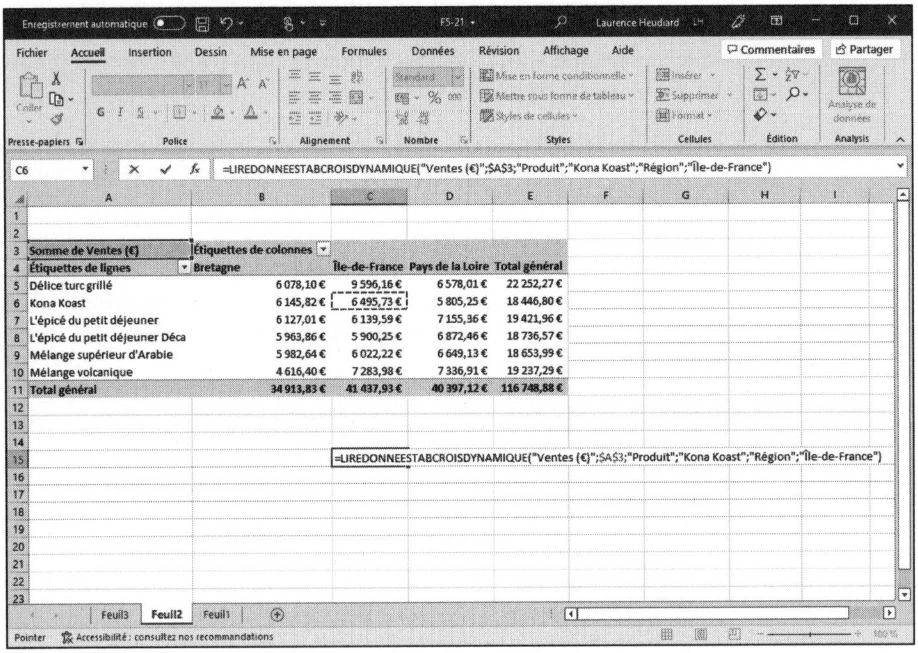

Figure 5.21 La feuille de calcul indique que vous voulez placer dans la cellule C15 les ventes de Kona Koast de l'Île-de-France.

Comme vous pouvez le voir dans la Figure 5.21, lorsque vous récupérez des informations à partir d'un tableau croisé dynamique, la référence de cellule n'est pas une référence de cellule simple comme vous pourriez vous y attendre. Excel utilise une fonction spéciale pour récupérer des données à partir d'un tableau croisé dynamique. En effet, celui-ci peut être modifié, et dans ce cas, Excel aura besoin de plus d'informations sur l'origine de la valeur de la cellule.

Regardez d'un peu plus près la formule illustrée à la Figure 5.21 :

```
LIREDONNEESTABCROISDYNAMIQUE("Ventes (€)";$A$3;"Produit";"Kona
Koast";"Région";"Île-de-France")
```

Pour bien comprendre la fonction `LIREDONNEESTABCROISDYNAMIQUE` et ses arguments, utilisez la commande Insérer une fonction, tout au début de l'onglet Formules. Elle affiche la boîte de dialogue Arguments de la fonction, avec des informations sur les arguments ajoutés automatiquement par Excel lorsque vous avez tapé = et cliqué sur la cellule C6, comme le montre la Figure 5.22. Cette boîte permet d'ajouter ou de modifier des arguments dans la fonction.

Figure 5.22 La boîte de dialogue Arguments de la fonction.

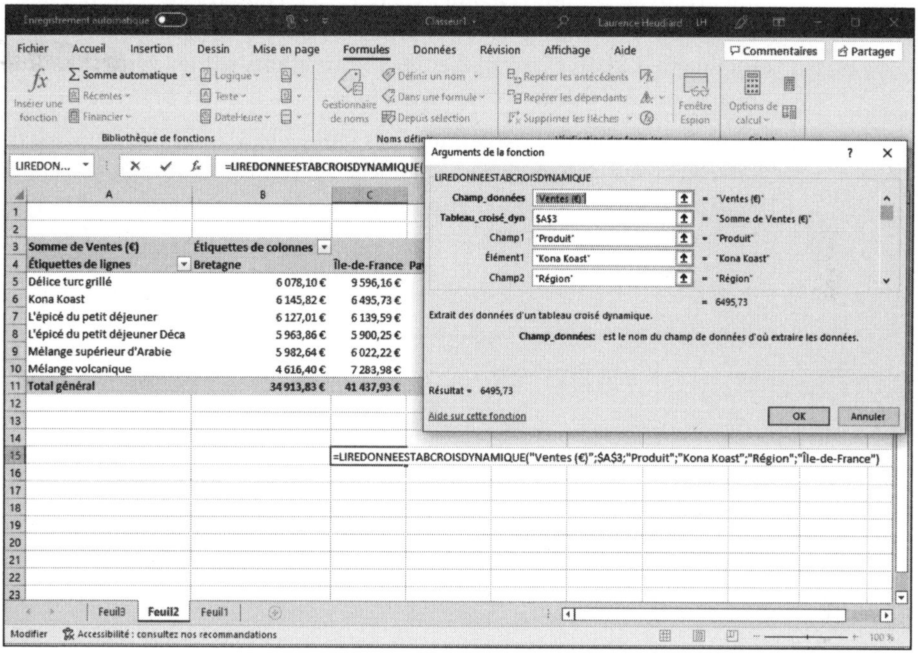

Les arguments de la fonction LIREDONNEESTABCROISDYNAMIQUE

Cette section décrit rapidement chacun des arguments de la fonction `LIREDONNEESTABCROISDYNAMIQUE` :

» `Champ_données` : cet argument indique le champ de données à partir duquel vous souhaitez récupérer des informations ; le nom `Champ_données` de la

Figure 5.22 est `Ventes (€)`. Il nomme simplement l'élément stocké dans la zone Valeurs du tableau croisé dynamique.

- `Tableau_croisé_dyn` : cet argument identifie le tableau croisé dynamique.

  Tout ce que vous devez faire ici est de fournir une référence de cellule qui fasse partie du tableau croisé dynamique. Dans la fonction `LIREDONNEESTABCROISDYNAMIQUE` de la Figure 5.21, l'argument `Tableau_croisé_dyn` est $A$3. C'est la cellule A3, dans l'angle supérieur gauche, qui identifie le tableau croisé dynamique.

- `Champ1` et `Élément1` : ces arguments forment un couple qui identifie les informations sur les produits que vous souhaitez récupérer avec la fonction `LIREDONNEESTABCROISDYNAMIQUE`. La cellule C6 est liée au café `Kona Koast`, qui est un élément du champ `Produit` ; par conséquent, l'argument `Champ1` est `Produit`, et l'argument `Élément1` est `Kona Koast`. Ces deux arguments indiquent à Excel où récupérer les informations sur les ventes du produit Kona Koast dans le tableau croisé dynamique.

- `Champ2` et `Élément2` : ces arguments indiquent à Excel de récupérer dans le tableau croisé dynamique uniquement les ventes du produit `Kona Koast` pour la `Région Île-de-France`. L'argument `Île-de-France` pour `Élément2` n'est pas visible sur la Figure 5.22.

DANS CE CHAPITRE

Pourquoi utiliser un graphique croisé dynamique

•

L'Assistant Créer un graphique croisé dynamique

•

Manipulation de graphiques croisés dynamiques

•

Personnalisation des fonctions et de l'aspect d'un graphique croisé dynamique

Chapitre 6
Les graphiques croisés dynamiques

Le Chapitre 4 a montré comme il est simple de construire des tableaux croisés dynamiques pour croiser des données. Ce chapitre explique comment exploiter ces tableaux croisés dynamiques grâce à une représentation graphique.

Vous y remarquerez peut-être des concepts et des méthodes étrangement similaires à ceux du Chapitre 4. En effet, les étapes pour créer un graphique croisé dynamique ressemblent étroitement à celles utilisées pour créer un tableau croisé dynamique.

Si vous commencez par lire ce chapitre sans avoir étudié le précédent et si vous n'êtes pas un utilisateur averti d'Excel, vous serez peut-être surpris et un peu dérouté par les termes « croisement de données » et « tableau croisé dynamique ». Dans ce cas, prenez le temps de lire attentivement le Chapitre 4. Comme c'est le cas lors de la construction de tableaux croisés dynamiques, vous allez créer des graphiques croisés dynamiques à partir de données stockées dans des tableaux Excel. Par conséquent, vous devez également savoir ce que sont les tableaux Excel, comment ils fonctionnent et à quoi ils ressemblent : consultez le Chapitre 1 pour plus d'informations.

Un graphique croisé dynamique, pour quoi faire ?

Avant d'entrer dans les détails de la création d'un graphique croisé dynamique, arrêtez-vous et posez-vous une question importante : *Quand souhaiterez-vous faire appel à un graphique croisé dynamique et pour quoi faire ?* La bonne réponse à cette question est : « La plupart du temps, vous n'aurez pas besoin d'un graphique croisé dynamique : un tableau croisé dynamique vous suffira ! »

Comment construire simplement un graphique croisé dynamique à partir de données ?

Vous pouvez utiliser les données d'un tableau croisé dynamique pour tracer un graphique croisé dynamique à partir d'un modèle préétabli avec les fonctions de base d'Excel. Pour cela, copiez les données du tableau croisé dynamique dans une plage séparée, en utilisant la commande Coller des valeurs et en remplaçant les formules par leur valeur. Ensuite, à partir de l'onglet Insertion et de la commande Graphiques recommandés, choisissez un graphique et tracez-le sur l'écran.

Les graphiques croisés dynamiques ne sont intéressants que dans certaines situations ; plus précisément, ils ne requièrent que des tableaux croisés dynamiques avec un nombre limité de lignes, moins d'une demi-douzaine. Par ailleurs, la compréhension d'un graphique croisé dynamique et son interprétation sont assez délicates.

Ces deux facteurs signifient que, pour beaucoup de tableaux croisés dynamiques, vous ne pourrez pas construire des graphiques croisés dynamiques. Dans certains cas, par exemple, un graphique croisé dynamique ne sera pas lisible, parce que le tableau croisé sous-jacent contiendra trop de lignes. Dans d'autres cas, un graphique croisé dynamique n'aura pas de sens, parce que les informations qu'il transmettra seront incompréhensibles une fois représentées visuellement.

Préparez-vous à croiser

Comme pour un tableau croisé dynamique, la première étape pour la création d'un graphique croisé dynamique consiste à concevoir le tableau Excel qui servira de base au croisement. Il n'est pas indispensable de placer les informations dans un tableau, mais si vous travaillez avec des informations qui sont déjà stockées dans un tableau, votre tâche sera facilitée. Nous supposerons que vous travaillez de cette manière.

La Figure 6.1 montre le tableau de données qui nous servira d'exemple ; vous ne serez pas surpris, c'est toujours la liste des ventes de nos cafés grands crus pour les mois de janvier à septembre, pour trois régions françaises.

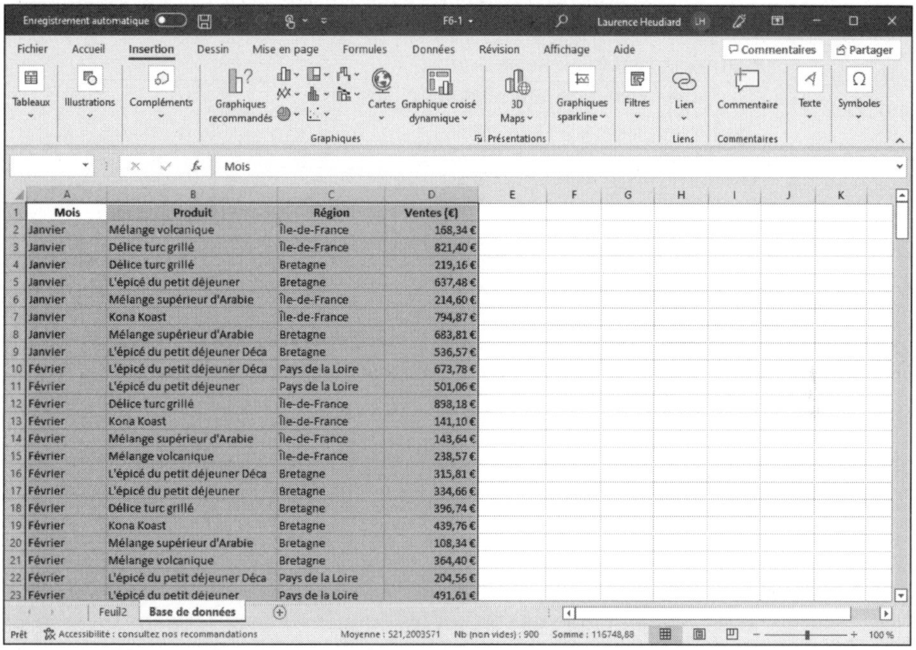

Figure 6.1
Le tableau de données Excel montre les ventes de votre entreprise de café imaginaire.

Activation de l'Assistant Créer un graphique croisé dynamique

Généralement, un graphique croisé dynamique se construit grâce à l'Assistant Créer un graphique croisé dynamique ; cette approche sera décrite en premier lieu. À la fin du chapitre, une autre méthode sera présentée brièvement pour créer un graphique croisé dynamique à partir de la commande Insérer un graphique.

Pour accéder à l'Assistant Créer un graphique croisé dynamique, exécutez les étapes suivantes :

❶ **Sélectionnez le tableau Excel.**

Vous pouvez aussi vous contenter de cliquer dans une cellule du tableau : Excel supposera alors que vous voulez travailler avec l'ensemble du tableau.

❷ **À partir de l'onglet Insertion, choisissez Graphique croisé dynamique.**

L'Assistant Créer un graphique croisé dynamique apparaît, comme le montre la Figure 6.2.

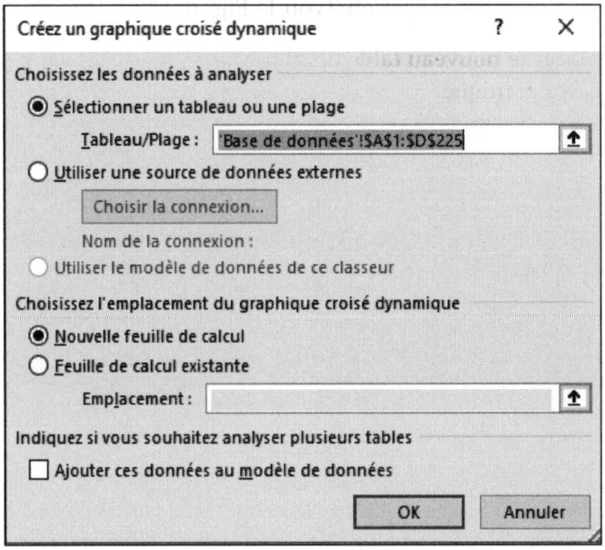

Figure 6.2 La boîte de dialogue Créer un graphique croisé dynamique.

❸ **Indiquez où sont stockées les données que vous souhaitez analyser.**

Il est recommandé de stocker les données à analyser dans un tableau ou une plage Excel. Cliquez sur le bouton radio Sélectionner un tableau ou une plage.

❹ **Spécifiez le tableau ou la plage des données à traiter.**

Si vous avez suivi l'Étape 1, Excel devrait indiquer les coordonnés du tableau contenant les données à analyser ; vérifiez que les informations sont correctes. Dans notre exemple, le classeur illustré à la Figure 6.1, la zone Tableau/Plage affiche `'Base de données'!$A$1:$D$225`.

Si vous avez sauté l'Étape 1, entrez la plage de données dans la zone de saisie Tableau/Plage. Vous pouvez le faire de deux façons. La première consiste à entrer directement les coordonnées de la plage ; par exemple, si celle-ci est comprise entre les cellules A1 et D225, vous pouvez taper `$A$1:$D$225`. La seconde méthode consiste à cliquer sur le bouton situé à l'extrémité droite de la zone Tableau/Plage : Excel redimensionne alors la boîte de dialogue Créer un graphique croisé dynamique, comme le montre la Figure 6.3. Utilisez ensuite les touches de navigation ou la souris pour sélectionner la plage de la feuille de calcul contenant les données à traiter.

Figure 6.3 La boîte de dialogue Créer un graphique croisé dynamique réduite.

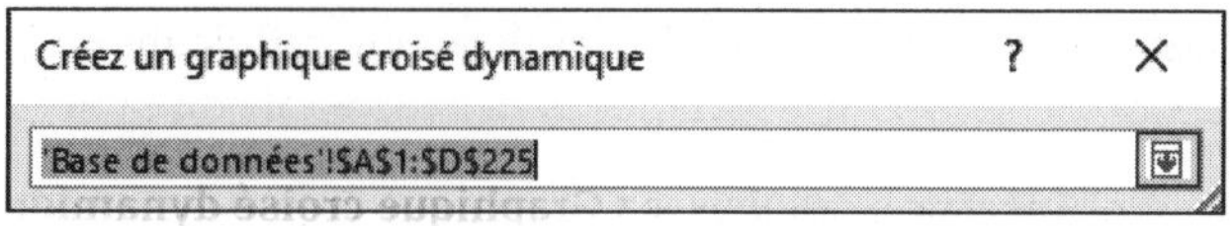

Après avoir sélectionné la plage de la feuille de calcul, cliquez à nouveau sur le bouton à droite de la zone de saisie. Excel réaffiche la boîte de dialogue Créer un graphique croisé dynamique complète (voir la Figure 6.2).

5. **Choisissez où placer le nouveau tableau croisé dynamique qui va de pair avec le graphique croisé dynamique.**

   Sélectionnez Nouvelle feuille de calcul ou Feuille de calcul existante. Le plus souvent, le nouveau graphique croisé dynamique est placé sur une nouvelle feuille de calcul dans le classeur existant (celui qui contient le tableau Excel que vous analysez avec le tableau croisé dynamique). Toutefois, si vous le souhaitez, vous pouvez placer le nouveau graphique croisé dynamique dans une feuille de calcul existante. Dans ce cas, vous devez indiquer son emplacement dans la zone de saisie, soit en entrant son nom, soit en cliquant sur la feuille de calcul.

   Vous n'avez pas besoin d'indiquer à Excel où placer le nouveau graphique croisé dynamique : le logiciel insérera une nouvelle feuille de calcul dans le classeur pour le tableau et pour le graphique croisé dynamique.

6. **Lorsque vous avez terminé, cliquez sur OK.**

   Excel affiche la nouvelle feuille de calcul avec l'ébauche du tableau croisé dynamique et du graphique, comme le montre la Figure 6.4.

7. **Sélectionnez la série de données.**

   Vous devez d'abord décider ce que vous voulez tracer dans le graphique, ou quelles séries de données y apparaîtront.

   Si vous n'avez pas encore beaucoup manipulé les outils graphiques d'Excel, et si les notions de séries de données ne vous évoquent rien, lisez attentivement ce chapitre. Un graphique présente des séries de données, et les légendes explicitent leur nature. Par exemple, si vous voulez tracer les ventes de café, les différents cafés constitueront vos séries de données.

   Après avoir identifié les séries de données (supposons que vous décidiez de représenter graphiquement les différents cafés), faites glisser le champ Produit dans la zone Légende (série) de la zone Champs de graphique croisé dynamique. La Figure 6.5 montre la feuille de calcul après cette action.

   Vous aurez sans doute remarqué qu'Excel a commencé à composer un tableau croisé dynamique vide. Si cela vous avait échappé, ce n'est pas grave : il suffit de savoir qu'Excel commence par construire un tableau croisé dynamique qui fournira des données au graphique croisé dynamique.

Figure 6.4

L'ébauche du tableau croisé dynamique et du graphique.

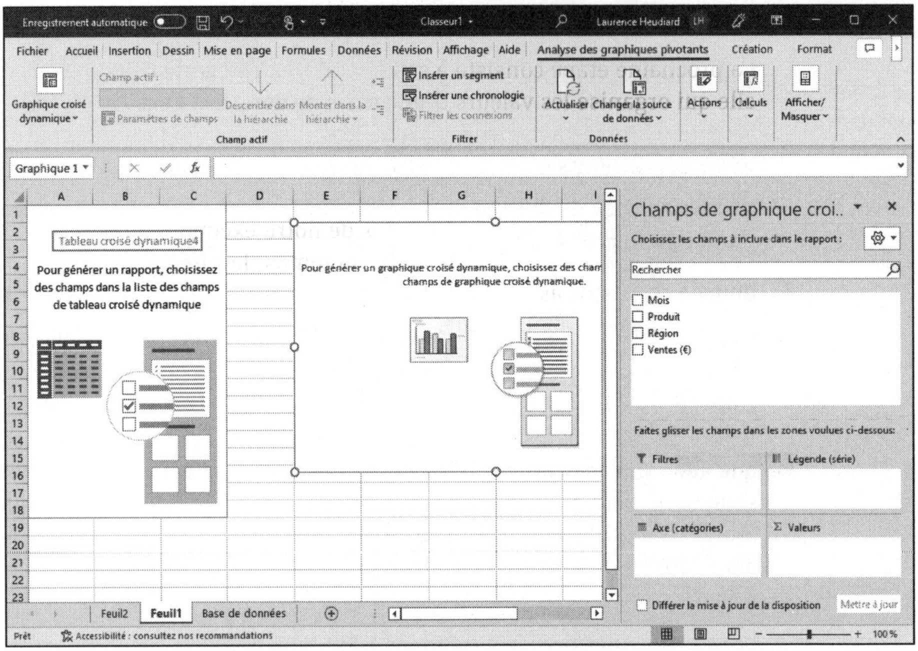

Figure 6.5

Déplacement du champ Produit dans la zone Légende (série).

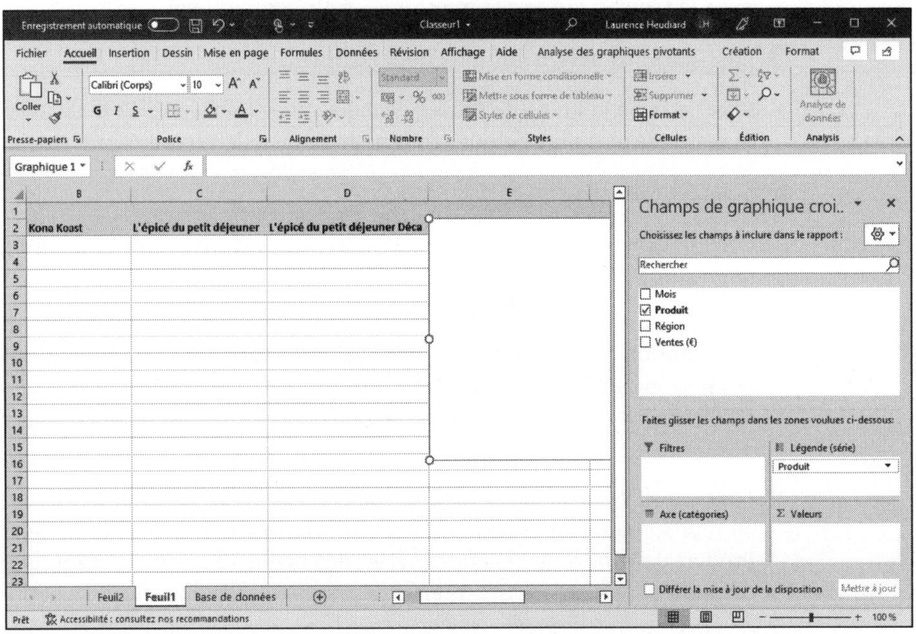

8 Sélectionnez la catégorie de données.

La prochaine étape consiste à sélectionner la catégorie de données ; c'est elle qui organise les valeurs d'une série de données. Cela peut vous sembler compliqué, mais dans de nombreux graphiques, il est facile d'identifier la catégorie de données. Dans tout graphique (y compris un tableau croisé dynamique) montrant des changements de valeur au fil du temps, la catégorie de données est le temps. Dans le cas de notre exemple, pour mettre en évidence l'évolution des ventes de café au fil du temps, la catégorie de données utilise donc le champ Mois.

Une fois que ce choix a été décidé, faites glisser le champ Mois dans la case Axe (catégories). La Figure 6.6 montre le graphique croisé dynamique partiellement construit.

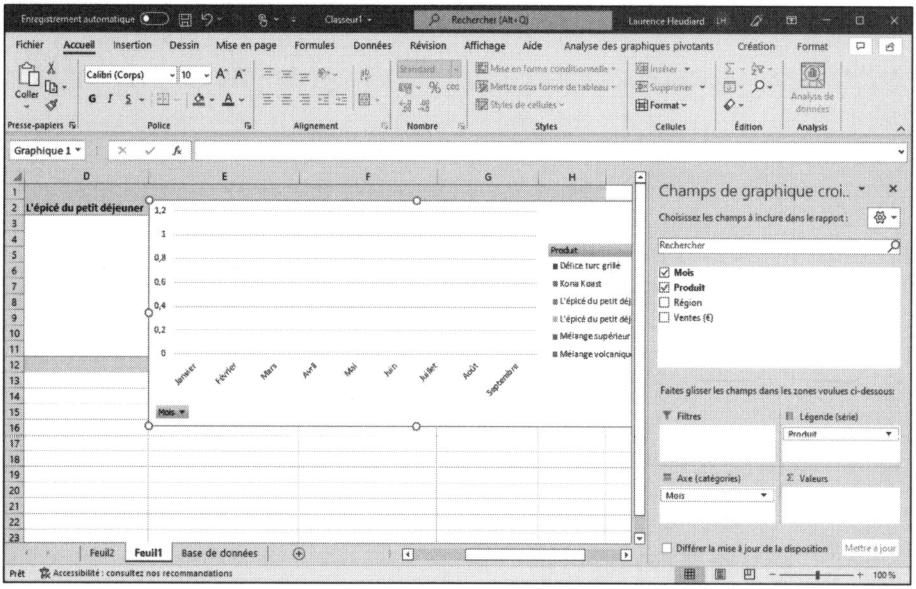

Figure 6.6 Le graphique croisé dynamique partiellement construit.

9 Sélectionnez l'élément de données que vous voulez représenter graphiquement.

Après avoir choisi la série et la catégorie de données pour le graphique croisé dynamique, indiquez les données à y représenter. Par exemple, pour représenter le chiffre d'affaires, faites glisser le champ Ventes (€) dans la zone Valeurs.

La Figure 6.7 montre le graphique croisé dynamique après la sélection de la Série de données (Étape 7), de la Catégorie de données (Étape 8) et des données (Étape 9). C'est un graphique croisé dynamique terminé ; il croise les informations du tableau de la Figure 6.1. Chaque barre de l'histogramme du graphique croisé dynamique montre les ventes de chaque produit pour un mois. Chacune est constituée de segments colorés représentant la contribution des ventes réalisées pour chaque type de café. De toute évidence, vous ne pouvez pas voir les couleurs dans une image en noir et blanc comme celle de la Figure 6.7, mais sur votre écran d'ordinateur, les segments colorés et les barres de l'histogramme sont parfaitement visibles.

Figure 6.7 Le graphique croisé dynamique terminé.

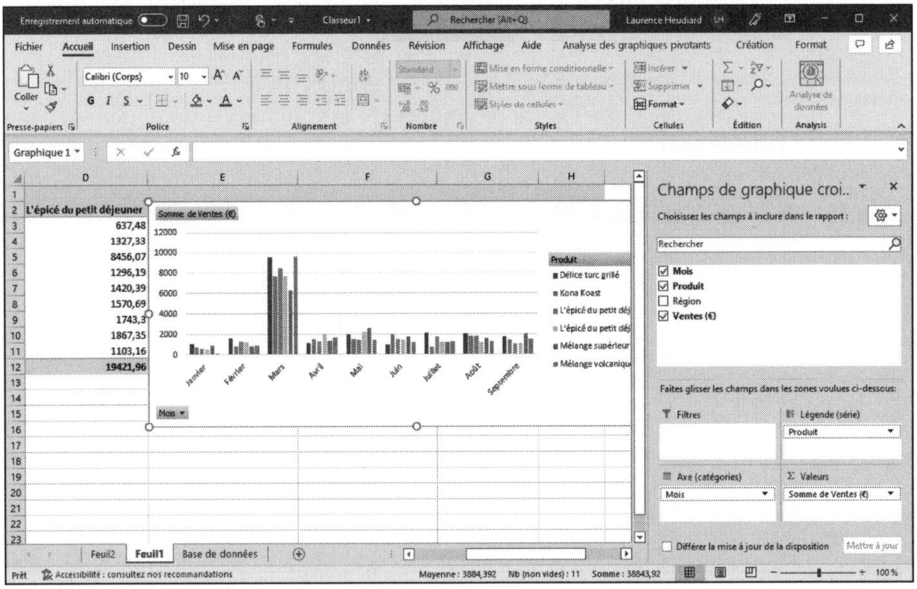

Manipulation du graphique croisé dynamique

Une fois le graphique croisé dynamique construit, vous pouvez analyser vos données. Cette section décrit brièvement certains des outils puissants qu'Excel fournit pour manipuler les informations dans un graphique croisé dynamique.

Croiser et recroiser

La fonctionnalité qui donne aux tableaux croisés dynamiques et aux graphiques croisés dynamiques leur nom est la possibilité de croiser ou de faire pivoter les données de manière permanente. Par exemple, vous pouvez prendre les données de la Figure 6.7 et permuter les champs des zones Légende (série) et Axe (catégories) ; cela se fait très simplement.

Il est également possible de croiser de nouvelles données. Par exemple, le graphique de la Figure 6.8 montre les mêmes informations que la Figure 6.7. Seulement, dans le nouveau graphique croisé dynamique, nous utilisons le champ Région plutôt que le champ Mois dans la zone Axe (catégories). Le nouveau graphique croisé dynamique continue d'utiliser le champ Produit dans la zone Légende (série).

Figure 6.8 Un graphique croisé dynamique recroisé.

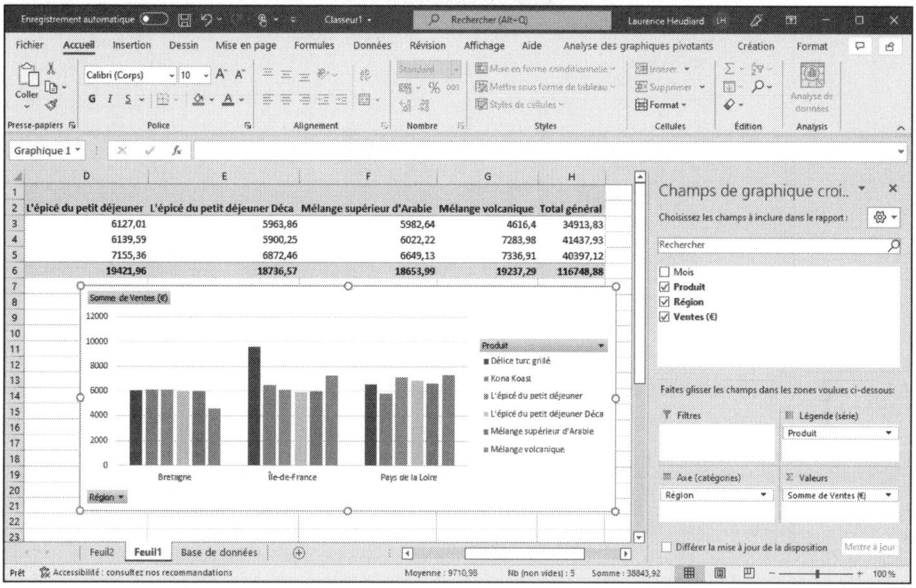

Filtrage des données du graphique croisé dynamique

Vous pouvez également séparer les données en plaçant des informations sur différents graphiques. Par exemple, si vous faites glisser le champ de données Mois dans la zone Filtres (située dans la moitié inférieure de la zone Champs de graphique croisé dynamique), Excel ajoute un bouton Mois dans la feuille de calcul (la Figure 6.9 montre ce bouton, placé en haut à gauche du graphique). Ce bouton, qui fait partie du graphique croisé dynamique, permet d'afficher des informations sur les ventes en sélectionnant tous les mois, comme le montre la Figure 6.9, ou un seul mois. Ce filtre est paramétré par défaut pour afficher tous les mois (Tous), de sorte que le graphique de la Figure 6.9 ressemble à celui de la Figure 6.8. Les possibilités deviendront vraiment intéressantes lorsque vous voudrez étudier seulement les données d'un mois spécifique.

Figure 6.9

Le graphique croisé dynamique avec le bouton de filtrage Mois.

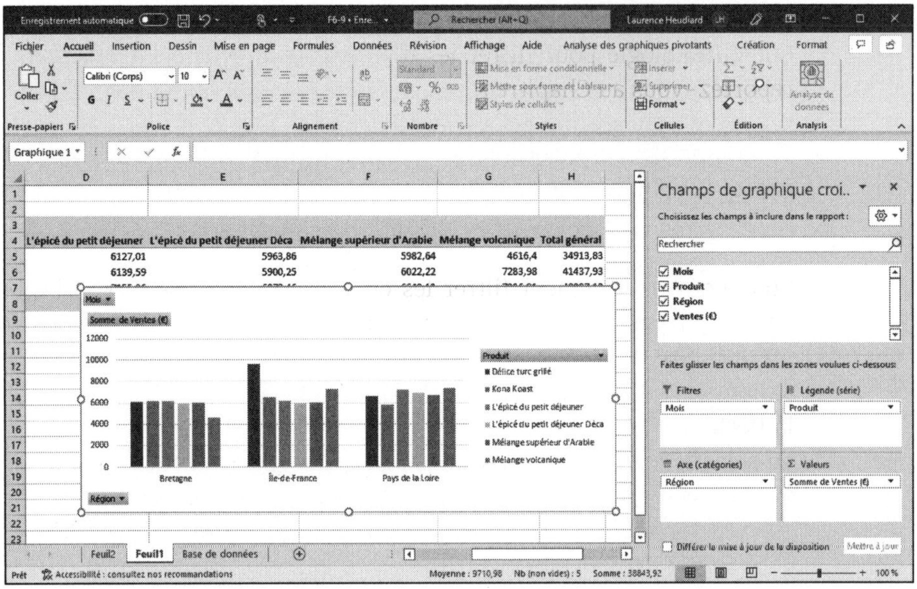

Pour afficher les ventes d'un seul mois, cliquez sur le bouton flèche vers le bas à droite du bouton Mois, puis, dans la liste déroulante, sélectionnez le mois dont vous voulez voir le chiffre d'affaires et cliquez sur OK. La Figure 6.10 montre les ventes du mois de janvier ; sélectionnez d'autres mois pour voir comment les informations varient.

Figure 6.10

Filtrage des informations dans le graphique croisé dynamique.

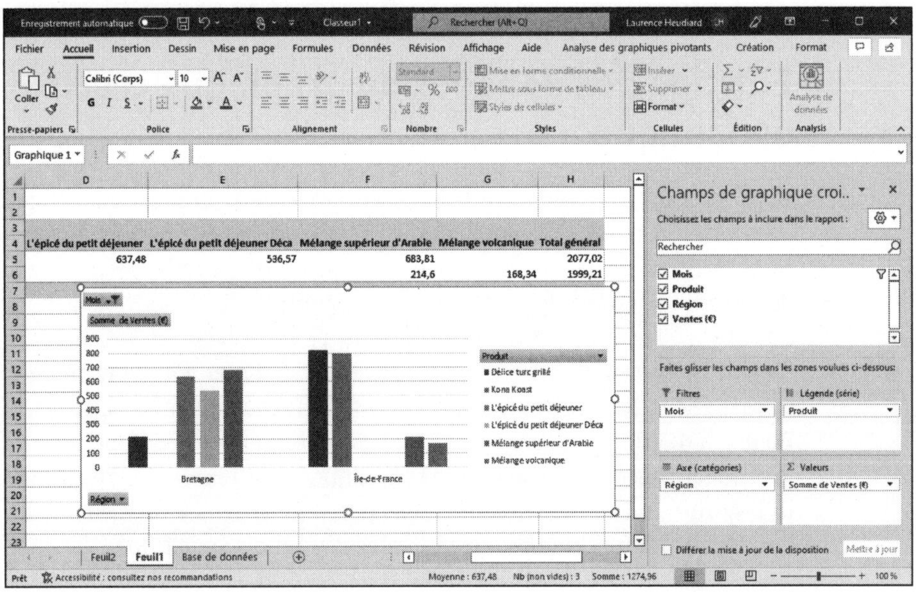

Vous pouvez également utiliser les commandes Insérer un segment ou Insérer une chronologie pour filtrer les données. Pour plus d'informations à ce sujet, reportez-vous au Chapitre 4.

Pour supprimer un élément du graphique croisé dynamique, faites simplement glisser hors de la zone où il se trouve le champ de l'élément de la zone Champs de graphique croisé dynamique .

Vous pouvez également filtrer les données basées sur la zone Légende (série) ou sur la zone Axe (catégories). Par exemple, sur le graphique croisé dynamique représenté à la Figure 6.10, vous pouvez indiquer que vous souhaitez obtenir seulement des informations pour une série de données particulière en cliquant sur la flèche associée au bouton Produit, puis, dans la liste déroulante des produits, en sélectionnant le café dont vous voulez voir le chiffre d'affaires. Vous pouvez utiliser de la même manière la liste déroulante affectée aux régions.

Nous allons maintenant présenter d'autres fonctionnalités importantes liées aux croisements et recroisements. Si vous avez travaillé avec les tableaux croisés dynamiques dans les chapitres précédents, vous vous souvenez peut-être que vous pouvez croiser les éléments avec plusieurs lignes ou plusieurs colonnes. Vous pouvez réaliser des actions très similaires avec les graphiques croisés dynamiques. Il est possible d'augmenter les détails des séries de données ou des catégories de données en faisant glisser un autre élément de champ dans la zone Légende (série) ou Axe (catégories).

La Figure 6.11 montre comment le graphique croisé dynamique est modifié lorsque l'on augmente la granularité en ajoutant les régions aux produits dans la zone Légende (série).

L'augmentation de la granularité dans un tableau croisé est logique et enrichissante, mais cela entraîne l'ajout d'un nombre important de lignes et de colonnes dans le tableau croisé dynamique, risquant de le rendre totalement illisible et impossible à comprendre, comme le montre la Figure 6.11.

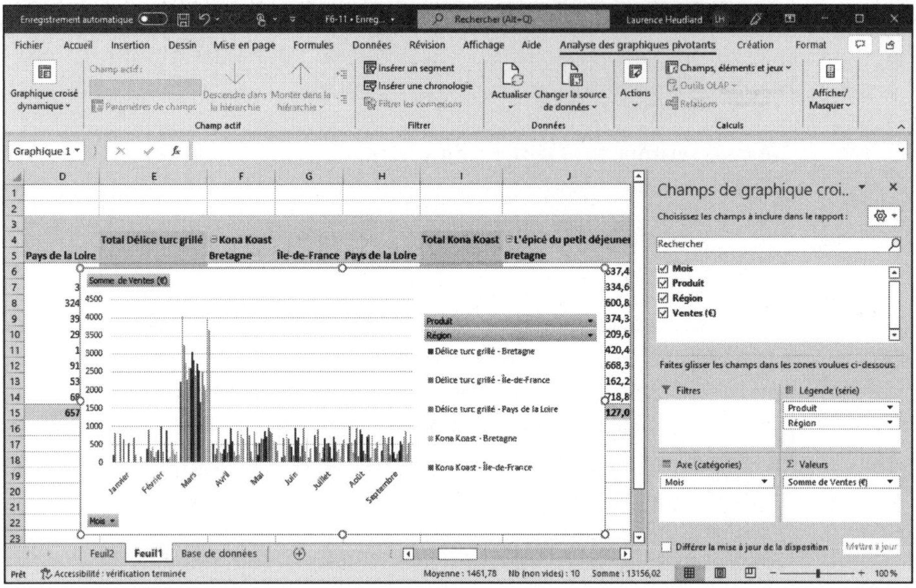

Figure 6.11 Augmentation de la granularité en ajoutant les régions aux produits dans la zone Légende (série).

Rafraîchissement des données du graphique croisé dynamique

Les données d'un graphique croisé dynamique sont comme celles d'un simple tableau Excel ; si elles sont modifiées, le graphique croisé dynamique doit être mis à jour en conséquence. Vous disposez de deux méthodes pour rafraîchir votre graphique :

» **Vous pouvez cliquer sur la commande Actualiser dans l'onglet Analyse des graphiques pivotants (voir la Figure 6.12).**

» **Vous pouvez cliquer avec le bouton droit sur un graphique croisé dynamique, puis choisir la commande Actualiser les données, tout en haut du menu contextuel qui s'affiche.**

Lorsque vous pointez un bouton de commande dans l'onglet en cours, Excel affiche une info-bulle qui décrit les fonctionnalités de la commande.

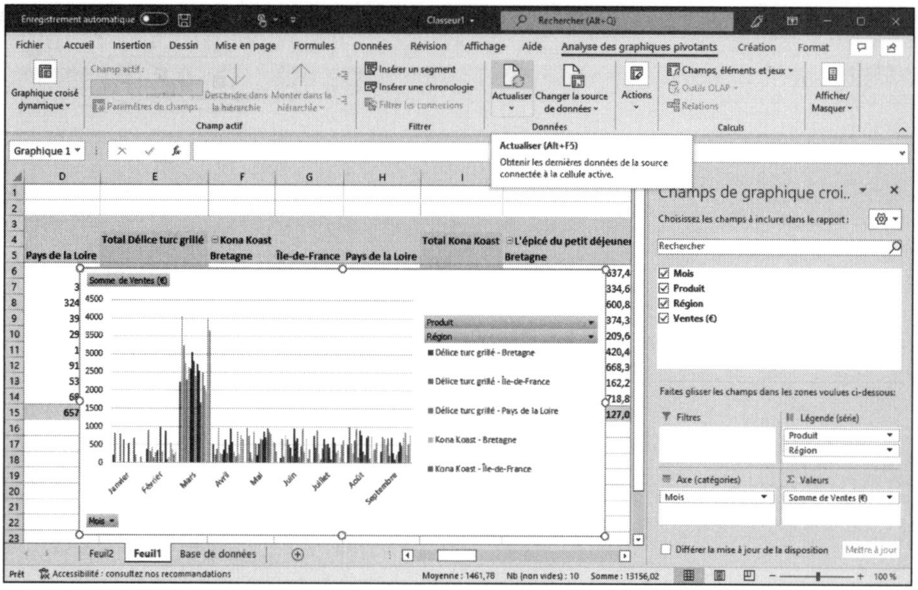

Figure 6.12 Rafraîchissement des données du graphique croisé dynamique.

Regroupement et dégroupement d'éléments de données

Les données qui constituent un graphique croisé dynamique peuvent être regroupées ou dégroupées. Par exemple, le graphique croisé dynamique représenté sur la Figure 6.13 est très (peut-être trop !) granulaire, et certains détails risquent d'être cachés. Heureusement, il est possible de combiner certaines informations, comme celles des cafés L'épicé du petit déjeuner et L'épicé du petit déjeuner Déca, et d'afficher seulement leurs ventes totales, ce qui améliorera la lisibilité du graphique.

Pour ce faire, accédez au tableau croisé dynamique et sélectionnez les étiquettes de ligne ou de colonne correspondant aux éléments que vous souhaitez grouper, faites un clic droit sur la sélection et choisissez Grouper dans le menu contextuel. Ensuite, faites un clic droit sur le nouveau groupe (Groupe1) et choisissez Réduire dans le menu contextuel.

Figure 6.13

Un tableau croisé dynamique avec trop de détails.

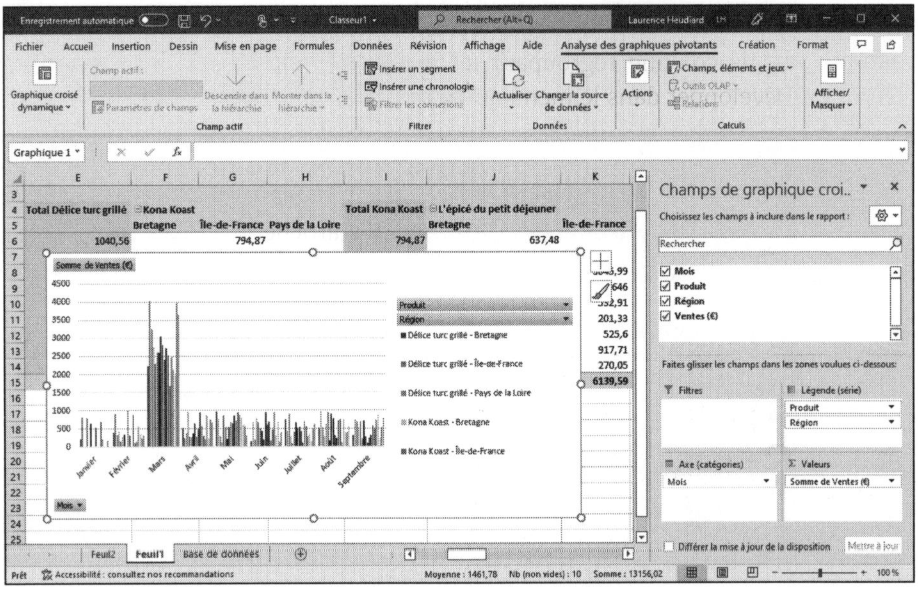

Les produits sont regroupés, et Excel montre seulement les totaux du groupe dans le tableau croisé dynamique et dans le graphique croisé dynamique. La Figure 6.14 montre les données regroupées dans la colonne Groupe1.

Figure 6.14

Un graphique croisé dynamique un peu plus lisible.

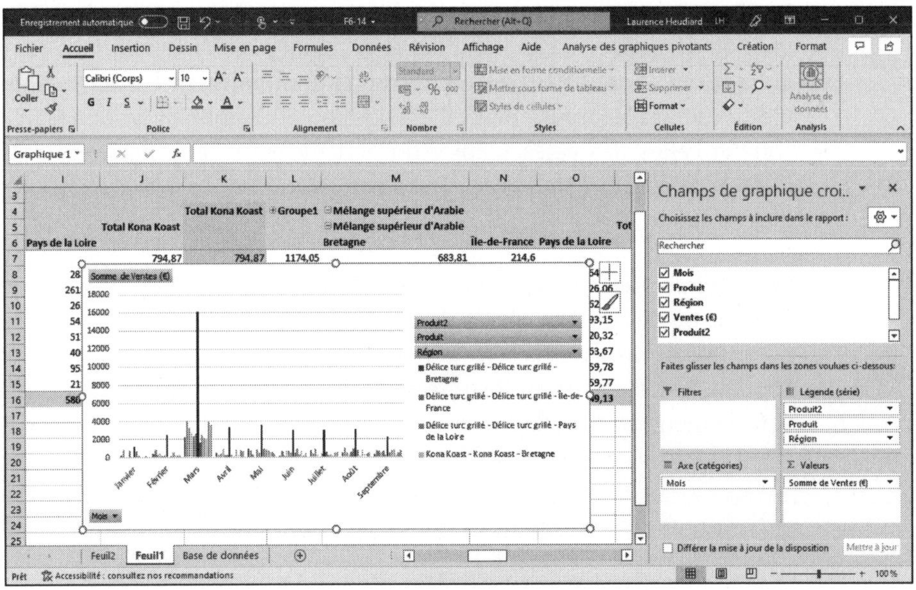

Pour revenir à la sélection précédente, faites un clic droit sur l'étiquette de ligne ou de colonne regroupant les données et choisissez Développer/Réduire, puis Développer dans le menu qui apparaît.

Pour afficher les détails des données précédemment groupées, faites un clic droit sur l'étiquette de ligne ou de colonne correspondant au groupement et choisissez Dissocier dans le menu contextuel qui s'affiche.

Création de graphique croisé dynamique avec la commande Graphiques recommandés

Si vous vous sentez un peu perdu devant votre feuille de calcul, vous pouvez faire appel à l'Assistant Insérer un graphique avec la commande Graphiques recommandés. Excel vous proposera alors plusieurs types de graphiques pour représenter vos données.

Pour créer rapidement et sans trop réfléchir un graphique croisé dynamique :

1. **Créez un tableau croisé dynamique.**

   Reportez-vous au Chapitre 4 si vous avez besoin d'aide.

2. **Dans la feuille de calcul, sélectionnez la plage de données correspondant au graphique croisé dynamique à construire.**

3. **À partir de l'onglet Insertion, cliquez sur la commande Graphiques recommandés et sélectionnez un type de graphique parmi ceux proposés.**

   L'Assistant Insérer un graphique crée un tableau croisé dynamique qui correspond aux données stockées dans votre tableau croisé dynamique. La Figure 6.15 montre un graphique à colonnes créé à partir de la feuille de calcul Excel qui résume les ventes de votre entreprise de café imaginaire. Il a été construit à partir du premier modèle proposé par Excel.

Il est aussi possible de concevoir directement un graphique croisé dynamique, sans passer par l'étape de création d'un tableau croisé dynamique. Une fois votre tableau Excel créé, vous pouvez exécuter directement la commande Graphiques recommandés à partir de l'onglet Insertion.

Figure 6.15 Un graphique à colonnes construit avec la commande Graphiques recommandés.

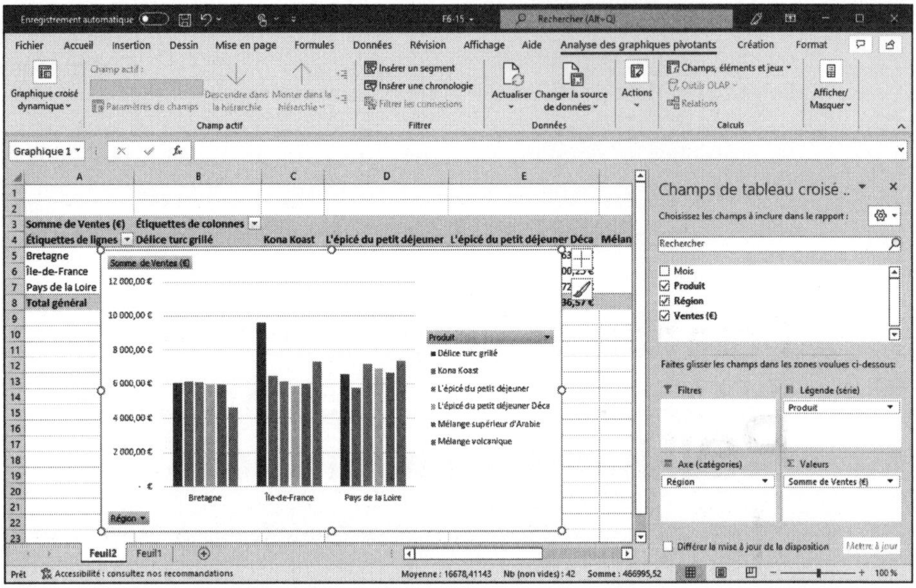

Dans ce chapitre, la personnalisation des graphiques croisés dynamiques n'a pas été abordée ; il ne s'agit pas d'un oubli, mais le sujet est tellement vaste qu'il fait à lui seul l'objet du prochain chapitre.

DANS CE CHAPITRE

Sélection des types et des options graphiques

•

Modification de l'emplacement d'un tableau

•

Formatage de la zone de traçage

•

Formatage de graphiques 3D

Chapitre 7

Personnalisation des graphiques croisés dynamiques

Habituellement, les graphiques croisés dynamiques construits avec l'assistant ont suffisamment bonne apparence. Cependant, vous aurez parfois envie d'apporter votre touche personnelle. Par exemple, un type de graphique particulier pourrait être préférable pour faire passer un message ou mettre l'accent sur un point important. Parfois aussi, vous ne voudrez apporter qu'une petite correction, changer les couleurs pour qu'elles correspondent mieux au type de présentation ou à la personnalité de l'orateur. Ce chapitre est donc consacré à la personnalisation des graphiques croisés dynamiques.

Sélection d'un type de graphique

La première étape dans la personnalisation d'un graphique croisé dynamique consiste à choisir le type de graphique. Lorsque la feuille active d'un classeur Excel montre un graphique ou un objet graphique sélectionné, Excel ajoute trois onglets, dont Création, qui permet de personnaliser le graphique. La commande Modifier le type de graphique apparaît à droite ; si vous cliquez dessus, Excel affiche la boîte de dialogue Modifier le type de graphique, comme le montre la Figure 7.1.

Figure 7.1 La boîte de dialogue Modifier le type de graphique.

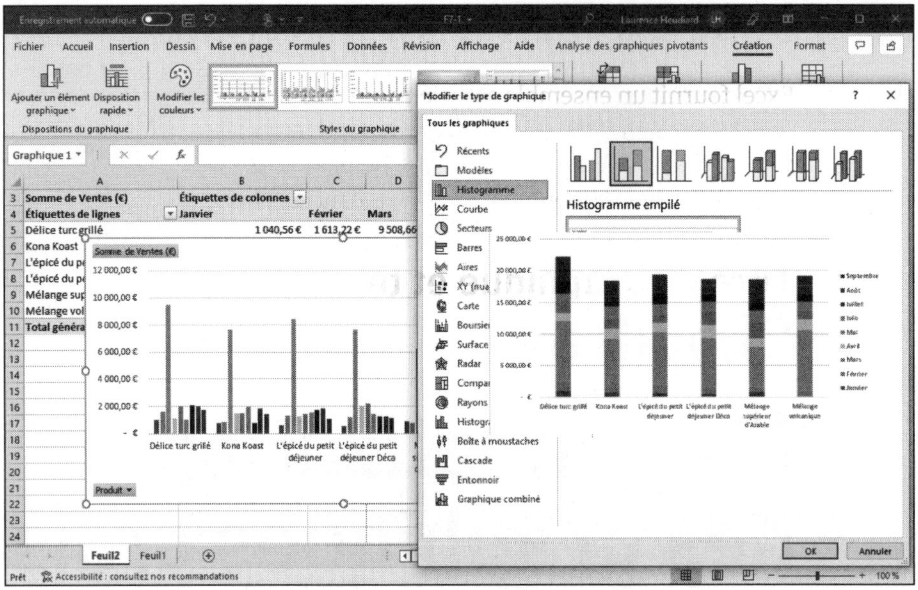

La boîte de dialogue Modifier le type de graphique propose 17 types de graphiques : Histogramme, Courbe, Secteurs, Barres, Aires, XY (nuage de points), Carte, Boursier, Surface, Radar, Compartimentage, Rayons de soleil, Histogramme, Boîte à moustaches, Cascade, Entonnoir et Graphique combiné. Pour chaque type, Excel affiche également plusieurs sous-types sur le côté droit de la boîte de dialogue. Si un modèle vous séduit, sélectionnez-le, puis cliquez sur le sous-type pour qu'Excel trace le graphique à partir de vos données. Lorsque vous survolez le graphique avec la souris, sa taille est augmentée pour vous permettre de mieux visualiser la représentation, comme le montre la Figure 7.1.

Excel 2019 et Excel 2016 ne proposent pas les types Carte ni Entonnoir.

Les styles du graphique

Excel fournit plus d'une dizaine de styles de graphiques avec la commande Styles du graphique située au milieu du ruban de l'onglet Création. Comme avec les types de graphiques, vous sélectionnez un style de graphique en cliquant dessus ; lorsque vous survolez le graphique avec la souris, votre graphique est modifié en conséquence. Pour visualiser tous les styles de graphiques, cliquez sur le bouton du bas de la barre de défilement de la zone Styles du graphique.

Mise en forme du graphique

Excel fournit un ensemble astucieux de commandes pour personnaliser à peu près tous les éléments des graphiques croisés dynamiques : axes, titres des axes, titre du graphique, étiquettes de données, tables de données, barres d'erreur, quadrillages, légendes, lignes, courbes de tendances, barres haut/bas.

Titre du graphique et titres des d'axes

Lorsque vous cliquez sur la commande Ajouter un élément de graphique à gauche du ruban de l'onglet Création, le menu déroulant qui apparaît permet d'ajouter un titre au graphique et des titres aux axes vertical et horizontal.

Après avoir choisi la commande Titre du graphique ou la commande Titres des axes, un sous-menu apparaît pour définir l'emplacement du titre. Excel ajoute ensuite une boîte de saisie réservée au titre du graphique ou aux titres des axes. La Figure 7.2 montre l'espace réservé pour le titre du graphique ; il suffit ensuite de cliquer dans cette zone et de saisir le titre du graphique.

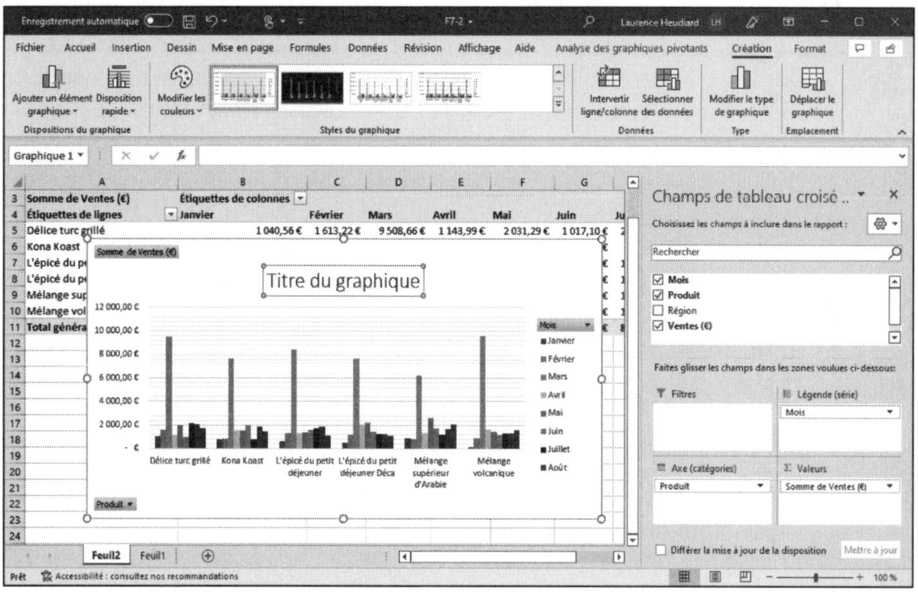

Figure 7.2 Un graphique avec une zone réservée au titre.

Si vous cliquez avec le bouton droit sur le titre du graphique une fois que vous avez remplacé l'espace réservé, puis que vous cliquez sur Mise en forme du titre du graphique, Excel ouvre le volet Mettre en forme le titre du graphique le long du bord droit de la fenêtre (voir la Figure 7.3). Ce volet affiche des boutons permettant de contrôler l'apparence du titre et de la boîte de titre.

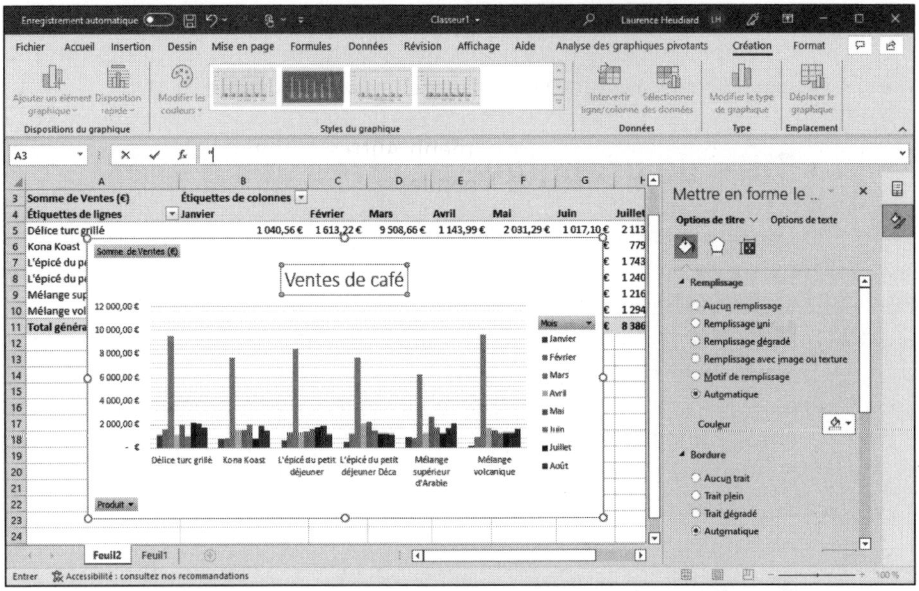

Figure 7.3 Le volet Mettre en forme le titre du graphique.

Le volet Mettre en forme le titre du graphique propose un ensemble d'options pour appliquer un remplissage et une bordure et personnaliser ainsi la boîte de titre avec de la couleur ou un motif. En fonction du style de remplissage choisi, Excel propose des boutons et des boîtes pour peaufiner les couleurs ou le modèle.

À droite des options de Remplissage et de Bordure, Excel met à disposition des options pour gérer les effets, la taille et les propriétés du titre. Les effets sont des effets spéciaux : Ombre pour appliquer une ombre, Éclat pour ajouter un effet de lumière, Bord estompé pour adoucir les contours, et Format 3D pour donner du relief.

La partie supérieure du volet Mettre en forme le titre du graphique affiche au minimum trois petites icônes pour accéder aux groupes d'options : un pot de peinture, un pentagone et un carré avec quatre flèches. Le type et le nombre de ces icônes varient en fonction de l'élément à mettre en forme et de la mise en forme choisie.

Légende

La commande Légende est disponible à partir de la commande Ajouter un élément graphique de l'onglet Création. Elle affiche un sous-menu pour spécifier l'endroit où sera placée la légende : À droite, En haut, À gauche ou En bas. La légende identifie simplement la série de données affichée sur le graphique.

La dernière option du sous-menu Autres options de légende affiche à droite de l'écran le volet Format de légende, comme le montre la Figure 7.4. Ce volet permet de sélectionner un emplacement pour la légende et de préciser comment celle-ci sera personnalisée (remplissage et effets).

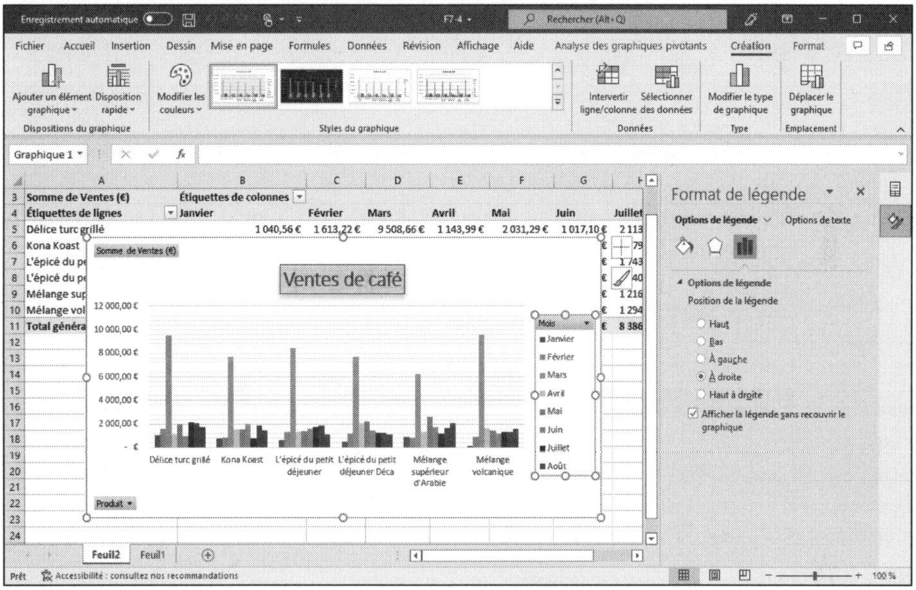

Figure 7.4 Le volet Format de légende.

Étiquettes de données

La commande Étiquettes de données est disponible à partir de la commande Ajouter un élément graphique de l'onglet Création ; elle permet d'étiqueter les données du graphique avec les valeurs du tableau croisé dynamique. Les options disponibles sont Aucune, Au centre, Bord intérieur, Intérieur base, Bord extérieur et Légende de données.

La Figure 7.5 montre un graphique croisé dynamique surchargé d'étiquettes de données obtenues après sélection de l'option Légende de données. Pour supprimer les étiquettes, cliquez sur la commande Aucune.

Figure 7.5

Un graphique avec des étiquettes de données.

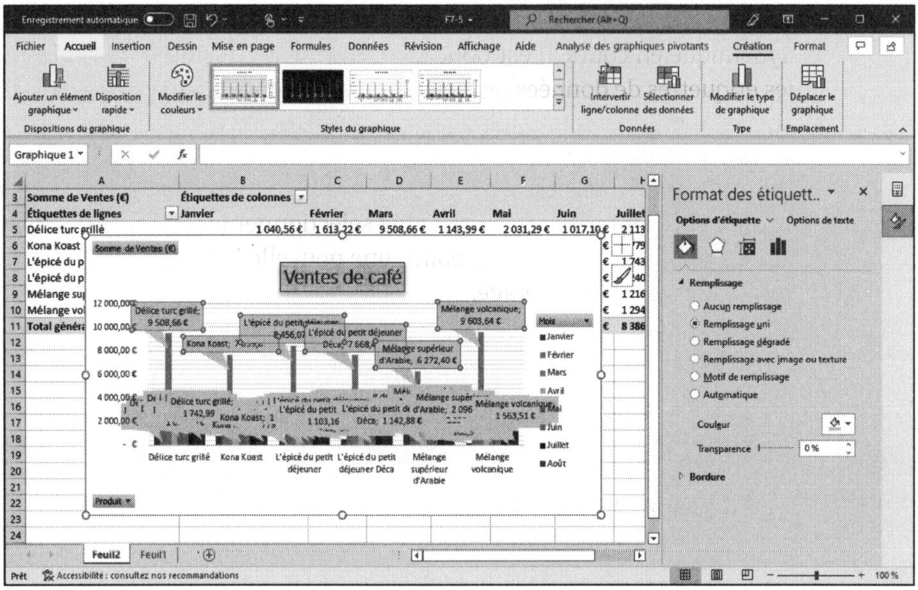

L'option Autres options d'étiquettes de données affiche le volet Format des étiquettes de donnés à droite de l'écran. La Figure 7.6 montre le graphique avec des étiquettes de données placées sur le Bord extérieur. Faites des essais, essayez différents paramètres et observez le résultat.

Figure 7.6

Paramétrage des étiquettes de données sur le bord extérieur.

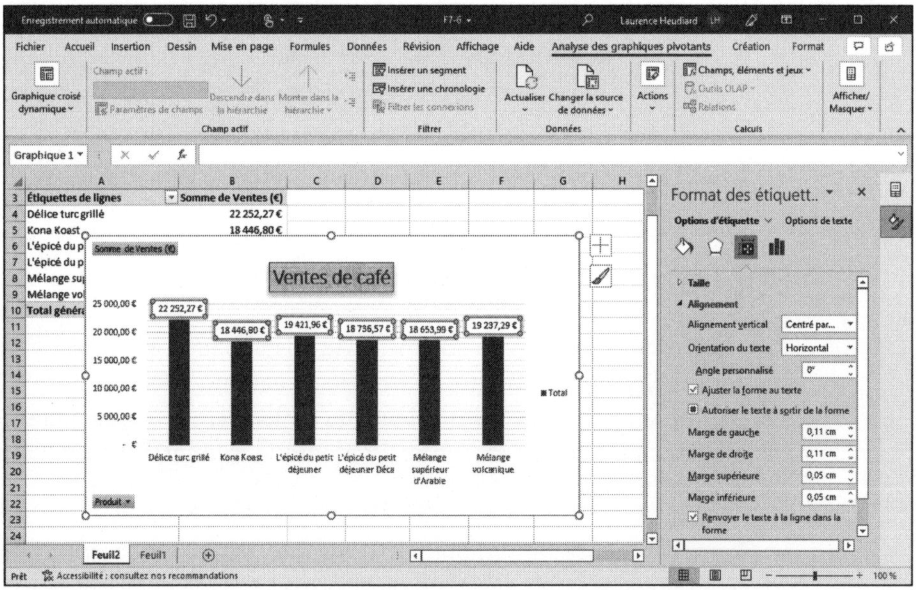

Les options des étiquettes de données dépendent du type de graphique croisé dynamique en cours. Il est donc conseillé d'expérimenter ses choix en modifiant les étiquettes de données, en sélectionnant et en décochant les cases dans le volet Format des étiquettes de données.

Une liste déroulante est associée à l'option Séparateur dans le volet Format des étiquettes de données. Elle permet de sélectionner le caractère ou le symbole (une virgule, un point-virgule, un point, une nouvelle ligne ou une espace) pour séparer les données d'étiquetage.

La case à cocher Symbole de légende affiche un petit carré à gauche de la légende pour identifier visuellement la légende. Cochez-la puis décochez-la pour voir les modifications.

Table de données

Une table de données ajoute au graphique un tableau des valeurs qui y sont tracées. Elle peut avoir un sens pour certains types de graphiques, mais n'offre pas d'intérêt pour les graphiques croisés dynamiques. La table de données duplique les données du tableau croisé dynamique créées par Excel en étape intermédiaire lors de la conception du graphique croisé dynamique. Néanmoins, nous aborderont bientôt les tables de données.

Lorsque vous choisissez la commande Table de données dans le menu Ajouter un élément de graphique, Excel affiche un menu avec les commandes Aucune, Avec symboles de légende, Aucun symbole de légende et Autres options de tables de données. Activez la commande Avec symboles de légende (voir la Figure 7.7).

Dès que la table de données a été ajoutée, le volet Format de table de données s'affiche à droite de l'écran (voir la Figure 7.8). Des cases à cocher permettent d'ajouter des bordures de tables horizontales ou verticales et des contours, ainsi qu'une case à cocher pour les symboles de légende.

Figure 7.7

Ajout d'une table de données.

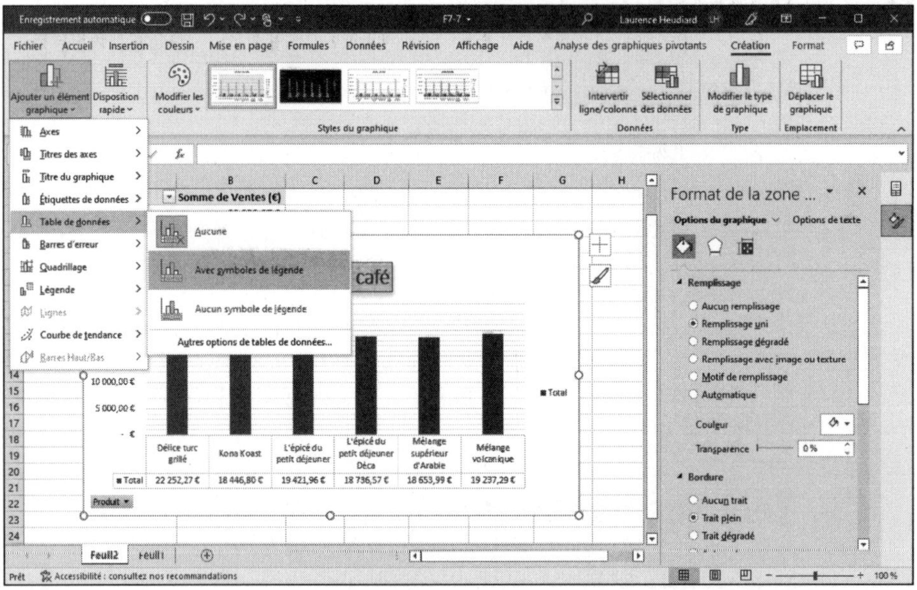

Figure 7.8

Le volet Format de table de données.

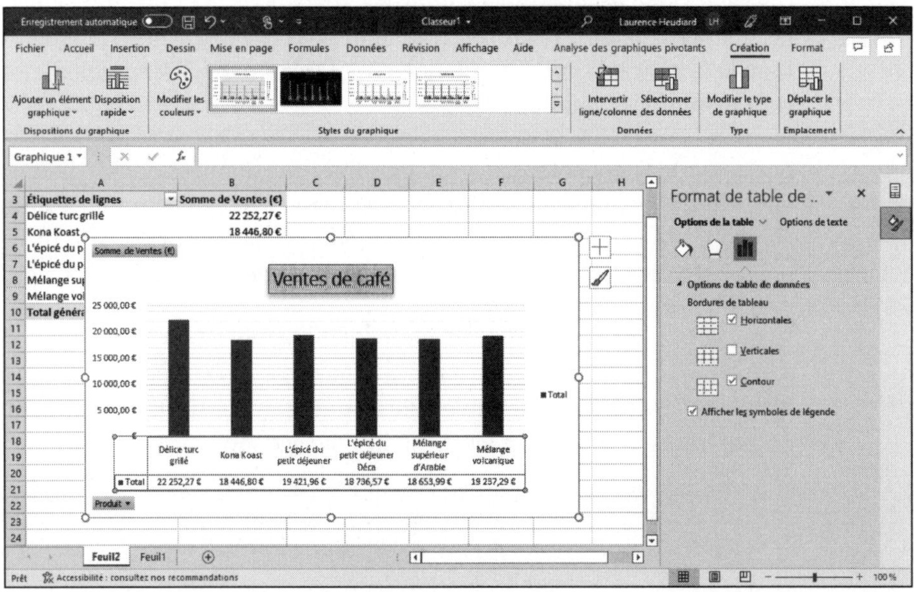

Axes

La commande Axes du menu Ajouter un élément de graphique donne accès à un sous-menu pour ajouter, supprimer ou contrôler la mise à l'échelle des axes horizontaux et verticaux pour le graphique croisé dynamique. Les commandes Horizontal principal et Vertical principal fonctionnent comme des interrupteurs à bascule, en passant alternativement d'un axe à l'autre.

Vous pouvez également choisir la commande Autres options d'axe ; elle affiche le volet Format de l'axe, comme le montre la Figure 7.9.

Figure 7.9 Le volet Format de l'axe.

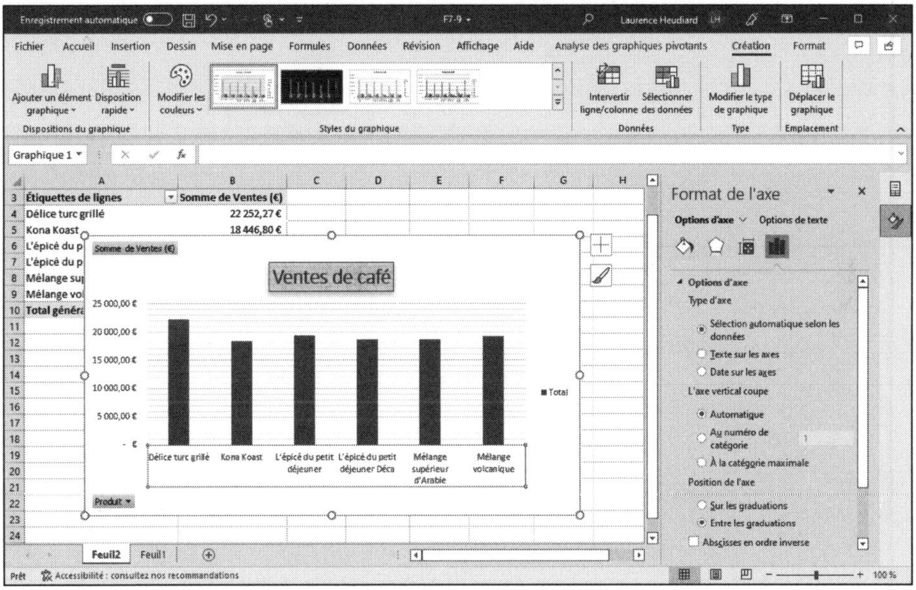

La meilleure façon de découvrir le rôle des boutons radio du volet Format de l'axe est simplement de les tester et de les expérimenter. Dans certains cas, la sélection d'un bouton n'a aucun effet ; par exemple, sélectionner l'option Date sur les axes dans la partie Options de texte n'entraîne de modification que si votre graphique montre des séries de données chronologiques.

La case à cocher Abscisses en ordre inverse décale l'axe des ordonnées (l'axe vertical) à droite et inverse l'axe des abscisses (l'axe horizontal), ce qui a pour effet de « retourner » le graphique. Si cette explication vous semble un peu confuse, faites des essais pour voir comment votre graphique est modifié : vous comprendrez instantanément !

Quadrillages

La commande Quadrillage, accessible à partir du menu Ajouter un élément graphique de l'onglet Création, affiche un sous-menu de commandes pour ajouter et supprimer des lignes horizontales et verticales au graphique croisé dynamique. Les quadrillages disponibles sont Horizontal majeur principal, Vertical majeur principal, Horizontal mineur principal et Vertical mineur principal. La commande Autres options de quadrillage, tout en bas du sous-menu, affiche le volet Mise en forme du quadrillage (voir la Figure 7.10). Faites des tests avec les cases à cocher et les boutons de ce volet pour personnaliser l'apparence des quadrillages.

Figure 7.10

Le volet Mise en forme du quadrillage.

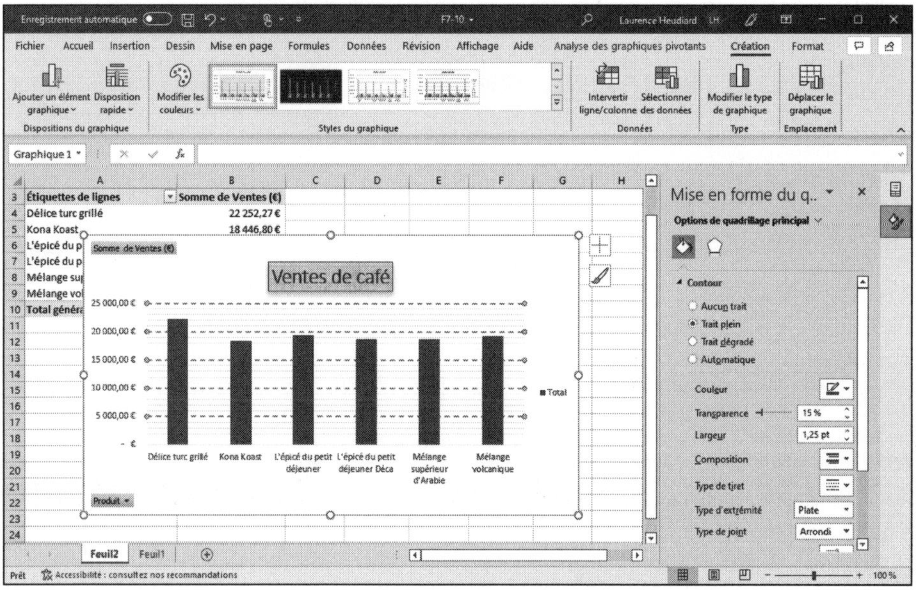

Déplacement d'un graphique

La commande Déplacer le graphique dans la zone Emplacement du ruban de l'onglet Création affiche la boîte de dialogue Déplacer le graphique, comme le montre la Figure 7.11. Elle permet de déplacer le graphique croisé dynamique dans le classeur en cours, soit dans une nouvelle feuille de calcul, soit dans une feuille existante. Lorsque vous déplacez un graphique croisé dynamique dans une feuille de calcul, il y devient un objet graphique.

Pour placer le graphique croisé dynamique sur une nouvelle feuille, sélectionnez le bouton Nouvelle feuille, puis nommez la feuille ainsi créée.

Figure 7.11 La boîte de dialogue Déplacer le graphique.

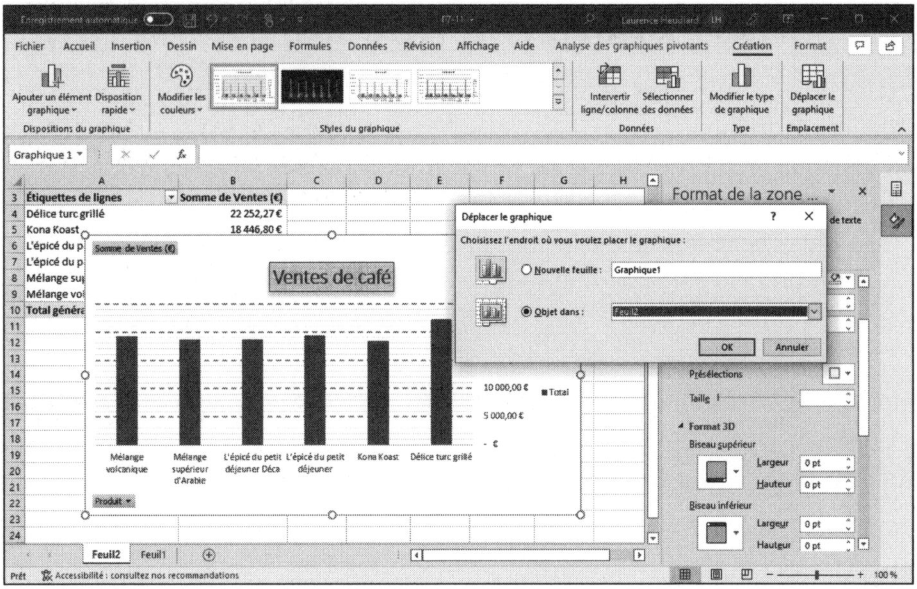

Pour déplacer le graphique croisé dynamique en tant qu'objet dans une feuille spécifique, sélectionnez le bouton radio Objet dans, puis le nom de la feuille à partir de la liste déroulante.

La Figure 7.12 montre le graphique croisé dynamique déplacé dans sa propre feuille.

Figure 7.12 éplacement d'un -aphique dans sa propre feuille.

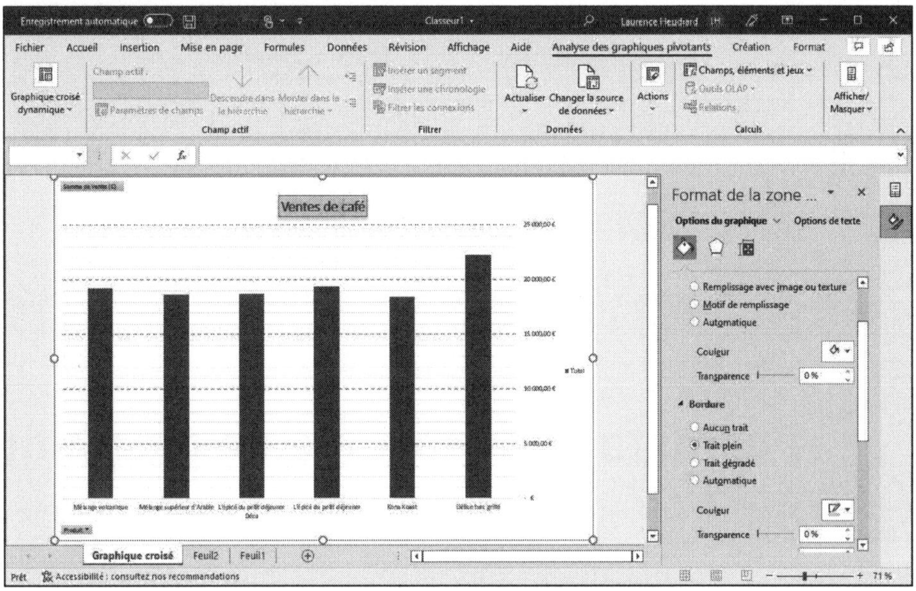

Mise en forme des séries de données

Lorsque vous faites un clic droit dans une barre d'un histogramme du graphique croisé dynamique, Excel affiche un menu contextuel. Choisissez la dernière commande du menu, Mettre en forme une série de données ; le volet Mise en forme des séries de données apparaît à droite de l'écran, comme le montre la Figure 7.13. Ce volet fournit une collection de boutons pour définir la couleur de remplissage du fond et le motif, le style de bordure et la couleur, ainsi que les options d'effet Ombre, Éclat, Bord estompé et Format 3D.

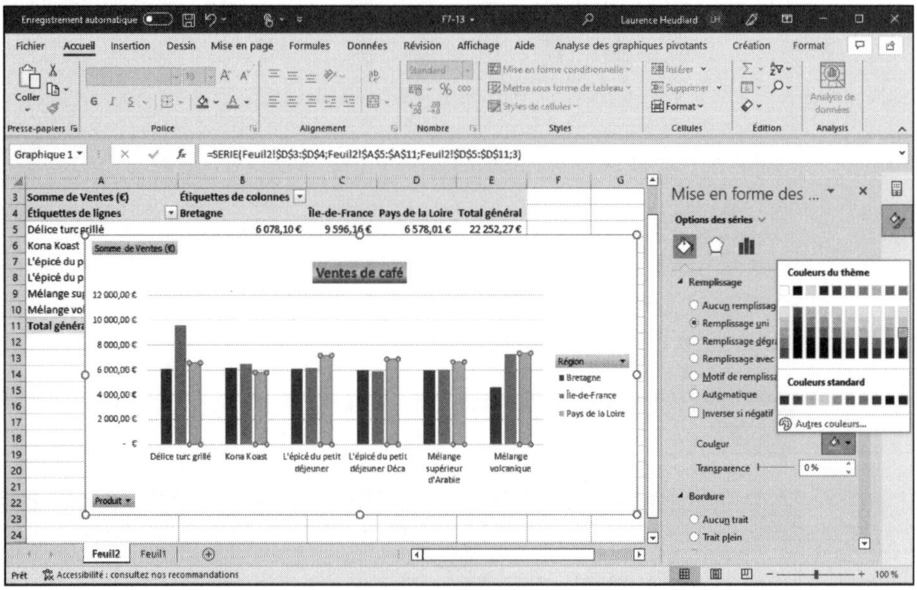

Figure 7.13 Mise en forme des séries de données.

Par exemple, pour ajouter un fond à la série de données activée, cliquez sur l'icône du pot de peinture, puis, dans la zone Remplissage, faites votre choix à partir des boutons radio et des listes déroulantes disponibles.

Ne vous limitez pas : cliquez sur des boutons, choisissez des couleurs et des motifs, et regardez comment l'aspect de votre graphique est modifié.

Formatage de la zone de graphique

Faites un clic droit dans le graphique croisé dynamique, à l'extérieur de la zone de tracé, puis choisissez la commande Format de la zone de graphique dans le menu contextuel ; Excel affiche le volet Format de la zone de graphique (voir la Figure 7.14). Celui-ci permet de définir le remplissage, les bordures et les effets Ombre, Éclat, Bord estompé et Format 3D.

Figure 7.14 Formatage de la zone de graphique.

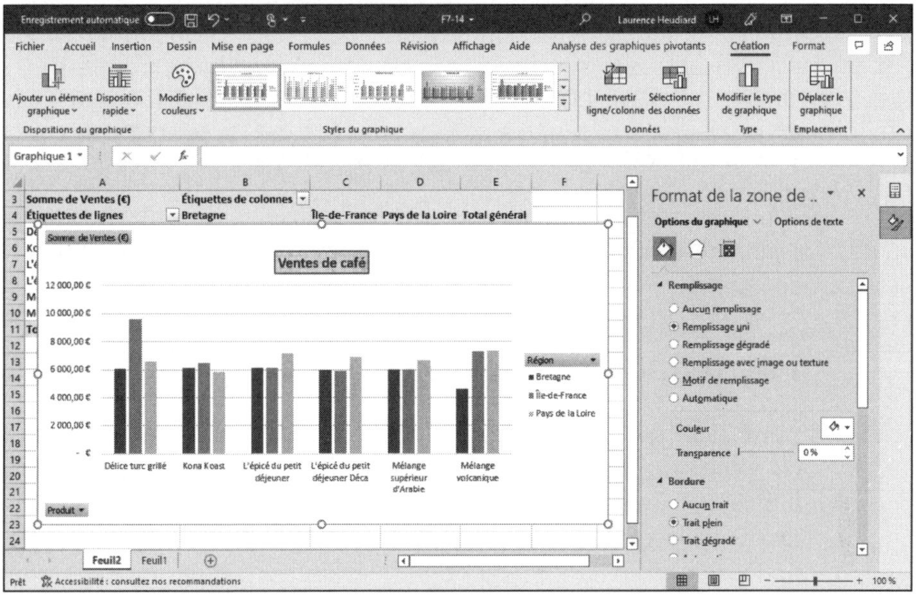

Les motifs de remplissage

Les options de remplissage du volet Mise en forme des séries de données sont analogues à celles du volet Mise en forme des séries de données (voir la Figure 7.13). Les motifs de remplissage à votre disposition sont Remplissage uni, Remplissage dégradé, Remplissage avec image ou texture, Motif de remplissage. Utilisez la liste déroulante Couleur de remplissage ; vous avez le choix entre les Couleurs du thème, les Couleurs standard et Autres couleurs.

Plusieurs options de motif de remplissage possèdent des boutons et des boîtes de dialogue dédiés.

Les polices de la zone de graphique

Pour mettre en forme le texte du graphique, faites un clic droit sur le texte et choisissez la commande Police ; la boîte de dialogue apparaît à l'écran. Elle propose des commandes de mise en forme avec des boutons et des zones de saisie pour changer la police, ajouter du gras et de l'italique, modifier la taille des caractères, leur couleur, *etc.*

Si vous vous posez des questions sur le fonctionnement des boutons et des boîtes de mise en forme, ne vous inquiétez pas. Excel met à jour le texte du graphique au fur et à mesure de vos modifications.

Formatage de graphiques 3D

Avant de créer un graphique croisé dynamique en trois dimensions, vous devez connaître quelques commandes qui s'appliquent spécifiquement à ce cas : les commandes Panneaux du ruban de l'onglet Format et Format 3D.

Formatage des panneaux d'un graphique 3D

Après avoir créé un graphique 3D, vous pouvez formater ses panneaux. Faites un clic droit sur l'un d'eux et choisissez la commande Format des panneaux dans le menu contextuel qui apparaît ; Excel affiche le volet Format des panneaux à droite de l'écran. Ce volet propose une rubrique Remplissage et contour avec des options de remplissage pour définir des couleurs et des motifs, et une rubrique Bordure pour spécifier le style de contour. La rubrique Effets comporte cinq parties : Ombre, Éclat, Bord estompé, Format 3D et Rotation 3D.

Les panneaux du graphique 3D sont ses côtés (les panneaux latéraux) et le fond (le panneau arrière) ; en d'autres termes, ce sont les côtés du cube 3D.

Les options de la rubrique Format 3D spécifient le biseautage supérieur et inférieur, l'illusion de la profondeur, les contours et la surface du graphique 3D. Utilisez les options de rotation 3D pour indiquer comment faire pivoter ou tourner le graphique pour montrer sa tridimensionnalité au maximum. Notez que les options de rotation 3D comprennent également des boutons pour faire tourner le graphique de manière incrémentielle.

La commande Rotation 3D

Après avoir créé un graphique croisé dynamique 3D, vous pouvez modifier l'angle sous lequel vous le voyez. Pour cela, faites un clic droit sur le graphique et choisissez Rotation 3D ; Excel affiche la rubrique Rotation 3D du volet Format de la zone de graphique.

Partie 3
Outils avancés

Dans cette partie

- Les fonctions statistiques de base de données pour analyser des informations sélectionnées dans une table ou dans une liste.
- La puissance de plus de 70 fonctions statistiques d'Excel pour calculer les moyennes, déterminer le classement et centile, mesurer les dispersions et analyser les distributions.
- Les compléments Microsoft Office dédiés à Excel, dont l'outil d'analyse de données pour la création d'histogrammes, le calcul des moyennes mobiles, le lissage exponentiel et l'échantillonnage intelligent.
- Les outils de régression et de corrélation, l'outil ANOVA d'analyse≈des données, les tests z et t, la Transformation de Fourier Rapide et les outils d'analyse de données pour les analyses statistiques inférentielles.

DANS CE CHAPITRE

Les bases des fonctions Excel

BDMOYENNE

BDNB et BDNBVAL

BDLIRE

BDMAX et BDMIN

BDPRODUIT

BDECARTYPE et BDECARTYPEP

BDSOMME

BDVAR et BDVARP

Chapitre 8 Fonctions de base de données

Excel fournit un ensemble de fonctions spéciales, appelées *fonctions de base de données* ; elles sont dédiées, en particulier, à l'analyse statistique simple des informations stockées dans des tableaux Excel. Ce chapitre présente et illustre ces fonctions.

Si vous êtes intéressé par l'analyse statistique d'informations qui n'apparaissent pas dans un tableau Excel, ce chapitre vous rendra de grands services.

Excel fournit également un ensemble très riche de fonctions statistiques, qui sont aussi de merveilleux outils d'analyse des informations stockées dans un tableau. Consultez le Chapitre 9 pour plus de détails.

Présentation rapide des fonctions

Les fonctions de base de données Excel sont mises en œuvre comme les autres fonctions du logiciel. En un mot, si vous souhaitez utiliser une fonction, il suffit de créer une formule qui l'intègre. Ce livre ne présente pas les fonctions en détail ; nous supposons que vous êtes relativement compétent dans leur manipulation et leur mise en place pour les analyses de données. Quelques notions de base seront développées ici, notamment la syntaxe des fonctions, avec exemples à l'appui.

Les règles de syntaxe des fonctions

La plupart des fonctions nécessitent des arguments ou des paramètres d'entrée ; en particulier, toutes les fonctions de base de données ont besoin d'arguments. Ceux-ci sont inclus dans des parenthèses, et si une fonction en requiert plusieurs, ils sont séparés par des points-virgules (;).

À titre d'illustration, voici quelques exemples de formules qui utilisent des fonctions simples. Ce ne sont pas des fonctions de base de données ; celles-ci seront présentées dans les prochaines sections. Lisez les exemples qui suivent pour vous familiariser avec les fonctions communes et augmenter vos compétences. Si vous avez l'impression de les connaître déjà, dites-vous simplement que c'est un cours de rappel.

La fonction SOMME calcule la somme des nombres inclus dans une plage de cellules ; ces valeurs sont les arguments de la fonction. Dans l'exemple suivant, ces arguments sont 2,2, la valeur dans la cellule A1, et les valeurs stockées dans la plage B3:G5 de la feuille de calcul.

```
=SOMME(2,2; A1; B3:G5)
```

Dans cet autre exemple, la fonction MOYENNE calcule la moyenne ou espérance arithmétique des valeurs stockées dans la plage B2:B100 de la feuille de calcul en cours.

```
=MOYENNE(B2:B100)
```

Mais quel est le travail des fonctions ? Elles prennent les valeurs entrées et effectuent un calcul, comme une simple somme ou, un peu plus compliqué, une moyenne.

Saisie manuelle d'une fonction

La saisie d'une formule à base de fonction dans une cellule dépend de votre connaissance de la fonction et de votre niveau de maîtrise de ses paramètres.

Le minimum est de connaître son nom : vous pouvez alors simplement entrer dans la cellule un signe égal (=), suivi du nom de la fonction. Les fonctions SOMME et MOYENNE sont de bons exemples, parce que leur nom est facile à retenir. Lorsque vous tapez la première parenthèse [( ] après avoir entré le nom de la fonction complète, Excel affiche une info-bulle contextuelle avec le nom de la fonction, les arguments présentés dans l'ordre et des indications en cas de paramètres optionnels. Reportez-vous à la section précédente, si vous avez besoin de rafraîchir certaines bases. La Figure 8.1 montre la mise en œuvre de la fonction VPM, qui calcule le montant total de chaque remboursement périodique pour un investissement à remboursement et à taux d'intérêt constants.

Figure 8.1
La fonction VPM lcule le montant total de chaque remboursement périodique.

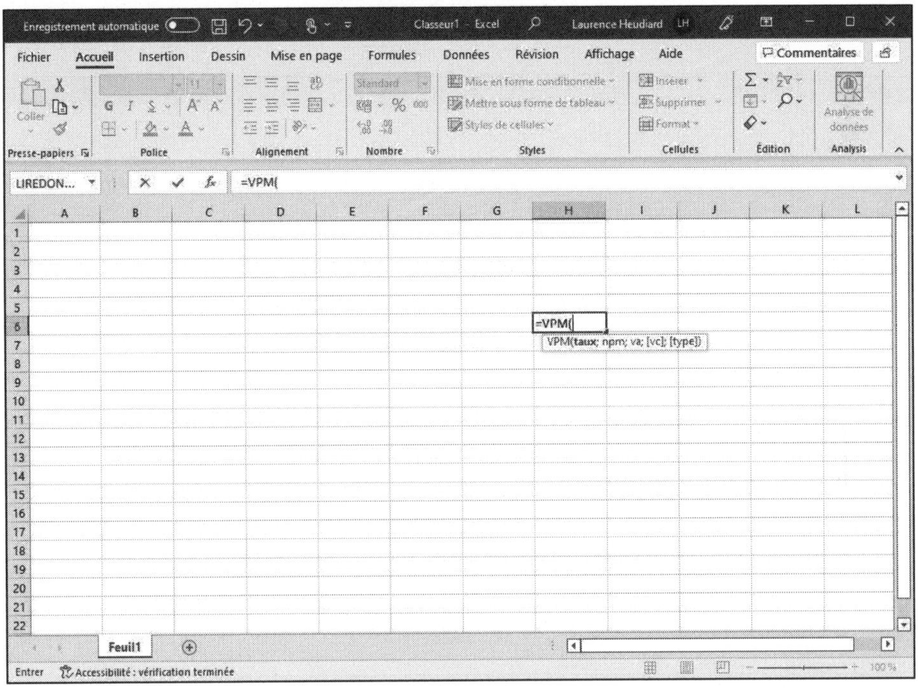

Si vous pointez le nom de la fonction dans l'info-bulle, il se transforme en hyperlien. Cliquez sur ce dernier pour ouvrir le fichier d'aide Excel et voir la description de la fonction, sa syntaxe et des exemples.

Saisie d'une fonction avec la commande Insérer une fonction

Si vous n'êtes pas familier avec la mise en œuvre d'une fonction ou si vous ne vous souvenez plus de son nom, utilisez la commande Insérer une fonction de l'onglet Formules pour trouver la fonction, puis identifier correctement ses arguments.

Pour utiliser l'assistant de fonction, procédez de la manière suivante :

❶ **Placez le sélecteur de cellule à l'endroit où vous souhaitez placer la fonction.**

Pour ce faire, procédez de la manière habituelle : cliquez dans la cellule ou utilisez les touches de navigation du clavier (les touches fléchées) pour déplacer le sélecteur de cellule au bon endroit.

❷ **Choisissez la commande Insérer une fonction au début de l'onglet Formules.**

Excel affiche la boîte de dialogue Insérer une fonction, comme le montre la Figure 8.2.

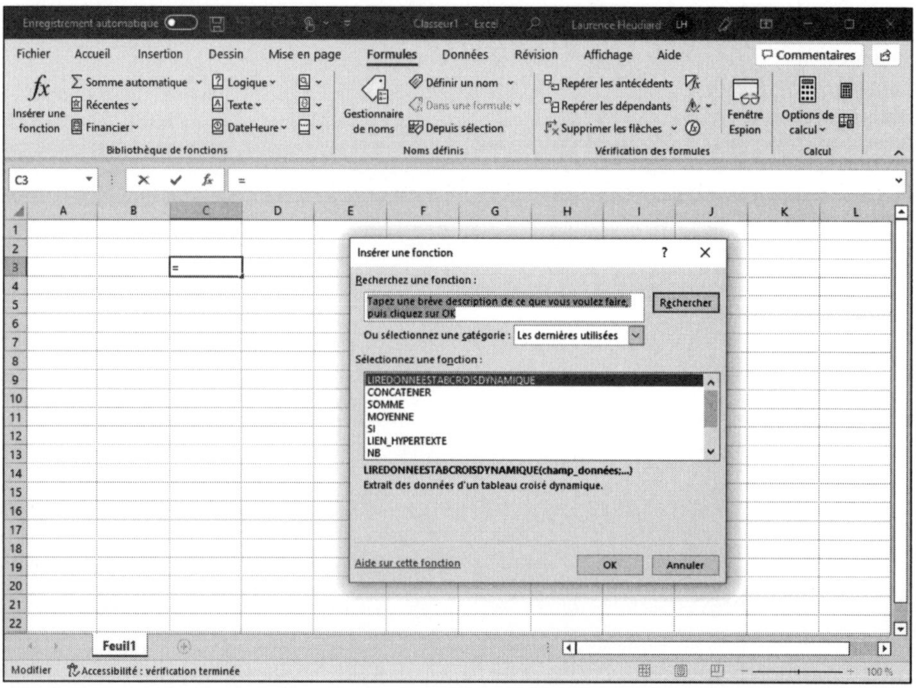

Figure 8.2 La boîte de dialogue Insérer une fonction.

❸ **Dans la zone Recherchez une fonction, entrez une brève description de ce que vous voulez calculer.**

Par exemple, si vous voulez calculer un écart type pour un échantillon, tapez quelque chose comme `écart type`.

❹ **Cliquez sur le bouton Rechercher.**

Dans la liste Sélectionnez une fonction, Excel affiche une liste des fonctions susceptibles de correspondre à votre recherche, comme le montre la Figure 8.3.

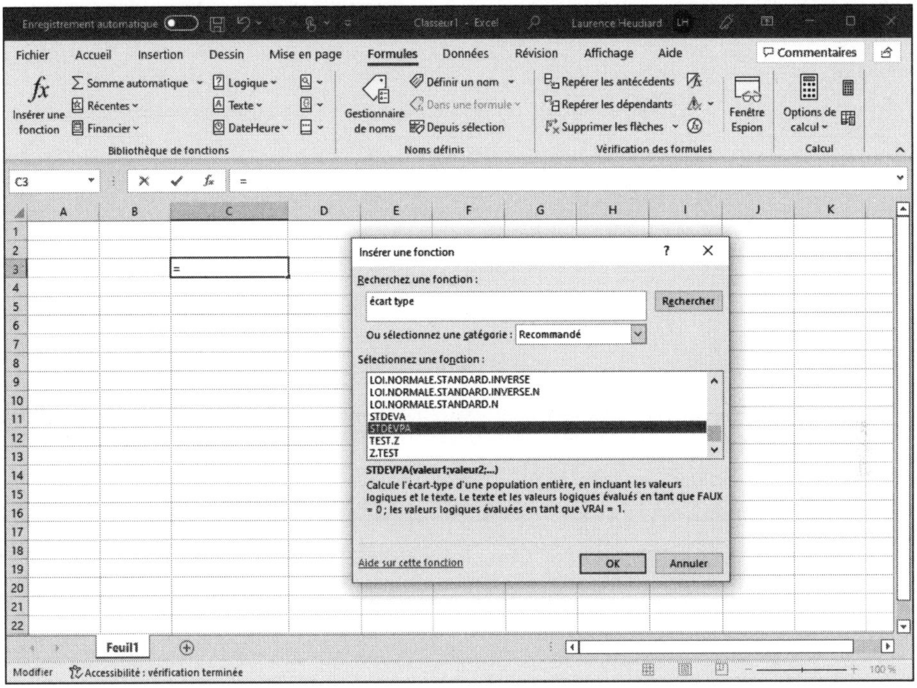

Figure 8.3 Laissez Excel vous aider à trouver la bonne fonction.

La fonction STDEVPA de la Figure 8.3 n'étant pas une fonction de base de données, elle ne sera pas décrite dans ce chapitre ; pour plus d'informations à son sujet, consultez le Chapitre 9.

❺ **Trouvez la bonne fonction.**

Pour trouver la bonne fonction, sélectionnez successivement chacune des fonctions de la liste, afin d'afficher son rôle sous la liste. Si la fonction sélectionnée ne correspond pas à votre recherche, passez à la fonction suivante. Répétez ce processus jusqu'à trouver la bonne fonction.

Si vous arrivez à la fin de la liste des fonctions sans avoir trouvé ce que vous recherchez, revenez à l'Étape 3 et entrez une autre description du calcul que vous souhaitez réaliser.

❻ **Lorsque vous avez trouvé la fonction correspondant à ce que vous voulez, sélectionnez-la, puis cliquez sur OK.**

Excel affiche la boîte de dialogue Arguments de la fonction, comme le montre la Figure 8.4.

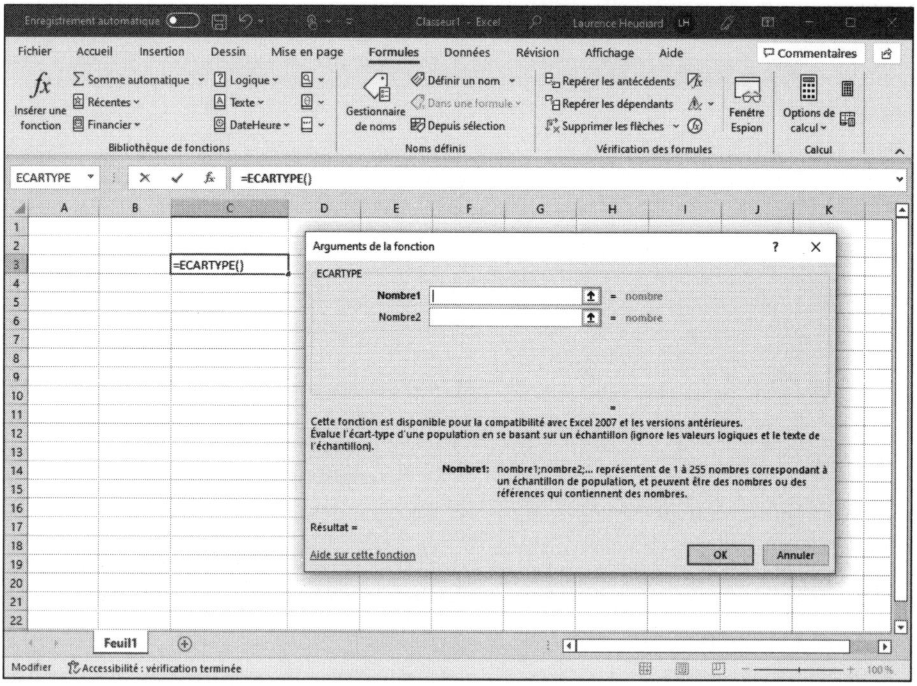

Figure 8.4 La boîte de dialogue Arguments de la fonction.

❼ **Entrez les arguments de la fonction.**

Pour savoir quels sont les arguments dont une fonction a besoin, cliquez dans la zone de saisie (Nombre1 et Nombre2 dans la Figure 8.4). Lisez la description de l'argument qui apparaît en bas de la boîte de dialogue, puis entrez une valeur, une formule, ou la référence d'une cellule ou d'une plage de cellules dans la zone de saisie pour l'argument.

Si une fonction a besoin de plusieurs arguments, répétez cette étape pour chacun d'eux.

Excel calcule le résultat de la fonction sur la base des arguments que vous entrez et affiche cette valeur en bas de la boîte de dialogue, comme le montre la Figure 8.5.

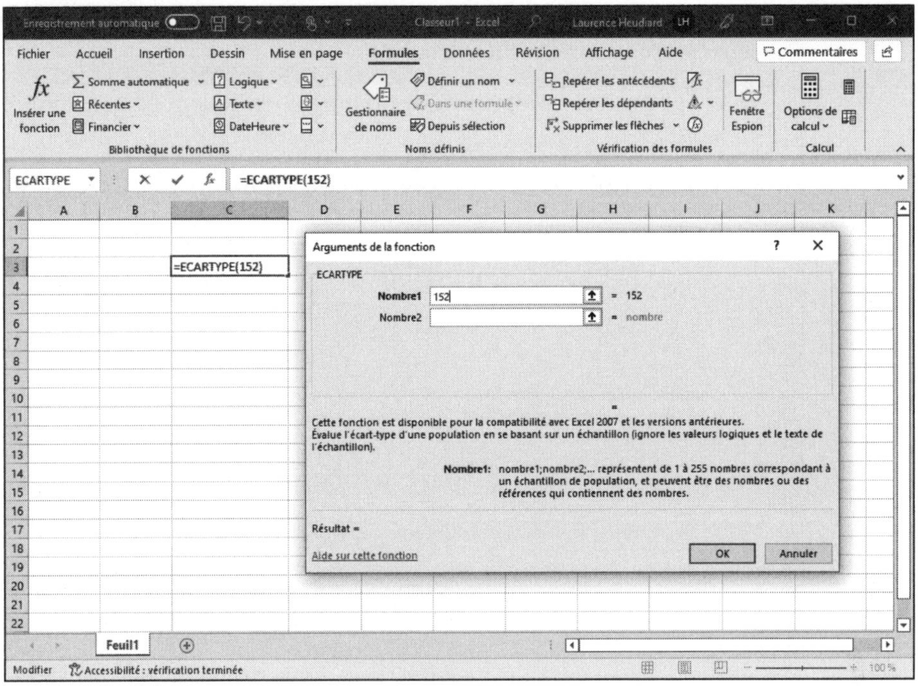

Figure 8.5 Entrez les rguments ; Excel s'occupe des calculs.

8. **Si vous avez besoin d'aide pour une fonction particulière, cliquez sur l'option Aide sur cette fonction, en bas à gauche de la boîte de dialogue.**

   L'option Aide sur cette fonction est un lien hypertexte qui ouvre une nouvelle fenêtre avec une description de la syntaxe de la commande et des exemples ; la Figure 8.6 montre l'aide pour la fonction ECARTYPE.

9. **Lorsque tous les arguments ont été spécifiés, cliquez sur OK.**

   Vous avez maintenant toutes les informations de base pour utiliser des fonctions. Dans la section suivante, nous aborderons les fonctions statistiques de base de données.

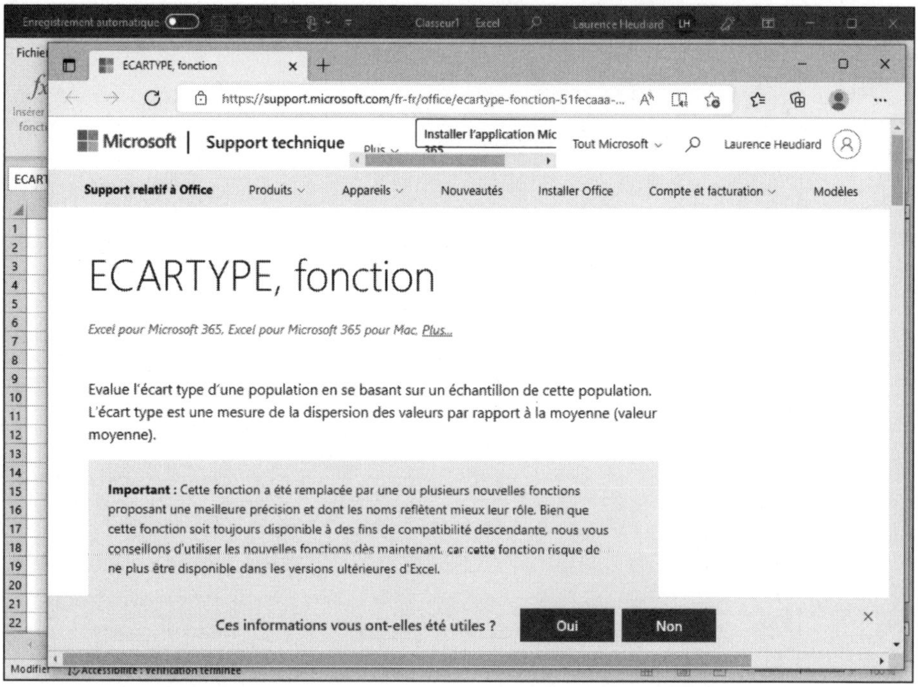

Figure 8.6 La fenêtre d'aide associée à un lien hypertexte d'une fonction Excel.

La liste déroulante Ou sélectionnez une catégorie

Vous avancez dans l'apprentissage d'Excel et commencez à présent à développer une certaine familiarité avec ses fonctions et la boîte de dialogue Insérer une fonction. La rubrique Ou sélectionnez une catégorie permet de réduire la liste des fonctions en sélectionnant une catégorie particulière de fonctions. Par exemple, si vous choisissez dans cette liste déroulante la catégorie Base de données, Excel affiche seulement ses fonctions base de données.

Cette approche par catégorie est très pratique. Pour les fonctions de base de données, en l'occurrence, Excel présente les douze qui correspondent à cette catégorie. D'autres catégories sont beaucoup plus importantes ; par exemple, Excel fournit plus de cent fonctions statistiques. Il devient alors parfois très difficile de trouver la fonction que l'on recherche. Nous verrons un peu plus loin une autre approche pour rechercher des fonctions.

La fonction BDMOYENNE

La fonction BDMOYENNE calcule une moyenne des valeurs dans une liste Excel. Sa caractéristique unique et vraiment utile est de permettre de spécifier des critères de sélection particuliers pour les enregistrements à prendre en compte.

Si vous voulez calculer une moyenne simple, utilisez la fonction MOYENNE, décrite dans le Chapitre 9.

La fonction BDMOYENNE utilise la syntaxe suivante :

```
BDMOYENNE(base_de_données; champ; critères)
```

où `base_de_données` est la référence de la plage du tableau Excel contenant les valeurs à traiter, `champ` la colonne contenant les valeurs qui serviront à calculer la moyenne, et `critères` une référence de plage qui identifie les champs et les valeurs utilisées pour définir la sélection. L'argument `champ` peut être la référence de la cellule contenant l'étiquette de la colonne, cette étiquette placée entre guillemets ou un numéro identifiant la colonne (1 pour la première colonne, 2 pour la deuxième colonne, et ainsi de suite).

À titre d'exemple, supposons que vous ayez construit la feuille de calcul illustrée à la Figure 8.7. Elle comporte un petit tableau. Sans surprise, la ligne 1 stocke les noms de champs : Nom, Département et Don ; les lignes 2 à 11 contiennent les données.

Si vous avez besoin d'un petit rappel sur les tableaux Excel ou les listes, consultez le Chapitre 1. Les fonctions de base de données Excel travaillent sur les informations provenant des tableaux Excel : vous devez donc maîtriser ces derniers et leur fonctionnement.

Les lignes 14 et 15 correspondent à la plage de cellules contenant les critères ; généralement, c'est une copie de la ligne de noms de champs. La plage de critères comprend au moins une autre rangée d'étiquettes, de valeurs ou d'expressions logiques booléennes que la fonction BDMOYENNE utilise pour sélectionner les enregistrements de la liste. Dans la Figure 8.7, l'expression booléenne de la cellule C15, `<500`, indique que seuls les enregistrements où le champ de don représente une valeur inférieure à 500 sont inclus dans la fonction.

Figure 8.7 La fonction BDMOYENNE calcule une moyenne des valeurs stockées dans un tableau Excel.

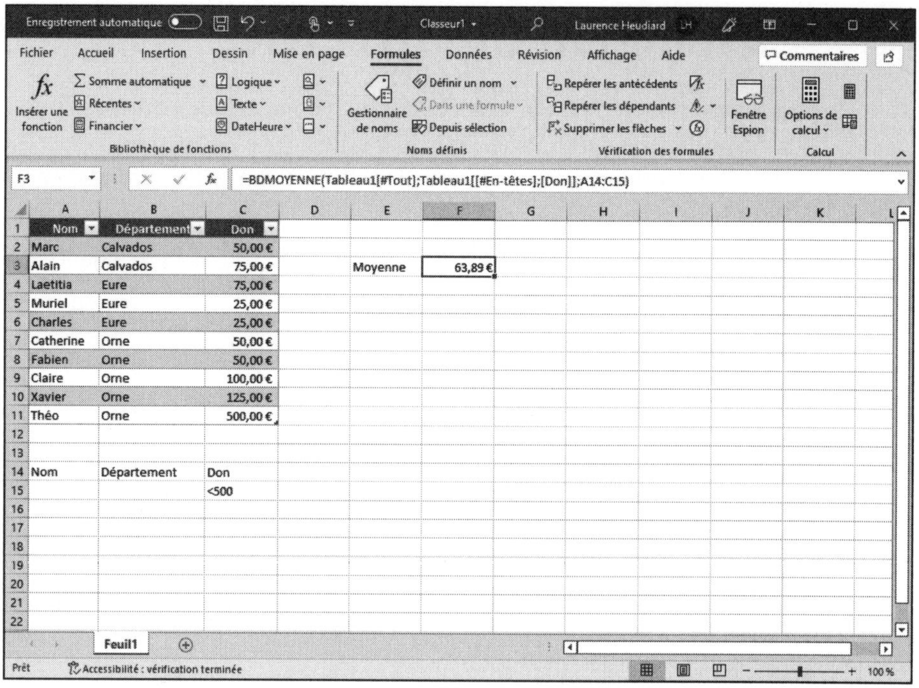

La fonction BDMOYENNE, qui apparaît dans la cellule F3, renvoie le montant du don moyen de la base de données, à l'exclusion du don de Théo dans l'Orne, puisque son montant n'est pas inférieur à 500. Le résultat de la fonction est 63,89 €.

Chaque ligne de critères de la plage est utilisée pour sélectionner des enregistrements pour la fonction. Par exemple, la fonction BDMOYENNE de la Figure 8.8 sélectionne les enregistrements en fonction de deux critères. Le critère de la ligne 15 sélectionne les enregistrements où le don est inférieur à 500 €, et le critère de la ligne 16 ceux pour lesquels le Département est l'Orne. La fonction BDMOYENNE utilise alors tous les enregistrements de la liste, parce que chaque enregistrement répond au moins à l'un des critères. Les enregistrements de la liste ne doivent pas répondre à ces deux critères ; un seul suffit.

Pour combiner (ajouter) des critères, il faut les placer sur la même ligne, comme le montre la ligne 15 de la Figure 8.9 ; dans ce cas, la moyenne est calculée à partir des dons de l'Orne, d'une valeur inférieure à 500 €.

Figure 8.8

La fonction BDMOYENNE utilise deux critères.

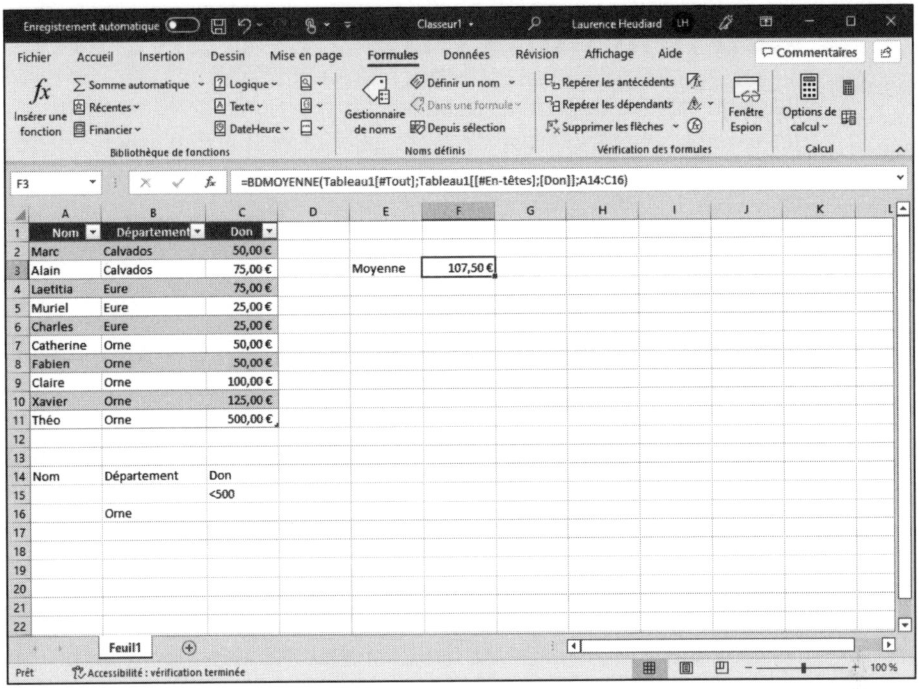

Figure 8.9

Les critères peuvent être combinés.

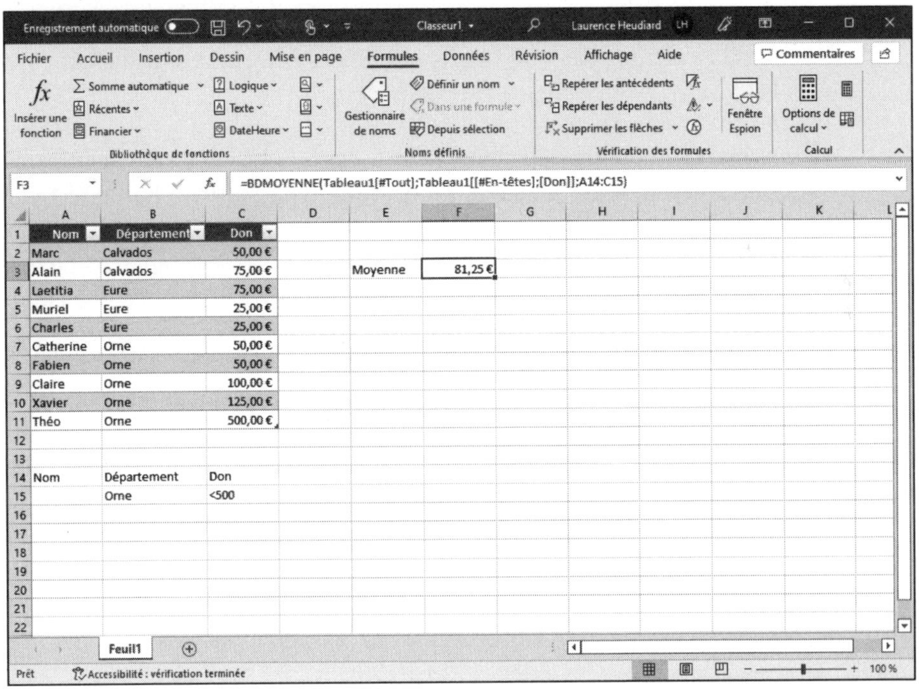

Les fonctions BDNB et BDNBVAL

Dans un tableau de base de données, les fonctions BDNB et BDNBVAL comptent les enregistrements correspondant aux critères spécifiés. Toutes deux utilisent la même syntaxe, comme indiqué ici :

```
BDNB(base_de_données; champ; critères)
```

```
BDNBVAL(base_de_données; champ; critères)
```

où `base_de_données` est une référence de plage au tableau Excel contenant les valeurs à compter, `champ` indique dans quelle colonne de la base de données compter, et `critères` est une référence de plage qui identifie les champs et les valeurs utilisées pour définir les critères de sélection. L'argument `champ` peut être la référence de la cellule contenant l'étiquette de la colonne, cette étiquette placée entre guillemets ou un numéro identifiant la colonne (1 pour la première colonne, 2 pour la deuxième colonne, et ainsi de suite).

Excel fournit plusieurs autres fonctions pour compter des cellules avec des valeurs ou des étiquettes : NB, NBVAL, NB.SI et NB.VIDE. Reportez-vous au Chapitre 9 ou à l'aide en ligne d'Excel pour plus d'informations sur ces fonctions.

Les fonctions BDNB et BDNBVAL diffèrent très légèrement : BDNB compte des champs avec des valeurs, tandis que BDNBVAL compte des champs qui ne sont pas vides.

Voyons comment travaillent ces deux fonctions. La feuille de calcul de la Figure 8.10 montre une liste de joueuses d'une équipe de softball. La ligne 1 comporte les noms de champs (étiquettes de colonnes) : Joueuse, Âge et Moyenne au bâton (la moyenne au bâton est une statistique pour évaluer les frappeurs de baseball et de softball). Les lignes 2 à 11 stockent les données relatives aux joueuses.

Les lignes 14 et 15 définissent les paramètres associés aux critères. La première rangée contient les noms des champs ; les lignes suivantes fournissent des étiquettes, des valeurs ou des expressions logiques booléennes que les fonctions BDNB et BDNBVAL utilisent pour sélectionner des enregistrements à partir de la liste pour l'opération de comptage. La cellule B15 de la Figure 8.10 montre une expression booléenne, >8, qui impose à la fonction de prendre en considération uniquement les enregistrements où l'âge est supérieur à 8. Autrement dit, les fonctions BDNB et BDNBVAL ne comptent que les joueuses âgées de plus de 8 ans. Maud, qui est âgée de 8 ans (cellule B7), ne sera donc pas comptée.

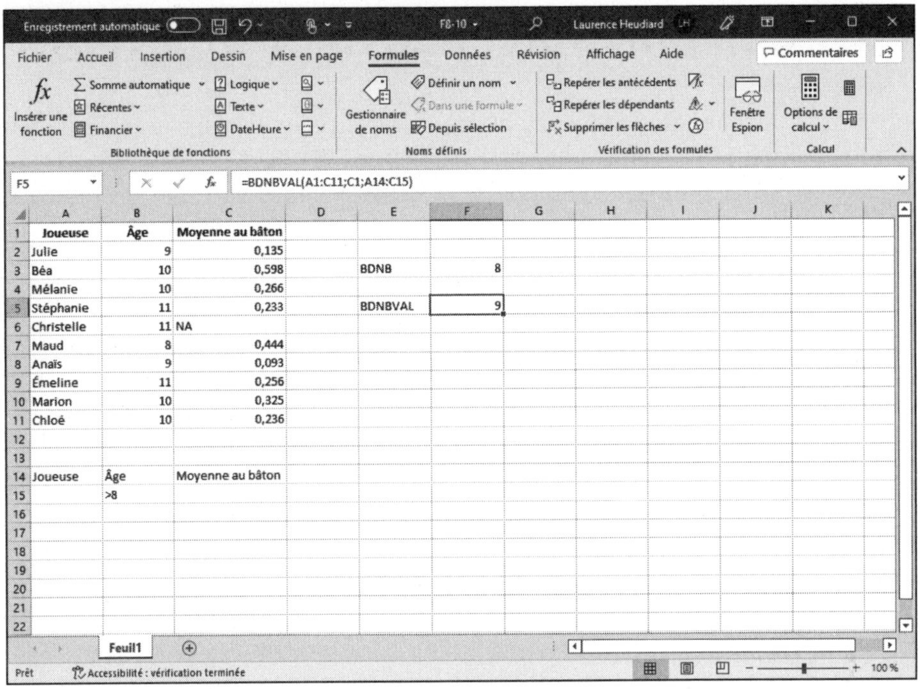

Figure 8.10 Les fonctions BDNB et BDNBVAL comptent les enregistrements dans une base de données.

La fonction BDNB, qui apparaît dans la cellule F3, est :

```
=BDNB(A1:C11; C1; A14:C15)
```

Comme cela a été vu précédemment, la fonction BDNB ne compte que les enregistrements ayant une valeur. La valeur NA (pour Non Applicable) dans la cellule C6 correspondant à un champ vide, elle n'est donc pas prise en compte par la fonction. Dans cet exemple, la fonction BDNB compte le nombre de joueuses de l'équipe âgées de plus de 8 ans et qui ont une moyenne au bâton ; le résultat est 8.

Si vous souhaitez ajouter des critères de sélection aux fonctions BDNB et BDNBVAL avec des opérateurs ET et OU, consultez la section précédente sur la fonction BDMOYENNE et la création de critères de sélection composés.

La fonction BDNBVAL, visible dans la cellule F5, est :

```
=BDNBVAL(A1:C11; C1; A14:C15)
```

Cette fonction compte les joueuses de l'équipe âgées de plus de 8 ans et dont le champ `Moyenne au bâton` n'est pas vide. La fonction retourne la valeur 9, parce que tous les champs `Moyenne au bâton` de toutes les joueuses âgées de plus de

8 ans contiennent une valeur. Huit d'entre elles ont des valeurs numériques, et le champ de la cinquième joueuse (Christelle) a l'étiquette NA.

Pour compter uniquement les enregistrements dans une liste, vous pouvez omettre l'argument champ des fonctions BDNB et BDNBVAL. Sans cet argument, les fonctions ne comptent dans la liste que les enregistrements correspondant aux critères de tri, sans vérifier si un champ stocke une valeur ou est non vide. Par exemple, les deux fonctions suivantes renvoient la valeur 9 :

```
=BDNB(A1:C11; ; A14:C15)
```

```
=BDNBVAL(A1:C11; ; A14:C15)
```

Pour omettre un argument, il suffit de laisser une espace entre les deux points-virgules ou de les taper juste l'un à la suite de l'autre.

La fonction BDLIRE

La fonction BDLIRE extrait d'une base de données une valeur répondant aux conditions spécifiées à partir d'une colonne d'une liste ou d'une base de données. Sa syntaxe est la suivante :

```
BDLIRE(base_de_données; champ; critères)
```

où base_de_données est une référence de plage au tableau Excel contenant la valeur à extraire, champ indique dans quelle colonne de la base de données extraire les données, et critères est une référence de plage qui identifie les champs et les valeurs utilisées pour définir les critères de sélection. L'argument champ peut être la référence de la cellule contenant l'étiquette de la colonne, cette étiquette placée entre guillemets ou un numéro identifiant la colonne (1 pour la première colonne, 2 pour la deuxième colonne, et ainsi de suite).

Revenons à l'exemple de la liste des joueuses de softball de la section précédente. Supposons que vous vouliez trouver la moyenne au bâton de l'unique joueuse qui a 8 ans.

Pour récupérer ces informations à partir de la liste affichée dans la Figure 8.11, entrez la formule suivante dans la cellule F3 :

```
=BDLIRE(A1:C11; 3; A14:C15)
```

Cette fonction retourne la valeur 0,444, c'est-à-dire la moyenne au bâton de la joueuse de 8 ans.

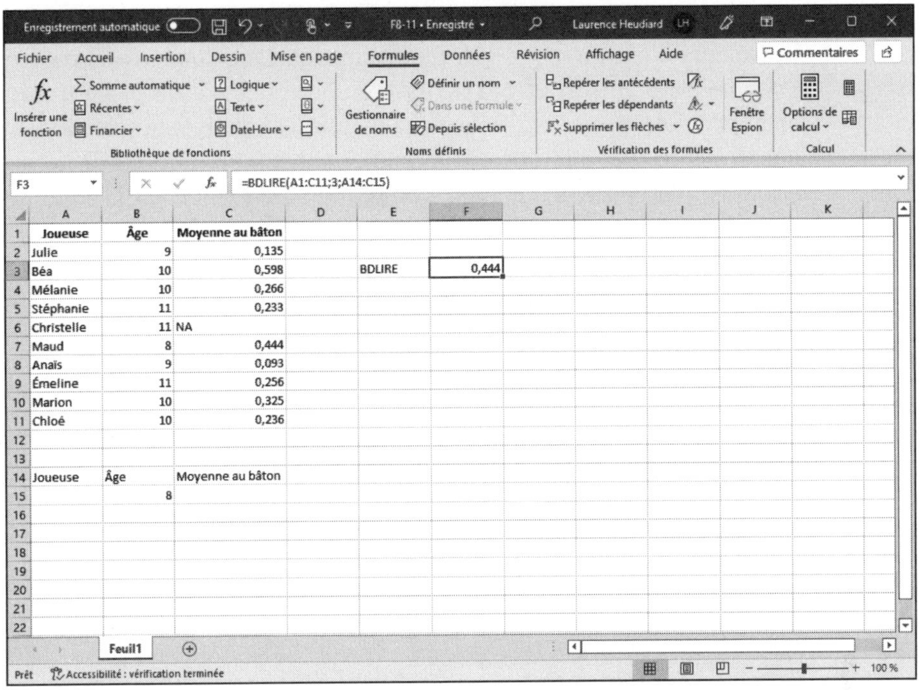

Figure 8.11 La fonction BDLIRE récupère une valeur à partir d'une liste de base de données.

Si aucun enregistrement de la liste ne correspond aux critères de sélection, BDLIRE renvoie le message d'erreur `#VALEUR!`. Par exemple, si les critères de sélection cherchent une joueuse de 12 ans, BDLIRE retourne `#VALEUR!`, parce qu'il n'y a pas de joueuse de 12 ans. En outre, si plusieurs enregistrements de la liste correspondent aux critères de sélection, BDLIRE renvoie le message d'erreur `#NOMBRE!`. Par exemple, si le critère de sélection est 10 pour rechercher la moyenne d'une enfant âgée de 10 ans, BDLIRE renvoie le message `#NOMBRE!`, parce qu'il y a quatre joueuses âgées de 10 ans dans l'équipe.

Les fonctions BDMAX et BDMIN

Les fonctions BDMAX et BDMIN trouvent respectivement les valeurs la plus grande et la plus petite dans un champ de liste de base de données qui correspond aux critères spécifiés. Toutes deux utilisent la même syntaxe, comme indiqué ici :

```
BDMAX(base_de_données; champ; critères)

BDMIN(base_de_données; champ; critères)
```

où base_de_données est une référence de plage au tableau Excel contenant les valeurs à extraire, champ indique dans quelle colonne de la base de données extraire les données, et critères est une référence de plage qui identifie les champs et les valeurs utilisées pour définir les critères de sélection. L'argument champ peut être la référence de la cellule contenant l'étiquette de la colonne, cette étiquette placée entre guillemets ou un numéro identifiant la colonne (1 pour la première colonne, 2 pour la deuxième colonne, et ainsi de suite).

Excel fournit plusieurs autres fonctions pour trouver la valeur minimale ou maximale, y compris MAX, MAXA, MIN et MINA. Consultez le Chapitre 9 pour plus d'informations.

À titre d'exemple, pour l'utilisation des fonctions BDMAX et BDMIN, supposons que vous construisiez une liste de vos amis joueurs de golf avec leur score sur leur parcours préféré, comme le montre la Figure 8.12. La ligne 1 stocke les noms de champs : Golfeur, Score et Parcours. Les lignes 2 à 11 stockent les données relatives à vos amis.

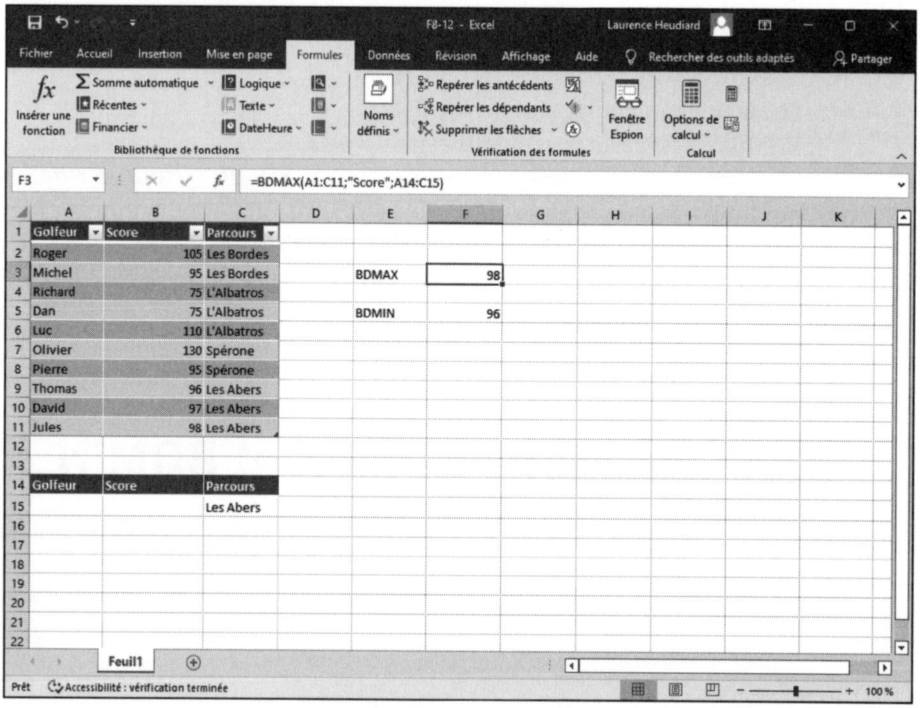

Figure 8.12 Les fonctions BDMAX et BDMIN trouvent les plus grandes valeurs et les plus petites.

Les lignes 14 et 15 comportent les critères de sélection. Les noms de champs se trouvent dans la première rangée, les lignes suivantes fournissent des étiquettes, des valeurs ou des expressions logiques booléennes que les fonctions BDMAX et BDMIN utilisent pour sélectionner les enregistrements de la liste pour les calculs. Dans la Figure 8.12, l'étiquette de la cellule C15, Médoc, indique à la fonction de traiter uniquement les enregistrements pour lesquels le Parcours est Médoc

La fonction de la cellule F3 est :

```
=BDMAX(A1:C11; "Score"; A14:C15)
```

La fonction BDMAX retourne la valeur 98 ; c'est le plus haut score sur le parcours Médoc.

Pour plus d'informations sur l'utilisation des expressions booléennes dans les critères de sélection, consultez la section relative à la fonction BDMOYENNE.

La fonction BDMIN, qui apparaît dans la cellule F5, est :

```
=BDMIN(A1:C11; "Score"; A14:C15)
```

La fonction BDMIN retourne la valeur 96 ; c'est le score le plus bas sur le parcours Médoc.

La fonction BDPRODUIT

La fonction BDPRODUIT multiplie les valeurs d'un champ dans une liste ou une base de données sur la base de critères de sélection. La syntaxe de la fonction est la suivante :

```
BDPRODUIT(base_de_données; champ; critères)
```

où `base_de_données` est une référence de plage au tableau Excel contenant la valeur à multiplier, `champ` indique à Excel quelle colonne de la base de données extraire, et `critères` est une référence de plage qui identifie les champs et les valeurs utilisées pour définir les critères de sélection. L'argument `champ` peut être la référence de la cellule contenant l'étiquette de la colonne, cette étiquette placée entre guillemets ou un numéro identifiant la colonne (1 pour la première colonne, 2 pour la deuxième colonne, et ainsi de suite).

Les fonctions BDECARTYPE et BDECARTYPEP

Les fonctions BDECARTYPE et BDECARTYPEP calculent un écart type. BDECARTYPE calcule l'écart type pour un échantillon, et BDECARTYPEP l'écart type pour une population. Comme les autres fonctions statistiques de base de données, elles ne traitent que les enregistrements qui répondent à des critères spécifiés.

Si vous souhaitez calculer des écarts types sans appliquer des critères de sélection, utilisez l'une des fonctions statistiques non-base de données Excel, telles que ECARTYPE, ECARTYPEA, ECARTYPEP ou STDEVPA. Le Chapitre 9 décrit et illustre ces autres fonctions de calcul d'écart type.

Les fonctions BDECARTYPE et BDECARTYPEP utilisent la même syntaxe :

```
BDECARTYP(base_de_données; champ; critères)

BDECARTYPEP(base_de_données; champ; critères)
```

où `base_de_données` est une référence de plage au tableau Excel contenant les valeurs pour lesquelles vous voulez calculer l'écart type, l'argument `champ` indique quelle colonne de la base de données utiliser dans les calculs, et `critères` est une référence de plage qui identifie les champs et les valeurs pour définir les critères de sélection. L'argument `champ` peut être la référence de la cellule contenant l'étiquette de la colonne, cette étiquette placée entre guillemets ou un numéro identifiant la colonne (1 pour la première colonne, 2 pour la deuxième colonne, et ainsi de suite).

La Figure 8.13 illustre la mise en œuvre des fonctions BDECARTYPE et BDECARTYPEP avec la même feuille de base que celle de la Figure 8.7.

La plage de la feuille de calcul contient une liste avec les étiquettes Nom, Département et Don, et les lignes 2 à 11 stockent des enregistrements individuels.

Les lignes 14 et 15 correspondent à la plage de cellules contenant les critères ; généralement, c'est une copie de la ligne des noms de champs. La plage de critères comprend au moins une autre rangée d'étiquettes, de valeurs ou d'expressions logiques booléennes que les fonctions BDECARTYPE et BDECARTYPEP utilisent pour sélectionner les enregistrements de la liste. Dans la Figure 8.13, l'expression booléenne de la cellule C15, `<250`, indique que seuls les enregistrements où le champ de don représente une valeur inférieure à 250 sont inclus dans la fonction.

Figure 8.13 Calcul d'un écart type avec les fonctions BDECARTYPE et BDECARTYPEP.

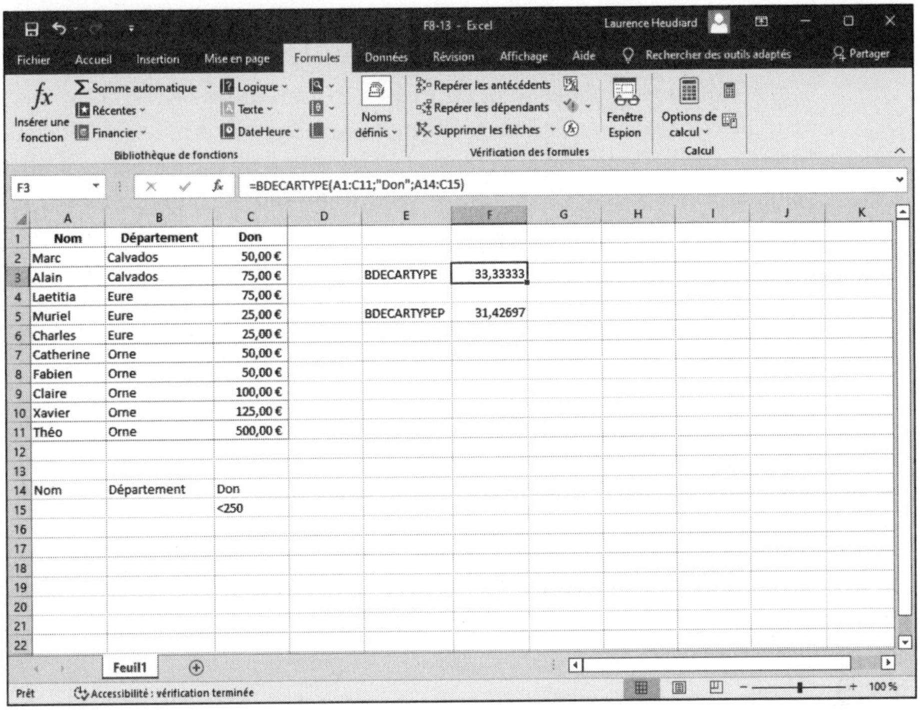

La fonction BDECARTYPE, qui apparaît dans la cellule F3, renvoie l'écart type des montants des dons de la base de données, à l'exclusion du don de Théo dans l'Orne, puisque le don doit être inférieur à 250. Le résultat de la fonction est 33,33333.

La fonction BDECARTYPEP, de la cellule F5, renvoie l'écart type à partir de la population entière des montants des dons de la base de données à l'exclusion du don de Théo dans l'Orne, puisque le don doit être inférieur à 250. Le résultat de la fonction est 31,42697.

La fonction BDECARTYPE permet de calculer un écart type en utilisant un échantillon, ou un sous-ensemble d'éléments, de l'ensemble de données complet, ou de la population. La fonction BDECARTYPEP permet de calculer un écart type en utilisant tous les éléments de la population.

La fonction BDSOMME

La fonction BDSOMME ajoute les valeurs d'une colonne d'une base de données d'après des critères de sélection. Sa syntaxe est la suivante :

```
BDSOMME(base_de_données; champ; critères)
```

où `base_de_données` est une référence de plage au tableau Excel, `champ` indique à partir de quelle colonne de la base de données ajouter les valeurs, et `critères` est une référence de plage qui identifie les champs et les valeurs utilisées pour définir les critères de sélection. L'argument `champ` peut être la référence de la cellule contenant l'étiquette de la colonne, cette étiquette placée entre guillemets ou un numéro identifiant la colonne (1 pour la première colonne, 2 pour la deuxième colonne, et ainsi de suite).

La Figure 8.14 montre la mise en œuvre de la fonction BDSOMME ; elle calcule la somme des comptes ouverts pour lesquels les intérêts sont supérieurs à 0,02, ou 2 %. La plage A14:D15 fournit les critères de sélection à la fonction. Les deux critères apparaissent dans la même rangée, ce qui signifie qu'un compte bancaire doit répondre à deux critères pour être inclus dans le calcul de la fonction BDSOMME.

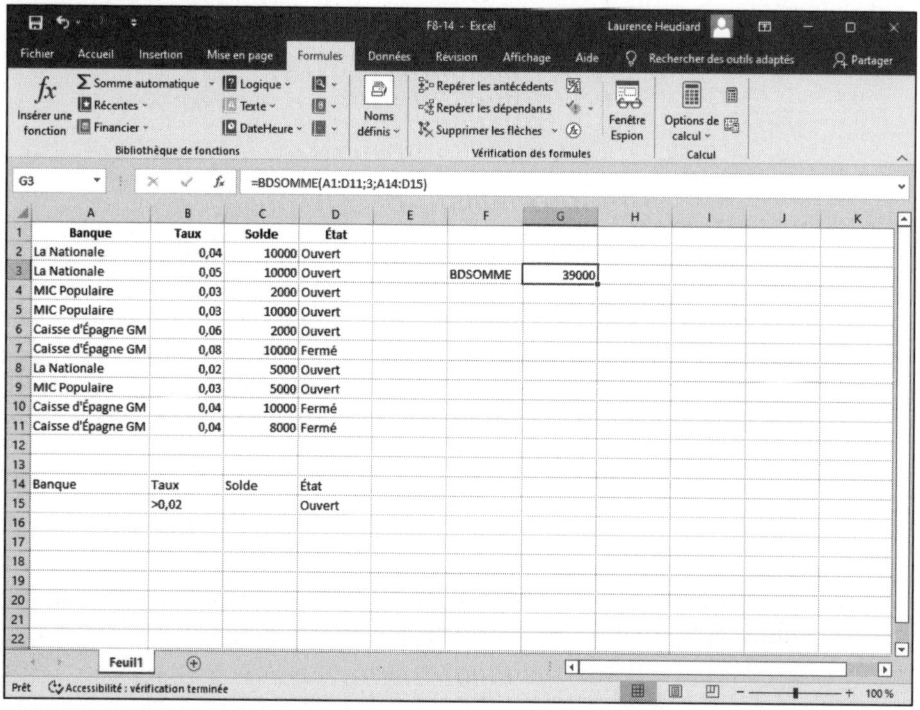

Figure 8.14 Ajout de valeurs à partir d'une liste de base de données avec BDSOMME.

La formule BDSOMME apparaît dans la cellule G3, comme indiqué ici :

```
=BDSOMME(A1:D11;3;A14:D15)
```

Cette fonction retourne la valeur `39 000`, c'est-à-dire la somme des comptes ouverts qui versent des intérêts de plus de 2 %.

Les fonctions BDVAR et BDVARP

Les fonctions BDVAR et BDVARP calculent la variance, qui est une autre mesure de la dispersion : c'est le carré de l'écart type.

BDVAR calcule la variance pour un échantillon, tandis que BDVARP calcule la variance d'une population. Comme les autres fonctions statistiques de base de données, les fonctions BDVAR et BDVARP ne traitent que les enregistrements qui répondent à des critères spécifiés.

Si vous souhaitez calculer des écarts types sans appliquer des critères de sélection, utilisez l'une des fonctions statistiques non-base de données Excel, telles que VAR, VARA, VAR.P ou VARPA. Ces fonctions sont décrites dans le Chapitre 9.

Les fonctions BDVAR et BDVARP utilisent la même syntaxe :

```
BDVAR(base_de_données; champ; critères)
BDVARP(base_de_données; champ; critères)
```

où `base_de_données` est une référence de plage au tableau Excel contenant les valeurs pour lesquelles vous voulez calculer une variance, l'argument `champ` indique quelle colonne de la base de données doit être utilisée dans les calculs, et `critères` est une référence de plage qui identifie les champs et les valeurs utilisées pour définir les critères de sélection. L'argument `champ` peut être la référence de la cellule contenant l'étiquette de la colonne, cette étiquette placée entre guillemets ou un numéro identifiant la colonne (1 pour la première colonne, 2 pour la deuxième colonne, et ainsi de suite).

La Figure 8.15 illustre la mise en œuvre de la fonction BDVAR, avec la même feuille de base que celle de la Figure 8.12.

La plage de feuille de calcul contient une liste avec les étiquettes, et les lignes 2 à 11 stockent des enregistrements individuels.

Figure 8.15

Calcul de la variance avec les fonctions BDVAR et BDVARP.

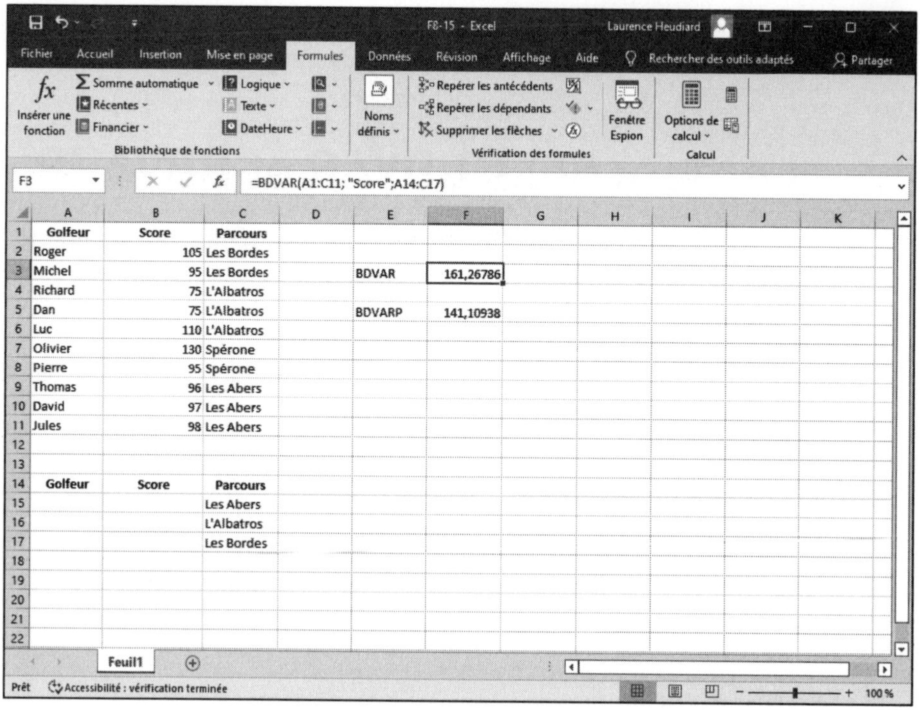

Les lignes 14 à 17 correspondent à la plage de cellules contenant les critères, les enregistrements dont les parcours sont Les Abers, L'Albatros ou Les Bordes. La première ligne, la 14, duplique la ligne des noms de champs. Les autres lignes fournissent les étiquettes, les valeurs booléennes ou les expressions logiques que les fonctions BDVAR et BDVARP utilisent pour sélectionner les enregistrements de la liste.

La fonction BDVAR, qui apparaît dans la cellule F3, est :

```
=BDVAR(A1:C11;"Score";A14:C17)
```

Elle renvoie la variance des classements de scores de golf pour les golfeurs qui jouent à Les Abers, à L'Albatros ou aux Bordes. Le résultat de la fonction réelle est 161,26786.

La fonction BDVARP, qui apparaît dans la cellule F5, est :

```
=BDVARP(A1:C11;"Score";A14:C17)
```

Elle renvoie la variance des classements de scores de golf indiqués dans la base de données pour les golfeurs qui jouent au golf aux Abers, à L'Albatros et aux Bordes. Le résultat de la fonction est 141,10938.

Comme pour les calculs d'écart type, vous ne choisissez pas l'une des deux fonctions sur un coup de tête ; si vous voulez calculer une variance en utilisant un échantillon, ou un sous-ensemble d'éléments, de l'ensemble de données complet, ou de la population, optez pour la fonction BDVAR ; pour calculer une variance en utilisant tous les éléments de la population, choisissez la fonction BDVARP.

DANS CE CHAPITRE

Le comptage dans un ensemble de données

•

Moyennes, médianes et modes

•

Valeurs, rangs et centiles

•

Écarts types et variances

•

Distributions normales

•

Loi t de Student et loi f de Fisher

•

Lois binomiales

•

Loi du khi-deux

Chapitre 9

Fonctions statistiques

Excel fournit plus de cent fonctions statistiques. Elles aident à exploiter en détail les caractéristiques des données stockées dans une feuille de calcul Excel, sous forme de liste ou de tableau croisé dynamique. Ce chapitre illustre chacune des fonctions statistiques que vous êtes susceptible d'utiliser et décrit brièvement quelques-unes des fonctions statistiques les plus ésotériques.

Comptage d'éléments dans un ensemble de données

Excel fournit quatre fonctions statistiques pour le comptage de cellules dans une feuille de calcul ou dans une liste : NB, NBVAL, NB.VIDE et NB.SI. Il propose également deux fonctions pour compter des permutations et des combinaisons : PERMUTATION et COMBIN.

NB : comptage de cellules avec des valeurs

La fonction NB compte dans une plage spécifiée le nombre de cellules contenant des valeurs ; une cellule Excel peut être vide ou contenir du texte ou une valeur.

La fonction NB ne compte pas les cellules contenant les valeurs logiques VRAI ou FAUX ni les cellules vides. Sa syntaxe est la suivante :

```
NB(valeur1; [valeur2])
```

La Figure 9.1 utilise la fonction NB pour compter le nombre de cellules contenant des valeurs dans la plage `B2:B10` de la feuille de calcul ; la formule est entrée dans la cellule G2, et la fonction retourne la valeur 9.

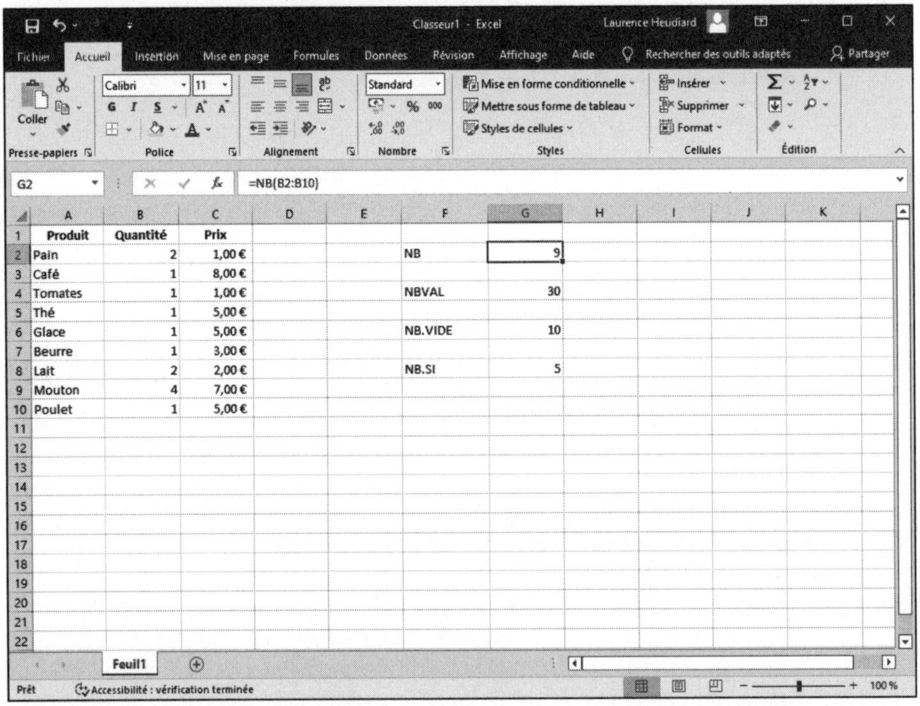

Figure 9.1 Illustration des fonctions de comptage.

La plage `B2:B10` dans la fonction `NB` peut être remplacée par la liste des cellules en argument ; la fonction serait alors `=NB(B2; B3; B4; B5; B6; B7; B8; B9; B10)`.

NBVAL : comptage de cellules non vides

La fonction NBVAL compte dans une plage spécifiée le nombre de cellules qui ne sont pas vides. Ce qui la différencie de la fonction NB est qu'elle compte les cellules qui contiennent soit des nombres, soit du texte. Sa syntaxe est la suivante :

```
NBVAL(valeur1; [valeur2])
```

La fonction NBVAL, illustrée à la Figure 9.1, compte le nombre de cellules non vides dans la plage A1:D10 de la feuille de calcul ; la fonction :

```
=NBVAL(A1:D10)
```

retourne la valeur 30 dans la cellule G4.

NB.VIDE : comptage de cellules vides

La fonction NB.VIDE compte le nombre de cellules vides dans une plage spécifiée. Sa syntaxe est la suivante :

```
NB.VIDE(valeur1; [valeur2])
```

La fonction NB.VIDE illustrée à la Figure 9.1 compte le nombre de cellules vides dans la plage A1:D10 de la feuille de calcul ; elle retourne la valeur 10.

NB.SI : comptage de cellules correspondant à un critère

La fonction NB.SI compte dans une plage le nombre de cellules non vides correspondant aux critères passés en arguments. Sa syntaxe est la suivante :

```
NB.SI(plage; critère)
```

où `plage` est la plage de cellules de la feuille de calcul dans laquelle les cellules sont comptées, et `critère` une expression booléenne placée entre guillemets et décrivant les critères.

La fonction NB.SI, illustrée à la Figure 9.1, compte le nombre de cellules contenant une valeur supérieure à 4 dans la plage C1:C10 de la feuille de calcul ; la formule de la cellule G8 est la suivante :

```
=NB.SI(C1:C10; ">4")
```

La fonction retourne la valeur 5.

Vous pouvez utiliser d'autres opérateurs booléens pour définir les critères de correspondance :

- **< opérateur inférieur,**
- **<= opérateur inférieur ou égal,**
- **>= opérateur supérieur ou égal,**
- **= opérateur égal,**
- **<> opérateur différent.**

NB.SI.ENS : comptage de cellules correspondant à plusieurs critères

La fonction NB.SI.ENS compte le nombre de cellules à l'intérieur d'une ou de plusieurs plages spécifiées correspondant à un ou plusieurs critères. Sa syntaxe est la suivante :

```
NB.SI.ENS(plage1; critère1; plage2; critère2)
```

où `plage1` est la plage de la feuille de calcul contenant les cellules qui doivent correspondre au critère `critère1`, lequel est une expression booléenne placée entre guillemets ; `plage2` est la plage de la feuille de calcul contenant les cellules qui doivent correspondre au critère `critère2`, lequel est une expression booléenne placée entre guillemets ; et ainsi de suite. Vous pouvez spécifier jusqu'à 127 plages et critères.

Pour compter le nombre de cellules dans la plage C1:C10 (de la Figure 9.1) dont les valeurs sont supérieures à 4 et inférieures à 10, utilisez la formule suivante :

```
=NB.SI.ENS(C1:C10; ">4"; C1:C10; "<10")
```

PERMUTATION et PERMUTATIONA : comptage de permutations

Les fonctions PERMUTATION et PERMUTATIONA comptent le nombre de permutations possibles lors de la sélection d'un échantillon d'une population. Notez que, pour une permutation, l'ordre suivant lequel les éléments sont sélectionnés est pris en compte.

La fonction PERMUTATION utilise la syntaxe suivante :

```
PERMUTATION(nombre; nombre_choisi)
```

où `nombre` est le nombre d'éléments dans la population, et `nombre_choisi` est le nombre d'éléments sélectionnés. Étant donné une population de six articles et un regroupement par trois, par exemple, le nombre de permutations est calculé avec la formule :

```
=PERMUTATION(6; 3)
```

La fonction renvoie la valeur 120, ce qui signifie qu'il y a 120 possibilités différentes de regrouper par groupes de trois les éléments d'une population de six articles.

La fonction PERMUTATIONATIONA utilise la même syntaxe :

```
PERMUTATIONA(nombre; nombre_choisi)
```

Si les arguments de l'exemple précédent de la fonction PERMUTATION sont attribués à la fonction PERMUTATIONA :

```
=PERMUTATIONA(6; 3)
```

c'est-à-dire avec une population de six articles et un regroupement par trois, le résultat est 216, parce que la fonction PERMUTATIONA autorise les répétitions.

COMBIN : comptage de combinaisons

Si l'ordre suivant lequel les éléments sont sélectionnés n'a pas d'importance, vous pouvez utiliser la fonction de combinaison, COMBIN, qui utilise la syntaxe suivante :

```
COMBIN(nombre; nombre_choisi)
```

Le nombre de combinaisons possibles lorsque trois éléments sont sélectionnés à partir d'un ensemble de six peut être calculé avec la formule :

```
=COMBIN(6; 3)
```

Cette fonction retourne la valeur 20. La fonction COMBIN n'est pas une fonction statistique d'Excel, mais elle semble si étroitement liée à la fonction PERMUTATION qu'elle a sa place ici.

Excel fournit également la fonction COMBINA, qui n'est pas non plus une fonction statistique et qui compte le nombre de combinaisons avec répétitions.

Moyennes, médianes et modes

Excel fournit une poignée de fonctions permettant de calculer des moyennes, des médianes et des modes.

ECART.MOYEN : écart absolu moyen

La fonction ECART.MOYEN fournit une mesure de la dispersion d'un ensemble de valeurs. Elle renvoie la moyenne des écarts absolus des observations par rapport à leur moyenne arithmétique. La fonction ECART.MOYEN utilise la syntaxe suivante :

```
ECART.MOYEN(nombre1; [nombre2])
```

où les arguments `nombre1` et `nombre2` sont soit des nombres, soit des noms, des matrices ou des références contenant des nombres.

Comme cela est le cas avec de nombreuses autres fonctions statistiques simples, vous pouvez inclure plusieurs arguments dans la fonction ECART.MOYEN. Par exemple, les formules `=ECART.MOYEN(B1; B2:B5; B6:B7; B8; B9)` et `=ECART.MOYEN(B1:B9)` sont équivalentes.

Si vous fournissez trois valeurs, `100`, `200` et `300`, à la fonction ECART.MOYEN, la moyenne de ces trois valeurs est 200, calculée de la manière suivante : `(100+200+300)/3`. La moyenne des écarts absolus par rapport à la moyenne est 66,6667, calculée de la manière suivante :

```
((|100-200|)+(|200-200|)+(|300-200|))/3
```

La fonction ECART.MOYEN calcule la moyenne des écarts absolus ; elle calcule des différences absolues ou des déviations de la moyenne.

La fonction ECART.MOYEN est peu employée dans la pratique. La plupart du temps, c'est un outil d'enseignement que les éducateurs et les formateurs utilisent pour mesurer l'écart moyen de dispersion afin d'introduire des mesures plus utiles, mais aussi plus complexes de dispersion : l'écart type et la variance.

MOYENNE : calcul de la moyenne

La fonction MOYENNE calcule la moyenne arithmétique pour un ensemble de valeurs. Sa syntaxe est la suivante :

```
MOYENNE(nombre1; [nombre2])
```

où les arguments `nombre1` et `nombre2` sont soit des nombres, soit des noms, des matrices ou des références contenant des nombres.

Si les arguments de la fonction sont `100`, `200` et `300`, la fonction renvoie la valeur `200`, car `(100+200+300)/3` est égal à `200`.

AVERAGEA : moyenne alternative

Comme la fonction MOYENNE, la fonction AVERAGEA calcule la moyenne arithmétique pour un ensemble de valeurs. Ses arguments peuvent représenter des nombres, des noms, des matrices ou des références qui contiennent des nombres, des représentations textuelles de nombres ou des valeurs logiques, telles que VRAI et FAUX, dans une référence. La fonction utilise la syntaxe suivante :

```
AVERAGEA(nombre1; [nombre2])
```

où les arguments `nombre1` et `nombre2` sont soit des nombres, soit des noms, des matrices ou des références contenant des nombres ; les arguments peuvent être du texte aussi bien que des valeurs logiques.

Si les arguments de la fonction sont les trois valeurs `100`, `200` et `300`, et trois étiquettes de texte, la fonction AVERAGEA renvoie la valeur `100`, parce que `(100+200+300+0+0+0)/6` est égal à `100`.

Comme la fonction MOYENNE, la fonction AVERAGEA peut recevoir jusqu'à 255 arguments.

MOYENNE.SI et MOYENNE.SI.ENS : moyennes sélectives

Les fonctions MOYENNE.SI et MOYENNE.SI.ENS calculent la moyenne arithmétique pour un ensemble de valeurs d'une plage qui répondent aux critères spécifiés.

La fonction MOYENNE.SI utilise la syntaxe suivante :

```
MOYENNE.SI(plage; critère; [plage_moyenne])
```

Par exemple, si les cellules B1:B5 contiennent les valeurs 100, 125, 140, 10 et 105, la formule =MOYENNE.SI(B1:B5;">100") calcule la moyenne des valeurs de la plage B1:B5 qui dépassent 100 ; le résultat est 123,3333.

La valeur 123,3333 est la moyenne des trois valeurs 125, 140 et 105, les valeurs 100 et 10 sont exclues de la moyenne arithmétique, parce qu'elles sont inférieures à 100.

La fonction MOYENNE.SI accepte aussi en option l'argument plage_moyenne, qui représente l'ensemble des cellules dont la moyenne est à calculer ; si cet argument est omis, l'argument plage est utilisé. Cet argument répond à une logique bizarre de la part des concepteurs de l'application, et vous pouvez consulter l'aide en ligne pour mieux la comprendre.

La fonction MOYENNE.SI.ENS calcule la moyenne arithmétique pour un ensemble de valeurs dans une plage qui répondent à plusieurs critères. Sa syntaxe est la suivante :

```
MOYENNE.SI.ENS(plage_moyenne; plage_critères1; critère1; [plage_
critères2; critère2])
```

La formule ci-dessous :

```
=MOYENNE.SI.ENS(B1:B10; B1:B10; ">10"; B1:B10; "<20")
```

renvoie la moyenne des valeurs contenues dans la plage de la feuille de calcul B1:B10. Les valeurs prises en compte doivent être supérieures à 10 et inférieures à 20.

MOYENNE.REDUITE : moyenne sans observations extrêmes

La fonction MOYENNE.REDUITE calcule la moyenne arithmétique d'un ensemble de valeurs, mais seulement après avoir éliminé un pourcentage déterminé des valeurs les plus basses et des valeurs les plus élevées de l'ensemble. Sa syntaxe est la suivante :

```
MOYENNE.REDUITE(matrice; pourcentage)
```

où `matrice` est la plage contenant les valeurs, et `pourcentage` la valeur décimale qui donne le pourcentage de valeurs que vous voulez rejeter. Par exemple, pour calculer la moyenne arithmétique des valeurs stockées dans la plage C2:C10 dans la Figure 9.2 après avoir éliminé 10 % des données (5 % dans les valeurs basses et 5 % dans les valeurs hautes), appliquez la formule suivante :

```
=MOYENNE.REDUITE(C2:C10; 0,1)
```

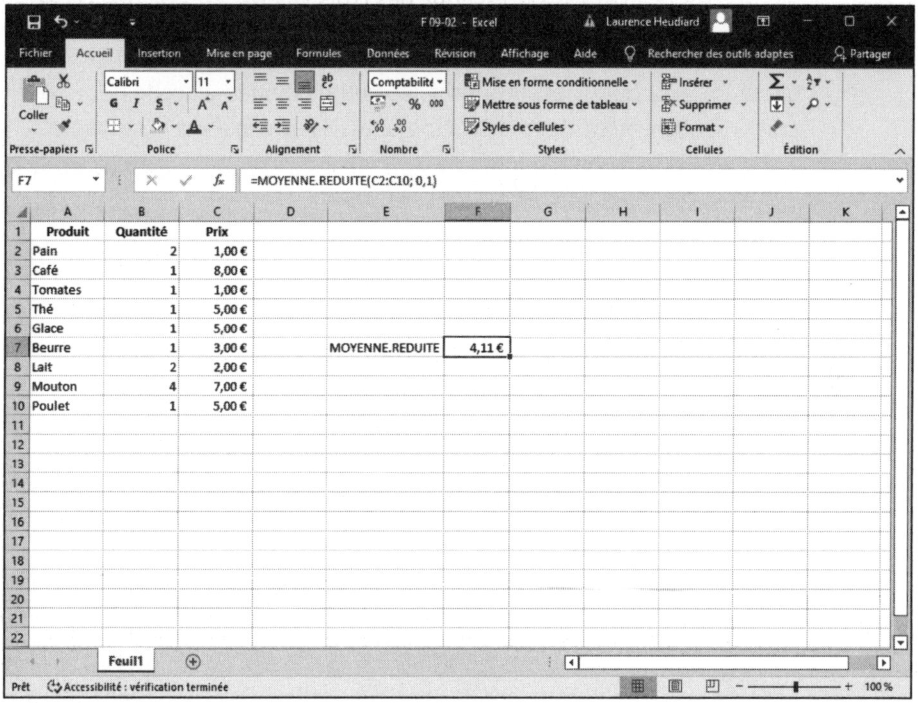

Figure 9.2 La fonction MOYENNE.REDUITE.

MEDIANE : valeur médiane

La fonction MEDIANE trouve la valeur moyenne dans un ensemble de valeurs ; la médiane est la valeur qui se situe au centre d'un ensemble de valeurs. La fonction utilise la syntaxe suivante :

```
MEDIANE(nombre1; nombre2)
```

La fonction MEDIANE renvoie la valeur 3 comme médiane de la plage de valeurs 1, 2, 3, 4 et 5.

La fonction MEDIANE accepte jusqu'à 255 arguments.

Si l'ensemble contient un nombre pair de valeurs, la fonction MEDIANE calcule la moyenne des deux nombres du milieu. Par exemple, la fonction MEDIANE d'une plage contenant les valeurs 1, 2, 3 et 4, renvoie la valeur 2,5.

MODE : valeurs de mode

Excel propose trois fonctions pour identifier le mode, ou la valeur la plus fréquente, dans un ensemble de données.

La fonction MODE trouve la valeur la plus courante dans l'ensemble de données passé en argument, en ignorant les cellules vides et celles qui contiennent du texte ou retournent des valeurs logiques. Sa syntaxe est la suivante :

```
MODE(nombre1; nombre2)
```

La fonction MODE appliquée à la plage contenant les valeurs 1, 2, 3, 4, 4 et 4, renvoie la valeur 4.

La fonction MODE.SIMPLE fonctionne de la même façon que la fonction MODE : elle retourne la valeur la plus courante dans un ensemble de données avec la syntaxe :

```
MODE.SIMPLE(nombre1; nombre2)
```

La fonction MODE.MULTIPLE retourne une matrice verticale des valeurs les plus fréquentes dans un ensemble de données, en utilisant la syntaxe suivante :

```
MODE.MULTIPLE(nombre1; nombre2)
```

La fonction MODE.MULTIPLE appliquée à la plage de valeurs 3, 3, 3, 4, 4, 4, retourne deux valeurs, 3 et 4, qui correspondent à deux modes (les valeurs les plus fréquentes) dans cet ensemble de données.

La fonction MODE.MULTIPLE retourne le résultat dans une matrice verticale (un tableau vertical) ; il faut donc sélectionner une plage verticale dans la feuille de calcul avant de commencer à entrer la fonction MODE.MULTIPLE, puis appuyer sur les touches Ctrl + Maj + Entrée pour indiquer à Excel de retourner les résultats de la fonction dans la plage de la feuille de calcul sélectionnée comme une matrice verticale.

La fonction MODE accepte jusqu'à 255 arguments.

MOYENNE.GEOMETRIQUE : moyenne géométrique

La fonction MOYENNE.GEOMETRIQUE calcule la moyenne géométrique d'un ensemble de valeurs numériques positives. La moyenne géométrique est égale à la racine n-ième du produit des nombres. La fonction MOYENNE.GEOMETRIQUE utilise la syntaxe suivante :

```
MOYENNE.GEOMETRIQUE(nombre1; nombre2)
```

où `nombre1`, `nombre2`, *etc.* représentent les arguments pour lesquels la moyenne géométrique est calculée. Ces arguments peuvent être des valeurs, des noms, des matrices ou des références contenant des valeurs. Les valeurs logiques et les représentations textuelles de valeurs directement saisies dans la liste des arguments sont prises en compte.

MOYENNE.HARMONIQUE : moyenne harmonique

La fonction MOYENNE.HARMONIQUE calcule l'inverse de la moyenne arithmétique des inverses d'un ensemble de données. Elle utilise la syntaxe suivante :

```
MOYENNE.HARMONIQUE(nombre1; nombre2)
```

où `nombre1`, `nombre2`, *etc.* représentent les arguments pour lesquels la moyenne harmonique est calculée.

Recherche de valeurs, de rangs et de centiles

Excel fournit des fonctions pour trouver les valeurs les plus grandes ou les plus petites d'un ensemble de données, pour trouver des valeurs occupant un rang particulier et pour classer des valeurs au sein d'un ensemble de données. Il propose également quelques fonctions liées au calcul des distributions de fréquences et des probabilités simples pour les ensembles de données. Ces fonctions sont décrites dans les sections suivantes.

MAX : valeur maximale

La fonction MAX retourne la plus grande valeur d'un ensemble de données. Elle ignore les cellules vides et celles contenant du texte et des valeurs logiques telles que VRAI ou FAUX ; sa syntaxe est la suivante :

```
MAX(nombre1; nombre2)
```

Si la plus grande valeur de la plage `A1:G500` est `50`, la fonction `=MAX(A1:G500)` renvoie la valeur `50`.

La fonction MAX accepte jusqu'à 255 arguments.

MAXA : valeur maximale alternative

De façon similaire à la fonction MAX, la fonction MAXA retourne la plus grande valeur d'un ensemble de données. Cependant, contrairement à la fonction MAX, elle prend en compte les valeurs logiques et le texte. La valeur logique VRAI est égale à 1, et la valeur logique FAUX à 0 ; le texte, lui aussi, est égal à 0. La fonction MAXA utilise la syntaxe suivante :

```
MAXA(nombre1; nombre2)
```

MIN : valeur minimale

La fonction MIN retourne la plus petite valeur d'un ensemble de données. Elle ignore les cellules vides et celles contenant du texte et des valeurs logiques telles que VRAI ou FAUX ; sa syntaxe est la suivante :

```
MIN(nombre1; nombre2)
```

Si la plus petite valeur de la plage `A1:G500` est 1, la fonction `=MIN(A1:G500)` renvoie la valeur `1`.

MINA : valeur minimale alternative

De façon similaire à la fonction MIN, la fonction MINA retourne la plus petite valeur d'un ensemble de données. Cependant, contrairement à la fonction MIN, elle prend en compte les valeurs logiques et le texte. La valeur logique VRAI est égale à 1, et la valeur logique FAUX à 0 ; le texte, lui aussi, est égal à 0. La fonction MAXA utilise la syntaxe suivante :

```
MINA(nombre1; nombre2)
```

Si la plus petite valeur de la plage `A1:G500` est `1`, mais si cette plage comprend également des valeurs de texte, la fonction `=MINA(A1:G500)` renvoie la valeur `0`.

GRANDE.VALEUR : recherche de la k-ième plus grande valeur

La fonction GRANDE.VALEUR retourne la k-ième plus grande valeur d'une série de données. Sa syntaxe est la suivante :

```
GRANDE.VALEUR(matrice; k)
```

où `matrice` est le tableau de valeurs, et `k` identifie le rang de la valeur que vous recherchez. Par exemple, si vous stockez les valeurs `1`, `3`, `5`, `8` et `9` dans la plage `A1:A5` de la feuille de calcul et si vous voulez que la fonction renvoie la deuxième plus grande valeur, utilisez la formule suivante :

```
=GRANDE.VALEUR(A1:A5; 2)
```

La fonction retourne la valeur `8`, parce que c'est la deuxième plus grande valeur du tableau.

PETITE.VALEUR : recherche de la k-ième plus petite valeur

La fonction PETITE.VALEUR retourne la k-ième plus petite valeur dans une série de données. Sa syntaxe est la suivante :

```
PETITE.VALEUR(matrice; k)
```

où `matrice` est le tableau de valeurs, et `k` identifie le rang de la valeur que vous recherchez. Par exemple, si vous stockez les valeurs `1`, `3`, `5`, `8` et `9` dans la plage `A1:A5` de la feuille de calcul et si vous voulez que la fonction renvoie la deuxième plus petite valeur, utilisez la formule suivante :

```
=PETITE.VALEUR(A1:A5; 2)
```

La fonction retourne la valeur `3`, parce que c'est la deuxième plus petite valeur du tableau.

RANG, MOYENNE.RANG et EQUATION.RANG : classement d'une valeur dans un tableau

Les fonctions RANG déterminent le rang ou la position d'une valeur dans un tableau. Toutes utilisent la syntaxe suivante :

```
RANG(nombre; référence; ordre)
```

```
MOYENNE.RANG(nombre; référence; ordre)
```

```
EQUATION.RANG(nombre; référence; ordre)
```

où `nombre` est la valeur à classer, `référence` est le tableau de valeurs, et `ordre` un argument optionnel qui indique si les valeurs du tableau doivent être classées dans l'ordre décroissant (l'argument prend alors la valeur FAUX ou 0) ou croissant (il prend alors la valeur VRAI ou 1). Par ailleurs, la fonction RANG attribue le même rang aux valeurs en double, bien que cela affecte le rang des nombres suivants.

La Figure 9.3 illustre la mise en œuvre de la fonction RANG appliquée à la plage de valeurs A1:A9 de la feuille de calcul.

Figure 9.3

Mise en œuvre de la fonction RANG.

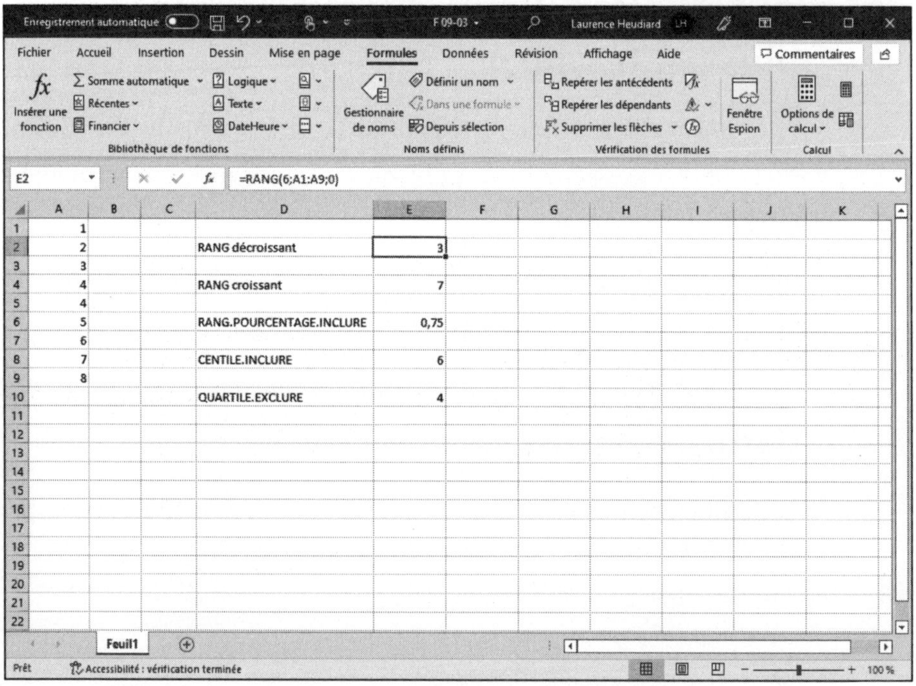

La formule de la cellule E2 renvoie la valeur 3, ce qui indique que, lorsqu'un ordre décroissant est utilisé, la valeur 6 est la troisième valeur du tableau.

La formule de la cellule E4 renvoie la valeur 7, ce qui indique que, lorsque l'ordre croissant est utilisé, la valeur 6 est la septième valeur du tableau.

La fonction EQUATION.RANG retourne la même valeur que la fonction RANG, alors que la fonction MOYENNE.RANG calcule le rang moyen d'une valeur en tenant compte des valeurs en double dans le tableau.

Par exemple, les fonctions `RANG(6;A1:A9;0)` et `EQUATION.RANG(6;A1:A9;0)` retournent 2 si le tableau contient les valeurs 1, 2, 3, 4, 4, 5, 6, 6 et 8, parce que 6 est la deuxième valeur du tableau lorsque les valeurs sont organisées par ordre décroissant. La fonction MOYENNE.RANG(6; A1:A9) renvoie 2,5, parce que la valeur 6 apparaît à la fois en position 2 et en position 3, donc son rang moyen est de 2,5.

RANG.POURCENTAGE.EXCLURE et RANG.POURCENTAGE.INCLURE : recherche d'un rang centile

Les fonctions RANG.POURCENTAGE.EXCLURE et RANG.POURCENTAGE.INCLURE déterminent le rang en pourcentage, ou centile, d'une valeur dans un tableau. La fonction RANG.POURCENTAGE.EXCLURE détermine le rang en pourcentage des premières et dernières valeurs du tableau, et la fonction RANG.POURCENTAGE.INC détermine le rang en pourcentage de la première et de la dernière valeur du tableau. Les deux fonctions utilisent les mêmes arguments.

La formule RANG.POURCENTAGE.EXCLURE utilise la syntaxe suivante :

```
RANG.POURCENTAGE.EXCLURE(matrice; x; précision)
```

La formule RANG.POURCENTAGE.INCLURE utilise la syntaxe suivante :

```
RANG.POURCENTAGE.ENCLURE(matrice; x; précision)
```

où `matrice` représente le tableau de valeurs, `x` identifie la valeur à classer, et `précision` identifie le nombre de décimales du pourcentage renvoyé. L'argument `précision` est facultatif ; s'il est omis, Excel affecte trois chiffres significatifs.

Supposons que vous vouliez traiter les valeurs de la plage A1:A9 de la feuille de calcul de la Figure 9.3 pour illustrer la fonction RANG.POURCENTAGE.INCLURE, mais en utilisant des pourcentages.

La formule de la cellule E6 :

```
=RANG.POURCENTAGE.INCLURE(A1:A9;6;2)
```

renvoie la valeur `0,75`, c'est-à-dire 75 %.

Excel calcule le rang en pourcentage en prenant en compte, dans le tableau, le nombre de valeurs supérieures à la valeur de `x` et le nombre de valeurs inférieures à la valeur de `x`. Le tableau de la Figure 9.3 comprend les valeurs `1`, `2`, `3`, `4`, `4`, `5`, `6`, `7` et `8`. Le rang en pourcentage de la valeur 6 dans le tableau est égal à 0,75, parce que six valeurs du tableau sont inférieures à 6 et deux valeurs supérieures à 6. La formule réelle qui calcule la fonction est `6/(2+6)`, c'est-à-dire 0,75.

CENTILE.EXCLURE et CENTILE.INCLURE : recherche d'un rang centile

Les fonctions CENTILE.EXCLURE et CENTILE.INCLURE renvoient le k-ième centile des valeurs d'un tableau.

La fonction CENTILE.EXCLURE détermine le centile exclusif des premières et dernières valeurs d'un tableau, tandis que la fonction CENTILE.INCLURE détermine le centile comprenant les premières et les dernières valeurs du même tableau. Elles utilisent les mêmes arguments.

La syntaxe de la formule CENTILE.EXCLURE est la suivante :

```
CENTILE.EXCLURE(matrice; k)
```

Et voici celle de la formule CENTILE.INCLURE :

```
CENTILE.INCLURE(matrice; k)
```

Où `matrice` définit le tableau de valeurs, et `k` correspond au centile de la valeur à trouver.

Pour trouver la valeur à 75 % du centile dans le tableau de valeurs (inclus) figurant dans la plage `A1:A9` de la feuille de calcul de la Figure 9.3, utilisez la formule :

```
=CENTILE.INCLURE(A1:A9;0,75)
```

La fonction retourne la valeur 6, parce que celle-ci est au 75-ième centile dans le tableau. Cette formule apparaît dans la cellule E8 de la Figure 9.3.

Excel calcule le rang en pourcentage en prenant en compte le nombre de valeurs supérieures à la valeur de x dans le tableau et le nombre de valeurs inférieures à la valeur de x. Pour le tableau illustré à la Figure 9.3, le tableau comprend les valeurs 1, 2, 3, 4, 4, 5, 6, 7, 8. Le centile de rang 6 dans le tableau est égal à 0,75, parce que six valeurs du tableau sont plus petites que 6 et deux sont plus grandes que 6.

QUARTILE.EXCLURE et QUARTILE.INCLURE : recherche d'un classement par quartile

Les fonctions QUARTILE.EXCLURE et QUARTILE.INCLURE renvoient le k-ième quartile des valeurs d'un tableau ; leur fonctionnement est similaire à celui des fonctions de centile décrites dans les sections précédentes.

La formule QUARTILE.EXCLURE utilise la syntaxe suivante :

```
QUARTILE.EXCLURE(matrice; k)
```

Et voici la syntaxe de la formule QUARTILE.INCLURE :

```
QUARTILE.INCLURE(matrice; k)
```

où matrice correspond au tableau de valeurs, et k indique le quartile de la valeur recherchée.

Pour trouver, dans la plage A1:A9 de la Figure 9.3, la valeur (inclusif) correspondant au premier quartile, utilisez la formule :

```
=QUARTILE.INCLURE(A1:A9;2)
```

La fonction renvoie la valeur 4, parce que celle-ci est au 50-ième centile du tableau. Cette formule apparaît dans la cellule E10 de la Figure 9.3.

Pour trouver la valeur (exclusif) dans le premier quartile de la plage A1:A9 de la feuille de calcul de la Figure 9.3, utilisez la formule :

```
=QUARTILE.EXCLURE(A1:A9;2)
```

La fonction retourne également la valeur 4, parce que celle-ci est aussi au 50-ième centile du tableau.

FREQUENCE : fréquence des valeurs dans une plage

Par exemple, utilisez la fonction FREQUENCE pour déterminer combien de résultats d'un test entrent dans une plage de résultats donnée. Dans la mesure où la fonction FREQUENCE renvoie une matrice, elle doit être saisie sous forme de formule matricielle.

La fonction FREQUENCE calcule la fréquence d'apparition de valeurs dans une plage de données, puis renvoie des nombres sous forme de matrice verticale. Sa syntaxe est la suivante :

```
FREQUENCE(tableau_données; matrice_intervalles
```

où `tableau_données` est la plage de la feuille de calcul contenant les valeurs à compter, et `matrice_intervalles` est une plage de la feuille de calcul identifiant les zones de valeurs, ou les intervalles, à utiliser pour créer une distribution de fréquence ; la Figure 9.4 illustre cette fonction.

Figure 9.4 Mise en œuvre de la fonction FREQUENCE.

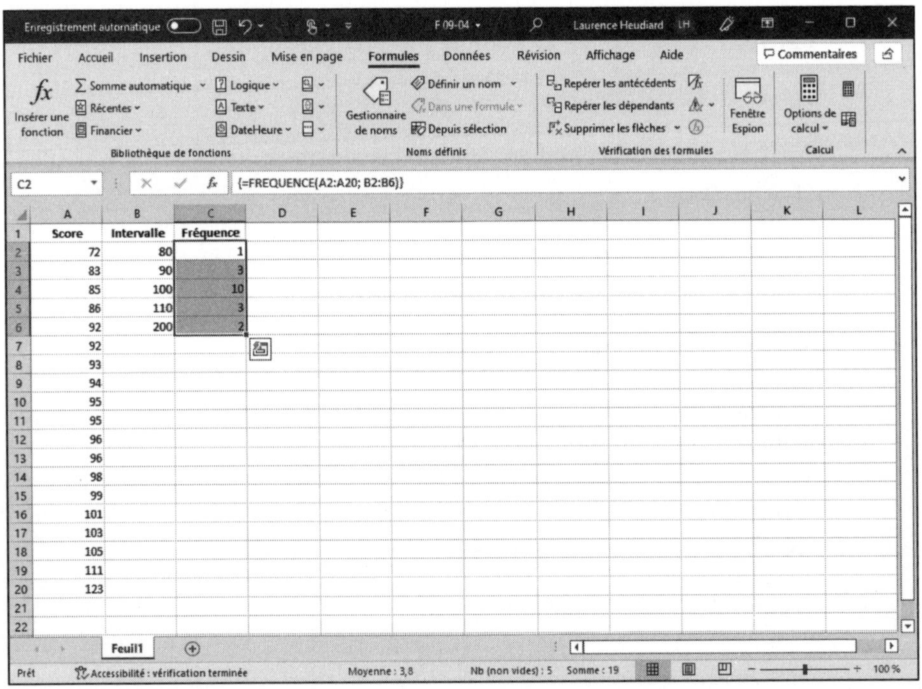

Travailler avec des formules matricielles

Les formules matricielles, utilisées comme des formules de tableaux, permettent d'effectuer des calculs sur des lignes et des colonnes de cellules à l'aide d'une seule formule pour renvoyer des tableaux. Par exemple, vous pouvez créer une formule matricielle qui ajoute le tableau 1, 2, 3 au tableau 4, 5, 6 ; cette formule donne un résultat de tableau 5, 7, 9. C'est ce que montre le fragment de feuille de calcul ci-dessous. Le tableau de la plage A1:C1 est ajouté à celui de la plage A2:C2, et le tableau résultant est placé dans la plage A3:C3.

Si vous voulez essayer d'entrer cette formule vous-même, créez une feuille de calcul contenant les valeurs indiquées dans la plage A1:C2, puis sélectionnez la plage A3:C3, tapez la formule =A1:C1+A2:C2, et appuyez sur les touches Ctrl + Maj + Entrée. Excel insère la même formule, {=A1:C1+A2:C2}, dans chacune des cellules de la plage A3:C3. Lorsque vous appuyez sur les touches Ctrl + Maj + Entrée, Excel ajoute les accolades dans chacune des cellules. La formule matricielle indique à Excel de calculer des valeurs différentes pour chaque cellule : dans la cellule A3, les valeurs de A1 plus A2, dans la cellule B3, les valeurs de B1 plus B2, et ainsi de suite.

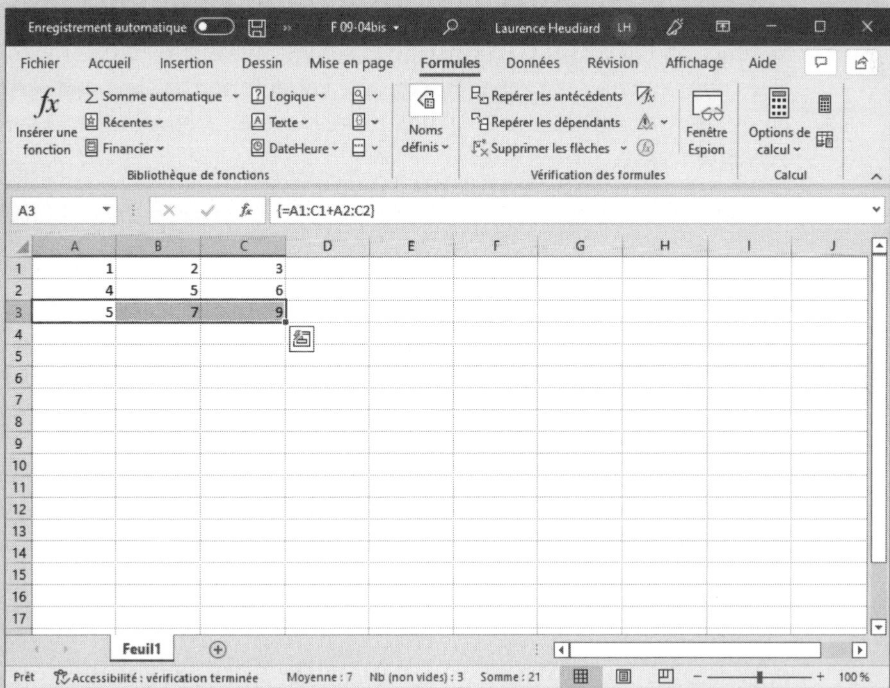

Pour classer les valeurs dans la plage de la feuille de calcul A2:A20 en utilisant les intervalles indiqués dans la zone B2:B6, sélectionnez la plage C2:C6 et entrez la formule :

```
=FREQUENCE(A2:A20; B2:B6)
```

Ensuite, appuyez sur les touches Ctrl + Maj + Entrée pour indiquer à Excel que la formule de la fonction doit être saisie comme un tableau. La formule est insérée dans chacune des cellules de la plage C2:C6 de la feuille de calcul avec le résultat, comme le montre la Figure 9.4.

Dans la cellule C2, la fonction utilise la valeur de l'intervalle de la cellule B2 pour compter toutes les données dont les valeurs sont supérieures à 0 et inférieures ou égales à 80. Dans la cellule C3, la fonction calcule le nombre de valeurs supérieures à 80, mais inférieures ou égales à 90, *etc.* Notez que vous devez organiser les valeurs de l'intervalle dans un ordre croissant.

PROBABILITE : probabilité de valeurs

La fonction PROBABILITE utilise un ensemble de valeurs et de probabilités associées pour calculer la probabilité qu'une variable soit égale à une certaine valeur ou qu'une variable figure dans une plage de valeurs spécifiées. Sa syntaxe est la suivante :

```
PROBABILITE(plage_x; plage_probabilité; limite_inf; [limite_sup])
```

où `plage_x` définit la plage de la feuille de calcul contenant les valeurs, et `plage_probabilité` la plage qui spécifie les probabilités pour les valeurs de `plage_x`. Pour calculer la probabilité qu'une variable soit égale à une valeur spécifiée, entrez cette valeur comme argument de `limite_inf`. Pour calculer la probabilité qu'une variable soit dans une plage, entrez les limites de cette plage comme arguments `limite_inf` et `limite_sup`.

Bien qu'à première vue, la fonction PROBABILITE semble compliquée, il n'en est rien ; consultez la feuille de calcul illustrée à la Figure 9.5 pour voir sa mise en œuvre. La plage de la feuille de calcul A1:A10 contient les valeurs, et la plage de la feuille de calcul B1:B10 détient la probabilité de ces valeurs.

Pour calculer la probabilité qu'une valeur soit égale à 4, on utilise la formule :

```
=PROBABILITE(A1:A10; B1:B10; 4)
```

Rien de surprenant, puisque c'est la valeur indiquée dans la cellule B4 ; cette fonction retourne la valeur `15,00 %`, comme indiqué dans la cellule G3 de la Figure 9.5.

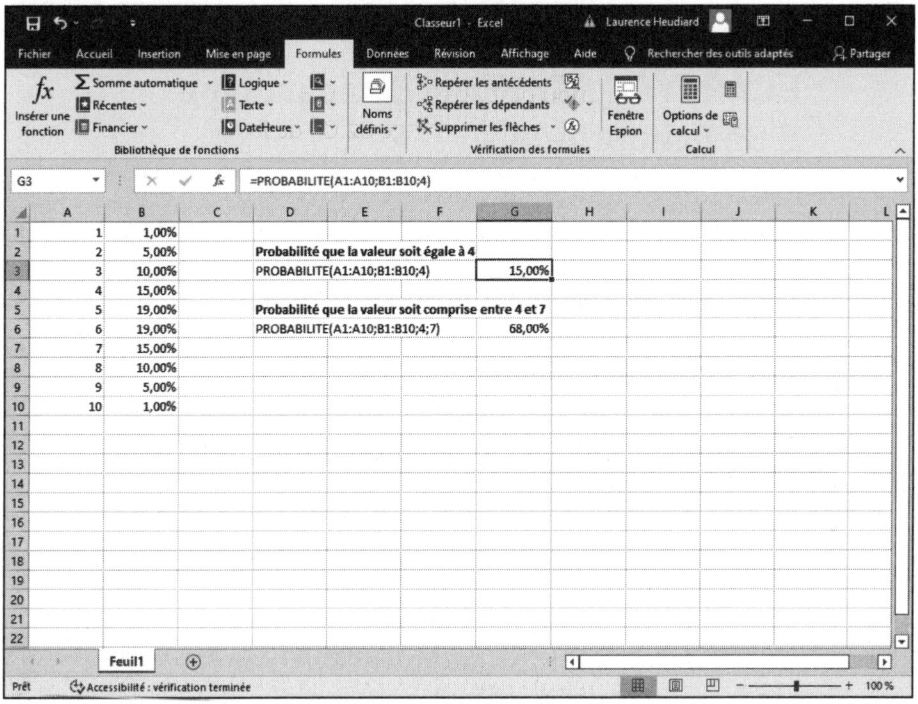

Figure 9.5 Mise en œuvre de la fonction PROBABILITE.

Pour calculer la probabilité qu'une valeur soit comprise entre 4 et 7, utilisez la formule :

```
=PROBABILITE(A1:A10; B1:B10; 4; 7)
```

La fonction retourne la valeur `68,00 %`, qui est la somme des valeurs de la plage B4:B7 ; la Figure 9.5 montre ce résultat de la formule dans la cellule G6.

Écart type et variance

Excel fournit presque une douzaine de fonctions pour les calculs d'écart type et de variance. Un écart type décrit une mesure de dispersion de données ; c'est la racine carrée de la variance, la moyenne quadratique des écarts par rapport à la moyenne. La variance est une mesure servant à caractériser la dispersion d'un échantillon : elle indique de quelle manière la série statistique se disperse autour de sa moyenne. La variance est tout simplement le carré de l'écart type. La variance et l'écart type sont aussi utilisés comme arguments dans des fonctions statistiques.

ECARTYPE.STANDARD : écart type d'un échantillon

La fonction ECARTYPE.STANDARD calcule l'écart type d'un échantillon : elle mesure la façon dont les valeurs varient autour de la moyenne dans un ensemble de données ; c'est également une entrée commune à d'autres calculs statistiques. La fonction utilise la syntaxe suivante :

```
ECARTYPE.STANDARD(nombre1; nombre2)
```

Pour calculer l'écart type de la plage A1:A5 de la feuille de calcul, entrez la formule :

```
=ECARTYPE.STANDARD(A1:A5)
```

Si la plage de la feuille de calcul contient les valeurs `1`, `4`, `8`, `9` et `11`, la fonction retourne la valeur de l'écart type `4,037326`.

La fonction ECARTYPE.STANDARD accepte jusqu'à 255 arguments en entrée, qui peuvent être des valeurs, des références de cellules, des formules et des références de plage. Elle ignore les valeurs logiques, le texte et les cellules vides.

STDEVA : écart type alternatif d'un échantillon

La fonction STDEVA calcule l'écart type d'une population en se basant sur un échantillon, mais contrairement à la fonction ECARTYPE.STANDARD, elle prend en compte les valeurs logiques VRAI (qui est 1) et FAUX (qui est 0). La fonction utilise la syntaxe suivante :

```
STDEVA(nombre1; nombre2)
```

La fonction STDEVA accepte jusqu'à 255 arguments, qui peuvent être des valeurs, des références de cellules, des formules et des références de plage.

Statistiques démographiques et statistiques d'échantillon

Pourquoi utiliser des fonctions statistiques d'échantillons, telles qu'ECARTYPE.STANDARD et ECARTYPEP, plutôt que des fonctions statistiques de population, telles qu'ECARTYPEP et ECARTYPE ? Si vous prenez en compte toutes les valeurs (*toutes* est le mot-clé), vous travaillez avec l'ensemble de la population ; dans ce cas, utilisez l'une des fonctions d'écart type de population. Si vous travaillez avec des échantillons (qui sont seulement des parties de la population), utilisez l'une des fonctions d'écart type d'échantillon.

ECARTYPE.PEARSON : écart type d'une population

La fonction ECARTYPE.PEARSON calcule l'écart type d'une population entière : elle mesure la dispersion des valeurs par rapport à la moyenne. Sa syntaxe est la suivante :

```
ECARTYPE.PEARSON(nombre1; nombre2)
```

Pour calculer l'écart type de la plage de la feuille de calcul A1:A5 avec la fonction ECARTYPE.PEARSON, utilisez la formule :

```
=ECARTYPE.PEARSON(A1:A5)
```

Si la plage de la feuille de calcul contient les valeurs `1`, `4`, `8`, `9` et `11`, la fonction retourne la valeur de l'écart type `3,611094`.

La fonction ECARTYPE.PEARSON accepte jusqu'à 255 arguments en entrée, qui peuvent être des valeurs, des références de cellules, des formules et des références de plage. La fonction ECARTYPE.PEARSON ignore les valeurs logiques, le texte et les cellules vides.

STDEVPA : écart type alternatif d'une population

La fonction STDEVPA calcule l'écart type d'une population, mais contrairement à la fonction ECARTYPE.PEARSON, elle n'ignore pas les valeurs logiques VRAI (qui est 1) et FAUX (qui est 0). Sa syntaxe est la suivante :

```
STDEVPA(nombre1; nombre2)
```

La fonction STDEVPA accepte jusqu'à 255 arguments, qui peuvent être des valeurs, des références de cellules, des formules et des références de plage.

VAR.S : variance d'un échantillon

La fonction VAR.S calcule la variance d'un échantillon. La variance est une mesure servant à caractériser la dispersion d'un échantillon ou d'une distribution : elle indique de quelle manière la série statistique se disperse autour de sa moyenne. Une variance de zéro indique que toutes les valeurs sont identiques, une variance faible signifie que les valeurs sont proches les unes des autres, alors qu'une variance élevée indique que les valeurs sont très écartées. La fonction VAR.S utilise la syntaxe suivante :

```
VAR.S(nombre1; nombre2)
```

L'écart type est la racine carrée de la variance. Pour calculer la variance de la plage A1:A5 de la feuille de calcul avec la fonction VAR.S, utilisez la formule :

```
=VAR.S(A1:A5)
```

Si la plage de la feuille de calcul contient les valeurs `1`, `4`, `8`, `9` et `11`, la fonction renvoie la valeur de l'écart type `16,3`.

La fonction VAR.S accepte jusqu'à 255 arguments en entrée, qui peuvent être des valeurs, des références de cellules, des formules et des références de plage. La fonction VAR.S ignore les valeurs logiques, le texte et les cellules vides.

VARA : variance alternée d'un échantillon

La fonction VARA calcule la variance d'un échantillon, mais contrairement à la fonction VAR.S, elle prend en compte les valeurs logiques VRAI (qui est 1) et FAUX (qui est 0). La fonction utilise la syntaxe suivante :

```
VARA(nombre1; nombre2)
```

La fonction VARA accepte jusqu'à 255 arguments, qui peuvent être des valeurs, des références de cellules, des formules et des références de plage.

VAR.P : variance d'une population

La fonction VAR.P calcule la variance d'une population ; sa syntaxe est la suivante :

```
VAR.P(nombre1; nombre2)
```

Pour calculer la variance de la plage de la feuille de calcul A1:A5 grâce à la fonction VAR.P, utilisez la formule :

```
=VAR.P(A1:A5)
```

Si la plage contient les valeurs `1`, `4`, `8`, `9` et `11`, la fonction retourne la valeur de l'écart type `13,04`.

La fonction VAR.P accepte jusqu'à 255 arguments en entrée, qui peuvent être des valeurs, des références de cellules, des formules et des références de plage. La fonction VAR.P ignore les valeurs logiques, le texte et les cellules vides.

VARPA : variance alternée d'une population

La fonction VARPA calcule la variance d'une population, mais contrairement à la fonction VAR.P, elle prend en compte les valeurs logiques VRAI (qui est 1) et FAUX (qui est 0). La fonction utilise la syntaxe suivante :

```
VARPA(nombre1; nombre2)
```

La fonction VARPA accepte jusqu'à 255 arguments, qui peuvent être des valeurs, des références de cellules, des formules et des références de plage.

COVARIANCE.PEARSON et COVARIANCE.STANDARD : covariances

Excel propose deux fonctions de covariance : COVARIANCE.STANDARD et COVARIANCE.PEARSON. La covariance est une extension de la notion de variance. La fonction COVARIANCE.STANDARD calcule la covariance d'un échantillon, tandis que la fonction COVARIANCE.PEARSON calcule celle d'une population. Les fonctions de covariance calculent la moyenne des produits des écarts pour chaque paire de points de deux jeux de données ; elles utilisent les syntaxes suivantes :

```
COVARIANCE.STANDARD(matrice1; matrice2)
```

ou

```
COVARIANCE.PEARSON(matrice1; matrice2)
```

où `matrice1` est la plage de la feuille de calcul contenant les premières valeurs, et `matrice2` la plage contenant les secondes valeurs.

SOMME.CARRES.ECARTS : somme des carrés des écarts

La fonction SOMME.CARRES.ECARTS calcule la somme des carrés des écarts entre les points de données et leur moyenne échantillonnée. Sa syntaxe est la suivante :

```
SOMME.CARRES.ECARTS(nombre1; nombre2)
```

où `nombre1`, et éventuellement `nombre2`, sont des plages de la feuille de calcul ou des tableaux contenant les valeurs.

Distribution normale

Excel fournit cinq fonctions pour travailler avec des distributions normales. Une distribution normale correspond à la distribution de probabilité d'une variable aléatoire continue, dont la courbe est parfaitement symétrique, unimodale et en forme de cloche, appelée aussi distribution gaussienne.

La loi normale est l'une des lois de probabilité les plus adaptées pour modéliser des phénomènes naturels issus de plusieurs événements aléatoires ; pour plus d'informations, consultez le site :

`https://fr.wikipedia.org/wiki/Loi_normale`

LOI.NORMALE.N : probabilité que x soit égal ou inférieur à une valeur donnée

La fonction LOI.NORMALE.N renvoie la distribution normale pour la moyenne et l'écart type spécifiés. Sa syntaxe est la suivante :

```
LOI.NORMALE.N(x; espérance; écart_type; cumulative)
```

où `x` est la variable à comparer, `espérance` est la moyenne de la population, `écart_type` l'écart type de la population, et `cumulative` une valeur logique qui indique à Excel si vous voulez une probabilité cumulative ou une probabilité discrète.

Voici un exemple de mise en œuvre de la fonction LOI.NORMALE.N : supposons que vous vouliez calculer la probabilité que certains de vos collègues aient un QI supérieur à 135. Supposons, en outre, que le QI moyen de la population est égal à 100, et que l'écart type du QI pour cette population est 15.

Dans ce cas, utilisez la formule suivante :

```
=LOI.NORMALE.N(135; 100; 15; 1)
```

La fonction retourne la valeur 0,990185 ; cela indique (si les entrées sont correctes) qu'à peu près 99 % de la population a un QI égal ou inférieur à 135. Ou, pour le dire différemment, que la probabilité que ce collègue ait un QI supérieur à 135 est inférieure à 1 %.

Si vous voulez calculer la probabilité qu'un de vos collègues ait un QI exactement égal à 135, utilisez la formule suivante :

```
=LOI.NORMALE.N(135; 100; 15; 0)
```

La fonction retourne la valeur 0,001748, qui indique que 0,1748 %, soit environ un sixième de 1 % de la population a un QI égal à 135.

Pour être plus précis, les statisticiens pourraient très bien vous dire que l'on ne peut pas réellement calculer la probabilité d'obtenir une valeur unique, comme la probabilité que le QI d'une personne soit égal à 135. Lorsque vous affectez la valeur 0 à l'argument cumulative, Excel estime à peu près la probabilité en utilisant une petite plage de la valeur unique.

LOI.NORMALE.INVERSE.N : x correspondant à la probabilité spécifiée

La fonction LOI.NORMALE.INVERSE.N réalise le calcul inverse de la fonction LOI.NORMALE.N : pour une probabilité donnée, elle calcule la valeur d'une variable aléatoire suivant une loi normale pour la moyenne et l'écart type spécifiés. La fonction LOI.NORMALE.INVERSE.N utilise la syntaxe suivante :

```
LOI.NORMALE.INVERSE.N(probabilité; moyenne; écart_type)
```

où probabilité est la probabilité correspondant à la distribution, moyenne est la moyenne de la distribution, et écart_type l'écart type de la distribution.

Si une personne affirme avoir un QI que l'on observe seulement une fois toutes les 50 000 personnes, on peut, avec un centile, utiliser la formule 1-(1/50000), qui renvoie la valeur 0,99998 pour la probabilité.

Pour calculer le niveau de QI (la variable x) qui se produit seulement toutes les 50 000 personnes – et encore, en supposant que la moyenne de QI est de 100, et l'écart type de 15 points de QI –, on utilise la formule suivante :

```
=LOI.NORMALE.INVERSE.N(0,99998; 100; 15)
```

La formule renvoie la valeur `162`, arrondie au nombre entier le plus proche.

LOI.NORMALE.STANDARD.N : probabilité de z dans les écarts types

Pour les distributions normales, la fonction LOI.NORMALE.STANDARD.N calcule la probabilité qu'une variable aléatoire z se situe dans les écarts types de la moyenne. Elle utilise la syntaxe suivante :

```
LOI.NORMALE.STANDARD.N(z; cumulative)
```

Pour trouver la probabilité qu'une variable sélectionnée au hasard à partir d'un ensemble de données soit à deux écarts types de la moyenne, utilisez la formule suivante :

```
=LOI.NORMALE.STANDARD.N(2; VRAI)
```

qui renvoie la valeur `0,97725`, soit une probabilité de 97,725 % que la grandeur se situe à deux écarts types de la moyenne.

LOI.NORMALE.STANDARD.INVERSE.N : valeur z équivalente à une probabilité

La fonction LOI.NORMALE.STANDARD.INVERSE.N est l'inverse de la fonction LOI.NORMALE.STANDARD.N. Si l'on connaît la probabilité qu'une variable sélectionnée au hasard soit à une certaine distance de la moyenne, la fonction LOI.NORMALE.STANDARD.INVERSE.N permet de calculer la valeur z, qui est la distance en écarts types. Sa syntaxe est la suivante :

```
LOI.NORMALE.STANDARD.INVERSE.N(probabilité)
```

où probabilité est une valeur décimale comprise entre 0 et 1. Pour trouver la valeur z à 99 %, utilisez la formule suivante :

```
=LOI.NORMALE.STANDARD.INVERSE.N(0,99)
```

La fonction retourne la valeur z égale à 2,326348, soit une probabilité de 99 % qu'une variable aléatoire soit à 2,326348 écarts types de la moyenne.

CENTREE.REDUITE : valeur z pour une variable spécifiée

La fonction CENTREE.REDUITE renvoie, pour une variable spécifiée, la valeur centrée réduite d'une distribution caractérisée par les arguments moyenne et écart type. Sa syntaxe est la suivante :

```
CENTREE.REDUITE(x; moyenne; écart_type)
```

où x est la variable pour laquelle vous souhaitez calculer une valeur z, moyenne est la moyenne arithmétique, et écart_type l'écart type.

Par exemple, pour calculer la valeur z pour la variable 6 600 donnée, une moyenne égale à 6 000 et un écart type égal à 800, utilisez la formule suivante :

```
=CENTREE.REDUITE(6600; 6000; 800)
```

La fonction renvoie la valeur 0,75 pour z.

On peut utiliser la fonction LOI.NORMALE.STANDARD.N avec une valeur z, pour calculer la probabilité qu'une variable sélectionnée au hasard soit incluse dans la zone calculée comme la moyenne plus ou moins la valeur z. La probabilité qu'une variable aléatoire tombe dans la zone correspondant à la moyenne plus ou moins la valeur z, égale à 0,75, est calculée avec la formule =LOI.NORMALE.STANDARD.N(0,75;VRAI). La fonction retourne la probabilité 0,773373, ce qui indique qu'il y a 77,3373 chances sur 100 pour qu'une variable soit incluse dans 0,75 écart type de la moyenne.

INTERVALLE.CONFIANCE : intervalle de confiance pour une moyenne de population

Les fonctions INTERVALLE.CONFIANCE.NORMAL et INTERVALLE.CONFIANCE.STUDENT renvoient l'intervalle de confiance pour la moyenne d'une population, à l'aide d'une distribution normale. Cette définition peut sembler complexe, mais dans la pratique, ce que font ces fonctions est simple.

Supposons que, sur la base d'un échantillon, on calcule que le salaire moyen d'un directeur financier est égal à 100 000 €. Vous pourriez vous demander quel est l'intervalle de confiance de cet échantillon par rapport à la moyenne d'une population. Plus précisément, on peut chercher à savoir à quelle plage de salaires un intervalle de confiance de 95 % se trouve dans la moyenne de la population.

La fonction INTERVALLE.CONFIANCE.NORMAL calcule le nombre à utiliser pour créer cet intervalle ; sa syntaxe est la suivante :

```
INTERVALLE.CONFIANCE.NORMAL(alpha; écart_type; taille)
```

où `alpha` est égal à 1 moins le niveau de confiance, `écart_type` correspond à l'écart type de la population, et `taille` est égal au nombre de valeurs dans l'échantillon.

Si l'écart type de la population est égal à `20 000 €`, et la taille de l'échantillon à `100`, utilisez la formule :

```
=INTERVALLE.CONFIANCE.NORMAL((1-0,95); 20000; 100)
```

La fonction retourne la valeur `3 920 €` (arrondie à l'euro le plus proche). Cet intervalle suggère que si le salaire moyen du directeur financier de l'échantillon est égal à 100 000 €, la probabilité que la moyenne des salaires des directeurs financiers de la population soit dans la plage de 96 080 à 103 920 € est de 95 %.

La fonction INTERVALLE.CONFIANCE.STUDENT fonctionne à peu près de la même manière que la précédente, mais elle utilise une distribution t de Student plutôt qu'une distribution normale. Sa syntaxe est la suivante :

```
INTERVALLE.CONFIANCE.STUDENT(alpha; écart_type; taille)
```

où `alpha` est égal à 1 moins le niveau de confiance, `écart_type` à l'écart type de la population, et `taille` au nombre de valeurs dans l'échantillon.

Si l'écart type de la population est égal à `20 000 €`, et la taille de l'échantillon à `100`, utilisez la formule :

```
=INTERVALLE.CONFIANCE.STUDENT((1-0,95); 20000; 100)
```

La fonction retourne la valeur `3 968 €` (arrondie à l'euro le plus proche). Cet intervalle suggère que si le salaire moyen du directeur financier de l'échantillon est égal à 100 000 €, il y a 95 % de chances que la moyenne des salaires des directeurs financiers de la population soit comprise dans la plage de 96 032 à 103 968 €.

KURTOSIS : aplatissement ou pointicité d'une distribution

La fonction KURTOSIS mesure les queues dans une distribution. Elle utilise la syntaxe suivante :

```
KURTOSIS(nombre1; [nombre2]; ...)
```

où `nombre1` est une valeur, une référence de cellule ou une référence de plage. En option, vous pouvez inclure des arguments supplémentaires, qui fournissent des valeurs, des références de cellules ou des plages.

L'aplatissement d'une distribution normale est égal à 0. Un aplatissement supérieur à 0 signifie que les queues de la distribution sont plus grandes que pour une distribution normale. Un aplatissement inférieur à 0 indique que les queues de la distribution sont plus petites que pour une distribution normale.

COEFFICIENT.ASYMETRIE et COEFFICIENT.ASYMETRIE.P : asymétrie d'une distribution

Les fonctions COEFFICIENT.ASYMETRIE et COEFFICIENT.ASYMETRIE.P mesurent la symétrie d'une distribution de valeurs. Toutes deux utilisant la même syntaxe, seule la fonction COEFFICIENT.ASYMETRIE.P sera décrite dans cette section.

Sa syntaxe est donc la suivante :

```
COEFFICIENT.ASYMETRIE.P(nombre1; [nombre2];…)
```

Pour illustrer cette fonction, supposons que l'on veuille mesurer l'asymétrie d'une distribution parfaitement symétrique, dont les valeurs sont réparties uniformément : 1, 2, 3, 4, 5, 6, 7 et 8. Aucune dissymétrie n'existe ici ! Cette absence de dissymétrie est prouvée en utilisant la formule :

```
=COEFFICIENT.ASYMETRIE.P(1; 2; 3; 4; 5; 6; 7; 8)
```

qui renvoie la valeur `0`.

Si les valeurs de la queue d'une distribution l'étirent vers la droite, cela signifie que la distribution comprend un plus grand nombre de grandes valeurs qu'une distribution symétrique : la dissymétrie est positive. Par exemple, la formule :

```
=COEFFICIENT.ASYMETRIE.P(1; 2; 3; 4; 5; 6; 8; 8)
```

renvoie la valeur `0,0792548`.

Si les valeurs de la queue de la distribution l'étirent vers la gauche, ce qui signifie que la distribution comprend un plus grand nombre de petites valeurs qu'une distribution symétrique, l'asymétrie est négative. Par exemple, la formule :

```
=COEFFICIENT.ASYMETRIE.P(1; 1; 3; 4; 5; 6; 7; 8)
```

renvoie la valeur `-0,07925`.

GAUSS : probabilité d'une valeur comprise dans une plage

La fonction GAUSS renvoie la probabilité qu'une valeur se situe entre la moyenne et un certain nombre d'écarts types de la moyenne. Sa syntaxe est la suivante :

```
GAUSS(z)
```

où `z` indique le nombre d'écarts types.

PHI : fonction de la densité d'une distribution normale

La fonction PHI renvoie la valeur de la fonction de densité pour une distribution normale. Sa syntaxe est la suivante :

```
PHI(x)
```

où `x` est égal à la valeur dont on souhaite obtenir la densité pour une distribution normale standard.

Loi t de Student

Lorsque l'on travaille avec de petits échantillons – moins de 30 ou 40 éléments –, on peut utiliser ce que l'on appelle une valeur t de Student pour calculer les probabilités plutôt que la valeur z habituellement employée dans le cas des distributions normales. Excel fournit six fonctions pour ces petits échantillons, qui seront décrites dans les paragraphes suivants.

LOI.STUDENT.N : distribution t de Student à gauche

La fonction LOI.STUDENT.N retourne la distribution à gauche de Student ; elle utilise la syntaxe suivante :

```
LOI.STUDENT(x; deg_liberté; cumulative)
```

où x est égal à la valeur t, `deg_liberté` est le degré de liberté, et `cumulative` est une valeur logique qui détermine si la fonction retourne une valeur de distribution cumulative ou une fonction de densité de probabilité. Si l'argument `cumulative` est égal à 2, la fonction retourne une fonction de densité de probabilité (distribution bilatérale) ; s'il est égal à 1, la fonction retourne une valeur de distribution cumulative (distribution unilatérale). Par exemple, pour calculer la densité de probabilité de la distribution à gauche de Student de la valeur t `2,093025` avec `19` degrés de liberté, on utilise la formule suivante :

```
=LOI.STUDENT(2,093025; 19; 2)
```

qui renvoie la valeur `0,049448`, soit environ 5 %.

Les lois de Student permettent d'estimer des probabilités pour des distributions normales lorsque la taille de l'échantillon est faible, par exemple 30 articles ou moins. On peut calculer l'argument degrés de liberté en soustrayant 1 de la taille de l'échantillon. Par exemple, si la taille de l'échantillon est de 20, les degrés de liberté sont égaux à 19.

LOI.STUDENT.DROITE : distribution t de Student à droite

La fonction LOI.STUDENT.DROITE retourne la probabilité d'une variable aléatoire suivant une loi t de Student à droite ; sa syntaxe est la suivante :

```
LOI.STUDENT.DROITE(x; deg_liberté)
```

où x est égal à la valeur t, et `deg_liberté` correspond aux degrés de liberté. Par exemple, pour calculer la densité de probabilité unilatérale à droite de la valeur t égale à `2,093025` avec `19` degrés de liberté, utilisez la formule suivante :

```
=LOI.STUDENT.DROITE(2,093025; 19)
```

qui renvoie la valeur `0,025`, soit environ 2,5 %.

LOI.STUDENT.BILATERALE : distribution t de Student bilatérale

La fonction LOI.STUDENT.BILATERALE renvoie la distribution t de Student bilatérale et utilise la syntaxe suivante :

```
LOI.STUDENT.BILATERALE(x; deg_liberté)
```

où x est égal à la valeur t, et `deg_liberté` correspond aux degrés de liberté. Par exemple, pour calculer la densité de probabilité bilatérale de la valeur t égale à `2,093025` avec `19` degrés de liberté, utilisez la formule suivante :

```
=LOI.STUDENT.BILATERALE(2,093025; 19)
```

qui renvoie la valeur de `0,05`, soit 5 %.

LOI.STUDENT.INVERSE.N : inverse gauche à queue de distribution t de Student

La fonction LOI.STUDENT.INVERSE.N calcule la valeur inverse unilatérale à gauche d'une variable aléatoire suivant une loi t de Student. Sa syntaxe est la suivante :

```
LOI.STUDENT.INVERSE.N(probabilité; deg_liberté)
```

où `probabilité` est le pourcentage de probabilité, et `deg_liberté` correspond aux degrés de liberté. Pour calculer la valeur t avec une probabilité de `5 %` et `19` degrés de liberté, par exemple, on utilise la formule suivante :

```
=LOI.STUDENT.INVERSE.N(0,05; 19)
```

qui renvoie la valeur `-1,72913`.

LOI.STUDENT.INVERSE.BILATERALE : inverse à deux queues de distribution t de Student

La fonction LOI.STUDENT.INVERSE.BILATERALE calcule la valeur inverse bilatérale d'une variable aléatoire suivant une loi t de Student. Sa syntaxe est la suivante :

```
LOI.STUDENT.INVERSE.BILATERALE(probabilité; deg_liberté)
```

où probabilité est la probabilité exprimée en pourcentage, et deg_liberté correspond aux degrés de liberté. Pour calculer la valeur de t à deux queues avec une probabilité de 5 % et 19 degrés de liberté, par exemple, on utilise la formule suivante :

```
=LOI.STUDENT.INVERSE.BILATERALE(0,05; 19)
```

qui renvoie la valeur 2,093024 pour t.

T.TEST : probabilité de deux échantillons de même population

La fonction T.TEST renvoie la probabilité que deux échantillons proviennent des mêmes populations avec la même moyenne. Elle utilise la syntaxe suivante :

```
T.TEST(matrice1; matrice2; uni/bilatéral; type)
```

où matrice1 est la référence de la plage contenant le premier échantillon, matrice2 est la référence de la plage contenant le deuxième échantillon, l'argument uni/bilatéral peut avoir la valeur 1 (représentant une probabilité unilatérale) ou 2 (représentant une distribution bilatérale), et type indique le type de calcul. Si type est égal à 1, on effectue un test par paire ; s'il est égal à 2, on réalise un test homoscédastique (test sur deux échantillons de variance égale), et s'il est égal à 3, on effectue un test hétéroscédastique (test avec deux échantillons de variances différentes).

Loi f de Fisher

Les distributions f de Fisher sont des distributions de probabilités qui comparent le rapport des écarts d'échantillons provenant de différentes populations. Cette comparaison permet de savoir si les écarts dans les populations sous-jacentes se ressemblent.

LOI.F.N : probabilité d'une variable aléatoire suivant une loi f

La fonction LOI.F.N renvoie la probabilité d'une variable aléatoire, suivant une loi f ; elle permet de déterminer si deux jeux de données ont des degrés de diversité différents. La fonction utilise la syntaxe suivante :

```
LOI.F.N(x; deg_liberté1; deg_liberté2; cumulative)
```

où x est la variable avec laquelle la fonction doit être calculée, deg_liberté1 correspond au numérateur des degrés de liberté, deg_liberté2 représente le dénominateur des degrés de liberté, et cumulative est une valeur logique (0 ou 1) qui indique à Excel si vous voulez calculer la distribution cumulative (cumulative à la valeur 0) ou la densité de probabilité (cumulative à la valeur 1).

À titre d'exemple, supposons que l'on veuille comparer deux variances d'échantillons, l'un égal à 2, et l'autre à 4. Cela signifie que la valeur f est égale à 0,5. Supposons en outre que les deux échantillons sont au nombre de dix, c'est-à-dire que les deux échantillons ont des degrés de liberté égaux à 9 et que vous voulez calculer une probabilité cumulée. La formule :

```
=LOI.F.N(2/4; 9; 9; 0)
```

renvoie la valeur 0,685182.

LOI.F.DROITE : probabilité unilatérale à droite

La fonction LOI.F.DROITE ressemble à la fonction LOI.F.N : elle renvoie la probabilité unilatérale à droite d'une variable aléatoire, suivant une loi f, pour deux jeux de données et permet de déterminer si deux jeux de données ont des degrés de diversité différents. La fonction utilise la syntaxe suivante :

```
LOI.F.DROITE(x; deg_liberté1; deg_liberté2)
```

où x représente la variable avec laquelle la fonction doit être calculée, deg_liberté1 correspond au numérateur des degrés de liberté, deg_liberté2 est le dénominateur des degrés de liberté.

À titre d'exemple de mise en œuvre de la fonction LOI.F.DROITE, supposons que l'on veuille comparer deux variances d'échantillons, l'un égal à 2, et l'autre à 4. Cela signifie que la valeur f est égale à 0,5. Supposons en outre que les deux échantillons sont au nombre de dix, c'est-à-dire que les deux échantillons ont des degrés de liberté égaux à 9 et que vous voulez calculer une probabilité cumulée. La formule :

```
=LOI.F.DROITE(2/4; 9; 9)
```

renvoie la valeur 0,841761, ce qui suggère qu'il y aurait à peu près 84 % de probabilité de pouvoir observer une valeur f de 0,5 si les écarts des échantillons étaient équivalents.

INVERSE.LOI.F.N : inverse de la distribution de probabilité unilatérale à gauche

La fonction INVERSE.LOI.F.N renvoie l'inverse de la distribution de probabilité, unilatérale à gauche, suivant une loi f. Sa syntaxe est la suivante :

```
INVERSE.LOI.F.N(probabilité; deg_liberté1; deg_liberté2)
```

où `probabilité` est la probabilité de la valeur de f à trouver, `deg_liberté1` correspond au numérateur des degrés de liberté, `deg_liberté2` est le dénominateur des degrés de liberté.

INVERSE.LOI.F.DROITE : inverse de la distribution de probabilité unilatérale à droite

La fonction INVERSE.LOI.F.DROITE renvoie l'inverse de la distribution de probabilité, unilatérale à droite, suivant une loi f. Elle utilise la syntaxe suivante :

```
INVERSE.LOI.F.DROITE(probabilité; deg_liberté1; deg_liberté2)
```

où `probabilité` est la probabilité de la valeur de f à trouver, `deg_liberté1` correspond au numérateur des degrés de liberté, `deg_liberté2` est le dénominateur des degrés de liberté.

F.TEST : résultat d'un test F

La fonction F.TEST compare les variances des deux échantillons et renvoie la probabilité bilatérale que les écarts ne présentent pas de différences significatives. Sa syntaxe est la suivante :

```
F.TEST(matrice1; matrice2)
```

où `matrice1` est une plage de la feuille de calcul contenant le premier échantillon, et `matrice2` une plage de la feuille de calcul contenant le second échantillon.

Les lois binomiales

Les lois binomiales permettent de calculer des probabilités dans deux situations :

» **lorsque vous avez un nombre limité d'essais indépendants, ou des tests qui peuvent réussir ou échouer ;**

» **lorsque le succès ou l'échec d'un essai quelconque est indépendant des autres essais.**

La loi hypergéométrique étant très proche de la loi binomiale, elle sera présentée dans cette section.

LOI.BINOMIALE.N : loi de probabilité binomiale

La fonction LOI.BINOMIALE.N renvoie la probabilité d'une variable aléatoire discrète, suivant la loi binomiale. Sa syntaxe est la suivante :

```
LOI.BINOMIALE.N(nombre_s; essais; probabilité_s; cumulative)
```

où `nombre_s` est le nombre de succès que l'on souhaite, `essais` est égal au nombre d'essais que l'on observe, `probabilité_s` est égal à la probabilité de succès de chaque essai, et `cumulative` est un commutateur qui a soit la valeur logique VRAI (pour calculer la probabilité cumulative), soit la valeur logique FAUX (pour calculer la probabilité de masse).

Par exemple, si un éditeur veut connaître la probabilité de publier `3` livres les plus vendus sur un ensemble de `10` livres lorsque la probabilité de publier un best-seller est de `10` %, la formule est :

```
=LOI.BINOMIALE.N(3; 10; 0,1; Faux)
```

Elle renvoie la valeur `0,057396`. Cela indique qu'il y a à peu près une probabilité de 6 % pour que, dans une série de dix livres, un éditeur publie exactement trois best-sellers.

Pour calculer la probabilité que l'éditeur publie de `1` à `3` best-sellers dans une série de `10` livres, la formule est :

```
=LOI.BINOMIALE.N(3; 10; 0,1; Vrai)
```

Elle renvoie la valeur `0,987205`, soit une probabilité d'à peu près 99 % pour que l'éditeur publie entre un et trois best-sellers dans un ensemble de dix livres.

LOI.BINOMIALE.INVERSE : loi de probabilité binomiale inverse

La fonction LOI.BINOMIALE.INVERSE trouve la plus petite valeur pour laquelle la distribution binomiale cumulée est supérieure ou égale à une valeur de critère `alpha`. Sa syntaxe est la suivante :

```
LOI.BINOMIALE.INVERSE(essais; probabilité_s; alpha)
```

où `essais` est égal au nombre d'essais de Bernoulli, `probabilité_s` est égal à la probabilité de succès de chaque essai, et `alpha` est égal à la valeur de critère à atteindre ou dépasser.

Si l'on définit les essais à `10`, la probabilité à `0,5`, et la valeur de critère à `0,75`, par exemple, la formule est :

```
=LOI.BINOMIALE.INVERSE(10; 0,5; 0,75)
```

qui renvoie la valeur `6`.

LOI.BINOMIALE.SERIE : probabilité binomiale de première instance

La fonction LOI.BINOMIALE.SERIE trouve la probabilité d'un résultat d'essai à l'aide d'une distribution binomiale. Sa syntaxe est la suivante :

```
LOI.BINOMIALE.SERIE(essais; probabilité_s; nombre_s; [nombre_s2])
```

où `essais` est égal au nombre d'essais indépendants, `probabilité_s` est égal à la probabilité de succès de chaque essai, `nombre_s` définit le nombre d'essais réussis, et `nombre_s2` (qui est un argument facultatif) indique le nombre maximum d'essais réussis. Si le nombre maximum d'essais réussis est affecté à la fonction avec l'argument `nombre_s2`, alors `nombre_s` correspond au nombre minimum d'essais.

S'il y a `10` essais avec une probabilité de succès de `0,5` et un nombre d'essais réussis égal à `3`, la formule est :

```
=LOI.BINOMIALE.SERIE(10; 0,5; 3)
```

Elle renvoie la valeur `0,117188`, ce qui signifie que la probabilité d'avoir exactement trois essais réussis est à peu près égale à 12 %.

S'il y a 10 essais avec une probabilité de succès de 0,5 et un nombre d'essais réussis entre 3 et 10, la formule est :

```
=LOI.BINOMIALE.SERIE(10; 0,5; 3; 10)
```

Elle renvoie la valeur 0,945313, ce qui signifie que la probabilité de réussir de 3 à 10 essais est égale à environ 95 %.

LOI.BINOMIALE.NEG.N : loi binomiale négative

La fonction LOI.BINOMIALE.NEG.N trouve la probabilité qu'un certain nombre de défaillances se produise avant un certain nombre de succès en fonction d'une constante de probabilité d'insuccès. Cette fonction est similaire à la loi binomiale, à la différence que le nombre de succès est fixe, et le nombre d'essais variable. Comme pour la loi binomiale, les essais sont supposés être indépendants. La fonction utilise la syntaxe suivante :

```
LOI.BINOMIALE.NEG.N(nombre_échecs ; nombre_succès ; probabilité_
succès ; cumulative)
```

où nombre_échecs est le nombre d'échecs, nombre_succès est le nombre de succès à obtenir, probabilité_succès est la probabilité d'obtenir un succès, et cumulative est un commutateur réglé sur 0 ou FAUX pour une distribution cumulative, et sur 1 ou VRAI pour une distribution de probabilité.

Par exemple, supposons qu'un opérateur pétrolier souhaite connaître la probabilité de ne pas trouver du pétrole dans exactement 10 puits avant d'en trouver un avec du pétrole. Si les chances de succès sont de 5 %, vous pouvez déterminer la probabilité d'échouer dix fois avant de trouver du pétrole en utilisant la formule :

```
=LOI.BINOMIALE.NEG.N(10 ; 2 ; 0,05 ; 0)
```

La fonction renvoie la valeur 0,016465, ce qui indique que la probabilité d'échouer dix fois avant de rencontrer le succès est inférieure à 2 %.

CRITERE.LOI.BINOMIALE : loi binomiale cumulative

La fonction CRITERE.LOI.BINOMIALE renvoie la plus petite valeur pour laquelle la distribution binomiale cumulée est supérieure ou égale à une valeur de critère. Sa syntaxe est la suivante :

```
CRITERE.LOI.BINOMIALE(essais ; probabilité_s ; alpha)
```

où `essais` est le nombre d'essais de Bernoulli, `probabilité_s` est la probabilité de succès pour chaque essai, et `alpha` est égale à la valeur du critère. Les deux arguments `probabilité_s` et `alpha` ont une valeur comprise entre 0 et 1.

LOI.HYPERGEOMETRIQUE.N : distribution hypergéométrique

La fonction hypergéométrique renvoie la probabilité d'obtenir un nombre donné de tirages avec succès sur un échantillon. Une distribution hypergéométrique ressemble à une distribution binomiale, avec une différence subtile : une même pièce, ou un même individu, ne peut apparaître deux fois ; il s'agit donc d'un tirage exhaustif, c'est-à-dire sans remise. Par ailleurs, elle impose de connaître le nombre d'éléments qui constituent la population ; ces contraintes limitent l'utilisation de la loi hypergéométrique.

En règle générale, on utilise la fonction LOI.HYPERGEOMETRIQUE.N lorsque l'on prend des échantillons à partir d'une population finie et que l'on ne les remplace pas pour les essais ultérieurs. La fonction utilise la syntaxe suivante :

```
LOI.HYPERGEOMETRIQUE.N(succès_échantillon; nombre_échantillon;
succès_population; nombre_pop; cumulative)
```

où `succès_échantillon` est égal au nombre de succès de l'échantillon, `nombre_échantillon` correspond à la taille de l'échantillon, succès_population donne le nombre de succès de la population, nombre_pop définit la taille de la population, et `cumulative` est un commutateur qui indique soit une distribution cumulative (l'argument prend la valeur 1 ou VRAI), soit une densité de probabilité (l'argument prend la valeur 0 ou FAUX).

À titre d'exemple, supposons que l'on veuille calculer la probabilité que, dans un échantillon de `30` articles, `5` soient couronnés de succès, sachant que dans une population de `4 000` éléments, `1 000` ont du succès. On utilise la formule suivante pour effectuer ce calcul :

```
=LOI.HYPERGEOMETRIQUE.N(5; 30; 1000; 4000; 0)
```

La fonction renvoie la valeur `0,104596` ; cela indique que la probabilité qu'exactement 5 articles soient couronnés de succès dans un ensemble de 30 éléments, compte tenu des caractéristiques de la population, est égale à environ 10 %.

Loi du khi-deux

Les fonctions du khi-deux qui sont présentées dans les prochaines sections dépassent un peu les calculs simples enseignés au collège ; cependant, elles sont très pratiques. Elles seront détaillées et illustrées par des exemples simples et faciles à comprendre.

Même si vous n'utilisez qu'une seule des fonctions de khi-deux, lisez attentivement les descriptions des autres ; considérez-les comme un ensemble d'outils statistiques.

LOI.KHIDEUX.DROITE

La fonction LOI.KHIDEUX.DROITE calcule la probabilité unilatérale à droite d'une variable aléatoire continue, suivant une loi du khi-deux. Elle utilise la syntaxe suivante :

```
LOI.KHIDEUX.DROITE(x; deg_liberté)
```

où `x` est égal à la valeur du khi-deux, et `deg_liberté` correspond aux degrés de liberté.

À titre d'exemple, supposons que vous êtes un peu perplexe devant une machine à sous qui montre l'une de ces six images : Diamants, Étoiles, Bottes de cow-boy, Cerises, Oranges ou Pots d'or. Avec six possibilités, vous pourriez penser que, dans le cas d'un grand nombre d'échantillons, chacune aurait les mêmes probabilités d'apparaître, soit une fois sur six. Si, par exemple, la taille de l'échantillon est de 180, vous pourriez vous attendre à ce que chaque image apparaisse 30 fois, parce que 180/6 est égal à 30. La Figure 9.6 illustre la loi du khi-deux à partir des données théoriques et des données observées ; elle permet d'analyser le bandit manchot.

Pour calculer le niveau de signification à partir des données de la Figure 9.6 et la fonction de distribution khi-deux, saisissez la formule suivante dans la cellule D10 :

```
=LOI.KHIDEUX.DROITE(D8;5)
```

La fonction retourne la valeur `0,010362338` : c'est le niveau de probabilité que la valeur de khi-deux, égale à 15, soit due à une erreur d'échantillonnage.

Figure 9.6 Illustration de la loi du khi-deux.

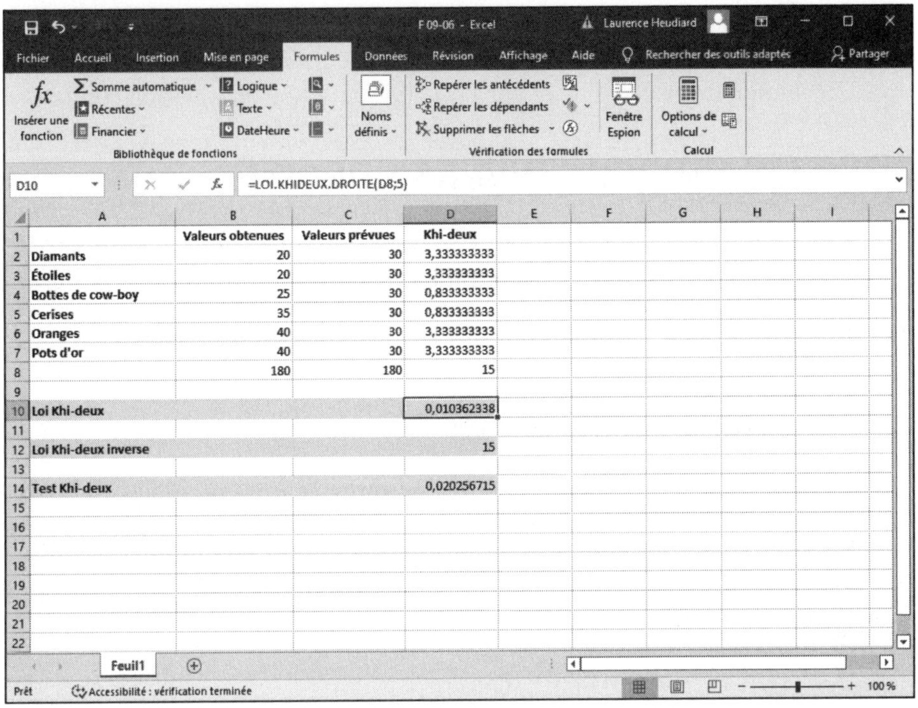

La cellule D8 contient la valeur de khi-deux, qui est tout simplement la somme des carrés des différences entre les valeurs observées et les valeurs attendues. Par exemple, la valeur de la cellule D2 est calculée avec la formule `=+(B2-C2)^2/C2`, et elle renvoie la valeur `3,333333333`. On utilise des formules similaires dans la plage D3:D7 pour calculer les différences au carré pour les autres images de la machine à sous. La formule de la cellule D8 est `=SOMME(D2:D7)`.

La dernière ligne indique que la probabilité que la machine à sous suspecte produise des valeurs observées dues au hasard est seulement de 1 %. Ce qui est effectivement très suspect !

LOI.KHIDEUX.N

La fonction LOI.KHIDEUX.N ressemble à la fonction LOI.KHIDEUX.DROITE, mais calcule la probabilité unilatérale à gauche de la distribution khi-deux. Sa syntaxe est la suivante :

```
LOI.KHIDEUX.N(x; deg_liberté; cumulative)
```

où x est égal à la valeur du khi-deux, deg_liberté correspond aux degrés de liberté, et cumulative est un commutateur réglé sur 0 ou FAUX pour une distribution de probabilité, et sur 1 ou VRAI pour une distribution cumulative.

LOI.KHIDEUX.INVERSE.DROITE

La fonction LOI.KHIDEUX.INVERSE.DROITE renvoie l'inverse de la probabilité unilatérale à droite de la distribution khi-deux. Elle utilise la syntaxe suivante :

```
LOI.KHIDEUX.INVERSE.DROITE(probabilité; deg_liberté)
```

où probabilité représente une probabilité associée à la distribution khi-deux, et deg_liberté est égal aux degrés de liberté.

Consultez la Figure 9.6 pour un exemple de mise en œuvre de la fonction LOI.KHIDEUX.INVERSE.DROITE. Avec six résultats possibles sur la machine à sous, il y a cinq degrés de liberté. Par conséquent, pour calculer le khi-deux qui est équivalent à un niveau de signification 0,010362338, on peut saisir la formule suivante dans la cellule D12 :

```
=LOI.KHIDEUX.INVERSE.DROITE(D10;5)
```

Cette fonction retourne la valeur 15. La cellule D10 est utilisée comme premier argument de probabilité, parce que la cellule détient le niveau de signification calculé par la fonction LOI.KHIDEUX.N.

LOI.KHIDEUX.INVERSE

La fonction LOI.KHIDEUX.INVERSE retourne l'inverse de la probabilité unilatérale à gauche de la distribution khi-deux. Sa syntaxe est la suivante :

```
LOI.KHIDEUX.INVERSE(probabilité; deg_liberté)
```

où probabilité représente une probabilité associée à la distribution khi-deux, et deg_liberté est égal aux degrés de liberté.

Pour calculer la valeur du khi-deux équivalent à un niveau de signification 0,010362338 avec 5 degrés de liberté, on peut saisir la formule de la cellule D12 de la feuille de calcul illustrée à la Figure 9.6 :

```
=LOI.KHIDEUX.INVERSE(D10;5)
```

Cette fonction retourne la valeur 0,562927.

CHISQ.TEST : test du khi-deux

La fonction CHISQ.TEST permet d'évaluer si les différences entre les valeurs observées et les valeurs attendues représentent le hasard ou sont dues à une erreur d'échantillonnage. Sa syntaxe est la suivante :

```
CHISQ.TEST(plage_réelle; plage_attendue)
```

L'exemple de la Figure 9.6 de la machine à sous suspecte illustre un test de khi-deux. La formule suivante est entrée dans la cellule D14 ; elle compare ce qui est observé avec ce que l'on attend :

```
=CHISQ.TEST(B2:B7;C2:C7)
```

La fonction retourne la valeur p, ou probabilité, illustrée à la Figure 9.6 dans la cellule D14 ; le résultat indique que la probabilité pour que les résultats observés et les résultats attendus correspondent est de `1,0362` %.

La comparaison de la valeur p avec un niveau de signification est une caractéristique commune d'un test de khi-deux (c'est encore une fois la valeur que la fonction CHISQ.TEST retourne). Par exemple, dans le cas de la machine à sous suspecte, on peut dire : « Parce qu'il est impossible d'être sûr à 100 %, nous voulons une probabilité de 95 %, ce qui correspond à un seuil de signification de 5 %. »

Régression

Les fonctions de régression d'Excel permettent d'effectuer des analyses de régression. Des paires de variables indépendantes et dépendantes sont tracées dans un graphique XY, puis les analyses de régression trouvent une équation linéaire ou exponentielle qui décrit les données tracées.

PREVISION.LINEAR : prévision des variables dépendantes avec une ligne de meilleur ajustement

La fonction PREVISION.LINEAR trouve la valeur y d'un point sur une ligne de meilleur ajustement produit par un ensemble de valeurs x et y, compte tenu de la valeur de x. Sa syntaxe est la suivante :

```
PREVISION.LINEAIRE(x; y_connus; x_connus)
```

où x est la valeur de la variable indépendante, y_connus est la plage de la feuille de calcul correspondant aux variables dépendantes, et x_connus est la plage de la feuille de calcul correspondant aux variables indépendantes.

La fonction PREVISION.LINEAIRE utilise les valeurs y_connus et x_connus passées comme argument pour calculer l'équation y=mx+b, qui décrit la ligne droite de meilleur ajustement pour les données. La fonction résout alors l'équation en utilisant l'argument de x fourni à la fonction.

Dans les fonctions de régression linéaire comme PREVISION.LINEAR, l'équation d'une ligne est y=mx+b ; y est la variable dépendante, b est l'ordonnée à l'origine ou constante, m est la pente, et x donne la valeur de la variable indépendante.

PREVISION.ETS : prévision de valeurs de temps avec un lissage exponentiel triple

Depuis sa version 2016, Excel intègre quatre fonctions PREVISION supplémentaires, qui utilisent des algorithmes d'apprentissage de haut niveau pour prévoir les valeurs futures.

La fonction PREVISION.ETS estime une valeur future, basée sur des informations historiques, en utilisant la syntaxe suivante :

```
PREVISION.ETS(date_cible; valeurs; chronologie; [caractère_
saisonnier]; [saisie_semiautomatique_données]; [agrégation])
```

La fonction PREVISIONS.ETS.SAISONNALITE identifie la longueur du modèle répétitif pour la série chronologique spécifiée, en utilisant la syntaxe suivante :

```
PREVISIONS.ETS.SAISONNALITE(valeurs; chronologie; [saisie_
semiautomatique_données]; [agrégation])
```

La fonction PREVISION.ETS.CONFINT calcule un niveau de confiance pour une valeur future, basée sur des informations historiques, en utilisant la syntaxe suivante :

```
PREVISION.ETS.CONFINT(date_cible; valeurs; chronologie; [niveau_
confiance]; [caractère_saisonnier]; [saisie_semiautomatique_
données]; [agrégation])
```

Les fonctions de lissage triple exponentiel de la fonction PREVISION utilisent le jeu standard d'arguments suivant :

» **Date cible** : représente le point de données dont on veut prévoir la valeur.

» **Valeurs** : correspond à la série de données historiques sur laquelle on souhaite baser la prédiction.

» **Chronologie** : représente la matrice indépendante ou la plage de données numériques avec un incrément uniforme.

» **Niveau de confiance** (facultatif) : modifie le niveau de confiance à une valeur comprise entre 0 et 1 (inclus) ; le réglage par défaut est 95 %.

» **Caractère saisonnier** (facultatif) : correspond à un interrupteur pour trouver la saisonnalité dans les données. Par défaut, il est réglé sur 1, de sorte qu'Excel détecte automatiquement le caractère saisonnier. S'il est réglé sur 0, il n'est pas pris en compte.

» **Saisie semi-automatique de données** (facultatif) : correspond à un second commutateur pour contrôler la façon dont Excel ajuste les points pour les données manquantes. Le réglage par défaut est 1, pour utiliser des moyennes pour les points de données manquantes. Si le réglage est 0, la valeur 0 est affectée aux données manquantes.

» **Agrégation** (facultatif) : ce paramètre contrôle la façon dont Excel agrège les points de données avec la même date ou l'horodatage.

  Un paramètre d'agrégation égal à 1 indique à Excel de calculer la moyenne des points de données avec la même date ou l'horodatage. D'autres paramètres globaux permettent de calculer la somme, de compter les cellules, ou d'identifier le minimum, le maximum ou la médiane.

Enfin, la fonction PREVISION.ETS.STAT renvoie une valeur statistique suite à la prévision de la série chronologique en utilisant la syntaxe suivante :

```
PREVISION.ETS.STAT(valeurs; chronologie; type_statistique;
[caractère_saisonnier]; [saisie_semiautomatique_données];
[agrégation])
```

La fonction PREVISION.ETS.STAT utilise les mêmes arguments que les trois fonctions de lissage exponentiel triple précédentes, mais elle possède un nouvel argument de type statistique, qui indique à Excel quelle valeur vous voulez retourner. Les statistiques facultatives suivantes peuvent être renvoyées :

» 1 renvoie le paramètre alpha de l'algorithme ETS.

» 2 renvoie le paramètre bêta de l'algorithme ETS.

» 3 renvoie le paramètre gamma de l'algorithme ETS.

» 4 renvoie la valeur d'erreur moyenne absolue mise à l'échelle, une mesure de la précision des prévisions.

» 5 renvoie la valeur d'erreur de pourcentage moyenne absolue symétrique, une mesure de la précision basée sur les erreurs de pourcentage.

» 6 renvoie la valeur d'erreur de pourcentage moyenne absolue symétrique, une mesure de la précision basée sur les erreurs de pourcentage.

» 7 renvoie la valeur d'erreur du carré moyen racine, une mesure des différences entre les valeurs prévues et les valeurs observées.

» 8 renvoie la taille de l'incrément détecté dans la chronologie historique.

ORDONNEE.ORIGINE : intersection de l'axe y et d'une droite

La fonction ORDONNEE.ORIGINE trouve le point où la ligne de meilleur ajustement générée par un ensemble de points de valeurs x et y coupe l'axe des ordonnées. Sa syntaxe est la suivante :

```
ORDONNEE.ORIGINE(y_connus; x_connus)
```

où `y_connus` est la plage de la feuille de calcul contenant les variables dépendantes, et `x_connus` la plage contenant les variables indépendantes.

Si vous avez déjà tracé des droites avec des paires de points sur un graphe XY, la fonction ORDONNEE.ORIGINE vous sera assez familière. La fonction ORDONNEE.ORIGINE utilise la valeur `y_connus` passée comme argument pour calculer la droite de meilleur ajustement pour les données `x_connus` ; elle détermine l'équation de la droite `y=mx+b`. La fonction retourne la valeur de `b` : c'est la valeur de y lorsque la variable x est égale à zéro.

DROITEREG

La fonction DROITEREG calcule les caractéristiques d'une droite par la méthode des moindres carrés, en l'ajustant au plus près des données (y_connus et x_connus) ; elle renvoie une matrice décrivant cette droite. La fonction utilise la syntaxe suivante :

```
DROITEREG(y_connus; [x_connus]; [constante]; [statistiques])
```

où `y_connus` est égal à la série des valeurs y qui sont déjà connues, `x_connus` est la série optionnelle des valeurs x déjà connues, `constante` est un commutateur ayant la valeur FAUX (ce qui signifie que la constante b est égale à 0) ou VRAI (la constante b est alors calculée), et `statistiques` est un second commutateur ayant la valeur VRAI (ce qui signifie que la fonction retourne d'autres statistiques de régression) ou FAUX (la fonction renvoie uniquement les coefficients m et la constante b).

PENTE : pente d'une droite de régression

La fonction PENTE calcule la pente d'une droite de régression linéaire en utilisant les valeurs x et y. Sa syntaxe est la suivante :

```
PENTE(y_connus; x_connus)
```

Une pente ascendante indique que la variable indépendante, x, affecte positivement la variable dépendante, y. En d'autres termes, une augmentation de x produit une augmentation de y. Une pente descendante indique que la variable indépendante, x, affecte négativement la variable dépendante, y. Plus la pente est forte, plus l'effet de la variable indépendante sur la variable dépendante est important.

ERREUR.TYPE.XY : erreur type

La fonction ERREUR.TYPE.XY renvoie l'erreur type de la valeur y prévue pour chaque x de la régression. Sa syntaxe est la suivante :

```
ERREUR.TYPE.XY(y_connus; x_connus)
```

TENDANCE : rapport à une tendance

La fonction TENDANCE calcule les valeurs par rapport à une tendance linéaire. Elle ajuste une droite, selon la méthode des moindres carrés, aux valeurs des matrices définies par les arguments `y_connus` et `x_connus`. La syntaxe de la fonction est la suivante :

```
TENDANCE(y_connus; [x_connus]; [x_nouveaux]; [constante])
```

LOGREG : régression exponentielle

La fonction LOGREG calcule une courbe exponentielle ajustée aux données passées en paramètres et renvoie une matrice de valeurs décrivant cette courbe. Sa syntaxe est la suivante :

```
LOGREG(y_connus; [x_connus]; [constante]; [statistiques])
```

où y_connus est l'ensemble des valeurs y, x_connus est l'ensemble des valeurs x, constante est un commutateur prenant la valeur VRAI (ce qui signifie que la variable b est calculée normalement) ou FAUX (la variable b est alors forcée à 1), et statistiques est un commutateur avec la valeur VRAI (dans ce cas, la fonction LOGREG renvoie des statistiques de régression supplémentaires) ou FAUX (qui indique à la fonction d'ignorer toutes les informations supplémentaires).

Dans une régression exponentielle, Excel renvoie une équation qui prend la forme $y=ab^x$ et correspond le mieux à l'ensemble des données.

CROISSANCE : croissance exponentielle

La fonction CROISSANCE calcule la croissance exponentielle prévue à partir de données existantes ; elle renvoie les valeurs y pour une série de nouvelles valeurs, calculées à partir des valeurs x et y existantes. Sa syntaxe est la suivante :

```
CROISSANCE(y_connus; [x_connus]; [x_nouveaux]; [constante])
```

où y_connus est l'ensemble des valeurs y, x_connus est l'ensemble des valeurs x, x_nouveaux est l'ensemble des valeurs de x pour lesquelles on souhaite calculer de nouvelles valeurs y, et constante est un commutateur ayant la valeur VRAI (ce qui signifie que la variable est calculée normalement) ou FAUX (la variable b est forcée à 1).

Corrélation

Les fonctions de corrélation d'Excel permettent d'explorer quantitativement les relations entre les variables.

COEFFICIENT.CORRELATION : coefficient de corrélation

La fonction COEFFICIENT.CORRELATION calcule un coefficient de corrélation pour deux ensembles de données. Sa syntaxe est la suivante :

```
COEFFICIENT.CORRELATION(matrice1; matrice2)
```

où matrice1 est une plage de la feuille de calcul contenant le premier ensemble de données, et matrice2 une plage contenant le deuxième ensemble de données. La fonction retourne une valeur comprise entre -1 (-1 correspondant à une relation linéaire négative parfaite) et +1 (+1 correspondant à une relation linéaire positive parfaite).

PEARSON : coefficient de corrélation de Pearson

La fonction PEARSON calcule un coefficient de corrélation d'échantillonnage de Pearson pour les deux ensembles de données, en utilisant une formule différente de celle de la fonction COEFFICIENT.CORRELATION ; cependant, les résultats obtenus sont identiques. La syntaxe de la fonction est la suivante :

```
PEARSON(matrice1; matrice2)
```

où `matrice1` est une plage de la feuille de calcul contenant le premier ensemble de données, et `matrice2` une plage correspondant au deuxième ensemble de données. La fonction retourne une valeur comprise entre -1 (-1 correspondant à une relation linéaire négative parfaite) et +1 (+1 correspondant à une relation linéaire positive parfaite).

COEFFICIENT.DETERMINATION : coefficient de détermination r^2 d'une régression linéaire

La fonction COEFFICIENT.DETERMINATION renvoie la valeur du coefficient de détermination r^2 d'une régression linéaire ajustée aux valeurs passées par les arguments y_connus et x_connus. Pour plus d'informations, voir la fonction PEARSON. La fonction utilise la syntaxe suivante :

```
COEFFICIENT.DETERMINATION(y_connus; x_connus)
```

où `y_connus` est une matrice ou une plage de la feuille de calcul contenant le premier ensemble de données, et `x_connus` est une matrice ou une plage correspondant au deuxième ensemble de données. Le coefficient de détermination de Pearson, r au carré, peut être interprété comme la proportion de la variance de y imputable à la variance de x.

FISHER

La fonction FISHER renvoie la transformation de Fisher sur le paramètre `x` ; autrement dit, elle produit une fonction qui est normalement distribuée à la place d'une fonction asymétrique. Sa syntaxe est la suivante :

```
FISHER(x)
```

FISHER.INVERSE

La fonction FISHER.INVERSE est l'inverse de la fonction FISHER : cette transformation permet d'analyser des corrélations entre plages ou matrices de données. La fonction utilise la syntaxe suivante :

```
FISHER.INVERSE(y)
```

Distributions de probabilités ésotériques

Excel fournit plusieurs autres fonctions statistiques pour travailler avec des distributions de probabilité, et certaines sont relativement ésotériques. Il est très peu probable que vous ayez besoin un jour de travailler avec l'une d'elles, sauf pour des statistiques de niveau supérieur ; nous les survoleront donc rapidement ici. Seules deux d'entre elles, TEST.Z et LOI.POISSON, vous seront très utiles ; elles seront détaillées à la fin du chapitre.

LOI.BETA.N : densité de distribution de la probabilité cumulée suivant une loi bêta

La fonction LOI.BETA.N renvoie la probabilité d'une variable aléatoire suivant une loi de probabilité bêta, par exemple pour étudier les variations du pourcentage d'une certaine valeur dans un échantillon. Comme exemple, le fichier d'aide en ligne Excel indique cette fonction peut servir à étudier le temps pendant lequel les téléspectateurs de l'échantillon regardent la télévision chaque jour. La fonction LOI.BETA.N utilise la syntaxe suivante :

```
LOI.BETA.N(x; alpha; bêta; cumulative; [A]; [B])
```

où `x` est une valeur située entre les bornes en option `A` et `B`, `alpha` et `bêta` sont les deux paramètres positifs, et `cumulative` est un commutateur qui prend la valeur soit `0` ou FAUX pour calculer une distribution cumulative, soit `1` ou VRAI pour calculer une densité de probabilité. Si `x` est égal à `0,5`, `alpha` à `75`, `bêta` à `85`, `cumulative` à `1` (pour calculer une densité de probabilité), `A` à `0`, et `B` à `1`, la formule suivante :

```
=LOI.BETA.N(0,5; 75; 85; 1; 0; 1)
```

retourne la valeur `0,78608`.

Si les arguments des bornes en option sont omis, Excel suppose que A est égal à 0, et B à 1. En d'autres termes, les formules =LOI.BETA.N(0,5; 75; 85; 1) et =LOI.BETA.N(0,5; 75; 85; 1; 0; 1) sont équivalentes.

BETA.INVERSE.N : inverse de la fonction de densité de distribution de la probabilité cumulée suivant une loi bêta

La fonction BETA.INVERSE.N renvoie l'inverse de la fonction de densité de distribution de la probabilité cumulée suivant une loi bêta. Autrement dit, la fonction LOI.BETA.N permet de trouver la probabilité si l'on connaît x, alors que la fonction BETA.INVERSE.N permet de trouver x si l'on connaît la probabilité. La fonction BETA.INVERSE.N utilise la syntaxe suivante :

```
BETA.INVERSE.N(probabilité; alpha; bêta; [A]; [B])
```

LOI.EXPONENTIELLE.N : distribution de probabilité exponentielle

La fonction LOI.EXPONENTIELLE.N calcule une distribution exponentielle, qui peut être employée pour décrire la probabilité qu'un événement dure un certain temps. Sa syntaxe est la suivante :

```
LOI.EXPONENTIELLE.N(x; lambda; cumulative)
```

où x est la valeur que l'on souhaite évaluer, lambda est l'inverse de la moyenne, et cumulative est un commutateur qui prend la valeur VRAI (la fonction LOI.EXPONENTIELLE.N renvoie la fonction de distribution cumulée) ou FAUX (la fonction LOI.EXPONENTIELLE.N renvoie la fonction de densité de probabilité).

Par exemple, supposons que, dans un restaurant particulièrement mal géré, le client est contraint d'attendre 10 minutes avant qu'un serveur lui apporte la carte. Ces 10 minutes correspondent au temps d'attente moyen. Pour déterminer la probabilité d'avoir la carte en 5 minutes ou moins, on utilise la formule :

```
=LOI.EXPONENTIELLE.N(5; 1/10; VRAI)
```

qui renvoie la valeur 0,393469. Autrement dit, la probabilité d'obtenir la carte en 5 minutes ou moins, est égale à 39 %.

Pour déterminer la probabilité d'obtenir la carte après exactement 5 minutes, on utilise la formule :

```
=LOI.EXPONENTIELLE.N(5; 1/10; FAUX)
```

qui renvoie la valeur `0,060653`, ce qui indique qu'il y a à peu près 6 chances sur 100 d'obtenir la carte en exactement 5 minutes.

GAMMA : la fonction gamma

La fonction GAMMA renvoie la valeur de la fonction gamma ; c'est une fonction complexe qui prolonge la fonction factorielle à l'ensemble des nombres complexes. Sa syntaxe est la suivante :

```
GAMMA(nombre)
```

Pour calculer la fonction gamma de la valeur `0,5`, on utilise la formule :

```
=GAMMA(0,5)
```

qui renvoie la valeur `1,772454`.

LOI.GAMMA.N : probabilité suivant une loi

La fonction LOI.GAMMA.N renvoie, pour une probabilité donnée, la valeur d'une variable aléatoire x suivant une loi gamma. Sa syntaxe est la suivante :

```
LOI.GAMMA.N(probabilité; alpha; bêta; cumulative)
```

où `x` est égal à la variable aléatoire, `alpha` et `bêta` décrivent les paramètres de la distribution, et `cumulative` est un commutateur qui prend la valeur VRAI pour une probabilité cumulée ou FAUX pour une probabilité exacte.

Si `x` est égal à `20`, `alpha` à `5`, `bêta` à `2`, et `cumulative` à `VRAI`, la formule :

```
=LOI.GAMMA.N(20; 5; 2; VRAI)
```

renvoie la valeur `0,970747`, qui indique une probabilité égale à environ 97 %.

Si `x` est égal à `20`, `alpha` à `5`, `bêta` à `2`, et `cumulative` à `FAUX`, la formule :

```
=LOI.GAMMA.N(20; 5; 2; FAUX)
```

renvoie la valeur `0,009458`, qui indique une probabilité inférieure à 1 %.

LOI.GAMMA.INVERSE : x pour une probabilité de distribution gamma donnée

La fonction LOI.GAMMA.INVERSE renvoie l'inverse de la distribution cumulée suivant une loi gamma ; elle détecte la valeur de x associée à une probabilité de distribution gamma donnée. La fonction utilise la syntaxe suivante :

```
LOI.GAMMA.INVERSE(probabilité; alpha; bêta)
```

où `probabilité` est égal à la probabilité associée à la valeur de x qui est recherchée, et `alpha` et `bêta` sont les paramètres de la distribution.

LNGAMMA et LNGAMMA.PRECIS : logarithme naturel d'une distribution gamma

Les fonctions de LNGAMMA et LNGAMMA.PRECIS renvoient le logarithme népérien de la fonction gamma.

La fonction LNGAMMA utilise la syntaxe suivante :

```
LNGAMMA(x)
```

La fonction LNGAMMA.PRECIS, qui est en fait une nouvelle version mise à jour de la fonction de LNGAMMA, utilise la même syntaxe :

```
LNGAMMA.PRECIS(x)
```

LOI.LOGNORMALE.N : probabilité de distribution log-normale

La fonction LOI.LOGNORMALE.N renvoie la fonction de distribution de x suivant une loi log-normale. Sa syntaxe est la suivante :

```
LOI.LOGNORMALE.N(x; moyenne; écart_type; cumulative)
```

où `x` est la valeur dont vous voulez trouver la probabilité, `moyenne` est la moyenne arithmétique, `écart_type` est égal à l'écart type, et `cumulative` est un commutateur réglé sur 1 pour une fonction de distribution cumulée et sur 0 pour une fonction de densité de probabilité.

LOI.LOGNORMALE.INVERSE.N : valeur associée à la probabilité de distribution log-normale

La fonction LOI.LOGNORMALE.INVERSE.N renvoie l'inverse de la fonction de distribution de x suivant une loi log-normale cumulée. Sa syntaxe est la suivante :

```
LOI.LOGNORMALE.INVERSE.N(probabilité; moyenne; écart_type)
```

où `probabilité` est la probabilité associée à la distribution log-normale, `moyenne` est la moyenne arithmétique, et écart_type est l'écart type.

LOI.POISSON.N : probabilités de distribution de Poisson

La fonction LOI.POISSON.N renvoie la probabilité d'une variable aléatoire suivant une loi de Poisson. Sa syntaxe est la suivante :

```
LOI.POISSON.N(x; moyenne; cumulative)
```

où x est le nombre d'événements, `moyenne` est la moyenne arithmétique, et `cumulative` est un commutateur. Si l'argument `cumulative` est réglé sur VRAI, la fonction LOI.POISSON.N renvoie la probabilité de Poisson pour qu'un événement aléatoire se reproduise un nombre de fois inférieur ou égal à x. Si l'argument `cumulative` est réglé sur FAUX, la fonction renvoie la fonction de probabilité de masse de Poisson pour qu'un événement se reproduise exactement x fois

Pour illustrer la mise en œuvre de la fonction LOI.POISSON.N, supposons que l'on recherche les probabilités associées à des voitures qui arrivent à une station de lavage. Ce type d'analyse des événements qui se produisent sur un intervalle de temps spécifié est une application commune des lois de Poisson. Si, en moyenne, `20` voitures arrivent à la station de lavage chaque heure, vous pouvez calculer la probabilité qu'exactement `15` voitures arrivent dans une heure à l'aide de la formule :

```
=LOI.POISSON.N(15; 20; FAUX)
```

Cette fonction retourne la valeur `0,051649`, soit une probabilité d'environ 5 % qu'exactement 15 voitures arrivent dans une heure.

Pour calculer la probabilité que 15 voitures au moins arrivent dans une heure, utilisez la formule suivante :

```
=LOI.POISSON.N(15; 20; VRAI)
```

Cette fonction retourne la valeur `0,156513`, soit une probabilité d'environ 16 % pour que 15 voitures au moins arrivent dans une heure.

LOI.WEIBULL : loi de Weibull

La fonction LOI.WEIBULL renvoie la probabilité d'une variable aléatoire suivant une loi de Weibull. Sa syntaxe est la suivante :

```
LOI.WEIBULL(x; alpha; bêta; cumulative)
```

où `x` est la valeur pour laquelle on souhaite calculer la distribution, `alpha` et `bêta` sont, respectivement, les paramètres alpha et bêta de l'équation de Weibull, et `cumulative` est un commutateur réglé sur VRAI pour une fonction de distribution cumulée et sur FAUX pour une fonction de densité de probabilité.

TEST.Z : probabilité d'un test z

La fonction TEST.Z renvoie la probabilité que la moyenne d'échantillonnage soit supérieure à la moyenne des observations dans l'ensemble de données. Sa syntaxe est la suivante :

```
TEST.Z(matrice; x; [sigma])
```

où `matrice` est la plage de la feuille de calcul contenant l'échantillon, `x` est la valeur à tester, et (éventuellement) `sigma` est l'écart type de la population. Si `sigma` est omis, la valeur de l'argument par défaut est l'écart type de l'échantillon.

Par exemple, pour trouver la probabilité que la valeur `75` provienne de la population de l'échantillon stocké dans la plage de la feuille de calcul `A1:A10`, on utilise la formule suivante :

```
=TEST.Z(A1:A10; 75)
```

DANS CE CHAPITRE

Utilisation de l'outil Statistiques descriptives

Élaboration d'un histogramme

Classement par centile

Calcul de moyennes mobiles

Utilisation de l'outil Lissage exponentiel

Échantillonnage d'une population

Chapitre 10
Statistiques descriptives

Ce chapitre présente et décrit les outils d'analyses statistiques descriptives de données fournies par l'Utilitaire d'analyse, un complément d'Excel. Il abordera aussi des outils de statistiques déductives très simples à utiliser et faciles à comprendre, comme les outils de calcul des moyennes mobiles et exponentielles, ainsi que les outils de génération de nombres aléatoires et d'échantillonnage.

Les statistiques descriptives résument les grands ensembles de données avec quelques valeurs clés, calculées simplement. Par exemple, lorsque l'on dit « La plus grande valeur dans cet ensemble de données est 345 », il s'agit d'une statistique descriptive.

Ces outils d'analyse de données, simples mais puissants, peuvent vous faire économiser beaucoup de temps. Avec une seule commande, par exemple, vous pouvez souvent produire de nombreuses mesures statistiques descriptives, telles que la moyenne, le mode, l'écart type, *etc.* De plus, les autres outils destinés à la préparation des histogrammes, des rangs centiles, ainsi qu'aux planifications, vous seront vraiment très utiles.

Enfin, si les statistiques ne vous passionnent pas vraiment mais si vous devez quand même y faire appel, les fonctions de statistiques descriptives se chargeront du travail pour vous : vous n'aurez qu'à remplir les formules et laisser Excel travailler.

Avant de pouvoir utiliser les outils d'analyse de données, vous devez installer les compléments auxquels ils correspondent. Pour ce faire, sélectionnez Fichier/Options, puis, dans la boîte de dialogue Options Excel, sélectionnez la rubrique Compléments, à gauche. Tout en bas, choisissez Compléments Excel dans la liste Gérer et cliquez sur Atteindre. Excel affiche une liste de compléments disponibles : cochez la case Analysis ToolPak et cliquez sur OK. Excel installe les outils d'analyses complémentaires.

Mise en œuvre de l'outil Statistiques descriptives

L'outil d'analyse de données Statistiques descriptives vous permettra de réaliser les calculs de statistiques descriptives ; la Figure 10.1 illustre son fonctionnement. Elle résume les données des ventes d'un éditeur de livre. La colonne A indique le prix de détail suggéré (PDS), la colonne B affiche les unités vendues pour chaque livre, et la colonne C détaille les ventes par produit. L'outil Statistiques descriptives permettra d'analyser cet ensemble de données.

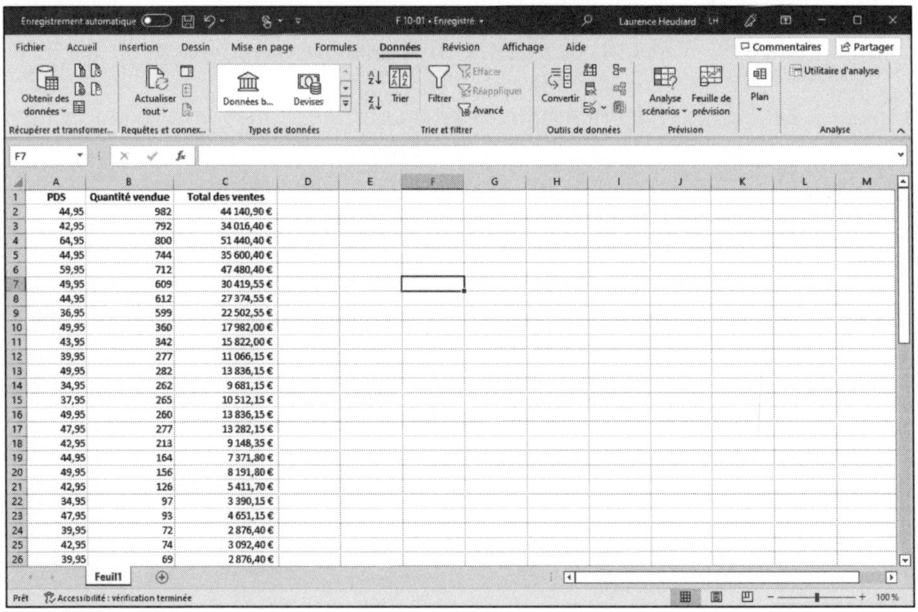

Figure 10.1 Un ensemble de données à analyser.

Pour calculer des statistiques descriptives pour l'ensemble des données présentées à la Figure 10.1, procédez de la manière suivante :

1. **Cliquez sur la commande Utilitaire d'analyse à partir de l'onglet Données.**

   Excel affiche la boîte de dialogue Utilitaire d'analyse, comme le montre la Figure 10.2.

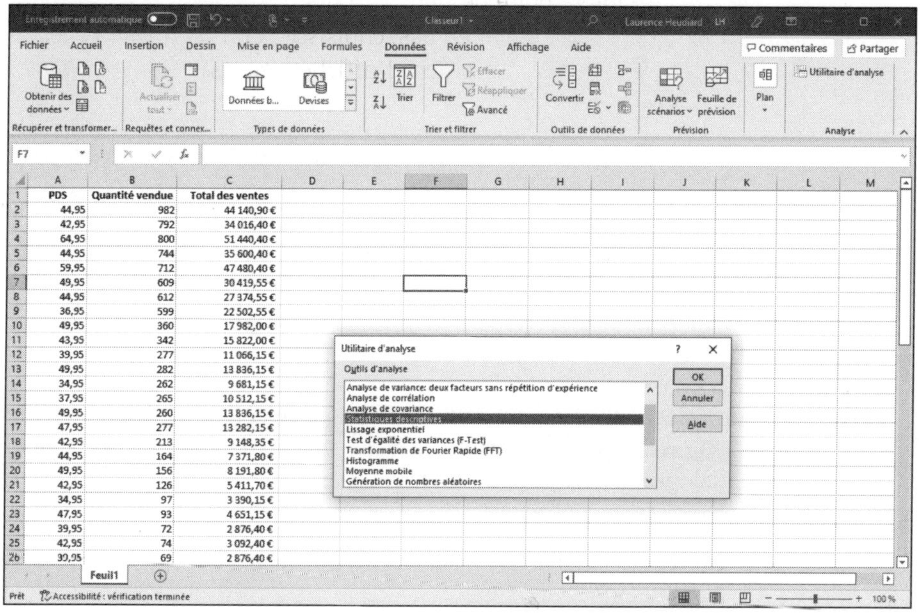

Figure 10.2 La boîte de dialogue Utilitaire d'analyse.

2. **Dans la liste Outils d'analyse de la boîte de dialogue Utilitaire d'analyse, sélectionnez Statistiques descriptives, puis cliquez sur OK.**

   Excel affiche la boîte de dialogue Statistiques descriptives, comme le montre la Figure 10.3.

3. **Identifiez les données à traiter dans les sections de la boîte de dialogue Statistiques descriptives.**

   » *Pour identifier les données à décrire statistiquement* : cliquez dans la zone de texte Plage d'entrée de la rubrique Paramètres d'entrée, puis saisissez les références de la plage de la feuille de calcul contenant les données. Dans le cas de la feuille de calcul de la Figure 10.1, la plage d'entrée est $A$1:$C$38. Excel impose l'utilisation de références absolues (signes dollar) pour l'expression de l'adresse de la plage.

Figure 10.3
La boîte de dialogue Statistiques descriptives.

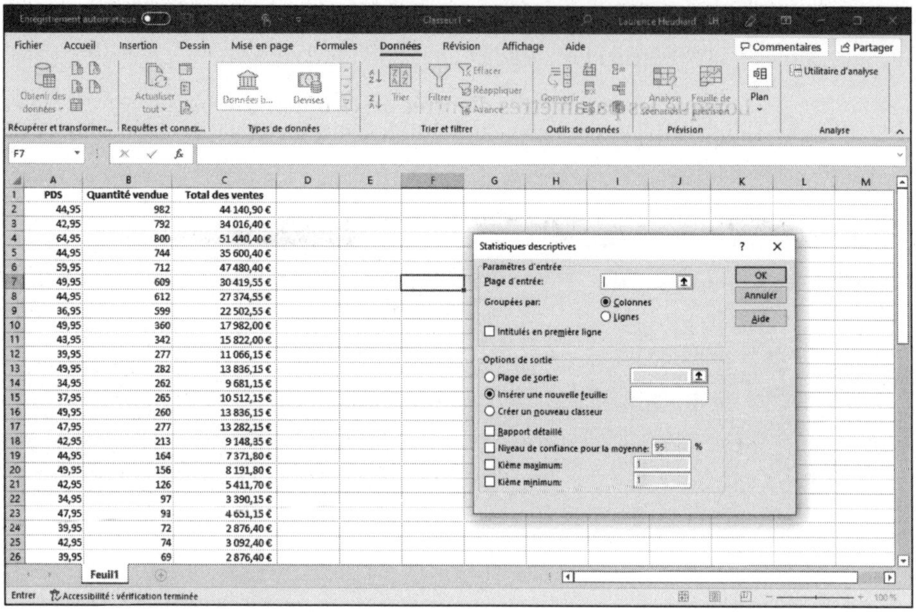

Pour sélectionner plus facilement la plage de la feuille de calcul, cliquez sur le bouton à l'extrémité droite de la zone de saisie Plage d'entrée. Si la boîte de dialogue Statistiques descriptives masque la plage contenant les données, déplacez-la avec la souris.

» *Indiquez si les données sont groupées par colonnes ou par lignes* : cochez le bouton radio Colonnes ou Lignes.

» *Indiquez si la première ligne contient des étiquettes décrivant les données* : si besoin, cochez la case Intitulés en première ligne. Les données de l'exemple de la Figure 10.1 sont disposées en colonnes, et la première ligne comporte des étiquettes ; sélectionnez le bouton Colonnes et cochez la case Intitulés en première ligne.

4 Dans la zone Options de sortie de la boîte de dialogue Statistiques descriptives, définissez où et comment les statistiques seront produites.

» *Choisissez où les statistiques descriptives seront placées* : cochez le bouton radio correspondant à l'emplacement du rapport, soit dans une plage de la feuille en cours, soit dans une nouvelle feuille, soit dans un nouveau classeur. En règle générale, les statistiques sont insérées dans une nouvelle feuille du classeur (Insérer une nouvelle feuille).

» *Listez les détails du rapport* : une série de cases à cocher détermine les caractéristiques du rapport ; il s'agit du niveau de détail du rapport, des mesures statistiques, telles que la moyenne, le mode et l'écart type, ou le niveau de confiance pour la moyenne. Si vous calculez un niveau de confiance pour la moyenne de l'échantillon, il faut spécifier son pourcentage.

Lorsque les paramètres d'entrée et les options de sortie ont été spécifiés, cliquez sur OK pour générer le rapport. La Figure 10.4 montre une nouvelle feuille de calcul avec le calcul des statistiques descriptives.

Figure 10.4 Une nouvelle feuille de calcul avec le détail des statistiques descriptives.

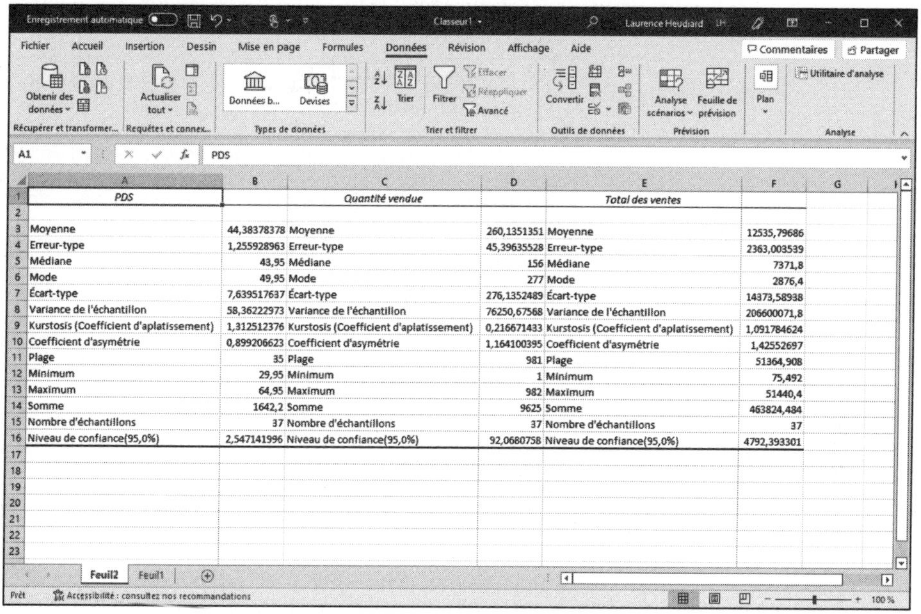

Le Tableau 10.1 décrit les statistiques calculées par Excel.

Tableau 10.1 Les mesures calculées par l'outil Statistiques descriptives.

Statistique	Description
Moyenne	Affiche la moyenne arithmétique des données de l'échantillon.
Erreur-type	Indique l'erreur standard de l'ensemble des données : c'est une mesure de la différence entre la valeur prédite et la valeur réelle.
Médiane	Affiche la valeur moyenne de l'ensemble des données : c'est la valeur qui sépare la plus grande moitié des valeurs de la plus petite moitié des valeurs.
Mode	Indique la valeur la plus courante dans l'ensemble de données.
Écart-type	Affiche la mesure de l'écart type de l'échantillon pour l'ensemble des données.

Statistique	Description
Variance de l'échantillon	Montre la variance de l'échantillon pour l'ensemble des données : c'est le carré de l'écart type.
Kurtosis	Affiche le kurtosis de la distribution, c'est-à-dire le coefficient d'aplatissement de Pearson.
Coefficient d'asymétrie	Indique l'asymétrie de la distribution de l'ensemble des données.
Plage	Montre la différence entre les valeurs les plus grandes et les plus petites de l'ensemble des données.
Minimum	Affiche la plus petite valeur de l'ensemble des données.
Maximum	Affiche la plus grande valeur de l'ensemble des données.
Somme	Calcule la somme de toutes les valeurs de l'ensemble des données.
Nombre d'échantillons	Compte le nombre de valeurs dans l'ensemble de données.
Niveau de confiance (x %)	Indique le niveau de confiance à un pourcentage donné pour les valeurs de consigne de données.

Création d'un histogramme

L'outil Histogramme permet de créer une distribution de fréquence et, éventuellement, un histogramme. Une distribution de fréquence montre comment les valeurs d'un ensemble de données sont réparties entre les catégories. Un histogramme présente la même information dans un petit tableau de colonnes. Voici un exemple qui vous permettra d'y voir plus clair si vous êtes un peu perdu !

Pour utiliser l'outil Histogramme, vous devez d'abord identifier les catégories afin de créer une distribution de fréquence. Les barres de l'histogramme représentent la répartition des données dans chacune de ces catégories. La Figure 10.5 montre la même feuille de calcul que la Figure 10.1, mais, cette fois, avec des informations sur les catégories ou classes, la plage E1:E12. Cette dernière indique exactement quelles classes vous souhaitez utiliser pour regrouper les données sur les ventes unitaires. Les classes de la plage E1:E12 regroupent les données par multiples de 100 unités : 0-100, 101-200, 201-300, et ainsi de suite.

Pour créer une distribution de fréquence et un histogramme à partir des données de la Figure 10.5, procédez de la manière suivante :

1. **Pour créer une distribution de fréquence et un histogramme, cliquez sur la commande Utilitaire d'analyse à partir de l'onglet Données.**

Figure 10.5

La plage E1:E12 indique exactement quelles classes utiliser.

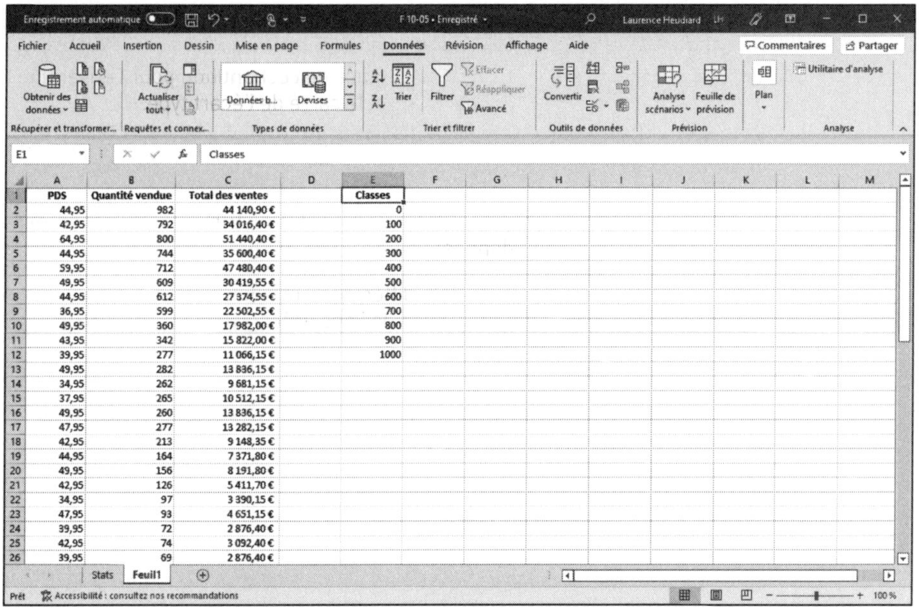

❷ **Excel affiche la boîte de dialogue Utilitaire d'analyse de la Figure 10.2 ; sélectionnez Histogramme dans la liste Outils d'analyse et cliquez sur OK.**

❸ **Dans la boîte de dialogue Histogramme qui apparaît, comme le montre la Figure 10.6, identifiez les données que vous souhaitez analyser.**

Figure 10.6

La boîte de dialogue Histogramme.

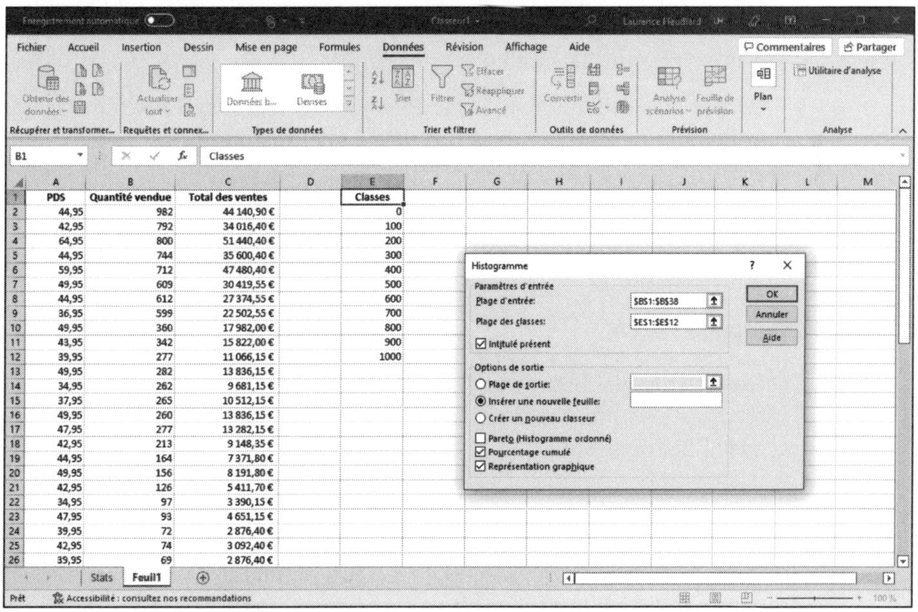

Dans la zone Plage d'entrée, identifiez les données permettant de créer l'histogramme et la distribution de fréquence. Par exemple, entrez la plage `$B$1:$B$38`.

Pour identifier les classes de la distribution de fréquence et de l'histogramme, entrez la plage `$E$1:$E$12` dans la zone Plage des classes, comme le montre l'exemple de la feuille de calcul de la Figure 10.5.

Si vos plages de données comprennent des étiquettes (comme celles de la Figure 10.5), cochez la case Intitulé présent.

4. **La zone Options de sortie permet d'indiquer à Excel où placer l'histogramme et la distribution de fréquence.**

   Pour insérer l'histogramme et la distribution de fréquence dans une plage de la feuille de calcul en cours, sélectionnez le bouton radio Plage de sortie, puis entrez l'adresse de la plage dans la zone de texte associée.

   Pour insérer l'histogramme et la distribution de fréquence dans une nouvelle feuille de calcul, sélectionnez le bouton radio Insérer une nouvelle feuille. Ensuite, si vous le souhaitez, entrez un nom pour cette feuille de calcul dans la zone de texte associée.

   Pour placer l'histogramme et la distribution de fréquence dans un nouveau classeur, sélectionnez le bouton radio Créer un nouveau classeur.

5. **Si vous le souhaitez, personnalisez l'histogramme.**

   Choisissez des options pour l'histogramme en cliquant sur les cases à cocher. Par exemple, cochez la case Pareto (Histogramme ordonné) pour que les classes soient triées dans l'ordre décroissant. Inversement, si vous préférez un tri par ordre croissant, laissez la case décochée.

   Cochez la case Pourcentage cumulé pour demander à Excel de tracer une ligne indiquant les pourcentages cumulés dans l'histogramme.

   La dernière case à cocher, Représentation graphique, indique que le diagramme doit être tracé à côté de la distribution de fréquence. Si cette case n'est pas cochée, seule la distribution de fréquence sera créée : il n'y aura pas d'histogramme.

6. **Cliquez sur OK.**

   Excel génère la distribution de fréquence et, si la case Représentation graphique a été cochée, l'histogramme. La Figure 10.7 montre la distribution de fréquence avec l'histogramme créé à partir des données de la Figure 10.5.

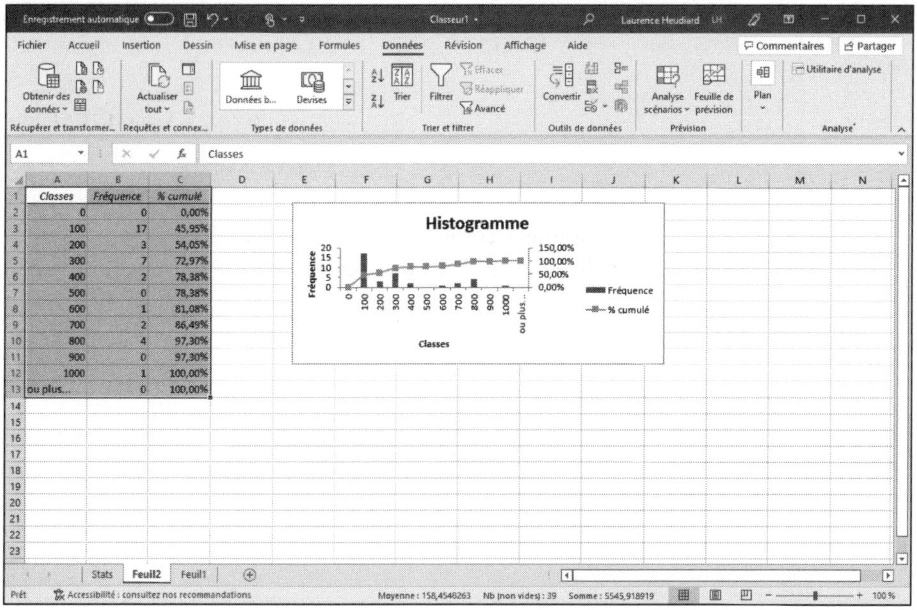

Figure 10.7 La distribution de fréquence avec l'histogramme créé à partir des données de la Figure 10.5.

Excel fournit également une fonction de la fréquence avec laquelle vous pouvez utiliser des tableaux pour créer une distribution de fréquence. Pour plus d'informations sur la mise en œuvre de la fonction de fréquence, consultez le Chapitre 9.

Analyse de position

La collection d'outils d'analyse des données comprend une option pour calculer le rang et le rang en pourcentage de chaque valeur d'une série de données ; elle permet d'analyser le rang relatif des valeurs d'une série de données. Supposons, par exemple, que vous souhaitiez classer les informations liées au chiffre d'affaires, comme le montre la Figure 10.8.

1. **Pour générer une analyse de position, cliquez sur la commande Utilitaire d'analyse à partir de l'onglet Données.**
2. **Dans la boîte de dialogue Utilitaire d'analyse, sélectionnez Analyse de position dans la liste et cliquez sur OK.**

   Excel affiche la boîte de dialogue Analyse de position, comme le montre la Figure 10.9.

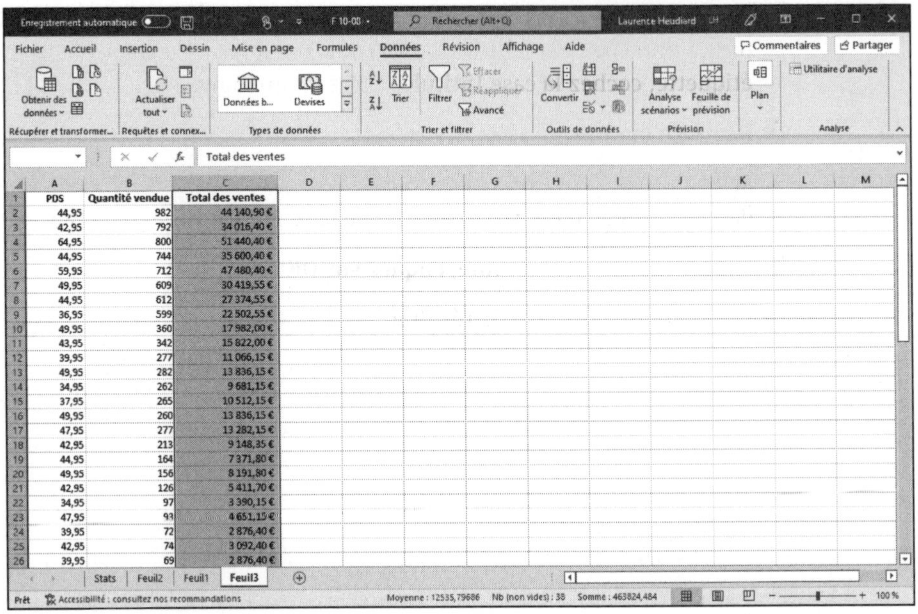

Figure 10.8 Analyse des informations sur les ventes de livres.

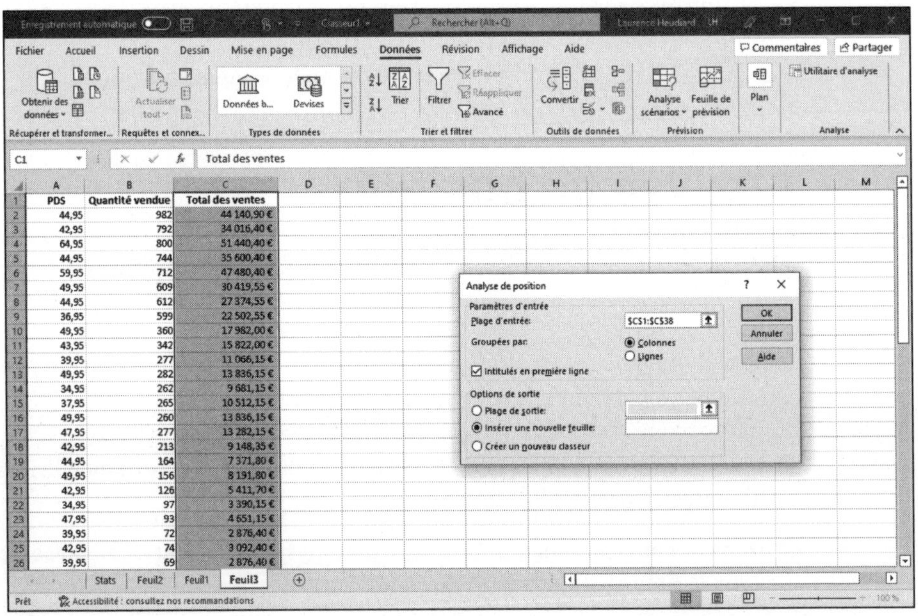

Figure 10.9 La boîte de dialogue Analyse de position.

❸ **Identifiez l'ensemble de données à traiter.**

Dans la zone Plage d'entrée, saisissez la plage de la feuille de calcul contenant les données à analyser.

Dans la zone Groupées par, indiquez comment les données sont organisées, par colonnes ou par lignes. Si la première cellule de la plage d'entrée est une étiquette, cochez la case Intitulés en première ligne.

4. **Décrivez où Excel doit restituer les données.**

   Sélectionnez le bouton radio correspondant à l'option de sortie des résultats, dans la feuille en cours, dans une nouvelle feuille ou dans un nouveau classeur.

5. **Lorsque vous avez terminé, cliquez sur OK.**

   La Figure 10.10 montre le résultat de l'analyse de position.

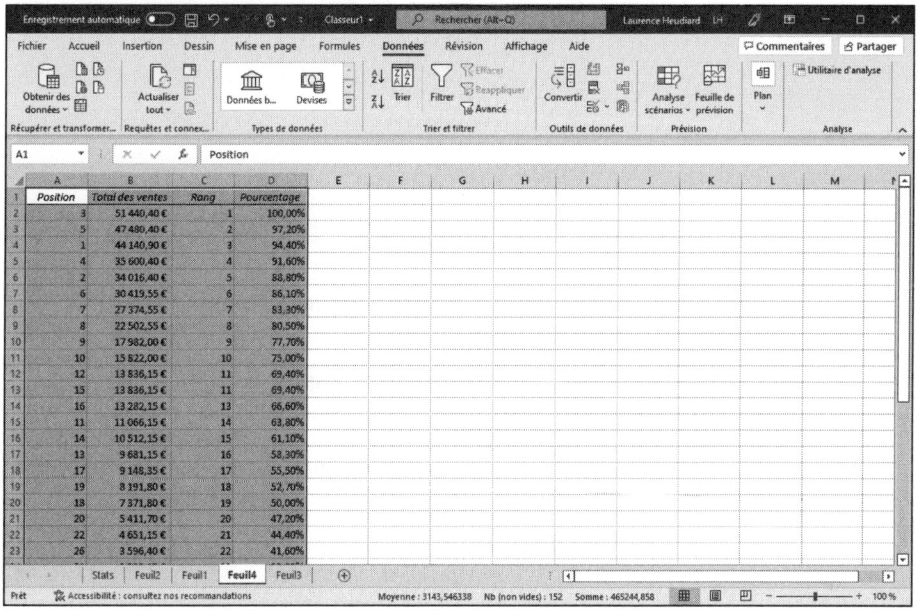

Figure 10.10 L'analyse de position pour le Total des ventes.

Calcul de moyennes mobiles

L'Utilitaire d'analyse fournit également un outil de calcul des moyennes mobiles et un outil de lissage exponentiel. Supposons que, pour des raisons d'illustration, nous ayons recueilli des informations sur des températures quotidiennes, telles que celles représentées par la Figure 10.11. Nous voulons calculer la moyenne glissante, ou moyenne mobile, sur trois jours (en fait, il s'agit de la moyenne sur les trois derniers jours), afin de réaliser des prévisions météorologiques simples.

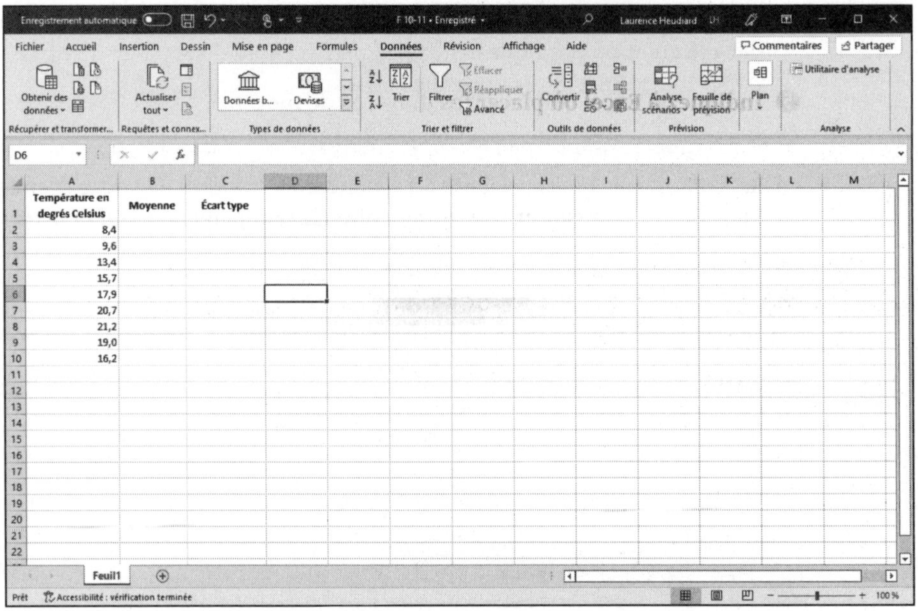

Figure 10.11 Une feuille de calcul pour calculer une moyenne mobile des températures.

1. **Pour calculer une moyenne mobile, cliquez sur la commande Utilitaire d'analyse à partir de l'onglet Données.**
2. **Dans la boîte de dialogue Utilitaire d'analyse, sélectionnez l'élément Moyenne mobile à partir de la liste, puis cliquez sur OK.**

   Excel affiche la boîte de dialogue Moyenne mobile, comme le montre la Figure 10.12.

3. **Identifiez les données que vous souhaitez utiliser pour calculer la moyenne mobile.**

   Dans la zone Plage d'entrée, indiquez la plage de la feuille de calcul contenant les données à analyser, soit en tapant une adresse de plage, soit en utilisant la souris pour sélectionner la plage.

   La référence de plage doit utiliser des adresses de cellules absolues. Dans une adresse de cellule absolue, la lettre de la colonne et le numéro de ligne doivent être précédés et suivis du signe $, comme dans $A$1:$A$10.

   Si la première cellule de la plage d'entrée comprend une étiquette de texte pour identifier ou décrire les données, cochez la case Intitulés en première ligne.

4. **Dans la zone de texte Intervalle, spécifiez le nombre de valeurs à inclure dans le calcul de la moyenne mobile.**

   Vous pouvez calculer une moyenne mobile en utilisant un certain nombre de valeurs. Par défaut, Excel utilise les trois dernières valeurs pour calculer la moyenne mobile. Pour spécifier un autre nombre de valeurs, entrez celui-ci dans la zone de texte Intervalle.

5. **Indiquez à Excel où placer les données de moyennes mobiles.**

   La zone de texte Plage de sortie identifie la plage de la feuille de calcul dans laquelle sont placées les données de moyennes mobiles. Dans l'exemple de la Figure 10.11, le résultat peut être inséré dans la plage B2:B10, comme le montre la Figure 10.12.

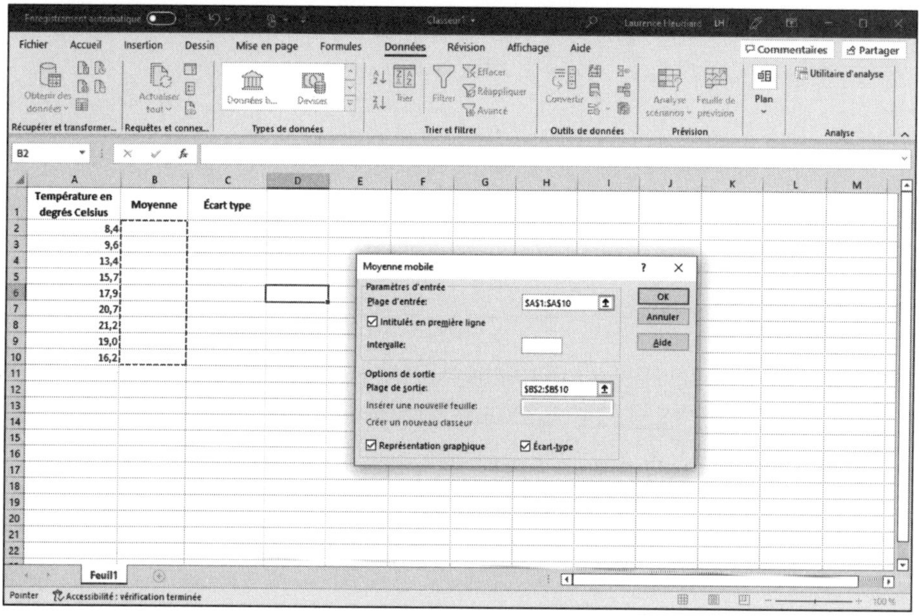

Figure 10.12 La boîte de dialogue Moyenne mobile.

6. **Ajoutez éventuellement un graphique aux résultats.**

   Si vous voulez qu'un graphique trace la répartition des moyennes mobiles, cochez la case Représentation graphique.

7. **Ajoutez éventuellement le calcul des écarts types aux résultats.**

   Si vous voulez calculer les écarts types, cochez la case Écart-type. Excel les placera à côté des valeurs moyennes mobiles (pour la Figure 10.11, les informations relatives aux écarts types seront placées dans la plage C2:C10).

8. **Lorsque la saisie des informations est terminée, cliquez sur OK.**

   Excel calcule les moyennes mobiles, comme le montre la Figure 10.13.

Figure 10.13 Calcul des moyennes mobiles.

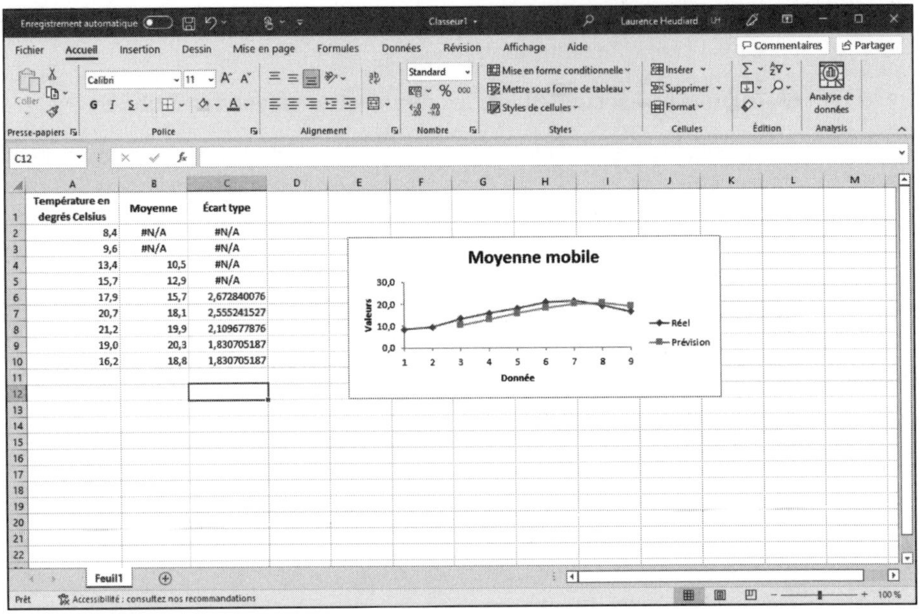

Si Excel manque d'informations pour calculer une moyenne mobile ou un écart type, il place le message d'erreur #N/A dans la cellule. Dans la Figure 10.13, vous pouvez voir que les premières cellules des séries affichent ce message d'erreur.

Lissage exponentiel

L'outil Lissage exponentiel, compris dans l'Utilitaire d'analyse, calcule également les moyennes mobiles. Cependant, dans ce cas, l'outil réalise un lissage exponentiel, de sorte que les valeurs les plus récentes ont un effet plus important que les anciennes valeurs sur les résultats. Cette pondération est réalisée avec une constante de lissage.

Pour illustrer la mise en œuvre de l'outil Lissage exponentiel, nous utiliserons à nouveau les informations concernant la température moyenne quotidienne, comme le montre la Figure 10.14.

1. **Pour calculer une moyenne mobile associée à un lissage exponentiel, cliquez sur la commande Utilitaire d'analyse à partir de l'onglet Données.**

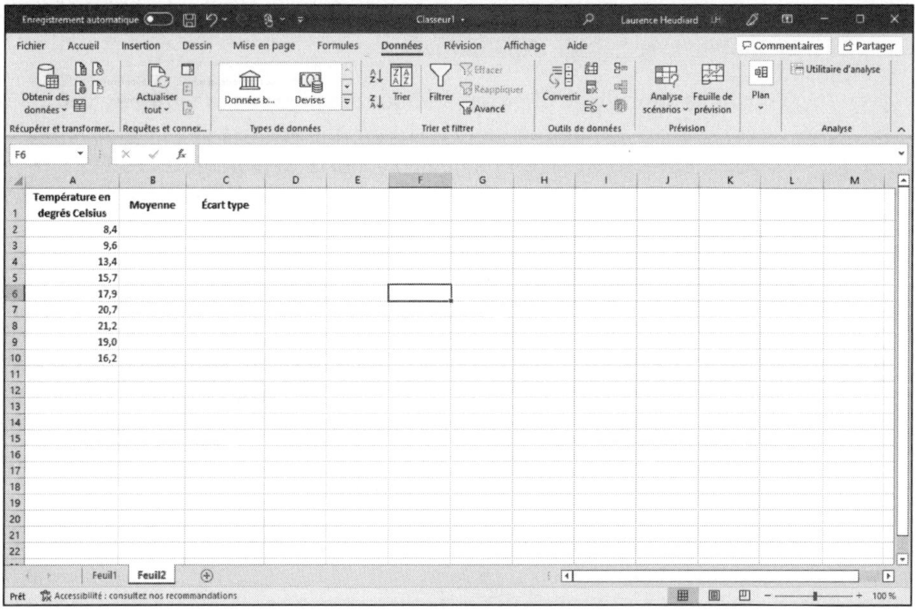

Figure 10.14 Une feuille de calcul liée à la température moyenne quotidienne.

❷ **Dans la boîte de dialogue Utilitaire d'analyse, sélectionnez l'élément Lissage exponentiel dans la liste, puis cliquez sur OK.**

Excel affiche la boîte de dialogue Lissage exponentiel, comme le montre la Figure 10.15.

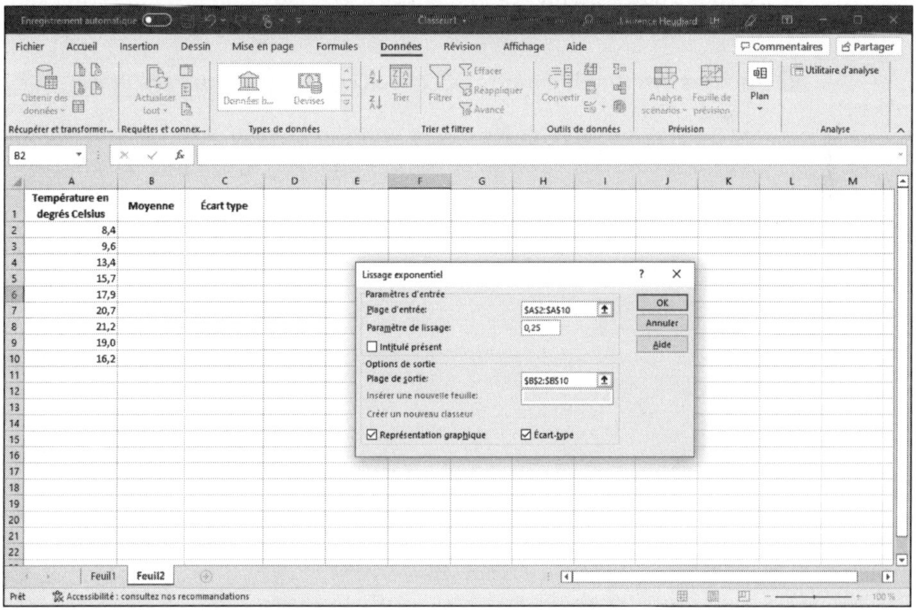

Figure 10.15 La boîte de dialogue Lissage exponentiel.

3. **Identifiez les données que vous souhaitez utiliser pour calculer la moyenne mobile avec lissage exponentiel.**

   Dans la zone Plage d'entrée, indiquez la plage de la feuille de calcul contenant les données à analyser, soit en tapant une adresse de plage de la feuille, soit en sélectionnant la plage à l'aide de la souris. Si la plage d'entrée comprend une étiquette de texte pour identifier ou décrire les données, cochez la case Intitulé présent.

4. **Spécifiez le paramètre de lissage.**

   Entrez la constante de lissage dans la zone de texte Paramètre de lissage. Le fichier d'aide d'Excel suggère d'utiliser une constante comprise entre 0,2 et 0,3. Cependant, si vous utilisez cet outil, on peut supposer que vous avez vos propres idées sur le choix d'une constante de lissage (si ce choix n'évoque rien pour vous et si vous vous trouvez démuni face à la constante de lissage, peut-être ne devriez-vous pas utiliser cet outil).

5. **Indiquez à Excel où placer les données de moyennes mobiles avec lissage exponentiel.**

   Utilisez la zone de texte Plage de sortie pour identifier la plage de la feuille de calcul dans laquelle vous voulez placer les données moyennes mobiles. Dans l'exemple de la Figure 10.14, par exemple, placez les données moyennes mobiles dans la plage B2:B10.

6. **Ajoutez éventuellement un graphique aux résultats.**

   Si vous voulez qu'un graphique trace la répartition des moyennes mobiles lissées, cochez la case Représentation graphique.

7. **Ajoutez éventuellement le calcul des écarts types aux résultats.**

   Si vous voulez calculer les écarts types, cochez la case Écart-type. Excel les placera à côté des valeurs moyennes mobiles exponentiellement lissées.

8. **Lorsque la saisie des informations est terminée, cliquez sur OK.**

   Excel calcule les moyennes mobiles exponentiellement lissées, comme le montre la Figure 10.16.

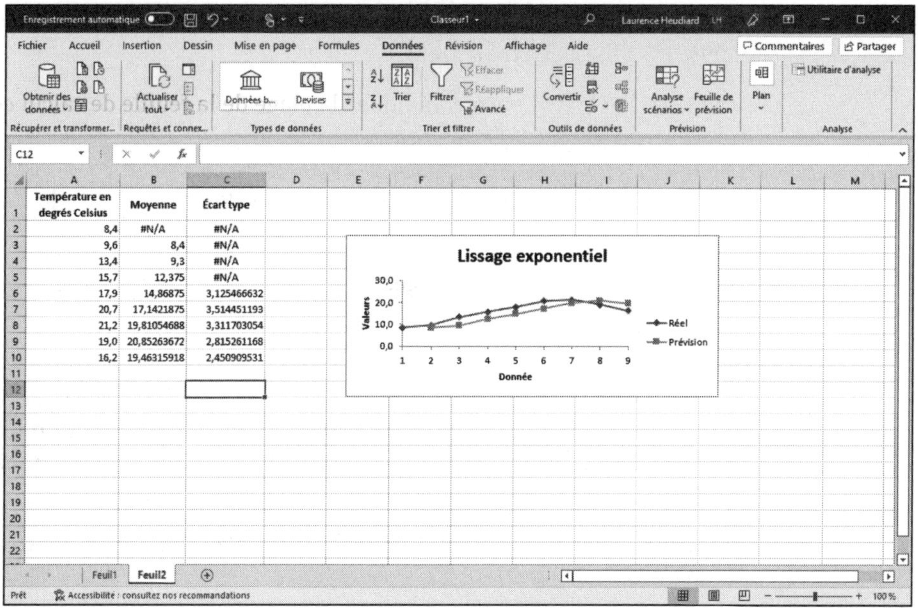

Figure 10.16 Calcul des moyennes mobiles exponentiellement lissées.

Génération de nombres aléatoires

La commande d'analyse de données inclut également un outil de génération de nombres aléatoires, appelé Génération de nombres aléatoires, qui se révèle beaucoup plus flexible que la fonction ALEA, l'autre outil proposé par Excel pour produire des nombres aléatoires. L'outil Génération de nombres aléatoires n'est pas vraiment destiné aux statistiques descriptives ; vous l'utiliserez probablement comme aide en vue d'obtenir des échantillons au hasard pour représenter une population. Il est présenté dans ce chapitre, parce qu'il est mis en œuvre comme les autres outils liés aux statistiques descriptives.

1. **Pour générer des nombres aléatoires, cliquez sur la commande Utilitaire d'analyse à partir de l'onglet Données.**

   Excel affiche la boîte de dialogue Utilitaire d'analyse.

2. **Dans la boîte de dialogue Utilitaire d'analyse, sélectionnez l'élément Génération de nombres aléatoires à partir de la liste, puis cliquez sur OK.**

   Excel affiche la boîte de dialogue Génération de nombres aléatoires, comme le montre la Figure 10.17.

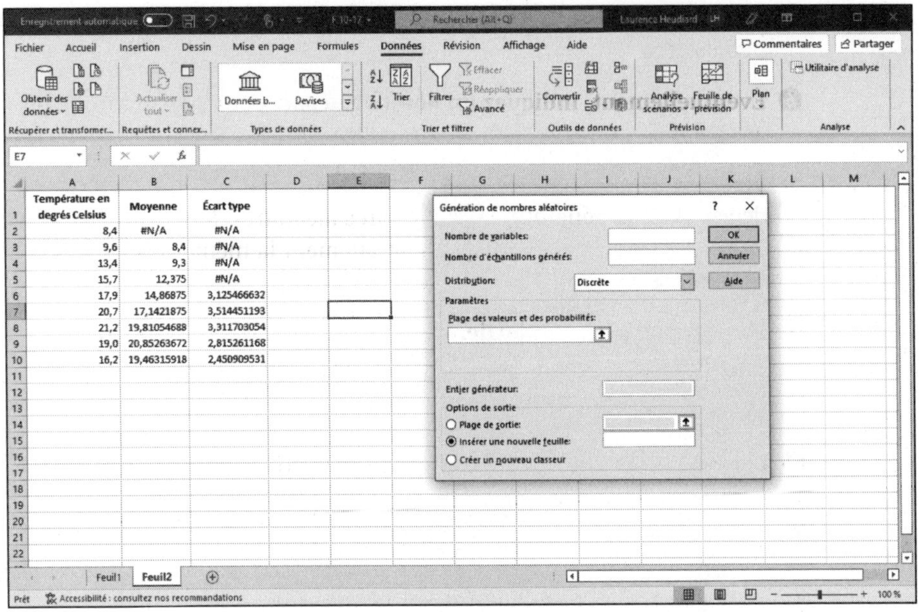

Figure 10.17 La boîte de dialogue Génération de nombres aléatoires.

❸ **Indiquez le nombre de colonnes et de lignes de valeurs que vous souhaitez.**

Utilisez la zone de texte Nombre de variables pour spécifier le nombre de colonnes qu'il doit y avoir dans la plage de sortie, puis la zone de texte Nombre d'échantillons générés pour spécifier le nombre de lignes dans la plage de sortie.

Il n'est pas indispensable de renseigner ces deux zones de texte : si vous les laissez vides, Excel remplira toutes les colonnes et toutes les lignes de la plage de sortie.

❹ **Sélectionnez la méthode de distribution.**

Sélectionnez l'une des méthodes de distribution dans la liste déroulante Distribution. Celle-ci fournit plusieurs méthodes de distribution : Uniforme, Normale, Bernoulli, Binomiale, Poisson, Périodique et Discrète. En règle générale, vous utiliserez le modèle Uniforme ; sinon, indiquez celui qui vous convient. Par exemple, si vous voulez générer des nombres aléatoires à partir d'un ensemble de données normalement distribué, vous pouvez sélectionner la méthode de distribution Normale.

❺ **Éventuellement, spécifiez les paramètres nécessaires à la méthode de distribution.**

Si vous sélectionnez une méthode de distribution qui nécessite des paramètres ou des valeurs d'entrée spécifiques, utilisez la zone de texte Paramètres ; il s'agit de Plage des valeurs et des probabilités pour une distribution Discrète, afin d'identifier la plage de la feuille de calcul qui contient les paramètres nécessaires.

6. **Éventuellement, indiquez un point de départ pour la génération des nombres aléatoires.**

   Vous avez la possibilité d'entrer un entier générateur qui servira de point de départ pour la génération des nombres aléatoires. Si vous spécifiez une valeur de départ, Excel générera systématiquement la même série lorsque l'utilitaire sera utilisé.

7. **Identifiez la plage de sortie.**

   Utilisez les boutons radio des Options de sortie pour sélectionner l'endroit où seront placés les nombres aléatoires.

8. **Lorsque la saisie des informations est terminée, cliquez sur OK.**

   Excel génère la série de nombres aléatoires.

Échantillonnage

L'outil Échantillonnage, lui aussi inclus dans l'Utilitaire d'analyse, mérite d'être présenté ici, même s'il ne s'agit pas réellement d'un outil de statistiques descriptives.

En fait, les outils Génération de nombres aléatoires et Échantillonnage vous seront probablement utiles lorsque vous réaliserez des analyses statistiques et des estimations, comme celles décrites dans le Chapitre 11. C'est parce que la mise en œuvre de ces outils est semblable à celle des outils de statistiques descriptives qu'ils sont abordés ici.

L'outil Échantillonnage, qui fait partie des outils d'analyse de données, permet de choisir au hasard des éléments dans un ensemble de données ou de sélectionner chaque n-ième élément d'un ensemble de données. Par exemple, supposons que dans le cadre d'une vérification interne, nous voulions choisir au hasard cinq titres parmi une liste de livres. Pour ce faire, l'outil d'échantillonnage est parfaitement adapté. La liste des livres de la Figure 10.18 montre la feuille de calcul qui servira à illustrer l'outil Échantillonnage.

1. **Pour échantillonner des valeurs à partir d'un ensemble de données, cliquez sur la commande Utilitaire d'analyse à partir de l'onglet Données.**

Figure 10.18

La liste des livres qui servira à illustrer l'outil Échantillonnage.

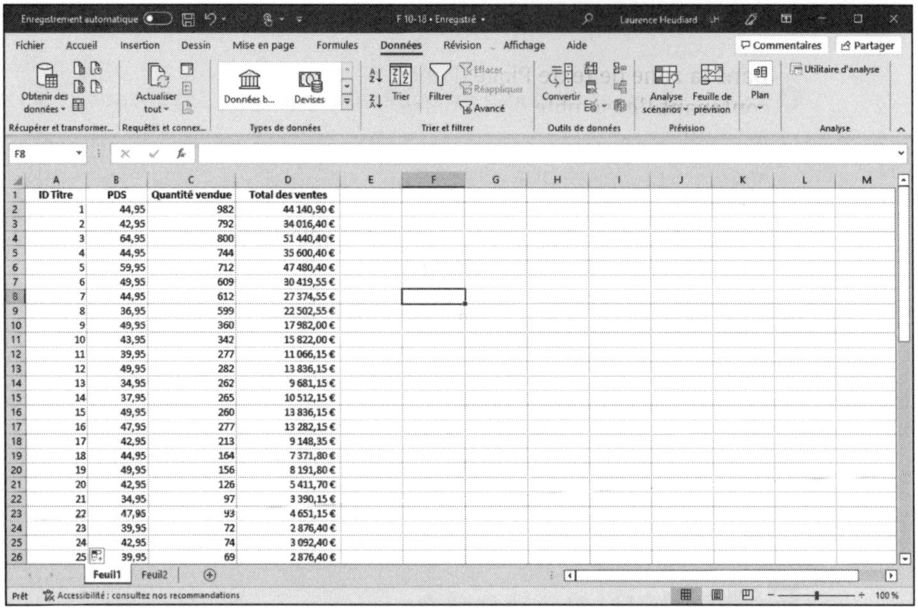

❷ **Dans la boîte de dialogue Utilitaire d'analyse, sélectionnez l'élément Échantillonnage dans la liste et cliquez sur OK.**

Excel affiche la boîte de dialogue Échantillonnage, comme représentée dans la Figure 10.19.

Figure 10.19

La boîte de dialogue Échantillonnage.

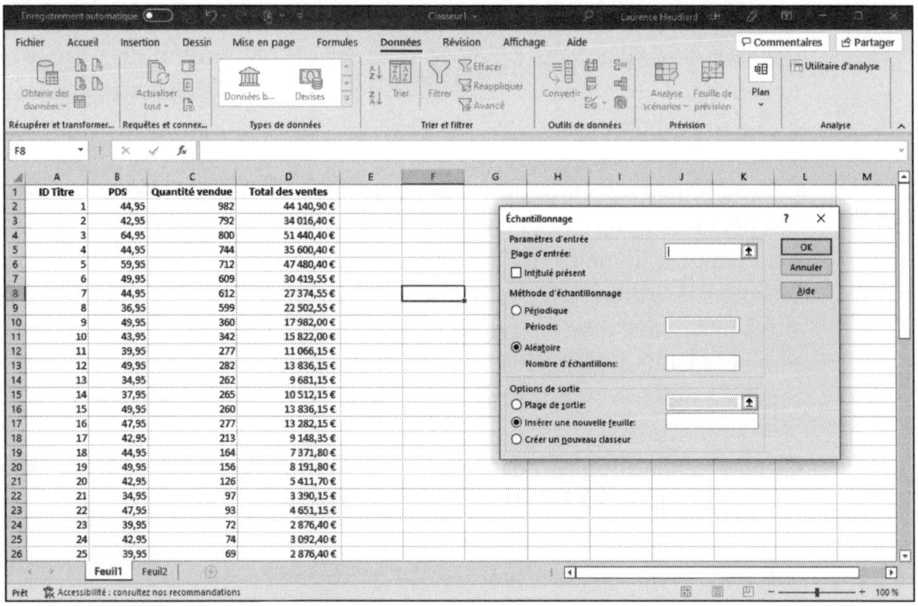

3. **Identifiez la plage d'entrée.**

   Dans la zone de texte Plage d'entrée, indiquez la plage de la feuille de calcul contenant l'ensemble des données à échantillonner. Par exemple, dans le cas de l'exemple de la Figure 10.18, nous nous intéressons aux informations de la colonne A (`ID Titre`) qui identifie chaque titre de livre. Par conséquent, la plage d'entrée est A1:A38. Vous pouvez saisir cette plage de valeurs en tapant les adresses de la feuille de calcul, ou la sélectionner en faisant glisser le curseur de la souris de la cellule A1 à la cellule A38.

   Si la première cellule de la plage d'entrée contient une étiquette de texte décrivant les données (ce qui est le cas pour la Figure 10.18), cochez la case Intitulé présent.

4. **Choisissez une méthode d'échantillonnage.**

   Excel propose deux méthodes d'échantillonnage pour la récupération ou l'identification d'articles dans l'ensemble de données :

   » Périodique : une méthode d'échantillonnage périodique saisit chaque n-ième élément de l'ensemble de données. Par exemple, on peut entrer la valeur pour définir un échantillonnage périodique de chaque cinquième élément, le cinquième, le dixième, le quinzième, *etc.* Pour ce faire, sélectionnez le bouton radio Périodique et tapez la période dans sa zone de texte.

   » Aléatoire : pour choisir au hasard des éléments dans l'ensemble de données, sélectionnez le bouton radio Aléatoire, puis entrez le nombre d'échantillons à prélever dans la zone de texte éponyme.

5. **Sélectionnez une zone de sortie.**

   Dans la zone Options de sortie, sélectionnez un bouton radio parmi les trois pour définir l'endroit où le résultat de l'échantillonnage devra apparaître. Pour placer les résultats dans une plage de la feuille de calcul en cours, sélectionnez le bouton Plage de sortie, puis entrez la plage de sortie dans la zone de texte.

   Pour placer les informations d'échantillonnage dans une nouvelle feuille de calcul ou dans un nouveau classeur, sélectionnez respectivement le bouton Insérer une nouvelle feuille ou Créer un nouveau classeur.

   La Figure 10.20 montre un échantillonnage périodique avec une période égale à 5 et les résultats placés dans la colonne F. La Figure 10.21 montre un échantillonnage à partir de valeurs aléatoires et les dix résultats placés dans la colonne F. Notez que les valeurs indiquées dans les deux Figures 10.20 et 10.21 sont les numéros de titres spécifiés dans la plage d'entrée.

Figure 10.20 Un exemple d'échantillonnage périodique.

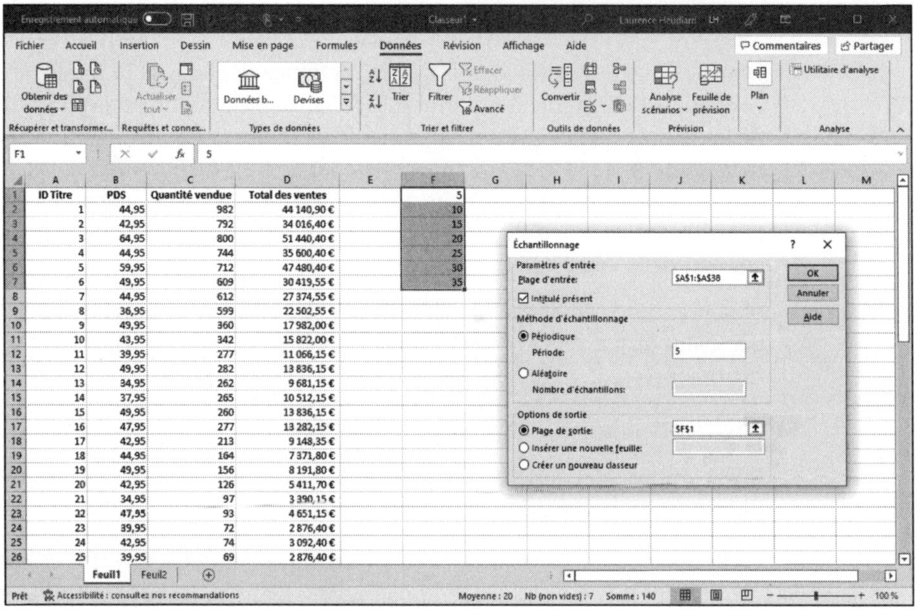

Figure 10.21 Un exemple d'échantillonnage aléatoire.

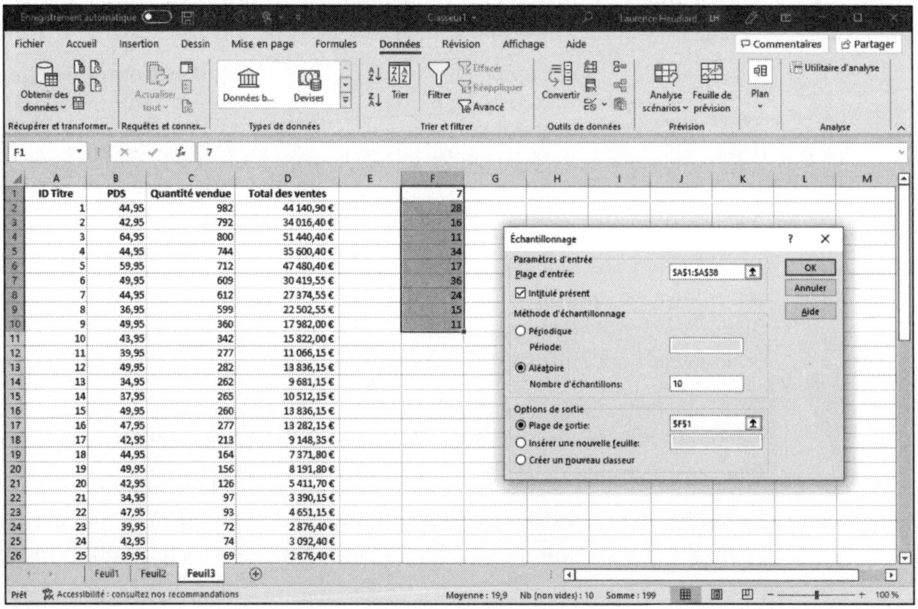

Chapitre 11
Estimations

DANS CE CHAPITRE

- Test d'égalité des espérances
- Test de la différence significative minimale (Test z)
- Création d'un nuage de points
- Régressions linéaires appliquées aux analyses de données
- Analyse de corrélation
- Analyse de covariance
- Analyse de variance
- Transformations de Fourier Rapide (FFT)

Ce chapitre est consacré à des outils plus sophistiqués, fournis par l'Utilitaire d'analyse, tels que l'analyse de variance, le lissage exponentiel, les histogrammes, les transformations de Fourrier Rapide, les moyennes mobiles, les régressions linéaires, les tests d'égalité des espérances, les statistiques descriptives, *etc.*

La mise en œuvre de ces outils requiert un minimum de compétences statistiques ; un bon cours de statistiques de base peut donc être d'une grande aide. Cependant, avec un niveau de connaissance des statistiques raisonnable et un peu de patience, vous pourrez utiliser la plupart de ces outils à bon escient.

Le complément Analysis ToolPak doit être installé pour pouvoir accéder à l'Utilitaire d'analyse. Pour ce faire, cliquez sur l'onglet Fichier, puis sur Options, au bas du menu, et dans la partie gauche de la boîte de dialogue Options Excel, choisissez Compléments. Tout en bas, sélectionnez Compléments Excel dans la liste Gérer et cliquez sur Atteindre. Ensuite, dans la boîte de dialogue Compléments qui apparaît, cochez la case Analysis ToolPak et cliquez sur OK. Excel ajoute l'Utilitaire d'analyse à votre environnement.

Test d'égalité des espérances

L'Utilitaire d'analyse propose trois outils pour réaliser des tests d'égalité des espérances, qui pourront vous être très utiles pour analyser de très petites séries de données :

» Test d'égalité des espérances : observations pairées.

» Test d'égalité des espérances : deux observations de variances égales.

» Test d'égalité des espérances : deux observations de variances différentes.

En bref, nous allons voir comment fonctionnent ces trois outils. Pour illustrer ce propos, nous travaillerons avec les valeurs présentées par la Figure 11.1. La plage de la feuille de calcul A1:A21 contient le premier ensemble de valeurs, et la plage B1:B21 le second ensemble de valeurs.

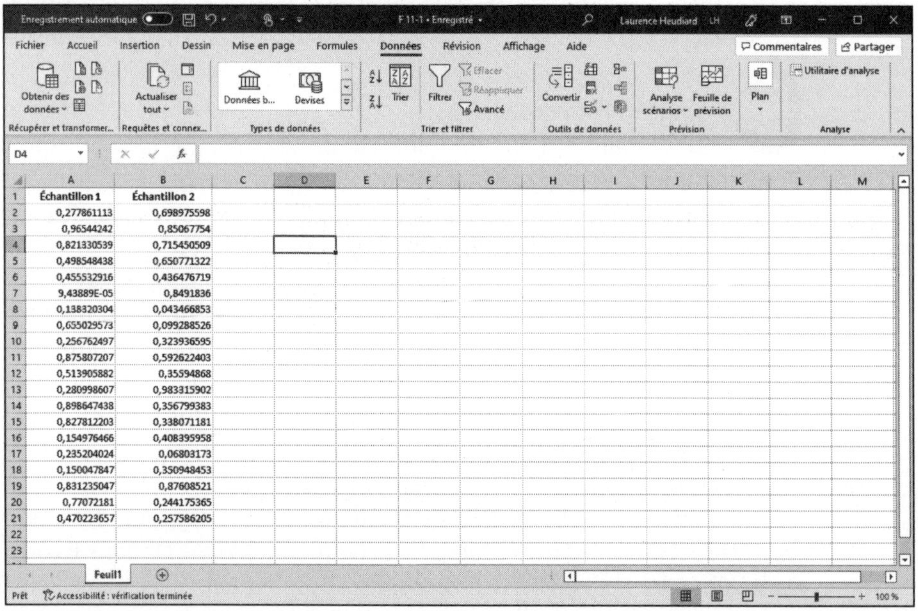

Figure 11.1 Les données destinées à illustrer les tests d'égalité des espérances.

Pour réaliser un test d'égalité des espérances, procédez de la manière suivante :

❶ **Cliquez sur la commande Utilitaire d'analyse à partir de l'onglet Données.**

❷ **Lorsqu'Excel affiche la boîte de dialogue Utilitaire d'analyse (voir la Figure 11.2), sélectionnez l'outil de test d'égalité des espérances approprié.**

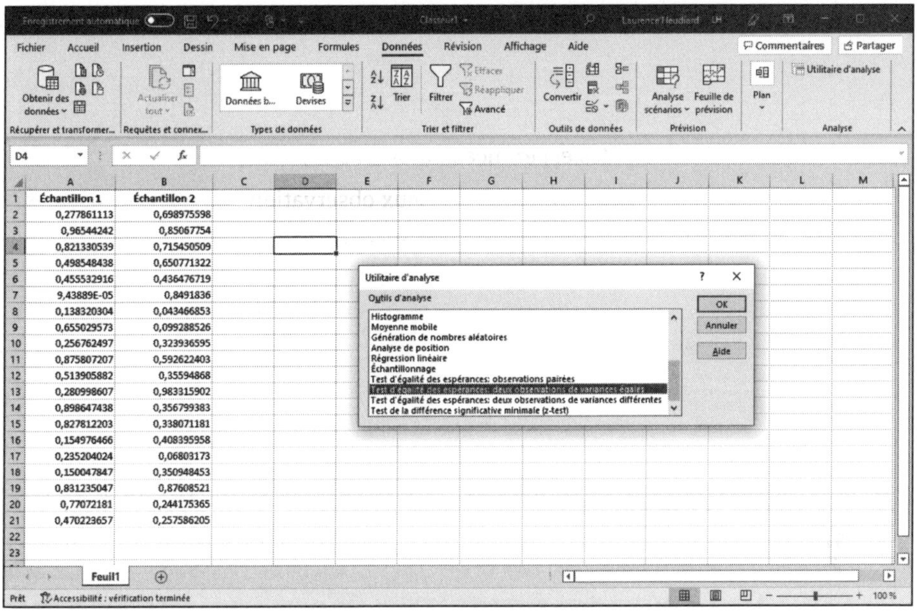

Figure 11.2 Sélectionnez l'outil de test d'égalité des espérances approprié.

» *Test d'égalité des espérances : observations pairées* : paire de deux échantillons pour des moyennes : choisissez cet outil lorsque vous souhaitez effectuer un test sur deux échantillons appariés.

» *Test d'égalité des espérances : deux observations de variances égales* : choisissez cet outil lorsque vous souhaitez effectuer un test avec deux échantillons et que vous pensez, à juste titre, que les variances des deux échantillons sont égales.

» *Test d'égalité des espérances : deux observations de variances différentes* : choisissez cet outil lorsque vous souhaitez effectuer un test avec deux échantillons et que vous supposez que les variances de ceux-ci sont inégales.

❸ **Après avoir sélectionné l'outil de test correct, cliquez sur OK.**

Excel affiche alors la boîte de dialogue appropriée ; la Figure 11.3 montre le Test d'égalité des espérances : deux observations de variances égales.

Les autres boîtes de dialogue de test d'égalité des espérances se ressemblent beaucoup.

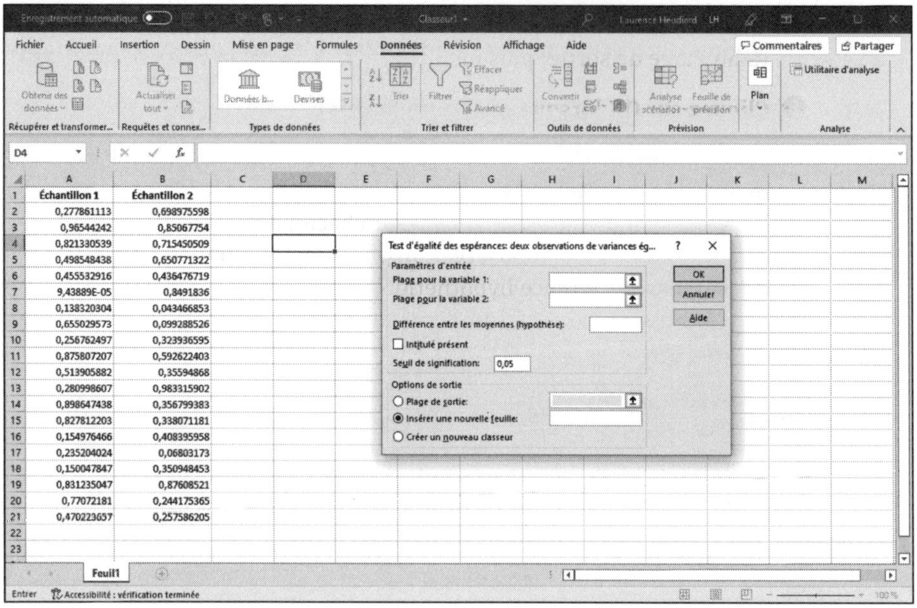

Figure 11.3 L'outil Test d'égalité des espérances deux observations de variances égales.

4. **Dans les zones de saisie Plage pour la variable 1 et Plage pour la variable 2 de la zone Paramètres d'entrée, entrez les coordonnées des plages de la feuille de calcul dans lesquelles sont stockés les deux échantillons.**

   Vous pouvez soit entrer une adresse dans ces zones de texte, soit cliquer dans la zone pour la sélectionner en faisant glisser le pointeur de la souris. Si la première cellule de la plage d'entrée comprend une étiquette de texte pour identifier ou décrire les données, cochez la case Intitulé présent.

5. **La zone de texte Différence entre les moyennes (hypothèse) confirme ou non l'hypothèse de l'égalité des moyennes.**

   Si vous pensez que les moyennes des échantillons sont égales, entrez 0 (zéro) ou laissez la zone vide. Si vous émettez l'hypothèse que les moyennes ne sont pas égales, entrez la différence entre celles-ci.

6. **Dans la zone Seuil de signification, indiquez le niveau de confiance pour le calcul du test d'égalité des espérances.**

   Le seuil de signification est compris entre 0 et 1. Par défaut, il est égal à 0,05, ce qui correspond à un niveau de confiance de 5 %.

7. **Dans la section Options de sortie, indiquez où les résultats de l'outil Test d'égalité des espérances doivent être stockés.**

   Sélectionnez l'un des boutons radio et indiquez, si besoin, où Excel devra placer les résultats du test d'égalité des espérances. Par exemple, pour placer les résultats dans une plage de la feuille de calcul en cours, sélectionnez le bouton radio Plage de sortie, puis identifiez l'adresse de la plage dans la zone associée.

8. **Cliquez sur OK lorsque vous avez terminé.**

   Excel calcule les résultats du test d'égalité des espérances ; la Figure 11.4 montre les résultats du test pour deux observations de variances égales. Ces résultats indiquent la moyenne pour chacun des ensembles de données, la variance du nombre d'observations, le nombre d'observations, la variance pondérée, la différence hypothétique des moyennes, les degrés de liberté, la statistique t, la valeur P (où T<=t) unilatéral et bilatéral, et la valeur critique de t (unilatéral et bilatéral).

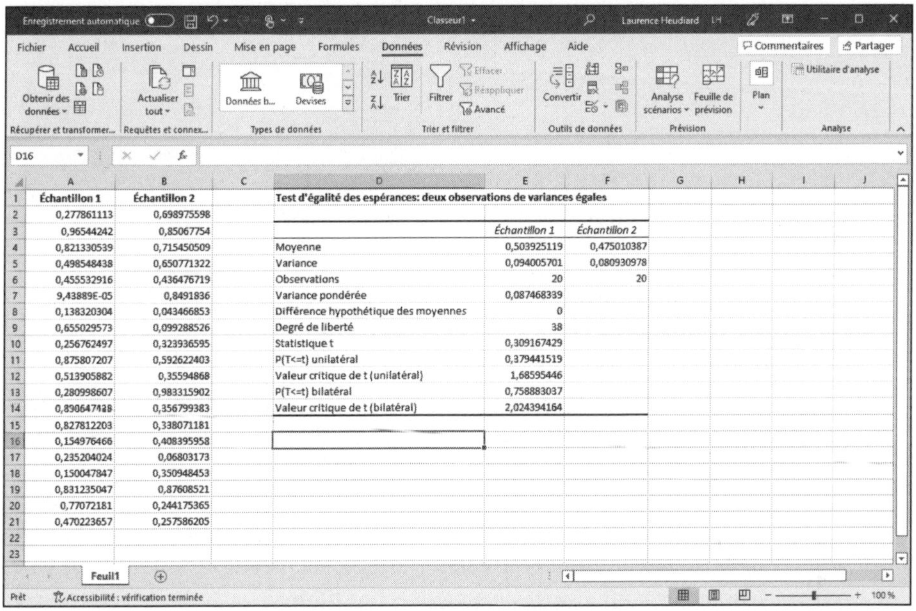

Figure 11.4 Les résultats d'un test d'égalité des espérances.

Test de la différence significative minimale (Test z)

Lorsque vous connaissez la variance ou l'écart type de la population sous-jacente, vous pouvez calculer les valeurs de z-test en utilisant l'outil Test de la différence significative minimale (z-test) de l'Utilitaire d'analyse. Les valeurs de z-test permettent de calculer les niveaux de confiance et les intervalles de confiance pour des données normalement distribuées. Pour mettre en œuvre cet outil, procédez de la manière suivante :

1. **Pour sélectionner l'outil Test de la différence significative minimale (z-test), cliquez sur la commande Utilitaire d'analyse à partir de l'onglet Données.**
2. **Dans la boîte de dialogue Utilitaire d'analyse, sélectionnez l'élément Test de la différence significative minimale (z-test), puis cliquez sur OK.**

   Excel affiche alors la boîte de dialogue Test de la différence significative minimale (z-test), comme le montre la Figure 11.5.

Figure 11.5 La boîte de dialogue Test de la différence significative minimale (z-test).

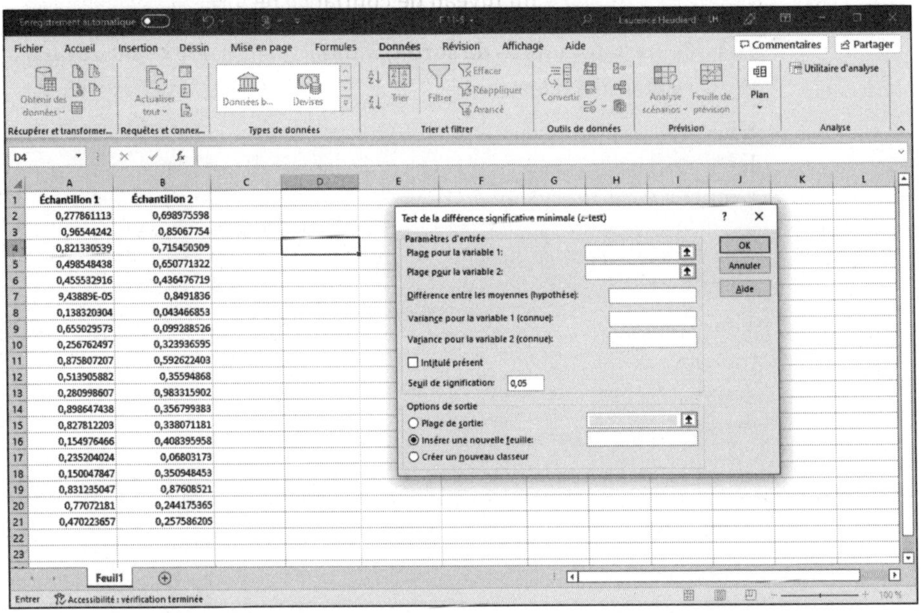

3. **Dans les zones de saisie Plage pour la variable 1 et Plage pour la variable 2 de la zone Paramètres d'entrée, entrez les plages de la feuille de calcul dans lesquelles sont stockés les deux échantillons.**

   Vous pouvez soit entrer une adresse dans ces zones de texte, soit cliquer dans la zone pour la sélectionner en faisant glisser le pointeur de la souris. Si la première cellule de la plage d'entrée comprend une étiquette de texte pour identifier ou décrire les données, cochez la case Intitulé présent.

4. **La zone de texte Différence entre les moyennes (hypothèse) confirme ou non l'hypothèse de l'égalité des moyennes.**

   Si vous pensez que les moyennes des échantillons sont égales, entrez 0 (zéro) ou laissez la zone vide. Si vous émettez l'hypothèse que les moyennes ne sont pas égales, entrez la différence entre celles-ci.

❺ **Dans les zones Variance pour la variable 1 (connue) et Variance pour la variable 2 (connue), entrez la variance de la population pour les premier et second échantillons.**

❻ **Dans la zone Seuil de signification, indiquez le niveau de confiance pour le calcul du test.**

Le seuil de signification est compris entre 0 et 1. Par défaut, il est égal à 0,05, ce qui correspond à un niveau de confiance de 5 %.

❼ **Dans la section Options de sortie, indiquez où les résultats de l'outil Test de la différence significative minimale (z-test) doivent être stockés.**

Sélectionnez l'un des boutons radio et indiquez, si besoin, où Excel devra placer les résultats du test d'égalité des espérances. Par exemple, pour placer les résultats dans une plage de la feuille de calcul en cours, sélectionnez le bouton radio Plage de sortie, puis identifiez l'adresse de la plage dans la zone associée.

❽ **Cliquez sur OK lorsque vous avez terminé.**

Excel calcule les résultats du test z ; ceux-ci apparaissent dans la Figure 11.6. Ils montrent la moyenne pour chacun des ensembles de données, la variance, le nombre d'observations, la différence hypothétique des moyennes, la valeur z, *etc.*

Figure 11.6

Les résultats du Test de la différence significative minimale (z-test).

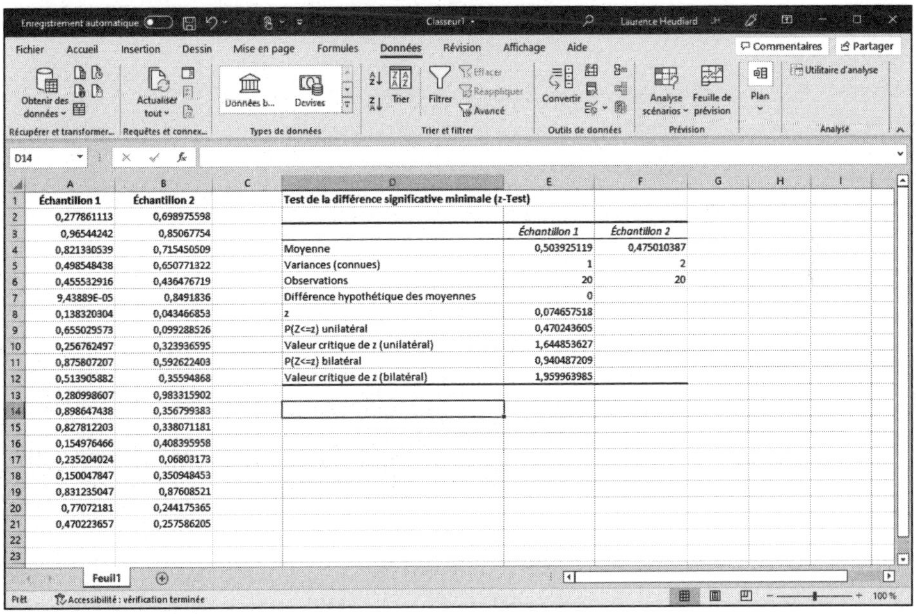

Création d'un nuage de points

La régression linéaire est l'une des formes les plus intéressantes et utiles de l'analyse des données. Dans une régression linéaire, on explore la relation entre deux ensembles de valeurs, à la recherche d'associations. Par exemple, on peut utiliser une régression linéaire pour déterminer si les dépenses de publicité sont associées aux ventes, si le tabagisme est associé à une maladie cardiaque, ou si l'exercice physique est associé à la longévité.

Souvent, la première étape de toute régression linéaire consiste à créer un nuage de points, afin d'explorer visuellement une éventuelle association entre deux ensembles de valeurs. Avec Excel, cela est réalisé en utilisant un graphique de type Nuage de points (XY). Par exemple, supposons que l'on veuille regarder ou analyser les valeurs présentées dans la feuille de calcul de la Figure 11.7. La plage de la feuille de calcul A1:A11 montre le nombre d'annonces et la plage B1:B11 affiche les ventes résultantes. À partir de ces données collectées, il est possible d'explorer l'effet des annonces sur les ventes (ou l'absence d'effet !).

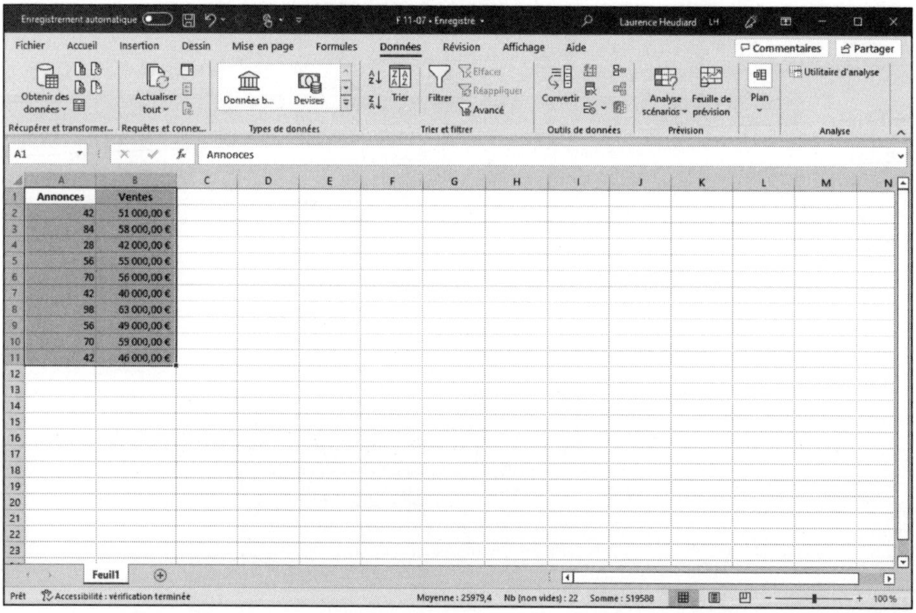

Figure 11.7 Une feuille de calcul avec des données susceptibles d'être analysées à l'aide d'un outil de régression linéaire.

Pour créer un graphique de dispersion de ces informations, exécutez les étapes suivantes :

❶ **Sélectionnez la plage de feuille de calcul A1:B11.**

❷ **À partir de la rubrique Graphiques de l'onglet Insertion, cliquez sur le bouton Insérer un graphique en nuage de points (X, Y).**

❸ **Dans le panneau qui s'affiche, sélectionnez le graphique qui trace juste des points, c'est-à-dire le premier en haut à gauche.**

Excel affiche les données dans un nuage de points, comme le montre la Figure 11.8.

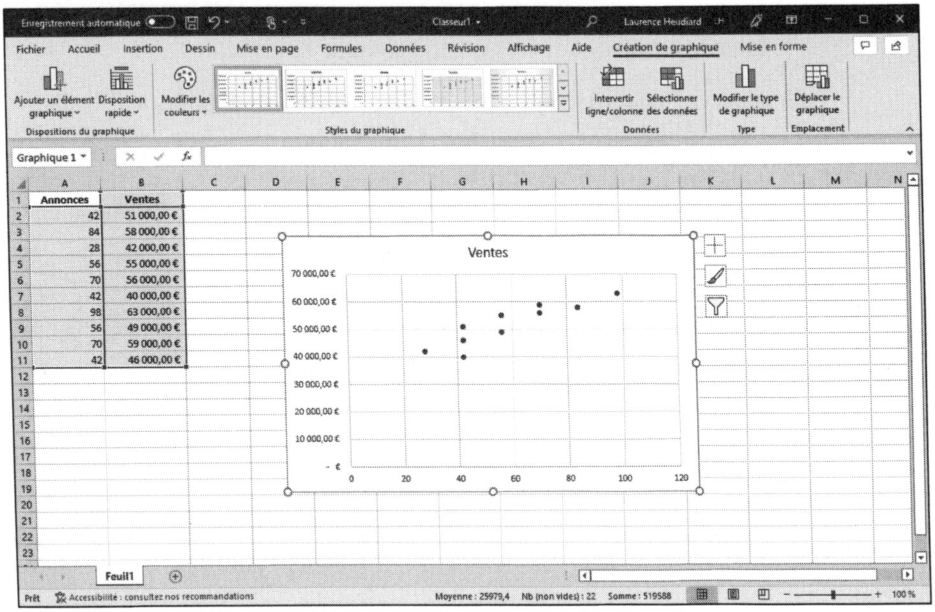

Figure 11.8 Les données dans un nuage de points.

❹ **Vérifiez que l'organisation des données du graphique correspond à ce que vous souhaitez.**

L'onglet Création de graphique permet de modifier la présentation du graphique. Le bouton Intervertir ligne/colonne permute les données entre les axes ; faites un essai pour voir les effets. La Figure 11.8 présente les données correctement organisées, et le graphique montre que l'augmentation de la publicité semble induire une augmentation des ventes.

❺ **Annotez le graphique, le cas échéant.**

Vous pouvez ajouter quelques petites fioritures au graphique pour le rendre plus attrayant et plus lisible. Par exemple, vous pouvez utiliser le bouton Plus (+) pour ajouter des titres aux axes et une légende, modifier le titre du graphique, *etc.*

Le Chapitre 7 présente en détail les mécanismes de la personnalisation d'un graphique ; consultez-le si vous avez des questions sur la façon de travailler avec les titres, les quadrillages, les légendes ou les étiquettes de données.

❻ **Ajoutez une courbe de tendance à partir du bouton Ajouter un élément graphique de l'onglet Création de graphique.**

Pour accéder à l'onglet Création de graphique, il faut sélectionner un objet graphique dans la feuille en cours ou afficher une feuille de graphique.

Excel propose un éventail d'éléments d'enrichissement du graphique, dont la commande Courbe de tendance. Dans le menu du bouton Ajouter un élément graphique, cliquez sur Courbe de tendance, puis choisissez le type de courbe à ajouter au graphique ; par exemple, pour ajouter une courbe de régression linéaire simple, cliquez sur la commande Linéaire.

❼ **Ajoutez l'équation de la droite de régression au diagramme de dispersion.**

Pour afficher l'équation de la ligne de tendance générée à partir du diagramme de dispersion et le coefficient de détermination (R^2), choisissez la commande Autres options de la courbe de tendance dans le menu Courbe de tendance.

Ensuite, sélectionnez l'équation d'affichage sur le diagramme en cochant les cases Afficher l'équation sur le graphique et Afficher le coefficient de détermination (R^2) sur le graphique.

Utilisez les paramètres de la zone Options de courbe de tendance (voir la Figure 11.9) pour contrôler le type de régression à calculer. Par exemple, vous pouvez utiliser la case à cocher Définir l'interception et la zone de texte associée pour forcer la ligne de tendance à intercepter l'axe des X à un point particulier, comme le point de coordonnées zéro. Vous pouvez également utiliser les prévisions En avant et En arrière pour spécifier le prolongement d'une ligne de tendance en avant ou en arrière du nuage de points.

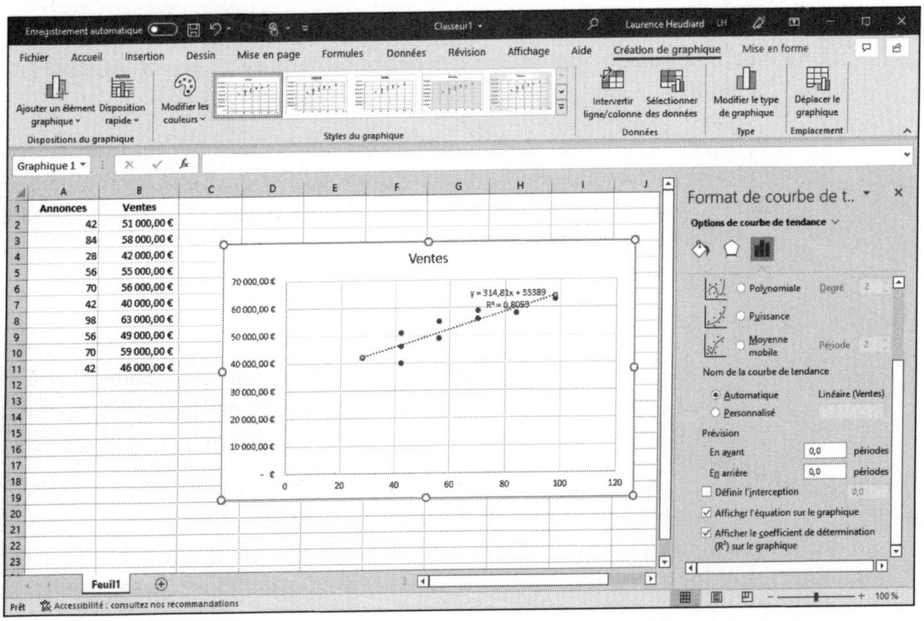

Figure 11.9 Le volet Format de courbe de tendance.

La Figure 11.10 montre le diagramme de nuage de points avec les données de régression.

Figure 11.10

e diagramme de nuage de points vec les données de régression.

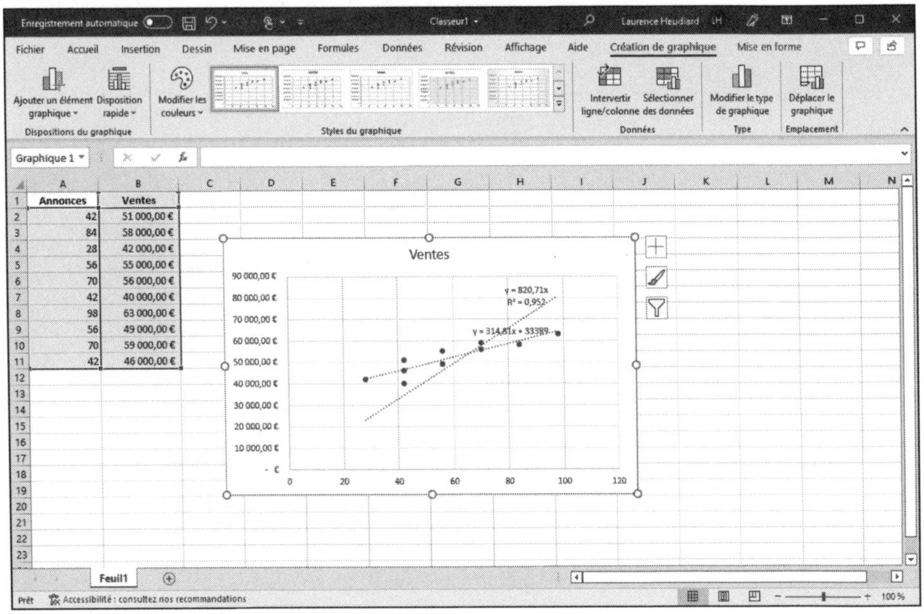

Outil Régression linéaire

Vous pouvez aller au-delà de la régression visuelle offerte par la technique du diagramme de dispersion avec l'outil Régression linéaire proposé par l'Utilitaire d'analyse. Nous avons commencé par utiliser un graphique en nuage de points et les options des courbes de tendances pour analyser un ensemble de données simple. Après cet examen initial, supposons que nous voulions regarder de plus près les données et faire appel à des techniques de régression plus élaborées. Pour effectuer une régression linéaire avec l'Utilitaire d'analyse, procédez de la manière suivante :

1. **Cliquez sur la commande Utilitaire d'analyse à partir de l'onglet Données.**
2. **Dans la liste des outils de la boîte de dialogue Utilitaire d'analyse, sélectionnez l'outil Régression linéaire, puis cliquez sur OK.**

   Excel affiche la boîte de dialogue Régression linéaire, comme le montre la Figure 11.11.

Figure 11.11
La boîte de dialogue Régression linéaire.

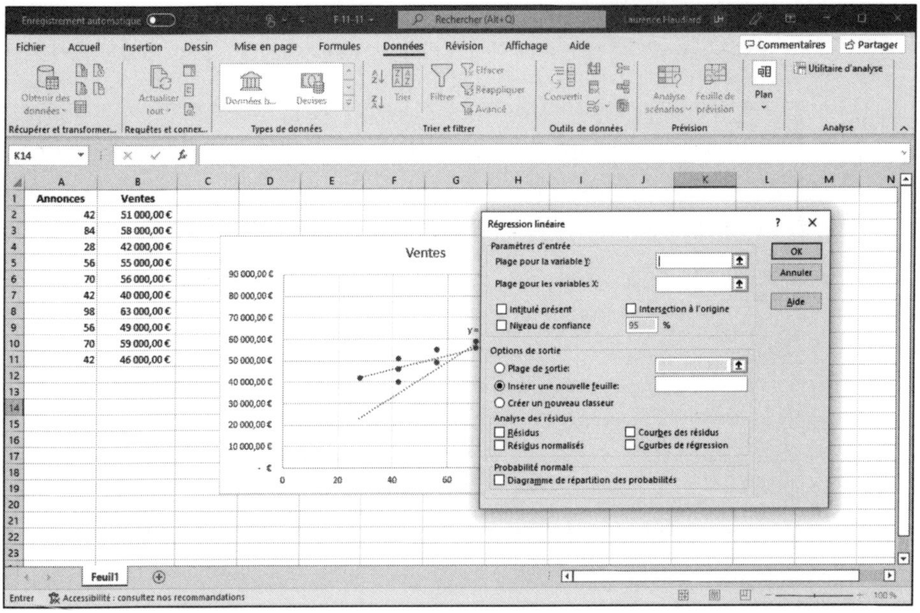

❸ **Identifiez les valeurs Y et X.**

Dans la zone de saisie Plage pour la variable Y, identifiez la plage de la feuille de calcul contenant les variables dépendantes. Ensuite, dans la zone Plage pour la variable X, indiquez la plage de la feuille de calcul contenant les variables indépendantes.

Chacune de ces plages doit correspondre à une seule colonne de valeurs. Par exemple, pour utiliser l'outil de régression afin d'explorer l'effet de la publicité sur les ventes (voir la Figure 11.10), entrez la plage $B$1:$B$11 pour la variable Y et la plage $A$1:$A$11 pour la variable X. Si les plages d'entrée comprennent une étiquette, comme c'est le cas pour la feuille de calcul de la Figure 11.10, cochez la case Intitulé présent.

❹ **Si vous le souhaitez, définissez la constante à zéro.**

Si la ligne de régression doit passer par l'origine, en d'autres termes, si la valeur dépendante doit être égale à zéro lorsque la valeur indépendante est égale à zéro, cochez la case Intersection à l'origine.

❺ **Indiquez éventuellement un niveau de confiance pour la régression linéaire.**

Pour ce faire, cochez la case Niveau de confiance et, dans la zone de texte associée, entrez le niveau souhaité.

❻ **Sélectionnez un emplacement pour les résultats de la régression linéaire.**

Sélectionnez l'un des boutons radio et indiquez, si besoin, où Excel devra placer les résultats de la régression linéaire. Par exemple, pour placer les résultats dans une plage de la feuille de calcul en cours, sélectionnez le bouton radio Plage de sortie, puis identifiez l'adresse de la plage dans la zone associée. Pour placer les résultats de la régression à un autre endroit, sélectionnez l'un des autres boutons radio.

7. **Identifiez les données à renvoyer.**

   Choisissez parmi les cases à cocher Résidus et Résidus normalisés, puis Courbes de résidus et Courbes de régression pour le tracé des courbes.

   Ajoutez si vous le souhaitez le Diagramme de répartition des probabilités.

8. **Cliquez sur OK lorsque vous avez terminé.**

   La Figure 11.12 montre le résultat de la régression linéaire.

Figure 11.12 Les résultats des analyses de régression.

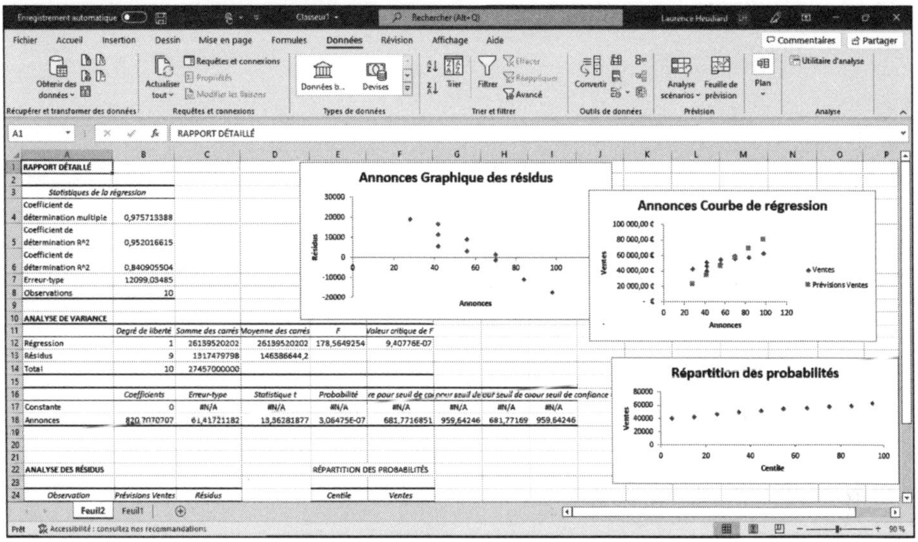

On remarque en haut de la feuille une plage qui fournit des statistiques de la régression de base, avec le coefficient de détermination multiple, les coefficients de R^2, l'erreur type et le nombre d'observations. Une deuxième plage présente l'analyse de la variance (ou ANOVA) des données, avec des informations sur les degrés de liberté, la somme des carrés, la moyenne des carrés, la valeur de F et sa valeur critique. Sous l'analyse de variance, on trouve diverses informations, comme le coefficient, l'erreur type, les statistiques t, la probabilité, les limites inférieure et supérieure du seuil de confiance.

Analyse de corrélation

L'outil d'analyse de corrélation quantifie la relation entre deux ensembles de données. Il permet, par exemple, des investigations telles que la vérification de l'effet de la publicité sur les ventes. Voici comment le mettre en œuvre :

❶ **Pour sélectionner l'outil Analyse de corrélation, cliquez sur la commande Utilitaire d'analyse à partir de l'onglet Données.**

❷ **Dans la boîte de dialogue Utilitaire d'analyse, sélectionnez l'élément Analyse de corrélation, puis cliquez sur OK.**

Excel affiche la boîte de dialogue Analyse de corrélation, comme le montre la Figure 11.13.

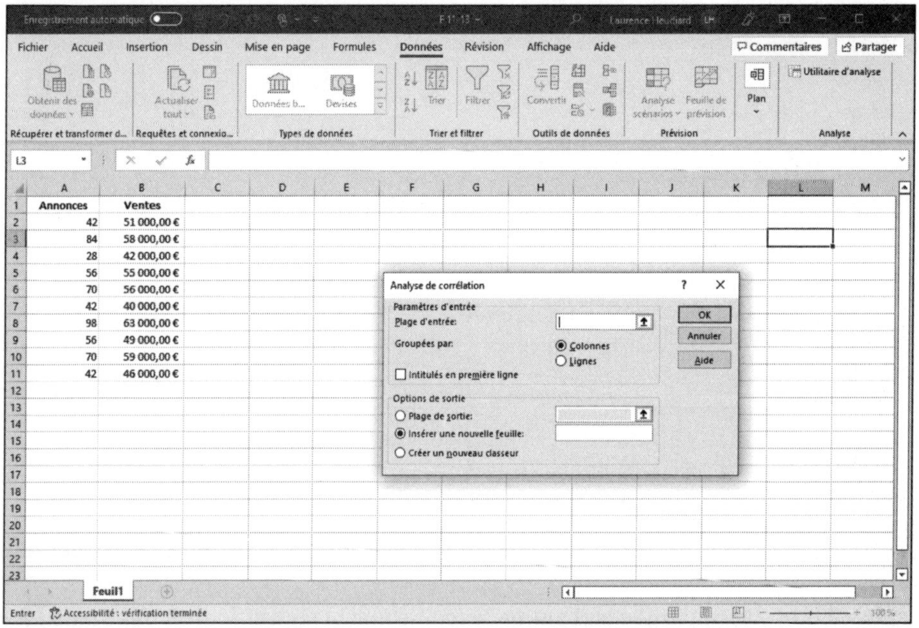

Figure 11.13
La boîte de dialogue Analyse de corrélation.

❸ **Identifiez la plage de valeurs X et Y que vous souhaitez analyser.**

Par exemple, si vous voulez observer la corrélation entre les annonces et les ventes (il s'agit de la feuille de calcul de la Figure 11.7), entrez la plage $A$1:$B$11 dans la zone de saisie Plage d'entrée. Si cette plage comprend des étiquettes dans la première rangée, cochez la case Intitulés en première ligne. Vérifiez que le bouton radio Colonnes ou Lignes de la zone Groupées par correspond à la présentation de vos données.

❹ **Sélectionnez un emplacement de sortie.**

Sélectionnez l'un des boutons radio et indiquez, si besoin, où Excel devra placer les résultats du test de l'analyse de corrélation. Par exemple, pour placer les résultats dans une plage de la feuille de calcul en cours, sélectionnez le bouton radio Plage de sortie, puis identifiez l'adresse de la plage dans la zone associée.

❺ **Cliquez sur OK lorsque vous avez terminé.**

Excel calcule le coefficient de corrélation et place le résultat à l'endroit spécifié. La Figure 11.14 montre les résultats de l'analyse de corrélation pour les annonces et les ventes. La valeur clé est affichée dans la cellule E5 ; la valeur `0,897497` suggère que près de 90 % des ventes peut être expliquée par des annonces.

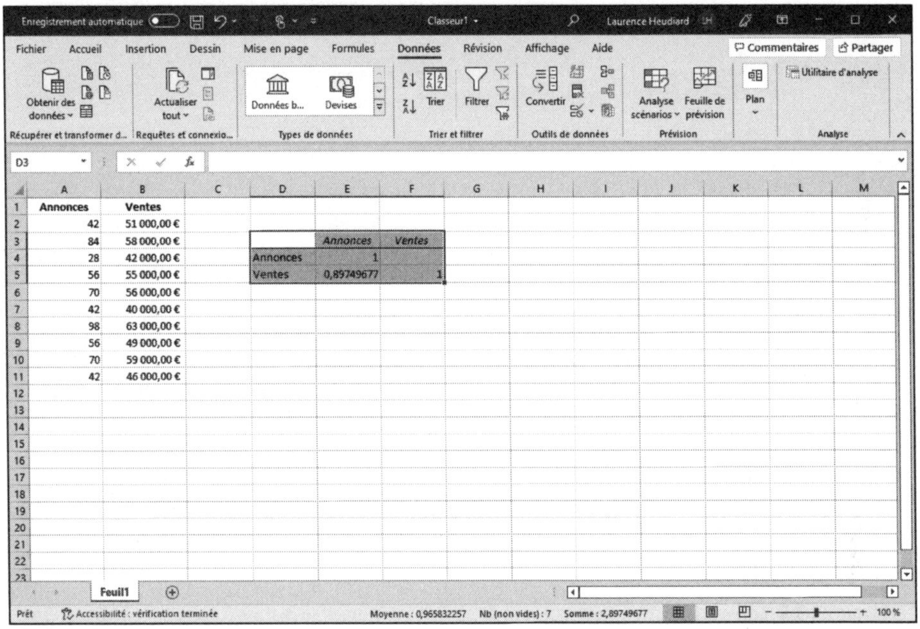

Figure 11.14 La feuille de calcul montrant les résultats de l'analyse de corrélation.

Analyse de covariance (ANCOVA)

L'outil Analyse de covariance, également disponible par le biais de l'Utilitaire d'analyse, quantifie la relation entre deux ensembles de valeurs. Il permet de comparer chaque paire de variables numériques et de déterminer si elles sont en corrélation, autrement dit, de savoir si les valeurs élevées d'une variable ont tendance à suivre les valeurs élevées de l'autre variable, si les valeurs faibles d'une variable tendent à suivre les valeurs faibles de l'autre variable, ou si les valeurs des deux variables ne sont pas liées.

Pour mettre en œuvre l'analyse de covariance, procédez de la manière suivante :

1. **Cliquez sur la commande Utilitaire d'analyse à partir de l'onglet Données.**
2. **Lorsqu'Excel affiche la boîte de dialogue Utilitaire d'analyse, sélectionnez l'outil Analyse de covariance, puis cliquez sur OK.**

   Excel affiche la boîte de dialogue Analyse de covariance, comme le montre la Figure 11.15.

Figure 11.15 La boîte de dialogue Analyse de covariance.

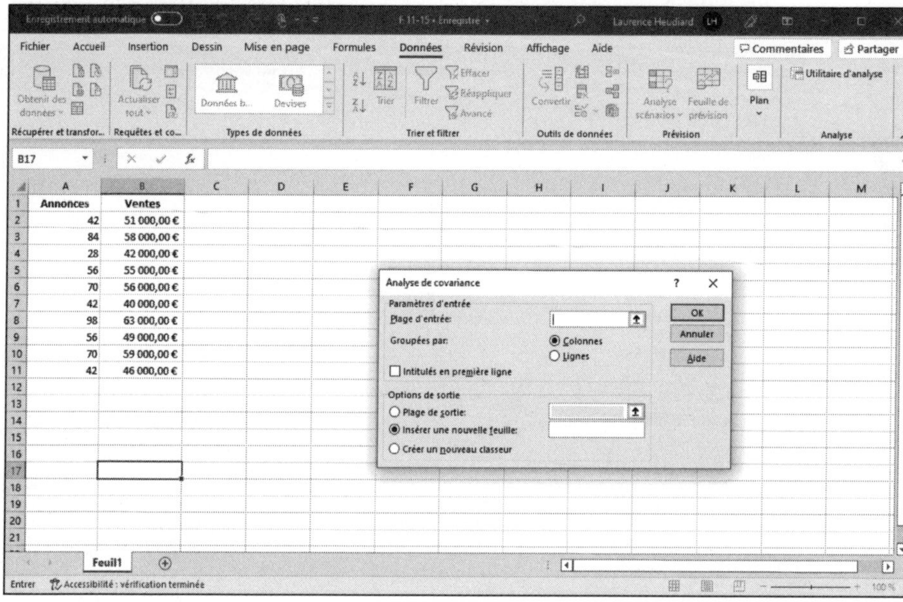

3. **Identifiez la plage des valeurs X et Y que vous souhaitez analyser.**

   Pour étudier la corrélation entre les annonces et les ventes illustrées par la feuille de calcul de la Figure 11.7, entrez la plage de la feuille de calcul `$A$1:$B$11` dans la zone de texte Plage d'entrée.

   Cochez la case Intitulés en première ligne si la plage d'entrée comprend des étiquettes dans la première rangée.

   Vérifiez dans la zone Groupées par que le bouton radio sélectionné, Colonnes ou Lignes, correspond à la structure de vos données.

4. **Sélectionnez la zone de sortie.**

Utilisez les boutons radio de la partie Options de sortie. Sélectionnez l'un des boutons radio et indiquez, si besoin, où Excel devra placer les résultats de l'analyse de covariance. Par exemple, pour placer les résultats dans une plage de la feuille de calcul en cours, sélectionnez le bouton radio Plage de sortie, puis identifiez l'adresse de la plage dans la zone associée. Si vous voulez mettre les résultats à un autre endroit, sélectionnez l'un des autres boutons radio.

5. **Cliquez sur OK lorsque vous avez terminé.**

   Excel calcule les tests de covariance et place le résultat dans la zone spécifiée. La Figure 11.16 montre les résultats de l'analyse de covariance pour les annonces et les ventes.

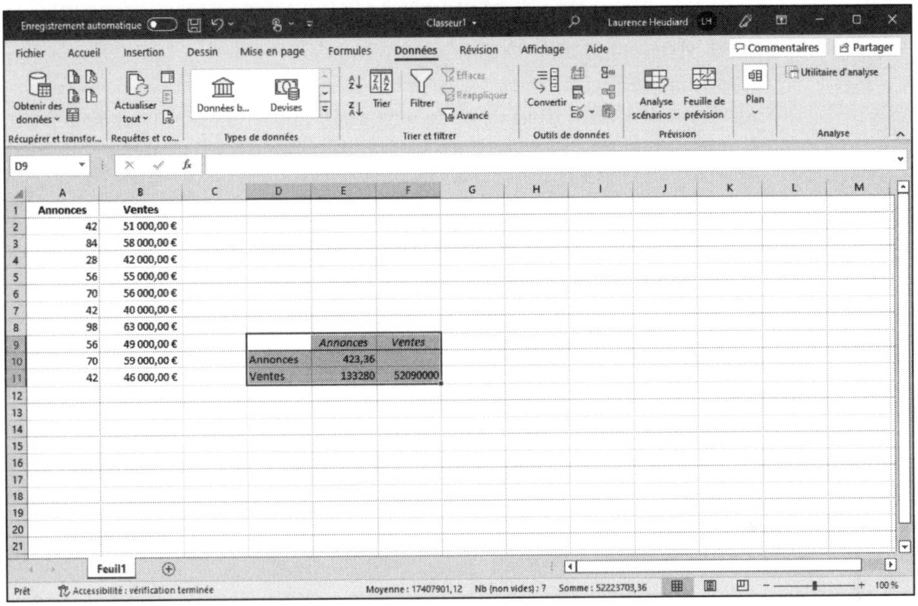

Figure 11.16 Les résultats de l'analyse de covariance pour les annonces et les ventes.

Analyse de variance (ANOVA)

L'Utilitaire d'analyse propose trois outils pour réaliser des analyses de variance (ANOVA) :

- » Analyse de variance : un facteur.
- » Analyse de variance : deux facteurs avec la répétition d'expérience.
- » Analyse de variance : deux facteurs sans répétition d'expérience.

Avec les outils d'analyse de variance, il est possible de comparer des ensembles de données en étudiant la variance des valeurs dans chaque série.

À titre d'exemple pour la mise en œuvre de ces outils, supposons que vous vouliez utiliser l'Analyse de variance : un facteur. Pour ce faire, exécutez les étapes suivantes :

1. **Cliquez sur la commande Utilitaire d'analyse à partir de l'onglet Données.**
2. **Lorsqu'Excel affiche la boîte de dialogue Utilitaire d'analyse, sélectionnez l'outil d'analyse de variance approprié, puis cliquez sur OK.**

   Dans notre exemple, sélectionnez l'outil Analyse de variance : un facteur.

   Excel affiche la boîte de dialogue Analyse de variance : un facteur, comme le montre la Figure 11.17. Vous pouvez également travailler avec deux autres versions de l'outil d'analyse de variance, deux facteurs avec la répétition d'expérience ou deux facteurs sans répétition d'expérience.

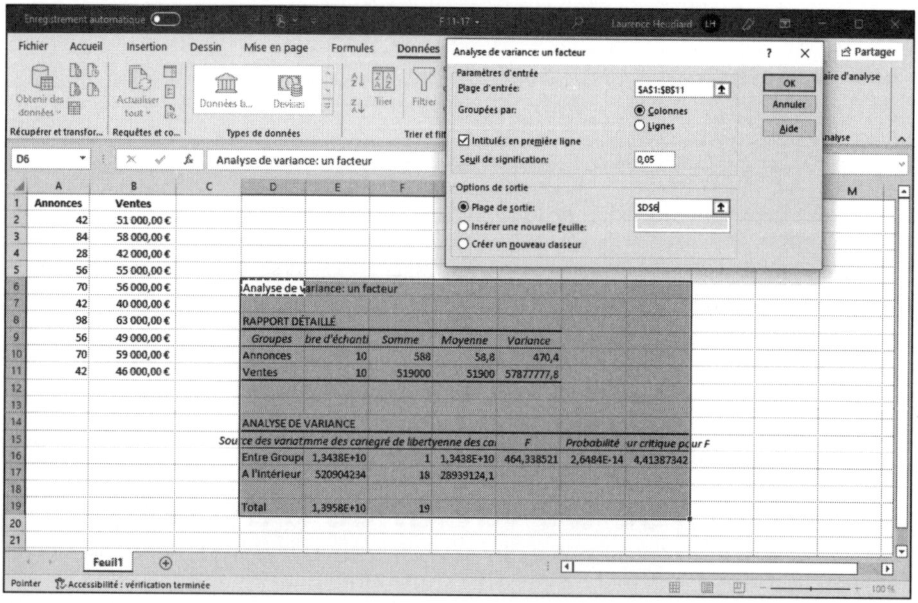

Figure 11.17 La boîte de dialogue Analyse de variance : un facteur.

3. **Indiquez où se trouvent les données à analyser.**

   Dans la zone de texte Plage d'entrée, identifiez la plage de la feuille de calcul contenant les données à analyser. Dans la zone Groupées par, sélectionnez le bouton radio Colonnes ou Lignes, selon la disposition des données. Si la première ligne de la plage d'entrée comprend des étiquettes, cochez la case Intitulés en première ligne. Dans la zone Seuil de signification, indiquez le niveau de confiance pour le calcul. Ce seuil est compris entre 0 et 1. Par défaut, il est égal à 0,05, ce qui correspond à un niveau de confiance de 5 %.

4. **Dans la section Options de sortie, indiquez où les résultats du calcul doivent être stockés.**

   Sélectionnez l'un des boutons radio et indiquez, si besoin, où Excel devra placer les résultats de l'analyse de variance. Par exemple, pour placer les résultats dans une plage de la feuille de calcul en cours, sélectionnez le bouton radio Plage de sortie, puis identifiez l'adresse de la plage dans la zone associée.

5. **Cliquez sur OK lorsque vous avez terminé.**

   Excel renvoie les résultats de l'analyse de variance.

Test d'égalité des variances

L'Utilitaire d'analyse fournit également un outil de test d'égalité des variances (test de Fisher ou F-Test). C'est un test d'hypothèses statistiques qui permet de tester l'égalité de deux variances en faisant le rapport de ces deux variances et en vérifiant que celui-ci ne dépasse pas une certaine valeur théorique, issue de la table de Fisher.

1. **Pour utiliser l'outil Test d'égalité des variances (F-Test), cliquez sur la commande Utilitaire d'analyse à partir de l'onglet Données.**

2. **Dans la boîte de dialogue Utilitaire d'analyse, sélectionnez l'élément Test d'égalité des variances (F-Test), puis cliquez sur OK.**

   Excel affiche la boîte de dialogue Test d'égalité des variances (F-Test), comme le montre la Figure 11.18.

3. **Identifiez les données que vous souhaitez utiliser pour tester l'égalité des variances.**

   Dans les zones de saisie Plage pour la variable 1 et Plage pour la variable 2 de la zone Paramètres d'entrée, entrez les coordonnées des plages de la feuille de calcul dans lesquelles sont stockés les deux échantillons. Si la première cellule de la plage d'entrée comprend une étiquette de texte identifiant ou décrivant les données, cochez la case Intitulé présent.

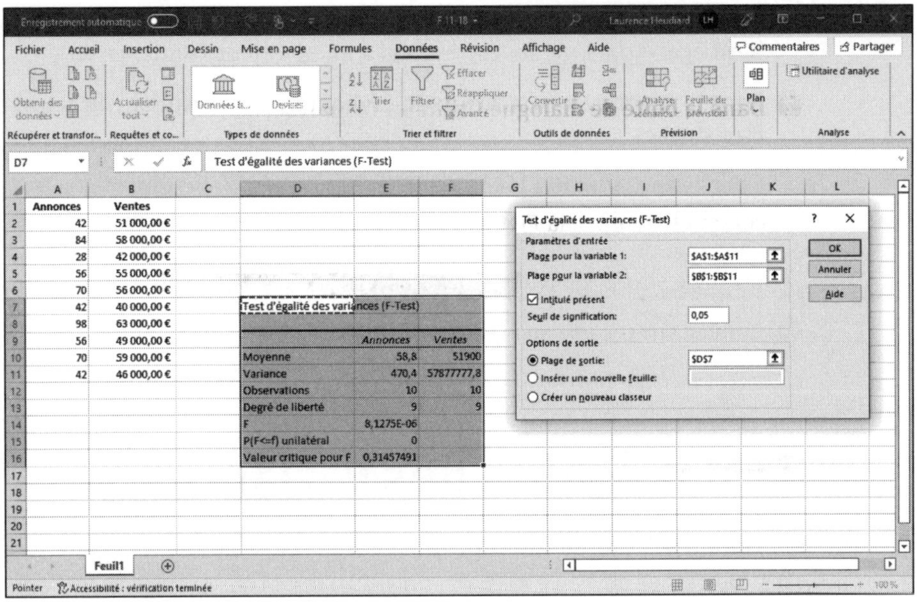

Figure 11.18 La boîte de dialogue Test d'égalité des variances (F-Test).

❹ **Dans la section Options de sortie, indiquez où les résultats de l'outil Test d'égalité des variances doivent être stockés.**

Sélectionnez l'un des boutons radio et indiquez, si besoin, où Excel devra placer les résultats du test. Par exemple, pour les stocker dans une plage de la feuille de calcul en cours, sélectionnez le bouton radio Plage de sortie, puis identifiez l'adresse de la plage dans la zone associée.

❺ **Cliquez sur OK lorsque vous avez terminé.**

Le Test d'égalité des variances vérifie si les variances de deux populations sont égales, l'hypothèse étant que si les variances sont égales, leur rapport devrait être égal à 1.

Transformation de Fourier Rapide (FFT)

L'Utilitaire d'analyse fournit également un outil de Transformation de Fourier Rapide (FFT). La transformation de Fourier est basée sur la découverte que toute fonction périodique du temps peut être décomposée en une somme infinie de sinus et cosinus, dont les fréquences commencent à zéro et augmentent par multiples entiers d'une fréquence de base.

❶ **Pour utiliser l'outil FFT, cliquez sur la commande Utilitaire d'analyse à partir de l'onglet Données.**

❷ **Dans la boîte de dialogue Utilitaire d'analyse, sélectionnez l'élément Transformation de Fourier Rapide (FFT), puis cliquez sur OK.**

Excel affiche la boîte de dialogue Transformation de Fourier Rapide (FFT), comme le montre la Figure 11.19.

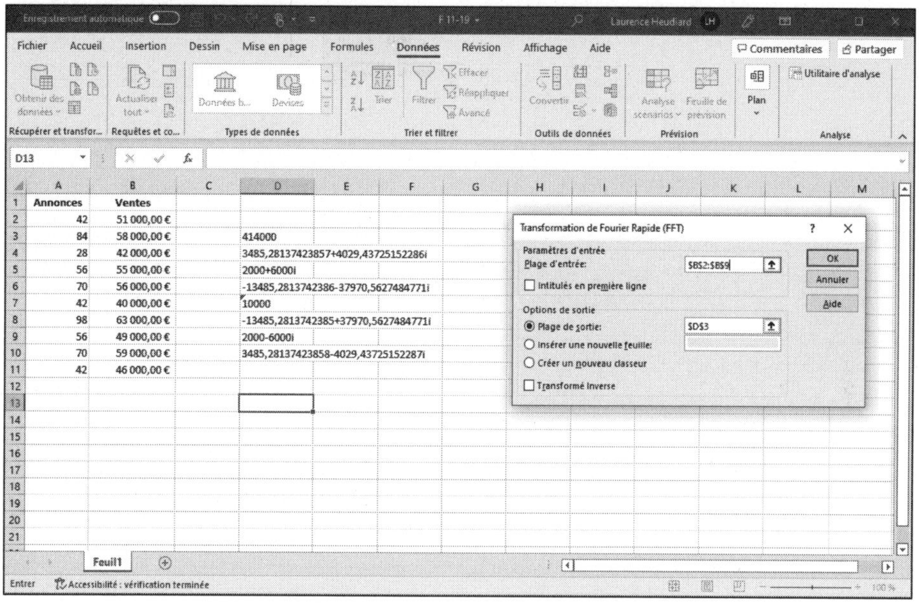

Figure 11.19 La boîte de dialogue Transformation de Fourier Rapide (FFT).

❸ **Identifiez les données à traiter.**

Dans la zone de saisie Plage d'entrée, indiquez les coordonnées de la plage de la feuille de calcul contenant les valeurs. Si la première cellule de la plage d'entrée comprend une étiquette de texte pour identifier ou décrire les données, cochez la case Intitulés en première ligne.

❹ **Dans la section Options de sortie, indiquez où les résultats de l'outil Transformation de Fourier Rapide doivent être stockés.**

Sélectionnez l'un des boutons radio et indiquez, si besoin, où Excel devra placer les résultats du test. Par exemple, pour les stocker dans une plage de la feuille de calcul en cours, sélectionnez le bouton radio Plage de sortie, puis identifiez l'adresse de la plage dans la zone associée.

❺ **Cliquez sur OK lorsque vous avez terminé.**

Excel effectue l'analyse de Fourier et place les résultats dans la zone spécifiée.

DANS CE CHAPITRE

Modélisation et optimisation

•

Mise en œuvre du Solveur

•

Résolution d'un problème de modélisation

•

Rapports du Solveur

•

Options du Solveur

•

Mise en place d'une limite au Solveur

•

Messages d'erreur du Solveur

Chapitre 12

Modélisation et optimisation avec le Solveur

Dans les chapitres précédents, nous avons vu comment utiliser les outils Excel pour analyser des données stockées dans un classeur. Cependant, vous pouvez également effectuer d'autres sortes d'analyses de données, qui ne se limitent pas aux étiquettes ni aux valeurs stockées dans les cellules, mais qui manipulent des formules complexes décrivant des problèmes financiers. Excel propose un outil pour s'attaquer à ce genre de problèmes : le Solveur.

La modélisation et l'optimisation avec le Solveur n'analysent pas et ne résolvent pas des problèmes à partir de données brutes, mais à partir de descriptions stéréotypées d'une situation. La maîtrise de l'abstraction prend un certain temps ; cependant, vous comprendrez rapidement que l'analyse de situations ou de problèmes basés sur des descriptions stéréotypées des fonctions et des contraintes objectives peut être un outil très puissant qui pourra vous ouvrir de nouvelles perspectives.

Ce chapitre décrit différents problèmes d'analyse de données que le Solveur vous aidera à comprendre. Vous verrez un exemple simple de mise en œuvre du Solveur. Bien que ce dernier semble terriblement compliqué, c'est en fait un outil relativement facile à utiliser, qui ne manquera pas de vous séduire.

Modélisation et optimisation

Supposons que vous soyez gérant d'une entreprise avec un seul salarié. Cet exemple est un peu artificiel, mais il faut prendre quelques libertés pour faciliter la compréhension de la modélisation et de l'optimisation avec le Solveur.

Optimiser des profits imaginaires

Dans votre entreprise, les entrées d'argent proviennent des livres que vous écrivez et de vos participations à des séminaires. Imaginez que lorsque vous écrivez un livre, celui-ci vous rapporte 15 000 € pour environ six semaines de travail. Si vous travaillez 40 heures par semaine, cela correspond à 240 heures, soit 15 000 € divisés par 240, c'est-à-dire 62,50 € de l'heure.

Supposons également que votre participation à un séminaire est payée 20 000 € ; sachant que vous êtes un expert et que la préparation et la présentation vous prennent 24 heures, cela correspond à 830 € de l'heure.

À partir de ces informations, si vous comparez le rendement de l'écriture d'un livre et celui de la participation à un séminaire, vous êtes en mesure de conclure qu'il est plus intéressant, au niveau pécuniaire, de participer à un séminaire plutôt que d'écrire un livre. Il faudra donc vous orienter vers des participations à des séminaires.

Prise en compte des contraintes

Cependant, dans de nombreuses situations, vous ne pouvez pas prendre uniquement en compte le bénéfice ou le coût par activité. Vous devez généralement envisager d'autres contraintes pour votre prise de décision. Par exemple, si les séminaires auxquels vous participez et si les livres que vous écrivez concernent le même sujet, l'écriture annuelle d'un livre pourrait être un préalable à la participation à un séminaire. L'écriture d'un livre chaque année doit alors être considérée comme une contrainte pour maximiser vos profits, en association avec les séminaires.

Généralement, d'autres contraintes s'appliquent à ce genre de situation. Par exemple, votre éditeur peut vous imposer de participer à un certain nombre de séminaires par an, afin de promouvoir vos livres. Il pourrait vous demander d'intervenir dans au moins quatre séminaires par an ; la contrainte de cette exigence serait alors très bénéfique.

Vous pouvez envisager d'autres contraintes si vous prenez en compte les ressources financières disponibles et le renouvellement de vos outils. Par exemple, vous pouvez prévoir un fonds de roulement de 20 000 € pour les investissements liés à l'écriture des livres et aux séminaires. Et si chaque livre nécessite 500 € et chaque séminaire 2 500 €, vous êtes alors limité par le nombre de livres et par le nombre de séminaires, la limite correspondant aux 20 000 € du fonds de roulement.

La contrainte de capacité est un autre type courant de contrainte. Par exemple, bien qu'il y ait 2 080 heures dans une année de travail (52 semaines de 40 heures chacune), vous pouvez vouloir travailler seulement 1 880 heures par an. Cela signifie que vous choisissez de bénéficier chaque année de 10 jours fériés et de trois semaines de congés. Si l'écriture d'un livre nécessite 240 heures et qu'un séminaire requiert 24 heures de travail, le nombre de livres et de séminaires sera limité en conséquence.

Cette situation correspond exactement au genre de problème que le Solveur peut vous aider à résoudre. Cet outil trouve la valeur optimale de ce que l'on appelle votre fonction objectif. Dans ce cas, la fonction objectif est la fonction de profit de l'entreprise. Le Solveur fournit des solutions à partir des contraintes que vous exprimez.

Mise en œuvre du Solveur

La Figure 12.1 montre un classeur Excel mis en place pour résoudre un problème de modélisation et d'optimisation pour le cas décrit précédemment. Nous allons définir et mettre en place les éléments de ce classeur. Si vous avez lu attentivement la discussion concernant l'écriture des livres et la participation aux séminaires, vous ne devriez pas avoir de difficultés à comprendre la mise en œuvre du Solveur.

Figure 12.1 Un exemple de classeur illustrant la résolution d'un problème de modélisation et d'optimisation.

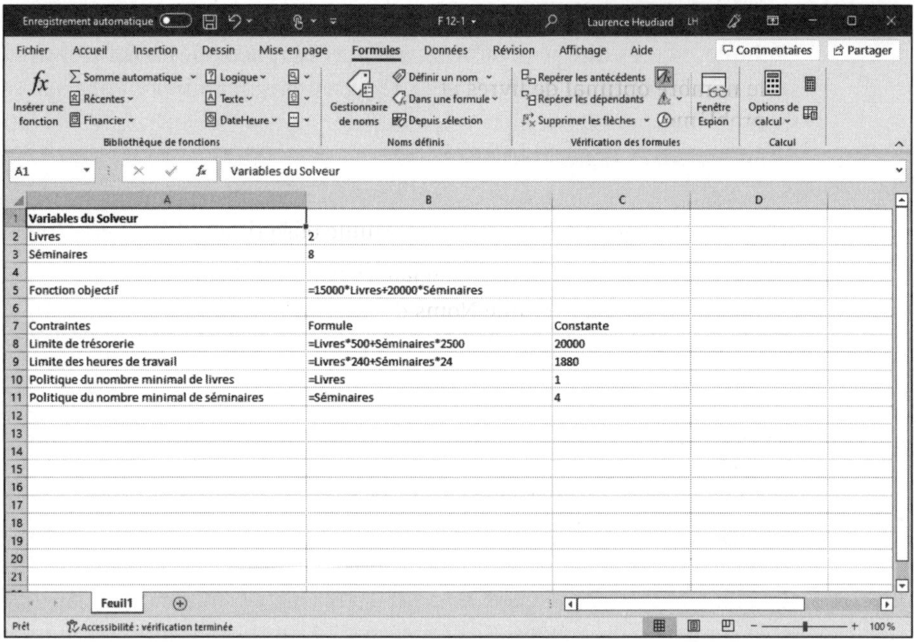

Si vous construisez l'exemple du Solveur présenté ici (ce qui serait une excellente idée !), vous pouvez indiquer à Excel d'afficher dans les cellules les formules réelles plutôt que les résultats ; c'est ce que montre la Figure 12.1. Pour ce faire, sélectionnez la plage de la feuille de calcul dans laquelle vous souhaitez afficher les formules réelles plutôt que les résultats de la formule, puis appuyez simultanément sur les touches Ctrl et guillemets ("). Cette séquence de touches indique à Excel d'afficher la formule plutôt que son résultat dans la plage sélectionnée.

La mise en place d'un classeur avec le Solveur nécessite trois étapes :

1. **Identifier les variables du Solveur.**

   Il faut tout d'abord identifier les variables pour l'optimisation de la modélisation. Dans ce cas, le but est d'optimiser le nombre de livres à écrire et des séminaires auxquels participer pour que le gain soit maximum ; les deux variables du Solveur sont donc les livres et les séminaires.

   Dans la Figure 12.1, la plage A2:A3 correspond aux étiquettes, et la plage B2:B3 aux cellules variables. Cette partie de la feuille de calcul identifie simplement les variables qui entrent dans la fonction objectif. Cette dernière est la formule que l'on souhaite maximiser ou minimiser. Les valeurs stockées dans la plage de la feuille de calcul B2:B3 sont les premières suppositions de ce que les valeurs des variables optimales pourraient être. Dans la Figure 12.1, on suppose que le nombre optimal de livres à écrire est de deux, et que le nombre optimal de séminaires auxquels participer est de huit. Vous ne connaîtrez avec certitude le nombre optimal de livres et de séminaires qu'après avoir analysé et résolu le problème.

Bien qu'il ne soit pas indispensable de nommer les cellules contenant les valeurs des variables (dans ce cas, les cellules B2 et B3), il est conseillé de le faire pour mieux comprendre la formule objectif et les formules de contrainte.

Pour ce faire, sélectionnez la plage A2:B3, puis cliquez sur la commande Depuis sélection dans la rubrique Noms définis de l'onglet Formules, comme le montre la Figure 12.2. Dans la boîte de dialogue Créer des noms à partir de la sélection, cochez la case Colonne de gauche et cliquez sur OK. Cela indique à Excel d'utiliser les étiquettes de la colonne de gauche (la plage A2:A3) pour nommer les cellules de la plage B2:B3. En d'autres termes, en suivant ces étapes, vous nommez la cellule B2 Livres et la cellule B3 Séminaires.

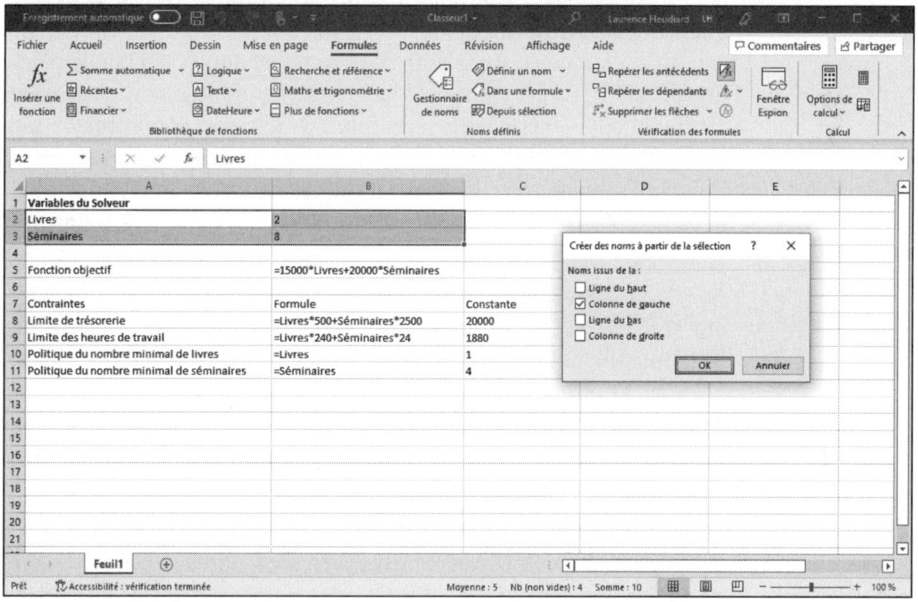

Figure 12.2 La boîte de dialogue Créer des noms à partir de la sélection.

❷ **Décrivez la fonction objectif.**

La fonction objectif, qui apparaît dans la cellule B5 de la Figure 12.1 affiche la formule à optimiser. Cette dernière est destinée à optimiser le profit ; elle a donc pour but de maximiser la fonction, puisque les profits doivent être maximums.

N'oubliez pas que toutes les fonctions objectif ne doivent pas être maximisées : certaines doivent être réduites au minimum. Par exemple, lors de la création d'une fonction objectif qui décrit le coût de certains programmes de publicité ou les risques d'un investissement, il est logique de choisir de minimiser les coûts ou les risques.

Pour décrire la fonction objectif, créez une formule qui détaille ce que vous souhaitez optimiser. Dans notre cas, où chaque livre rapporte 15 000 €, et chaque participation à un séminaire 20 000 €, la formule est `=15000*Livres+20000*Séminaires`. En d'autres termes, les bénéfices sont calculés en multipliant le nombre de livres par 15 000 € et en y ajoutant le nombre de séminaires multiplié par 20 000 € (comme le montre la cellule B5).

3. **Identifier les contraintes de la fonction objectif.**

La plage A8:C11 identifie les contraintes appliquées à la fonction objectif. Comme cela a été indiqué précédemment, quatre contraintes peuvent limiter les bénéfices de l'entreprise :

- *Limite de trésorerie* : la première contrainte représentée dans la cellule A8 quantifie la contrainte de trésorerie nécessaire aux investissements. Dans cet exemple, chaque écriture d'un livre requiert 500 €, et chaque participation à un séminaire exige 2 500 €. Si la somme disponible pour cet investissement est de 20 000 €, cela limite le nombre de livres et le nombre de séminaires. La formule de la cellule B8, `=Livres*500+Séminaires*2500`, décrit l'investissement réel. La valeur indiquée dans la cellule C8, `20000`, identifie la contrainte réelle (la somme disponible pour les investissements).
- *Limite des heures de travail* : cette deuxième contrainte correspond au nombre maximum d'heures de travail annuel à consacrer aux livres et aux séminaires. La formule `=Livres*240+Seminaires*24` apparaît dans la cellule B9, et la valeur `1880` dans la cellule C9. Ces deux éléments d'information, la formule et la valeur constante, définissent une limite des heures de travail. En un mot, cette contrainte indique que le nombre d'heures de travail consacré aux livres et aux séminaires doit être inférieur à 1 880.
- *Politique du nombre minimal de livres* : cette contrainte indique que l'engagement que vous avez pris avec votre éditeur vous impose d'écrire au moins un livre par an ; elle est mise en place dans les cellules B10 et C10 (`=Livres` et `1`).
- *Politique du nombre minimal de séminaires* : cette dernière contrainte indique que vous devez participer à au moins quatre séminaires par an ; elle est mise en place dans les cellules B11 et C11 (`=Séminaires` et `4`).

Lorsque les formules de contrainte et les constantes associées ont été saisies, vous êtes prêt à résoudre le problème d'optimisation de la modélisation.

La configuration du classeur, la définition du problème avec la fonction objectif et les formules de contrainte représentent la partie la plus difficile.

Résolution d'un problème d'optimisation de la modélisation

Le classeur est à présent configuré pour résoudre la modélisation et l'optimisation : les variables du Solveur ont été identifiées, la formule de la fonction objectif, les formules des contraintes et les valeurs constantes auxquelles ces contraintes doivent être comparées ont été définies. Vous êtes prêt à continuer. Exécutez les étapes suivantes :

1. **Démarrez le Solveur en cliquant sur son nom dans la rubrique Analyse de l'onglet Données.**

   Excel affiche la boîte de dialogue Paramètres du solveur, comme le montre la Figure 12.3.

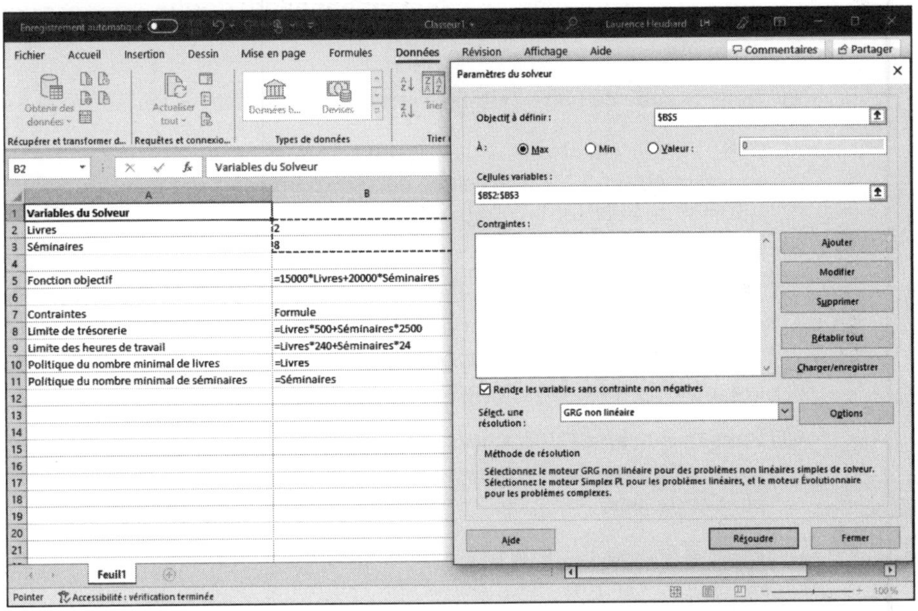

Figure 12.3 La boîte de dialogue Paramètres du solveur.

Si la rubrique Analyse de l'onglet Données ne propose pas la commande Solveur, vous devez l'installer. Pour ce faire, choisissez la commande Fichier/Options.

Dans la boîte de dialogue Options Excel, sélectionnez l'élément Compléments, en bas à gauche, puis Compléments Excel, en bas à droite, et cliquez sur Atteindre. Excel affiche ensuite une liste des compléments disponibles ; sélectionnez l'élément Complément Solveur et cliquez sur OK. Le Complément Solveur est ajouté à votre environnement Excel.

2. **Dans la zone de texte Objectif à définir de la boîte de dialogue Paramètres du solveur, identifiez l'emplacement de la formule associée à la fonction objectif.**

   Dans notre exemple, la formule de la fonction objectif est stockée dans la cellule B5 ; tapez donc l'adresse $B$5 dans la zone de texte Objectif à définir.

3. **Indiquez la valeur optimale.**

   Comme cela a été indiqué précédemment, la fonction objectif ne doit pas systématiquement être maximisée lorsqu'elle est optimisée. C'est le cas pour une fonction de profit, qui cherche à maximiser les profits (ce qui est le cas ici), mais des fonctions objectif peuvent être minimisées ou tendre vers une valeur spécifique.

   Sélectionnez le bouton radio Max, puisqu'il s'agit d'une fonction de profit que l'on veut maximiser. Si, au contraire, nous avions travaillé avec une fonction de coût dans le but de faire des économies, nous aurions sélectionné le bouton radio Min.

4. **Dans la zone de texte Cellules variables, identifiez les variables du Solveur.**

   Cette zone accueille les variables qui seront ajustées lors de l'optimisation de la fonction objectif. Dans le cas de notre exemple, les variables du Solveur sont le nombre de livres et le nombre de séminaires.

   Pour identifier les variables du Solveur, vous pouvez soit saisir les adresses des cellules dans la zone Cellules variables, soit indiquer leur nom. Par exemple, vous pouvez saisir `Livres:Séminaires`, ces étiquettes se référant respectivement aux cellules B2 et B3 ; il est aussi possible d'entrer la plage `$B$2:$B$3` dans la zone Cellules variables.

5. **Dans la rubrique Contraintes, cliquez sur le bouton Ajouter ; cette rubrique permet de gérer les formules de contraintes et les valeurs constantes qui leur sont associées.**

   Excel affiche la boîte de dialogue Ajouter une contrainte, comme le montre la Figure 12.4. Pour identifier la contrainte des besoins de trésorerie, entrez la référence `$B$8` dans la zone de texte Référence de cellule. Dans la liste déroulante entre Référence de cellule et Contrainte, sélectionnez l'opérateur logique inférieur ou égal à (<=). Entrez finalement `$C$8` dans la zone de texte Contrainte.

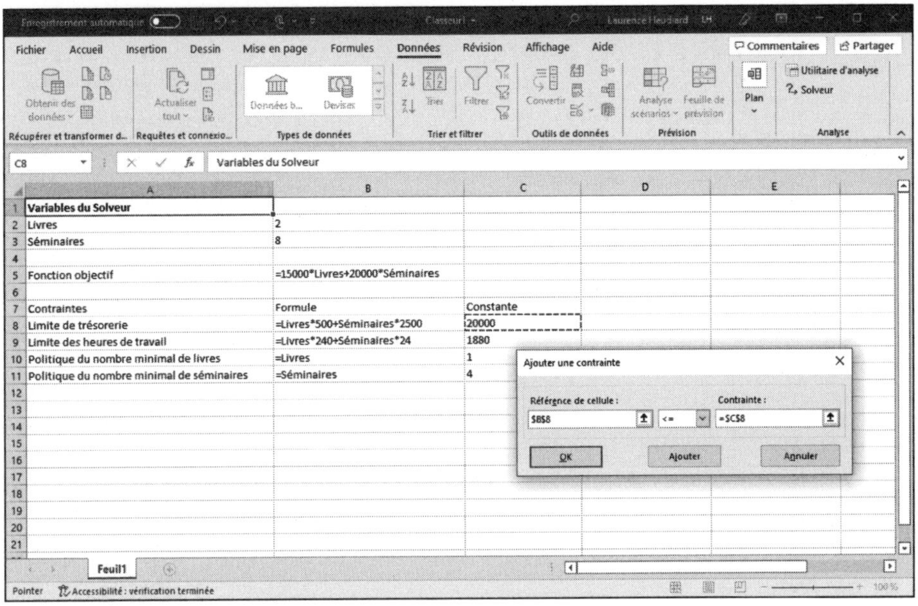

Figure 12.4
La boîte de dialogue Ajouter une contrainte.

L'opérateur logique est très important, car le logiciel doit « savoir » comment comparer la formule de contrainte avec la valeur constante.

Lorsque vous avez terminé, cliquez sur le bouton OK si vous ne voulez pas définir d'autres contraintes, ou sur le bouton Ajouter si vous voulez définir une autre contrainte. Dans ce second cas, suivez les mêmes étapes que précédemment. Vous devez identifier chacune des contraintes.

6. **Optionnel : identifiez des contraintes entières.**

   Parfois, vous serez en présence de contraintes entières implicites. En d'autres termes, vous pouvez avoir besoin de définir la valeur de la variable du Solveur à une valeur entière. Dans l'exemple que nous traitons, le paiement est lié à l'écriture d'un livre entier. La même chose peut être vraie pour un séminaire ; cependant, il peut arriver qu'il y ait plusieurs intervenants pour ce séminaire.

   Pour identifier les contraintes entières, suivez les mêmes étapes que pour une contrainte régulière ; cependant, il n'y a pas besoin d'ajouter une valeur dans la zone Contrainte : la valeur `entier` est ajoutée automatiquement.

   Dans la boîte de dialogue Ajouter une contrainte, saisissez le nom de la variable du Solveur dans la zone Référence de cellule et sélectionnez `ent` dans la liste déroulante, comme le montre la Figure 12.5.

7. **Optionnel : définissez des contraintes binaires.**

   Comme pour des contraintes entières, vous pouvez définir des contraintes binaires. Une contrainte binaire est une contrainte dans laquelle la variable du Solveur doit être égale à 0 ou 1.

Figure 12.5 Mise en place d'une contrainte entière.

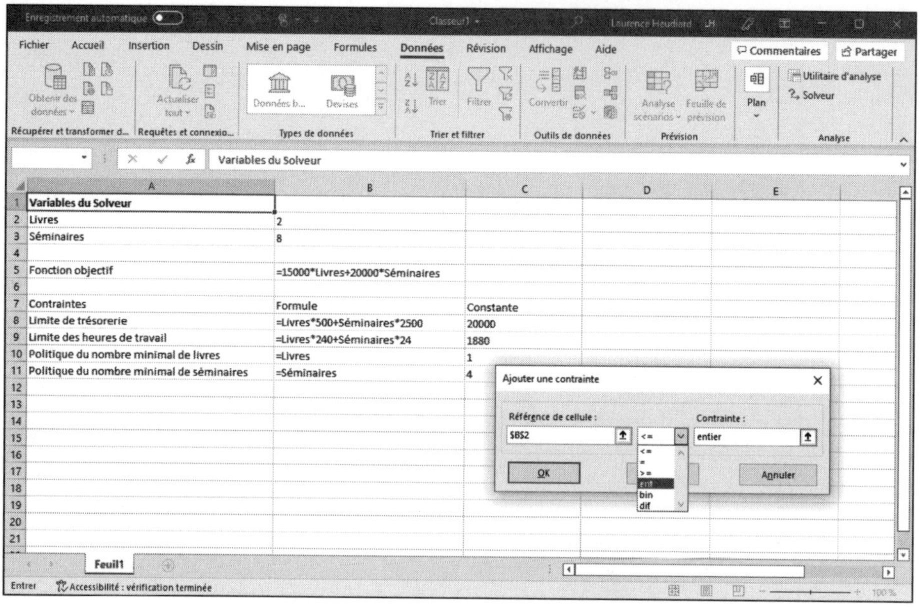

Pour mettre en place une telle contrainte, cliquez sur le bouton Ajouter dans la boîte de dialogue Paramètres du solveur, puis entrez le nom de la variable du Solveur dans la zone Référence de cellule, sélectionnez `bin` dans la liste déroulante, puis cliquez sur OK.

8 Optionnel : autorisez les variables sans contraintes non négatives.

Par défaut, la case Rendre les variables sans contraintes non négatives est cochée ; cela signifie qu'Excel ne considère comme « vraies » que les solutions pour lesquelles les valeurs d'entrée sont égales à zéro ou positives, ce qui est généralement logique.

Si vous recherchez le nombre optimal de livres et de séminaires, vous pouvez accepter, comme suggestion pratique, la valeur zéro ou une valeur positive ; mais évidemment, vous ne pourriez pas écrire un nombre de livres négatif ni contribuer à un nombre négatif de séminaires. Ces suggestions seraient tout simplement inappropriées.

Cependant, dans certains modèles d'optimisation, vous pouvez travailler avec des valeurs négatives. Si, par exemple, vous optimisez des investissements pour l'achat de gisements de pétrole, la valeur optimale pourrait être un nombre négatif. En d'autres termes, le bon choix pourrait être de se départir d'une certaine somme (soustraire cette somme) plutôt que de l'investir (ajouter cette somme).

Pour accepter des valeurs négatives pour les variables, il faut décocher la case Rendre les variables sans contrainte non négatives.

9 Optionnel : sélectionnez une méthode de résolution.

La boîte de dialogue Paramètres du solveur permet de sélectionner une méthode (parmi trois) de résolution pour résoudre le problème d'optimisation : GRG non linéaire (que vous pouvez généralement utiliser pour résoudre des problèmes simples, mais non linéaires), Simplex PL (pour les problèmes linéaires) et Évolutionnaire (pour les problèmes complexes).

Microsoft n'a pas conçu ni mis en place les algorithmes de la commande Solveur. C'est une autre société, Frontline Systems, qui s'en est chargée. Pour plus d'informations sur les méthodes de résolution implémentées, vous pouvez consulter le site www.solver.com.

10 Résolvez l'optimisation de la modélisation.

Après avoir identifié la fonction objectif et les variables du Solveur, et décrit les formules de contraintes et les constantes associées, vous êtes prêt à résoudre le problème. Pour ce faire, il suffit de cliquer sur le bouton Résoudre.

La boîte de dialogue Résultat du solveur apparaît, comme le montre la Figure 12.6. Elle propose deux boutons radio, Conserver la solution du solveur et Rétablir les valeurs d'origine. Sélectionnez le bouton Conserver la solution du solveur, puis cliquez sur OK. Dans notre exemple, le nombre optimal de livres à écrire par an est de 7, et le nombre optimal de séminaires auxquels participer est de 6,6, représentés dans les cellules B2 et B3, comme le montre la Figure 12.6.

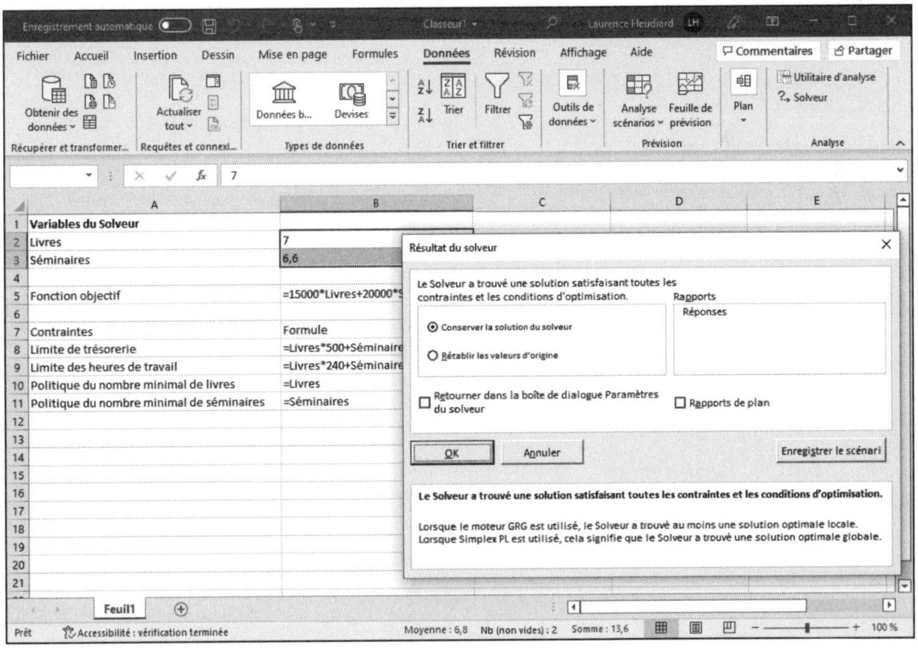

Figure 12.6 Les résultats du Solveur.

La boîte de dialogue Paramètres du solveur comprend également deux boutons de commande : Modifier et Supprimer. Pour supprimer une contrainte à partir du modèle, sélectionnez-la dans la zone Contraintes, puis cliquez sur le bouton Supprimer. Pour modifier une contrainte, sélectionnez-la dans la liste, puis cliquez sur le bouton Modifier. Dans la boîte de dialogue Modifier une contrainte, effectuez les changements requis.

Rapports du Solveur

La boîte de dialogue Résultats du solveur de la Figure 12.6 montre la liste des rapports disponibles. La zone Rapports identifie trois rapports du Solveur : Solution, Sensibilité et Limites ; ils fournissent un complément d'informations sur les analyses du Solveur.

Rapport de solution

La Figure 12.7 montre le rapport de solution généré par le Solveur en réponse à l'optimisation des activités d'écriture de livres et de participation à des séminaires qui a été développée précédemment.

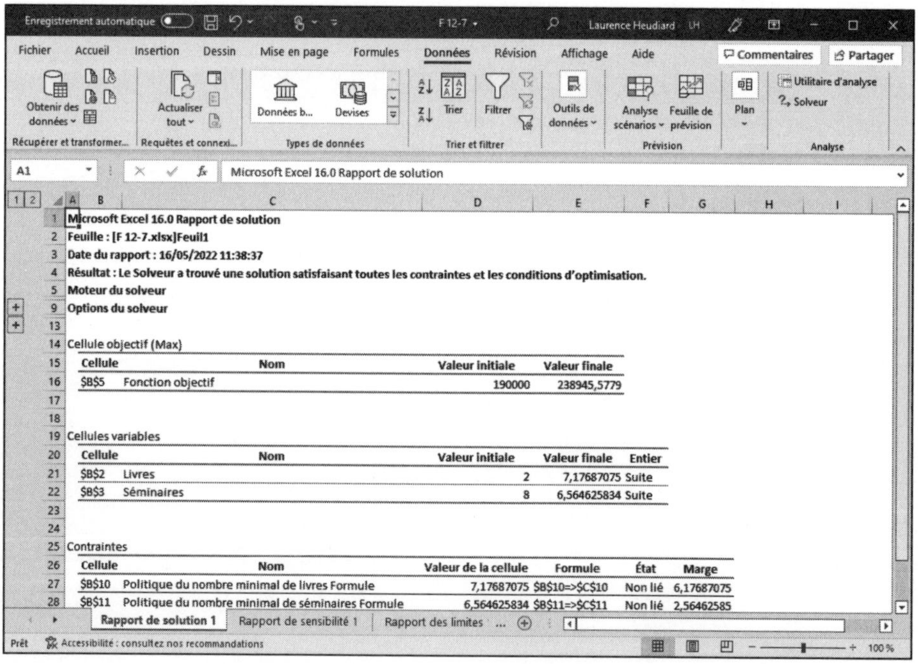

Figure 12.7 Le Rapport de solution 1.

L'information principale est le résultat de l'optimisation de la fonction objectif. Cette information apparaît dans la cellule E16 de la Figure 12.7. La valeur finale, qui est celle de la fonction objectif optimisée, est égale à 238 945,5779, c'est-à-dire que la meilleure combinaison écriture de livres/participation à des séminaires rapporte environ 238 946 €.

Le rapport montre également la valeur initiale de la fonction objectif. Si une valeur variable a été estimée et affectée au Solveur lors de l'élaboration de la feuille de calcul, elle peut être comparée à la valeur finale. La comparaison entre la valeur initiale et la valeur finale montre l'amélioration de la fonction objectif par le Solveur : elle permet de passer de 190 000 € à 238 945 €.

La zone Cellules variables du Rapport de solution présente les valeurs initiales et les valeurs finales des variables du Solveur. Au départ, il était envisagé d'écrire deux livres et de participer à huit séminaires ; après optimisation du modèle par le Solveur, le nombre de livres est passé à sept, et la participation à des séminaires à 6,6.

La zone Contraintes du Rapport de solution est très intéressante. Bien que les dernières contraintes n'apparaissent pas dans la Figure 12.7 (si vous avez construit la feuille de calcul sur votre ordinateur, il suffit de la faire défiler vers le bas), la zone Contraintes montre comment la fonction objectif dépend étroitement des contraintes. Évidemment, cet exemple présente un cas simple, et il serait facile, en raisonnant un peu, d'être en mesure d'optimiser le résultat. Cependant, dans de nombreux problèmes réels de modélisation et d'optimisation, il est quasiment impossible d'y parvenir avec un raisonnement simple.

Dans l'exemple étudié ici, la zone Contraintes montre que les limites imposées par la trésorerie et les heures de travail sont celles qui influent le plus sur la modélisation et l'optimisation. Vous pouvez le voir en regardant la colonne Marge (la plage de cellules G27:G30 dans notre exemple). La marge est égale à zéro pour les limites de trésorerie et des heures de travail ; cela signifie que la valeur finale de la fonction objectif est obtenue en utilisant tout le fonds de roulement (soit la somme de 20 000 €) et toutes les heures de travail disponibles (soit 1 880 heures) pour produire la valeur finale de 238 945 €. Les deux autres contraintes concernant le nombre minimum de livres à écrire et le nombre minimum de séminaires auxquels participer ne sont pas limitantes, parce qu'elles présentent une marge différente de zéro.

Rapport de sensibilité

La Figure 12.8 montre le Rapport de sensibilité 1 ; celui-ci présente les valeurs de gradient réduit et les multiplicateurs de Lagrange, qui risquent de ne rien vous évoquer !

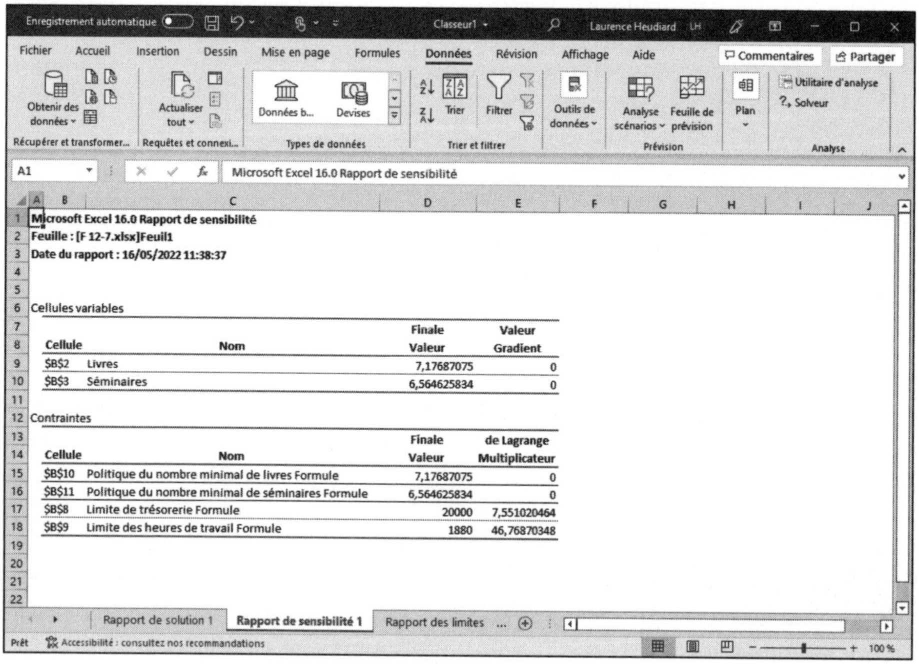

Figure 12.8

Le Rapport de sensibilité 1.

Une valeur de gradient réduit quantifie la variation de la fonction objectif lorsque la valeur de la variable augmente d'une unité. Les multiplicateurs de Lagrange quantifient les modifications de la fonction objectif quand la valeur d'une constante de contrainte augmente d'une unité.

Dans le Rapport de sensibilité illustré par la Figure 12.8, les valeurs de gradient réduit sont égales à zéro. Cela indique que les valeurs de variables ne peuvent pas être augmentées. La valeur zéro pour le gradient réduit associé aux livres indique qu'il n'est pas possible d'écrire plus de livres en raison de l'effet limitatif des contraintes. Il en est de même pour les séminaires, dont la valeur du gradient réduit est égale à zéro.

Les multiplicateurs de Lagrange correspondent à l'augmentation de la cellule objectif en cas d'augmentation d'une unité de la contrainte. Lorsque les valeurs des multiplicateurs de Lagrange sont égales à zéro, cela signifie que la contrainte n'est pas limitative. On remarque dans la Figure 12.8 que les multiplicateurs de Lagrange de la politique pour le nombre minimum de livres et la politique pour le nombre minimum de séminaires sont égaux à zéro ; si vous vous en souvenez, il a été indiqué dans les sections précédentes que les contraintes imposées par ces politiques n'étaient pas obligatoires. Dans la cellule E17, la valeur 7,551020464 pour les multiplicateurs de Lagrange indique l'augmentation de la fonction objectif si la valeur des besoins de trésorerie augmentait d'un euro. La valeur des multiplicateurs de Lagrange, 46,76870348 dans la cellule E18, indique l'augmentation de la fonction objectif si la valeur limite des heures de travail augmentait d'une heure.

Rapport des limites

La Figure 12.9 montre la valeur de la fonction objectif optimisée, les valeurs des variables du Solveur et les limites inférieures et supérieures pour les variables du Solveur.

Figure 12.9 Le Rapport des limites 1.

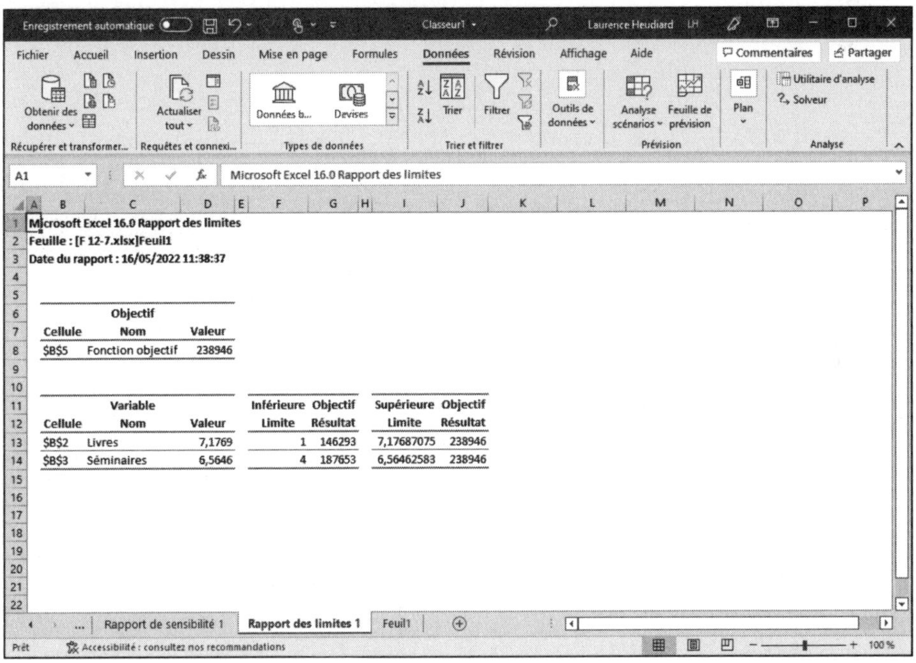

Les limites inférieures et supérieures indiquent la plage des valeurs que les variables du Solveur peuvent prendre, ainsi que les valeurs obtenues à partir de la fonction objectif. La Figure 12.9 montre que la limite inférieure pour le nombre de séminaires (cellule F14) est égale à 4, et que, pour cette valeur, la fonction objectif est égale à 187 653, c'est-à-dire 187 653 €.

La limite supérieure pour le nombre de séminaires (cellule I14) est égale à 6,56462583, et pour cette valeur, la fonction objectif retourne la valeur 238 946, c'est-à-dire 238 946 €, ce qui est la valeur optimale.

Pour générer un rapport de sensibilité ou un rapport des limites, le Solveur ne peut pas avoir de contraintes entières. En conséquence, pour obtenir les rapports présentés dans les Figures 12.7, 12.8 et 12.9, il faut lever les contraintes entières sur les livres. La suppression de cette contrainte sur les nombres entiers change la valeur optimale de la fonction objectif.

Complément sur les rapports du Solveur

L'optimisation avec le Solveur peut être exécutée plusieurs fois et générer pour chaque exécution un nouvel ensemble de rapports Solution, Sensibilité et Limites. La première série de rapports du Solveur est numérotée avec le suffixe 1, ajouté à chaque onglet de rapport ; la deuxième série est numérotée avec le suffixe 2, et ainsi de suite.

Pour supprimer un rapport du Solveur, il suffit de supprimer sa feuille de calcul. Pour ce faire, faites un clic droit sur l'onglet de la feuille, puis choisissez Supprimer dans le menu contextuel qui apparaît.

Options du Solveur

Si vous êtes un lecteur attentif, vous avez sans doute remarqué que la boîte de dialogue Paramètres du Solveur comprend un bouton Options. L'activation de ce dernier affiche la boîte de dialogue Options, comme le montre la Figure 12.10. Vous n'aurez peut-être jamais besoin d'y faire appel. Mais si vous voulez affiner le travail effectué par le Solveur, vous pouvez le paramétrer à partir des onglets, des boutons et des cases à cocher prévus à cet effet.

Onglet Toutes les méthodes

La Figure 12.10 affiche l'onglet Toutes les méthodes ; celui-ci propose des options communes à toutes les méthodes de résolution.

Figure 12.10

La boîte de dialogue Options.

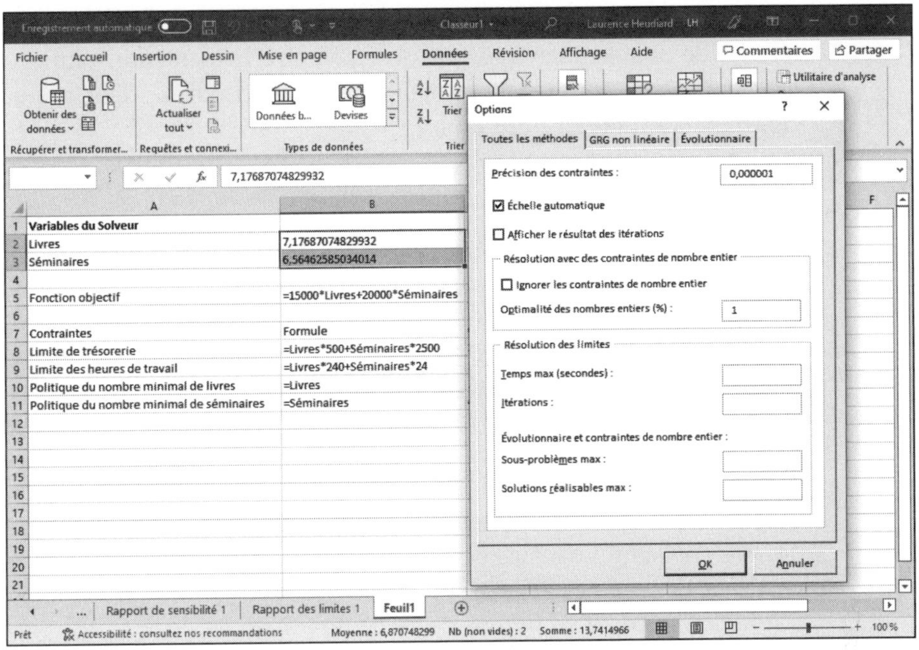

Échelle automatique

La case à cocher Échelle automatique est destinée aux optimisations avec des variables dont les échelles sont très différentes. Par exemple, si l'on travaille avec des taux d'intérêt et des comptes en euros de plusieurs millions, l'option Échelle automatique atténue ces variations d'échelle.

Afficher le résultat des itérations

L'option Afficher le résultat des itérations indique à Excel de faire apparaître les résultats des calculs intermédiaires après chaque itération. La plupart des utilisateurs ne se soucient pas de voir les résultats des calculs intermédiaires ; cependant, dans certains cas, il est intéressant de constater comment le Solveur travaille à la fonction objectif pour obtenir un résultat optimal.

Résolution avec des contraintes de nombre entier

La résolution avec des contraintes de nombre entier peut compliquer la modélisation et l'optimisation, de sorte que le Solveur impose quelques réglages « techniques » à appliquer aux modèles pour qu'ils retournent des valeurs entières. L'option Ignorer les contraintes de nombre entier permet de résoudre les problèmes sans les contraintes liées aux nombres entiers.

La zone de saisie Optimalité des nombres entiers (%) permet de spécifier la différence de pourcentage maximal accepté entre la meilleure solution qui utilise des contraintes entières et la meilleure solution qui ne tient pas compte des contraintes entières.

Résolution des limites

Les zones de saisie Temps Max (secondes) et Itérations limitent la durée d'exécution du programme et le nombre d'itérations lors de la résolution d'un problème de modélisation et d'optimisation. L'exemple de ce livre est très simple, et l'exécution du programme d'optimisation est instantanée. Mais dans la « vie réelle », les problèmes sont généralement beaucoup plus compliqués ; il peut y avoir beaucoup plus de variables à traiter, plus de contraintes potentiellement plus compliquées (avec des valeurs entières ou des contraintes binaires).

Lorsque les modèles sont importants et complexes, le temps d'optimisation peut devenir très long ; dans ce cas, il faut définir un délai d'exécution maximum à partir de la zone de saisie Temps max (secondes) et/ou un nombre maximum d'itérations à partir de la zone de saisie Itérations.

Les calculs du Solveur peuvent être interrompus en pressant la touche Échap.

Avec la méthode de résolution Évolutionnaire, dans une situation avec des contraintes entières, on peut également spécifier le nombre maximum de sous-problèmes sur lesquels travailler, à partir de la zone de saisie Sous-problèmes max, et le nombre maximum de solutions entières, à partir de la zone de saisie Solutions réalisables max.

Onglet GRG non linéaire

L'onglet GRG non linéaire (voir la Figure 12.11) fournit des boutons, des cases à cocher et des zones de saisie pour gérer le Solveur avec la méthode de résolution GRG non linéaire.

Convergence

La zone de saisie Convergence permet d'indiquer à la fonction quand arrêter de chercher une meilleure solution. Elle accepte toute valeur comprise entre 0 et 1. Lorsque le changement dans le résultat de la formule de la fonction objectif est inférieur à la valeur indiquée dans la zone de texte de convergence, Excel considère que l'optimisation est terminée et qu'aucune itération supplémentaire n'est donc nécessaire.

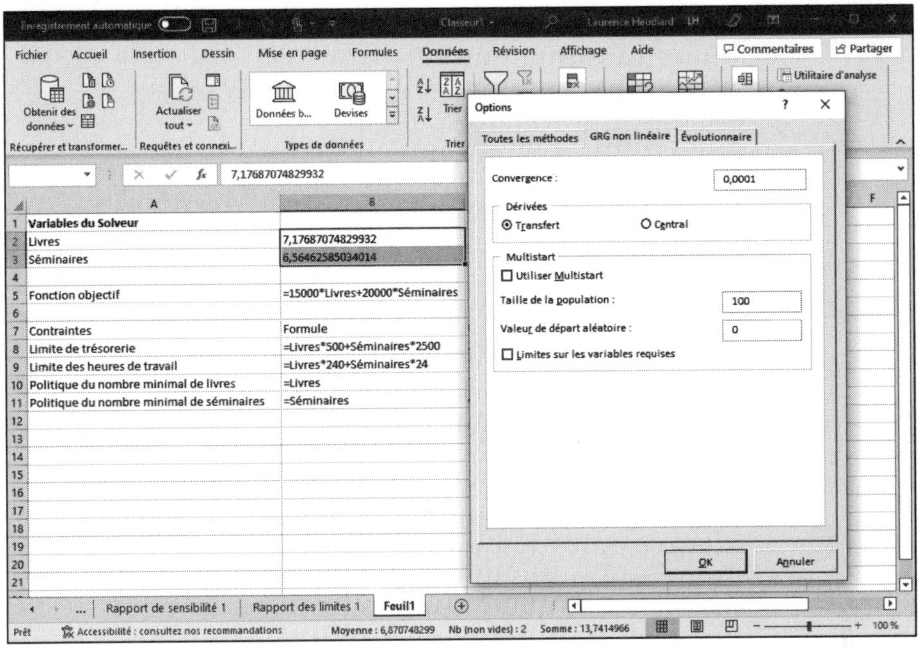

Figure 12.11 L'onglet GRG non linéaire de la boîte de dialogue Options du Solveur.

Avec des valeurs de convergence plus grandes, Excel atteint une solution raisonnable plus rapidement et avec moins de travail. Plus les valeurs de convergence sont faibles (donc petites), plus les calculs sont difficiles et longs.

Dérivées : Transfert ou Central

Lors de l'exécution de la fonction objectif, le programme estime des dérivées partielles. Les boutons radio Transfert et Central de la zone Dérivées permettent de choisir entre des dérivées de transfert ou des dérivées centrales. Dans la plupart des cas, tout fonctionne très bien avec des dérivées de transfert. Mais, dans certains cas, celles-ci ne fonctionnent pas ; il faut alors leur préférer des dérivées centrales.

Ces dernières imposent un travail beaucoup plus important au programme, mais certains problèmes fortement contraints ne peuvent être résolus qu'en utilisant des dérivées centrales.

Paramètres Multistart

La case à cocher Utiliser Multistart permet de résoudre le problème d'optimisation en définissant plusieurs points de départ différents. La zone de saisie Taille de la population spécifie le nombre de points de départ, et la zone Valeur de départ aléatoire permet de fournir un nombre entier qui sera utilisé comme graine pour le générateur de nombres aléatoires. La case à cocher Limites sur les variables requises rappelle que l'exécution du programme en mode Multistart se produit uniquement lorsque des limites supérieures et inférieures ont été définies pour les variables.

Onglet Évolutionnaire

Les zones de saisie et les cases à cocher de l'onglet Évolutionnaire (voir la Figure 12.12) gèrent le fonctionnement du Solveur lorsque la méthode de résolution Évolutionnaire a été choisie.

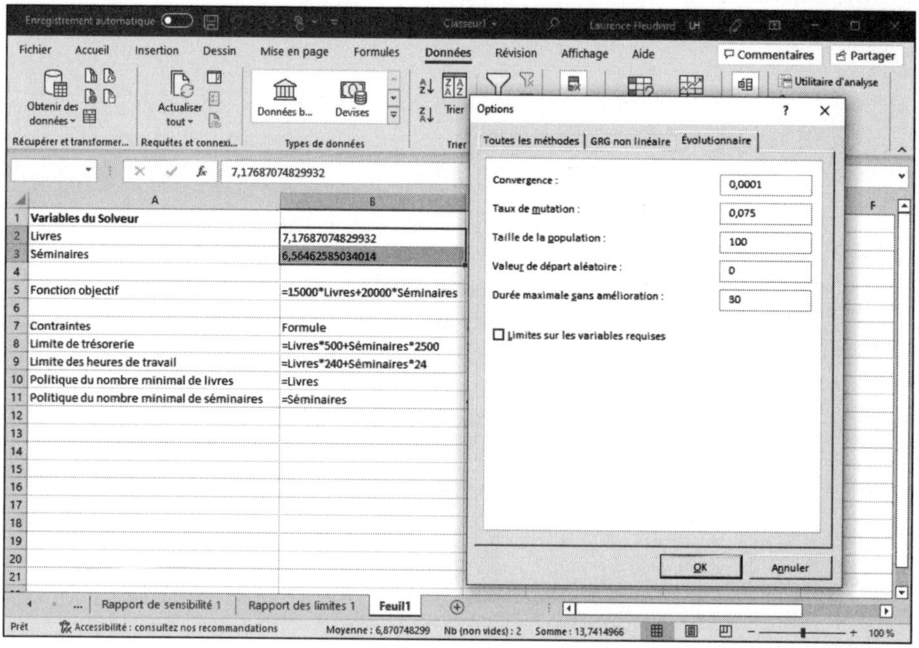

Figure 12.12 L'onglet Évolutionnaire de la boîte de dialogue Options du solveur.

La zone de saisie Convergence spécifie à partir de quelle valeur le Solveur interrompra les itérations et considérera le travail terminé. En termes plus précis, lorsque le changement dans le résultat de la formule de la fonction objectif est inférieur à la valeur indiquée dans la zone de convergence, Excel considère que l'optimisation est terminée, donc aucune itération supplémentaire n'est nécessaire.

La zone de saisie Taux de mutation, qui accepte des valeurs comprises entre 0 et 1, contrôle la façon dont les variables sont modifiées lors de la recherche d'une solution optimale. La zone Taille de la population spécifie le nombre de points de données que le Solveur maintient à un moment dans sa recherche d'une solution optimale.

La zone Valeur de départ aléatoire fournit un nombre entier, qui sera utilisé comme graine pour le générateur de nombres aléatoires par la méthode Évolutionnaire.

La Durée maximale sans amélioration, calculée en secondes, interrompt le programme si aucune amélioration n'est constatée.

Enfin, la case à cocher Limites sur les variables requises rappelle que l'exécution du programme avec la méthode de résolution Évolutionnaire se produit uniquement lorsque des limites supérieures et inférieures ont été définies pour les variables.

Enregistrement et réutilisation du modèle

Le bouton Charger/enregistrer affiche la boîte de dialogue Charger/enregistrer le modèle, comme le montre la Figure 12.13.

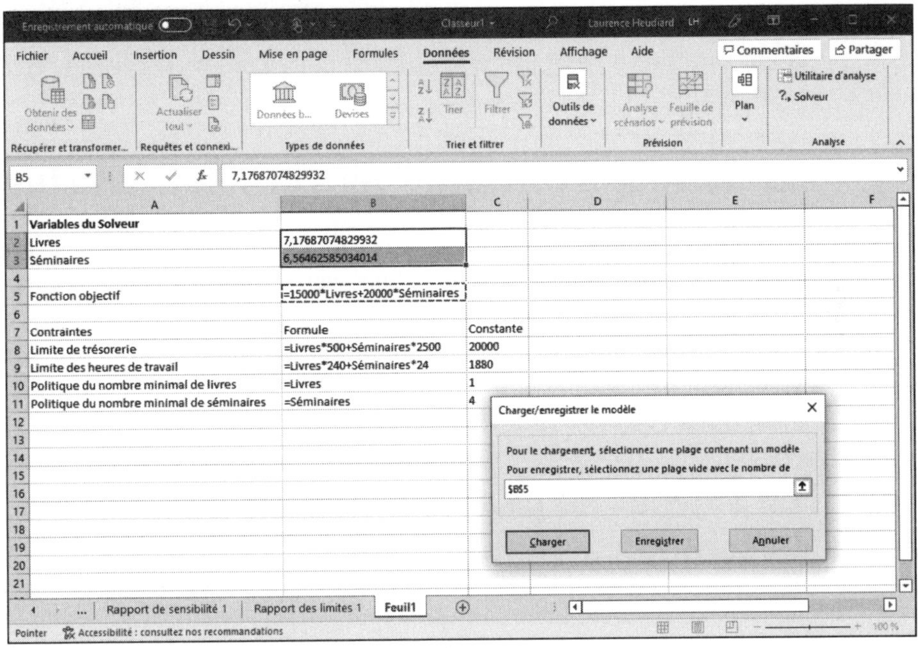

Figure 12.13 La boîte de dialogue Charger/enregistrer le modèle.

Pour enregistrer les informations de modélisation et d'optimisation en cours, entrez une adresse de plage de feuille de calcul ou l'adresse de la cellule supérieure gauche d'une plage dans la zone de texte, puis cliquez sur Enregistrer.

Pour accéder ultérieurement au modèle sauvegardé, affichez la boîte de dialogue Charger/enregistrer le modèle et cliquez sur le bouton Charger.

Messages d'erreur du Solveur

Lorsque les problèmes sont simples, le Solveur trouve habituellement rapidement les valeurs des variables pour la fonction objectif. Cependant, dans certains cas (en fait, assez fréquemment dans le monde réel), le Solveur a des difficultés pour trouver les valeurs des variables qui optimisent la fonction objectif. Dans ces cas, il affiche généralement un message d'information ou d'erreur décrivant le problème. Cette section identifie brièvement ces messages et les commente.

Le Solveur a trouvé une solution

Toutes les contraintes et les conditions d'optimalité sont satisfaites ; le Solveur a fait son travail et trouvé un ensemble de valeurs variables qui répondent aux contraintes.

Le Solveur a convergé vers la solution actuelle

Le Solveur a trouvé une solution, mais il n'est pas particulièrement confiant dans la solution. En substance, ce message avertit qu'il existe peut-être une meilleure solution au problème de modélisation et d'optimisation. Pour rechercher une meilleure solution, il faut ajuster le réglage de la convergence dans la boîte de dialogue Options du Solveur, afin que le programme s'exécute avec un niveau supérieur de précision.

Le Solveur ne peut pas améliorer la solution actuelle

Le Solveur a calculé une nouvelle solution, mais celle-ci est identique à la précédente, et encore une fois, il est possible d'obtenir une meilleure solution. Il faut augmenter la précision des contraintes pour que le programme recherche une meilleure solution ; cela signifie, bien sûr, que l'exécution sera plus longue, mais ce temps supplémentaire permettra de trouver une meilleure solution. La précision des contraintes est réglée à partir de la commande Options de la boîte de dialogue Paramètres du Solveur.

Le temps maximal est atteint, voulez-vous continuer ?

Le délai maximal a été atteint, mais les calculs ne sont pas terminés. Le problème peut être résolu en augmentant la valeur du Temps max ou en cliquant sur le bouton Continuer. Deux autres boutons permettent d'arrêter le calcul ou d'enregistrer le scénario.

Le Solveur a été arrêté à la demande de l'utilisateur

Le calcul a été interrompu à la demande de l'utilisateur. Il est alors possible de conserver l'état intermédiaire sans que la solution globalement optimale ait été obtenue.

Le nombre maximum d'itérations est atteint, voulez-vous continuer ?

La limite maximale d'itérations a été atteinte, mais les calculs ne sont pas terminés. Le problème peut être résolu en augmentant le nombre d'itérations ou en cliquant sur le bouton Continuer. Deux autres boutons permettent d'arrêter le calcul ou d'enregistrer le scénario.

Les valeurs de la cellule objectif ne convergent pas

Les valeurs de la cellule objectif ne convergent pas ; la fonction objectif ne peut pas atteindre une valeur optimale. En d'autres termes, la fonction objectif ne cesse d'augmenter (ou de diminuer) au cours des itérations, même si les formules liées aux contraintes sont satisfaites. Cette erreur est probablement due à une mauvaise définition de la modélisation. La fonction objectif n'a peut-être pas beaucoup de sens ou n'est pas en harmonie avec les formules de contraintes.

Le Solveur ne peut pas trouver de solution réalisable

Le Solveur n'a pas pu trouver de réponse, l'ensemble des contraintes exclut toute réponse valide. Par exemple, si nous revenons à l'exemple de ce chapitre et si nous supposons qu'il faut 3 000 heures pour écrire un livre, mais si nous disposons seulement de 2 000 heures pour ce travail, le Solveur ne parviendra pas à trouver une solution réalisable.

Les conditions de linéarité requises par le Solveur ne sont pas satisfaites

La méthode de résolution sélectionnée, Simplex PL, est linéaire, mais le modèle n'est pas linéaire ; le programme ne peut donc pas résoudre le problème. Il faut sélectionner une nouvelle méthode de résolution, GRG non linéaire ou Évolutionnaire.

Le problème est trop important pour être résolu par le Solveur

Le problème est trop important pour le Solveur, soit parce qu'il y a plus de 200 variables de décision, soit parce qu'il y a plus de 100 contraintes. Pour contourner ce problème, il faut réduire le nombre de variables ou de contraintes.

Le Solveur a rencontré une valeur erronée dans une cellule cible ou dans une cellule de contrainte

Un résultat intermédiaire dans une cellule cible génère une erreur, ou une contrainte est erronée. Il suffit de corriger l'erreur.

Mémoire insuffisante pour résoudre le problème

Le Solveur n'a pas assez de mémoire pour résoudre le problème. Le seul recours consiste à libérer de la mémoire, soit en fermant tous les autres programmes ouverts et les documents ou classeurs inutiles, soit en ajoutant de la mémoire à votre ordinateur.

Erreur dans le modèle ; vérifiez que toutes les cellules et toutes les contraintes sont valides

Pour pallier ce problème, il suffit de vous assurer que toutes les cellules et toutes les contraintes sont valides : vérifiez les formules et les valeurs d'entrée, en veillant à ne pas utiliser le mot « Solveur » dans l'une des variables nommées, car c'est un nom réservé !

Partie 4

Les dix commandements

Dans cette partie

» Améliorez vos compétences de base en statistiques, afin de rendre l'analyse de données avec Excel beaucoup plus facile et confortable.

» Boostez votre efficacité en analyse des données et en communication des résultats grâce à des astuces et à des techniques intelligentes.

» Découvrez quelques secrets pour analyser visuellement vos données et les présenter agréablement.

Chapitre 13

Dix informations à propos des statistiques

Les analyses statistiques ont fait l'objet d'une partie des douze premiers chapitres de ce livre ; il pourrait à présent être judicieux de revenir sur les bases des analyses statistiques.

Toutefois, ne craignez rien, ce chapitre ne va pas vous noyer sous des informations trop compliquées : nous n'aborderons pas les théories de la statistique « mathématique ». La preuve : vous ne verrez pas de symboles grecs dans ce chapitre !

Si vous n'avez jamais été confronté à des calculs de statistiques au cours de vos études ou si celles-ci sont terminées depuis plusieurs années, ce chapitre vous aidera à vous remettre en selle.

Les statistiques descriptives sont simples

Tout d'abord, vous devez savoir que certaines analyses statistiques et certaines mesures statistiques sont extrêmement simples. Les statistiques descriptives, qui incluent les tableaux croisés dynamiques (présentés dans les Chapitres 3 et 4), ainsi que de nombreuses fonctions statistiques, sont facilement appréhendées après quelques réflexions.

Par exemple, si l'on résume un ensemble de valeurs, on obtient une somme. C'est simple, non ? Et si l'on trouve la plus grande valeur ou la plus petite valeur dans un ensemble de nombres, c'est encore très facile à comprendre.

Nous mentionnons ce point, parce que, très souvent, le terme « statistiques descriptives » effraie. C'est dommage, car de nombreux outils statistiques, parmi les plus utiles, à votre disposition, sont simples et aident à comprendre les statistiques descriptives.

Les moyennes ne sont pas toujours simples

Voici une affirmation étrange dont vous vous souvenez peut-être si vous avez été confronté aux classes en statistiques. Lorsque l'on utilise le terme *moyenne*, on se réfère généralement à la mesure la plus commune de la moyenne, la somme divisée par le nombre d'éléments. Cependant, il faut savoir que plusieurs autres mesures de la moyenne sont communément acceptées : le *mode* (ou valeur dominante), la *médiane* et certaines mesures spéciales de la moyenne, telles que la *moyenne géométrique*, la *moyenne harmonique* ou la *moyenne quadratique*.

Nous aborderons rapidement certaines de ces mesures, non pas qu'elles soient indispensables, mais parce que ce terme de *moyenne* est en fait imprécis et que cela vous aidera à mieux comprendre certains des sujets abordés dans cet ouvrage et de nombreuses fonctionnalités statistiques d'Excel.

Pour rendre cette discussion plus concrète, supposons un petit ensemble de valeurs : 1, 2, 3, 4 et 5. Comme vous le savez peut-être, ou comme vous êtes en mesure de le deviner intuitivement, sa *moyenne* est 3. Vous pouvez calculer la *moyenne* en additionnant tous les chiffres de l'ensemble (1 + 2 + 3 + 4 + 5), puis en divisant cette somme (15) par le nombre total de valeurs de l'ensemble (5).

Le *mode* et la *médiane* sont deux autres mesures communes de la moyenne. Nous commencerons par la mesure de la médiane, parce qu'elle est facile à comprendre à l'aide de l'ensemble de données présenté dans le paragraphe précédent. La valeur médiane est la valeur qui sépare les plus grandes valeurs des plus petites. Dans l'ensemble de données 1, 2, 3, 4, et 5, la médiane est 3. La valeur 3 sépare en effet les valeurs les plus grandes (4 et 5) des valeurs les plus faibles (1 et 2). En d'autres termes, la médiane représente le point central des données. La moitié des valeurs des données est supérieure à la valeur médiane, et la moitié des valeurs des données est inférieure à la valeur médiane.

Lorsque le nombre de valeurs dans l'ensemble de données est pair, la médiane est calculée en faisant la moyenne des deux valeurs centrales. Par exemple, l'ensemble de données 1, 2, 3 et 4 n'a pas de valeur centrale ; il faut ajouter les deux valeurs centrales, 2 et 3, puis diviser le résultat par 2 ; on obtient 2,5. La valeur médiane est donc 2,5 : la moitié des valeurs de l'ensemble de données est supérieure à la valeur médiane et l'autre moitié est inférieure à la valeur médiane.

La mesure du mode est une troisième moyenne commune. Le mode est la valeur la plus courante dans un ensemble de données. Pour le comprendre, nous utiliserons le jeu de données 1, 2, 3, 5 et 5 ; le mode est 5, parce que la valeur 5 apparaît deux fois dans l'ensemble. Toutes les autres valeurs ne sont présentes qu'une seule fois.

Comme cela a été mentionné précédemment, il existe d'autres mesures statistiques communes de la moyenne. La première, qui a été évoquée précédemment, est en fait une moyenne arithmétique, parce que les valeurs de l'ensemble de données sont ajoutées arithmétiquement. Toutefois, elles peuvent être combinées de différentes manières. Les analystes financiers et les scientifiques utilisent parfois une moyenne géométrique, ou encore une moyenne harmonique, *etc.*

Il n'est pas indispensable de comprendre toutes ces mesures de la moyenne ; il suffit de se souvenir que le terme moyenne est assez imprécis. Et généralement, lorsque l'on parle de moyenne, il s'agit la plupart du temps de moyenne arithmétique.

Les écarts types décrivent la dispersion

Vous aviez déjà probablement entendu parler du terme *écart type* ; tout rapport statistique comprend généralement une vague référence soit à l'écart type, soit à son proche parent, la variance. Bien que la formule de l'écart type soit terrifiante à regarder, du moins, si vous n'êtes pas à l'aise avec l'alphabet grec, la formule elle-même et sa logique sont assez faciles à comprendre.

Un écart type décrit comment les valeurs d'un ensemble de données varient autour de la moyenne ; il mesure la dispersion autour de la moyenne.

Supposons que nous travaillons avec un ensemble de données dont la moyenne est égale à 20. Si l'écart type de cet ensemble de données est égal à 5, on peut en déduire que la dispersion autour de la moyenne (20) est égale à 5. En d'autres termes, pour des valeurs inférieures à la moyenne de 20, la moyenne est égale à 15. Et pour les valeurs supérieures à la moyenne, elle est égale à 25.

L'écart type ne correspond pas exactement à l'écart moyen, mais il en est très proche dans certains cas. Et si l'on pense que l'écart type est semblable à l'écart moyen (ou écart moyen de la moyenne), c'est assez réaliste.

Lorsque l'on réalise des mesures statistiques, comme la moyenne et l'écart type sur un ensemble de données, on enrichit ses connaissances sur les caractéristiques des données étudiées. Cela permet souvent de tirer des conclusions supplémentaires.

Les termes statistiques *variance* et *écart type* sont étroitement liés. L'écart type est égal à la racine carrée de la variance, c'est-à-dire que la variance est égale au carré de l'écart type.

Lorsque l'on calcule des variances et des écarts types, on obtient la valeur de la variance en premier. En d'autres termes, on calcule la variance avant de calculer l'écart type. C'est pourquoi on entend souvent parler de variance plutôt que d'écart type. Les variances et les écarts types sont très proches ; dans un cas, on travaille avec un carré, et dans un autre, avec une racine carrée.

Une observation est une observation

L'*observation* est l'un des termes que l'on rencontre souvent lors de la lecture de textes se rapportant aux statistiques ou dans l'aide en ligne d'Excel. Supposons que l'on construise un ensemble de données qui caractérise les températures journalières relevées dans le quartier. Si l'on observe et note, un bel après-midi de juillet, que la température est de 24 °C, cela constitue la première observation. Le jour suivant, si l'on observe et note que la température est de 26 °C, cette mesure est la deuxième observation.

Voici une autre façon de définir l'observation à long terme : chaque fois que l'on attribue réellement une valeur à l'une des variables aléatoires d'un jeu de données, on crée une observation. Par exemple, si l'on construit un ensemble de données de températures relevées quotidiennement dans un quartier, chaque fois que l'on sort, on attribue au jeu de données une nouvelle valeur de température (25 °C un jour, 22 °C le jour suivant, et ainsi de suite) : on crée alors une observation.

Un échantillon est un sous-ensemble de valeurs

Un *échantillon* est une collection d'observations réalisées à partir d'une population. Par exemple, si l'on crée un ensemble de données représentant la température relevée quotidiennement dans un quartier, cette petite collection d'observations est un échantillon.

En comparaison, un échantillon n'est pas une population ; une population comprend toutes les observations possibles. Dans le cas de la collecte des températures relevées dans un quartier, la population comprend la totalité des températures quotidiennes relevées depuis le début de l'existence du quartier.

Les statistiques inférentielles reposent sur les probabilités

Comme cela a été indiqué précédemment dans ce chapitre, certaines statistiques sont assez simples. Bien que cela soit très facile à calculer, trouver la plus grande valeur dans un ensemble de nombres est une mesure statistique. Ces mesures simples sont appelées des *statistiques descriptives*.

Les *statistiques inférentielles* représentent une autre branche plus complexe, mais tout aussi utile des statistiques. Les statistiques sont souvent coûteuses, car il faut faire des enquêtes et des sondages sur un nombre important d'individus. Les statistiques inférentielles utilisent la théorie des probabilités pour restreindre ce nombre d'individus en faisant des sondages sur des échantillons. Si ces derniers sont suffisamment représentatifs et importants, on peut tirer des conclusions sur la population en fonction des caractéristiques de ces échantillons.

Par exemple, pour chaque élection, les instituts de sondage prédisent le nom du vainqueur après seulement qu'un petit nombre de personnes sont allées voter. Comment font-ils ? Ils échantillonnent la population ; plus précisément, ils interrogent des électeurs à la sortie des bureaux de vote, pour savoir comment ils ont voté. À partir d'un échantillon d'électeurs suffisamment important, on peut faire une inférence sur la façon dont tous les électeurs ont voté. Il ne reste plus ensuite qu'à prédire qui sera le vainqueur de l'élection.

Les statistiques inférentielles ou déductives, bien que très puissantes, possèdent deux caractéristiques qui peuvent s'avérer problématiques et qu'il faut mentionner ici :

» **Les problèmes de précision** : lorsque l'on fait une inférence statistique, on ne peut jamais être sûr à 100 % que la conclusion soit correcte. Il existe toujours une possibilité que l'échantillon ne soit pas vraiment représentatif ou pas assez précis pour se substituer à la population.

» **La courbe d'apprentissage** : les statistiques inférentielles deviennent rapidement assez compliquées, et dès le début de leur mise en œuvre, on doit faire appel à des fonctions de distribution de probabilité, à toutes sortes de paramètres et à un nombre important de symboles grecs.

En pratique, si vous ne vous êtes jamais plongé dans l'étude des statistiques, vous trouverez qu'il est très difficile de se servir des statistiques inférentielles. Toutefois, si vous avez suivi les exemples de ce livre, vous avez commencé à vous y initier et vous avez fait appel à des fonctions de distributions normales et de distributions uniformes. Mais ce n'était qu'une initiation, et travailler avec des statistiques inférentielles et les appliquer à d'autres distributions de probabilité devient vite très délicat.

Les fonction de distribution de probabilité sont de type uniforme ou normale

Une distribution de probabilité est simplement une énumération de tous les résultats possibles d'une expérience avec leurs probabilités respectives. Ce sont des termes que vous avez rencontrés au cours de la lecture de ce livre, et si vous avez encore quelques lacunes, vous pourrez comprendre intuitivement ce qu'est une fonction de distribution de probabilité avec quelques exemples.

La distribution T de Student est une distribution commune, qui a été évoquée dans les chapitres précédents. Il s'agit essentiellement une distribution normale, à l'exception de la queue qui est plus lourde. Il existe aussi des distributions asymétriques et plus ou moins aplaties.

Cette section concerne deux fonctions de distribution de probabilité qui ne vous sont pas totalement étrangères : la distribution uniforme et la distribution normale.

Loi uniforme

Une loi uniforme est une fonction commune de distribution de probabilité pour laquelle tous les intervalles de même longueur inclus dans le support de la loi ont la même probabilité. Cela se traduit par le fait que la densité de probabilités de ces lois est constante sur leur support. Par exemple, supposons que l'on lance un dé à six faces. Si la loi de distribution est uniforme, la probabilité d'obtenir une valeur 1, 2, 3, 4, 5 ou 6 est égale. Si on lance ce dé 60 000 fois, on s'attend à obtenir (étant donné le grand nombre d'observations) 10 000 fois la valeur 1. Suivant le même raisonnement, on doit observer 10 000 fois les valeurs 2, 3, 4, 5 et 6. Bien sûr, il se peut qu'il y ait un léger écart entre ce que l'on prévoit (en théorie 10 000 occurrences pour chaque face du dé) et le résultat de l'expérience, mais les observations réelles seront très proches du résultat escompté.

La particularité de cette distribution est que la probabilité d'obtenir une valeur parmi six est la même, quelle que soit la face ; la probabilité est uniforme pour chacune des faces. Pour cette raison, on parle de distribution uniforme : chaque événement a la même probabilité d'occurrence.

La Figure 13.1 montre une fonction de distribution uniforme.

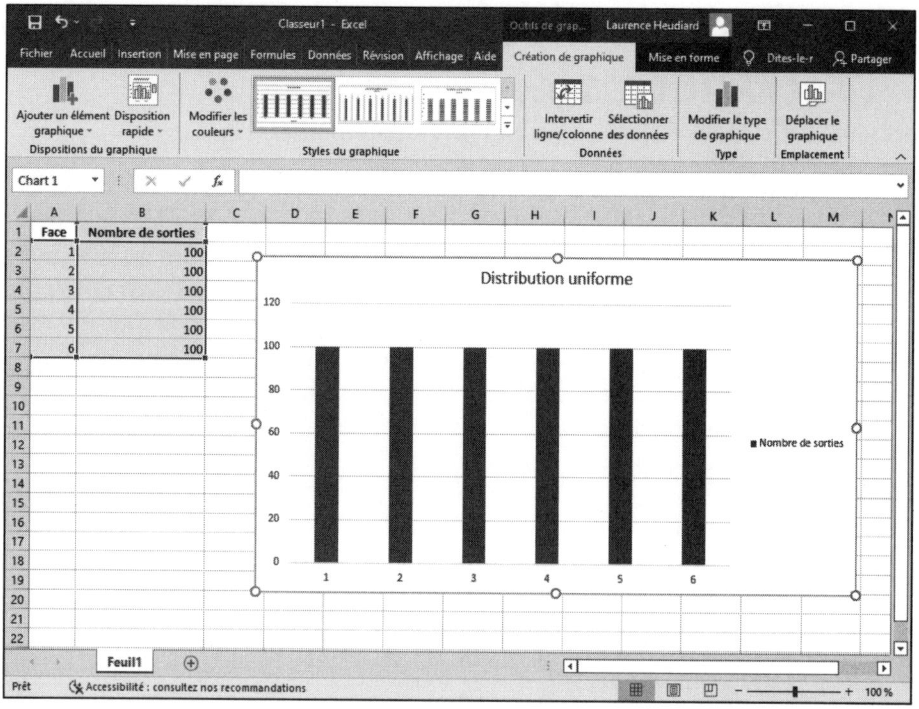

Figure 13.1 Une fonction de distribution uniforme.

Loi normale

La loi normale est un autre type commun de fonction de distribution de probabilité. Elle correspond à la distribution de probabilité d'une variable aléatoire continue, dont la courbe est parfaitement symétrique, unimodale et en forme de cloche (distribution gaussienne).

On observe des distributions normales, naturellement, dans de très nombreuses situations. Par exemple, le quotient intellectuel (QI) est distribué normalement. Si l'on prend un grand nombre de personnes, que l'on teste leur QI, puis que l'on transcrit les résultats dans un tableau, on obtient une distribution normale. Dans une distribution normale, la plupart des valeurs de la population sont centrées autour de la moyenne. Par ailleurs, dans une telle distribution, la moyenne, le mode et la médiane sont égaux.

À présent, vous devez avoir une idée de ce qu'est une fonction de distribution de probabilité. Une telle fonction décrit uniquement un diagramme qui, en substance, permettra de déterminer des probabilités.

Une fonction de distribution de probabilité est tout simplement une fonction, ou une équation qui décrit la ligne de la distribution. Comme vous pouvez le deviner, toutes les distributions de probabilité ne ressemblent pas à une distribution normale ou à une distribution uniforme.

Paramètres, vous avez dit paramètres ?

Si vous avez saisi le concept selon lequel une fonction de distribution de probabilité est essentiellement une équation ou une formule qui décrit les lignes dans un tableau de distribution de probabilité, il est assez facile de comprendre qu'un paramètre est une valeur affectée à la fonction de distribution de probabilité. En d'autres termes, une formule, une fonction ou une équation qui décrit une courbe de distribution de probabilité a besoin de recevoir des valeurs en entrée ; ces entrées sont appelées *paramètres*.

Certaines fonctions de distribution de probabilité n'ont besoin que d'un seul paramètre simple. Par exemple, pour travailler avec une distribution uniforme, il suffit de connaître le nombre de valeurs dans l'ensemble de données. Ainsi, un dé à six faces n'offre que six possibilités, et parce que l'on sait que seulement six possibilités existent, on peut très facilement calculer qu'il y a une chance sur six que chaque possibilité se produise.

Une distribution normale utilise deux paramètres : la moyenne et l'écart type.

Évidemment, d'autres fonctions de distribution de probabilité utilisent d'autres paramètres.

Asymétrie et aplatissement décrivent la forme d'une distribution de probabilité

L'asymétrie et l'aplatissement sont deux termes statistiques qu'il est indispensable de connaître. L'asymétrie quantifie le manque de symétrie dans une distribution de probabilité. Dans une distribution parfaitement symétrique, comme la distribution normale, le coefficient d'asymétrie est égal à zéro. Si une distribution de probabilité « penche » vers la droite ou vers la gauche, le coefficient d'asymétrie a une valeur différente de zéro et la valeur quantifie ce manque de symétrie.

L'aplatissement ou kurtosis quantifie la lourdeur des queues dans une distribution. Dans une distribution normale, le kurtosis est égal à zéro. En d'autres termes, le zéro est la mesure pour une queue qui ressemble à celle d'une distribution normale. La queue est la partie de la courbe qui se trouve à gauche ou à droite. Si le kurtosis est un nombre positif, les queues de la distribution seront plus lourdes (épaisses) que celles d'une distribution normale. Si l'aplatissement est un nombre négatif, les queues de la distribution seront plus légères (minces) que dans une distribution normale.

Les intervalles de confiance s'avèrent souvent utiles

En mathématiques, un intervalle de confiance permet de définir une marge d'erreur entre les résultats d'un sondage et un relevé exhaustif de la population totale. Plus généralement, l'intervalle de confiance permet d'évaluer la précision de l'estimation d'un paramètre statistique sur un échantillon. La notion d'intervalle de confiance apparaît lorsque l'on tente d'obtenir des informations sur une population que l'on ne connaît pas entièrement. Dans le cas contraire, en statistique descriptive, le problème se résout par des méthodes purement algébriques. Ici, il faut associer à la population une loi de probabilité dont la pertinence doit être justifiée. La justification raisonnable consiste soit en une démonstration, soit en la pratique d'un très grand nombre d'observations, la loi des grands nombres étant la seule justification pratique de la notion de probabilité. Cela conduit à interpréter un élément de la population comme une variable aléatoire, et un échantillon comme un ensemble de telles variables.

Lors de l'annonce des résultats de sondages, les probabilités laissent souvent perplexes ; lors des élections présidentielles, les experts parlent de toutes sortes de façons plus ou moins confuses des chances de victoire d'un candidat. Par exemple, un commentateur indique que le candidat X obtiendrait 51 % des voix avec une marge d'erreur de +/- 3 % et un niveau de confiance de 95 %.

Une telle phrase peut sembler assez ésotérique ; heureusement, il suffit de la décomposer pour que les choses deviennent un peu plus claires. Qu'est-ce que l'enquête indique vraiment : les sondeurs ont pris un échantillon de la population à laquelle ils ont demandé pour qui ils allaient voter, et 51 % de l'échantillon ont indiqué qu'ils allaient voter pour le candidat X.

Voici maintenant où cela devient intéressant ! Compte tenu de la taille de l'échantillon, les sondeurs ont pu faire quelques calculs supplémentaires et en déduire qu'il y avait 95 % de chances que, dans la réalité, 48 à 54 % des gens voteraient pour le candidat X. C'est la marge d'erreur de 3 % qui fait varier le résultat de 48 % (51 – 3 = 48) à 54 % (51 + 3 = 54) ; c'est une autre façon de décrire l'intervalle de confiance.

Le niveau de confiance est lié à la marge d'erreur, et si les sondeurs avaient voulu fournir une valeur avec un niveau de confiance de 99 %, la marge d'erreur aurait été beaucoup plus importante. Elle aurait été égale à 6 % ; autrement dit, pour un niveau de confiance de 99 %, les personnes qui voteraient pour le candidat X seraient comprises entre 45 % et 57 % (l'intervalle de confiance est compris entre 45 % et 57 %).

Voilà pourquoi les organismes de sondages indiquent souvent la marge d'erreur, mais pas le niveau de confiance. Sans informations sur le niveau de confiance utilisé par le sondeur pour calculer la marge d'erreur, les informations sur cette dernière sont assez dénuées de sens.

La taille de l'échantillon est un autre élément à prendre en compte pour exprimer le niveau de confiance. Si l'on échantillonne deux personnes en leur demandant pour qui elles vont voter et si l'une répond qu'elle va voter pour X, et l'autre pour Y, on ne peut pas affirmer avec un niveau de confiance important que le résultat du vote sera de 50 % pour X et de 50 % pour Y. Les données de cet échantillon génèrent une énorme marge d'erreur, sauf si l'on associe le résultat à un niveau de confiance incroyablement bas.

Cependant, si le sondage porte sur un échantillon aléatoire de 5 000 personnes, il est plus facile de faire des prévisions. Autrement dit, un échantillon de 5 000 personnes conduit à une marge d'erreur beaucoup plus faible qu'un échantillon de deux personnes, en supposant que l'on affecte aux deux échantillons le même niveau de confiance. L'intervalle de confiance est asymptotique, c'est-à-dire que plus l'échantillon est grand, plus l'intervalle de confiance est précis et se resserre.

Il faut toutefois faire une légère correction ; lorsque l'on dit que « l'intervalle de confiance indique qu'il y a 95 % de chances que le nombre réel se situe dans cette fourchette », ce n'est pas tout à fait exact ! Que signifie vraiment un intervalle de confiance à 95 % ? Il indique que si, hypothétiquement, on prenait des échantillons différents de la même population maintes, maintes et maintes fois, et si l'on calculait l'intervalle de confiance de ces échantillons exactement de la même manière pour chaque nouvel échantillon, la probabilité que le nombre réel soit compris dans l'intervalle de confiance calculé à partir des échantillons serait d'environ 95 % (environ, parce que les données de chaque échantillon sont légèrement différentes à chaque fois, donc l'intervalle de confiance peut légèrement varier).

Prédire les résultats des élections est loin d'être la seule application des intervalles de confiance. Supposons que vous gériez une petite entreprise pour laquelle vous avez déposé deux annonces Web sur Google Analytics. Si vous voulez savoir quelle annonce bénéficie de la meilleure audience, il suffit de consulter les rapports d'analyse statistique et particulièrement ceux qui fournissent des intervalles de confiance pour savoir combien de temps vos annonces doivent être conservées sur le site et quelle annonce est la plus pertinente.

Chapitre 14
Conseils pour présenter les analyses de données et les résultats

Tout au long des pages de ce livre, nous avons traité de l'analyse des données avec Excel, et vous avez été abreuvé de conseils. Dans ce chapitre, nous prendrons un peu de recul par rapport aux détails de l'analyse des données et nous nous consacrerons à quelques conseils généraux ; ils résumeront et généraliseront les sujets discutés dans les chapitres précédents.

Trimer pour importer des données

Les difficultés pour importer sous Excel des données exploitables sont parfois très importantes, voire problématiques ; elles risquent même de vous conduire à de sérieux maux de tête et des crises de désespoir.

Cependant, malgré ces tracas inhérents à l'obtention de données, il est avéré que dès que l'on parvient à les exploiter, les efforts fournis sont très largement récompensés. Traditionnellement, les décisions sont prises en étudiant des sources d'information standard, comme des systèmes de comptabilité, des rapports publiés par des tiers, des bulletins d'informations ou toutes sortes de publications diverses. Ces sources traditionnelles produisent des idées souvent excellentes ; néanmoins, si l'on travaille à partir d'un ensemble plus riche de données et si l'on traite des informations brutes de manière plus élaborée et approfondie, on glane souvent des idées plus intéressantes que celles obtenues à partir de sources traditionnelles.

Ne négliger aucune source de données

Il existe de nombreuses sources de données tierces que l'on peut exploiter, et il ne faut rater aucune occasion de le faire. Par exemple, des fournisseurs ou des clients pourraient avoir accumulé des données très intéressantes, disponibles dans un format accessible à Excel ; n'hésitez pas à les importer, et préparez-les pour analyser leur marché ou votre secteur d'activité.

Souvenez-vous que, dans le Chapitre 2, l'outil de requête sur le Web proposé par Excel rend très facile l'extraction d'informations à partir de tables stockées sur des pages Web.

Commencer par collecter les informations

On peut penser qu'une analyse puissante des données exige de techniques d'analyse de données tout aussi puissantes, comme les tests du khi-deux, les statistiques déductives ou les régressions linéaires, mais il n'en est rien !

Certaines analyses de données les plus puissantes, parmi celles que l'on peut réaliser, consistent parfois simplement à ajouter des chiffres. Si l'on ajoute des chiffres, si l'on obtient des sommes et si celles-ci mettent en évidence des tendances ou montrent des informations importantes, il suffira ensuite de recueillir ces précieuses informations et de les exploiter.

Encore une fois, en écho aux conseils qui ont déjà été donnés, il est vraiment essentiel de commencer par collecter les informations. Ensuite vient leur stockage dans un conteneur, comme un classeur Excel, de façon à pouvoir arithmétiquement les manipuler et les analyser.

Explorer avec les statistiques descriptives

Les outils de statistiques descriptives fournis par Excel (comme les sommes, les moyennes, les médianes, les écarts types, et ainsi de suite) sont très puissants. Ne croyez pas qu'ils vont au-delà de vos compétences, même si ce livre est une première introduction à Excel et à ces outils.

Les statistiques descriptives aident simplement à analyser les données stockées dans une feuille de calcul Excel. Elles ne sont pas magiques et ne nécessitent pas de formation spéciale pour les utiliser ou les partager avec les personnes à qui l'on présente des résultats d'analyse de données.

Notez aussi que certaines des mesures statistiques descriptives simples sont souvent les plus utiles ; par exemple, la plus petite valeur dans un ensemble de données ou la plus grande valeur. Le calcul de la moyenne, de la médiane ou du mode d'un ensemble de données est également très intéressant et peut s'avérer très pratique. Et même des fonctions apparemment compliquées et sophistiquées, comme l'écart type (qui mesure la dispersion autour de la moyenne), sont des outils très commodes. Vous n'avez pas besoin de maîtriser d'autres notions que celles décrites dans ce livre pour les mettre en œuvre.

Attention aux tendances

Peter Drucker, peut-être l'observateur le plus connu et le plus perspicace des pratiques modernes de gestion, a noté dans plusieurs de ses derniers livres que l'une des capacités les plus importantes lors de l'analyse des données consiste à repérer un changement dans les tendances. Effectivement, les tendances sont quasiment les éléments les plus importants à voir. Si les revenus combinés à votre industrie se développent, c'est important. S'ils ne croissent pas ou s'ils commencent à diminuer, c'est probablement encore plus important.

Lors d'une analyse des données, assurez-vous de construire vos feuilles de calcul et de recueillir vos données d'une manière qui vous aide à identifier les tendances et, idéalement, les changements qui s'y produisent.

Utiliser les tableaux croisés dynamiques

La commande de tableau croisé dynamique, décrite dans le Chapitre 4, est un outil merveilleux. Les tableaux croisés sont extrêmement utiles pour trancher et découper les données. Comme cela a été mentionné au cours du Chapitre 4, la caractéristique intéressante de l'outil de tableau croisé dynamique est de permettre de recouper, re-recouper et puis re-recouper à nouveau les données.

Le Chapitre 4 explique avec beaucoup de détails pourquoi et comment mettre en œuvre les tableaux croisés dynamiques ; nous ne le redirons pas ici. Si vous êtes en possession de sources de données riches et intéressantes, mais si vous omettez de les croiser, vous passez probablement à côté d'un trésor absolu d'informations. Gardez à l'esprit qu'il y a de l'or dans les tableaux croisés dynamiques.

Exploiter les graphiques

Le Chapitre 15 donne quelques conseils importants pour l'analyse graphique ou visuelle des données. En un mot, il est essentiel de toujours examiner visuellement les données, puis de passer à leur analyse.

En observant un graphique ou en le modifiant à partir des outils Excel, on voit souvent des informations qui n'apparaissaient pas dans une présentation tabulaire. Fondamentalement, la cartographie est souvent une merveilleuse façon de découvrir des éléments que l'on ne verrait pas autrement.

Connaître les limites des estimations

Les Chapitres 9, 10 et 11 présentent et décrivent certains des outils de statistiques inférentielles fournis par Excel. Les statistiques inférentielles permettent de prélever un échantillon et de faire ensuite des inférences sur la population à partir de laquelle il a été extrait, sur la base de ses caractéristiques.

Les statistiques inférentielles sont des outils extrêmement puissants et utiles. Avec de bonnes compétences en statistiques déductives, on peut analyser toutes sortes d'informations et en tirer des conclusions qui ne seraient venues à l'esprit de personne. Cependant, ce livre ne donne que quelques informations d'initiation sur les techniques statistiques déductives ; il ne vous fournira pas suffisamment de connaissances pour effectuer des analyses statistiques inférentielles.

Chapitre 15

Conseils pour analyser visuellement des données et les présenter

Ce chapitre fournit quelques suggestions concrètes sur la façon d'utiliser avec succès des graphiques comme outils d'analyse de données et sur la manière de les exploiter pour communiquer plus efficacement les résultats de ces analyses.

Choix d'un type de graphique adapté aux données

Sous Excel, seulement cinq types de données peuvent être représentés pour faire des comparaisons dans les tableaux. Et si l'on devient pointilleux, on dispose juste de quatre types de comparaisons graphiques de données pratiques. Le Tableau 15.1 résume les cinq comparaisons de données.

Tableau 15.1 Les cinq comparaisons de données possibles dans un graphique

Comparaison	Description	Exemple
Partie à l'ensemble	Compare des valeurs individuelles avec la somme de ces valeurs.	Comparaison des ventes générées par les produits individuels avec les ventes totales d'une entreprise.
Ensemble à ensemble	Compare les valeurs et les ensembles de valeurs de données (ou ce qu'Excel appelle « série de données ») les unes aux autres.	Comparaison des revenus de différentes entreprises de vente dans une industrie.
Série liée au temps	Montre les variations de valeurs au fil du temps.	Tableau indiquant le chiffre d'affaires au cours des cinq dernières années ou des bénéfices au cours des douze derniers mois.
Corrélation	Représentation de différentes séries de données pour mettre en évidence une corrélation, ou une association, entre les séries de données.	Comparaison des informations sur le nombre d'enfants d'âge scolaire avec les ventes de jouets.
Géographie	Représentation de valeurs de données en utilisant une carte géographique.	Présentation des ventes par pays en utilisant une carte du monde.

En fonction du type d'analyse ou de comparaison que l'on souhaite faire, le choix du type de graphique recommandé est très simple :

» **Secteurs Rayons de soleil ou Aires** : le graphique en secteurs permet de comparer une partie des données avec l'ensemble. Il est appelé « diagramme circulaire » lorsqu'il n'y a qu'une seule série de données, ou « graphique en anneau » s'il en y a plusieurs.

» **Barres, cylindres, cônes ou pyramides** : les graphiques en barres permettent de comparer chaque série avec l'ensemble des données. On peut lui ajouter des marqueurs de données horizontales pour réaliser des graphiques en cylindres, en cônes ou en pyramides.

» **Courbes et histogrammes** : ces graphiques permettent de comparer des séries chronologiques avec un axe de catégorie horizontal. Par convention, les sociétés occidentales (Europe, Amérique du Nord et Amérique du Sud) utilisent un axe horizontal évoluant de gauche à droite pour représenter l'écoulement du temps.

» **Nuage de points (XY) et bulles** : les nuages de points et les bulles permettent de faire des comparaisons de données et des corrélations avec deux ou trois séries de données.

» **Surface** : les graphiques en surface permettent de faire une comparaison géographique de données, mais cela est très limité dans Excel. Pour réaliser une telle comparaison en utilisant un graphique en surface, il préférable d'utiliser un autre outil de cartographie de données, tel que le logiciel de cartographie Microsoft MapPoint.

Le type de comparaison des données que l'on souhaite effectuer détermine en grande partie le type de graphique qu'il faut utiliser.

Le titre du graphique

Les titres des graphiques identifient ce qui est présenté, complété par des informations relatives à la société à laquelle les données se rapportent, la ou les séries de données clés, *etc.* Il est souvent préférable et plus efficace d'utiliser le titre du graphique pour résumer brièvement le message que le graphique doit faire passer. Par exemple, sur un graphique qui montre que les ventes et les bénéfices sont en augmentation, le titre devrait ressembler à celui représenté sur la Figure 15.1.

Figure 15.1 Le titre du graphique décrit le message que ce graphique doit véhiculer.

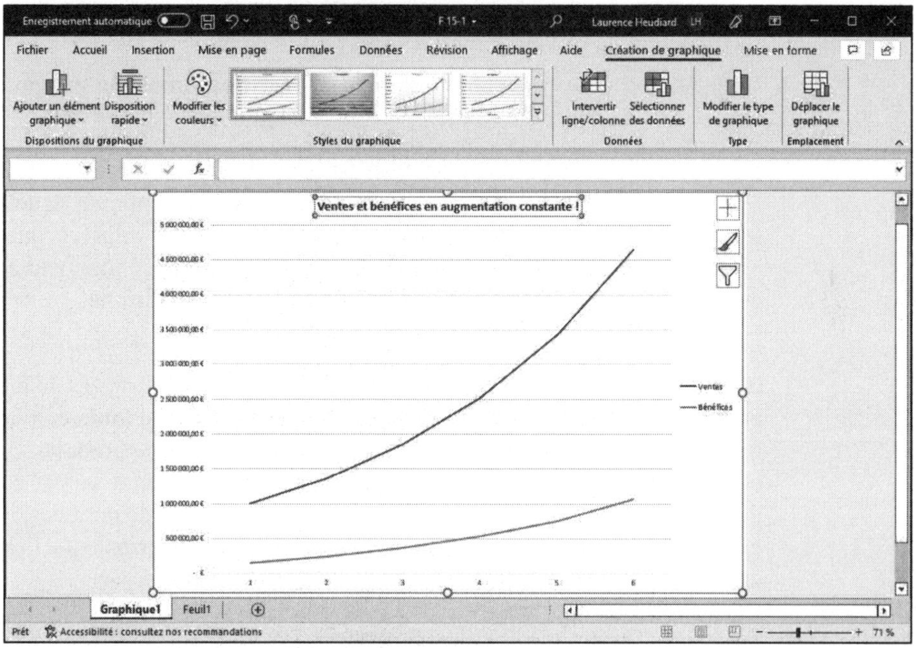

Les graphiques et leur titre communiquent immédiatement au public ce que l'on essaye de montrer dans le tableau. Cette technique aide également les personnes qui cherchent à se concentrer sur les informations que vous voulez leur faire comprendre à l'aide du tableau.

Attention aux graphiques circulaires

Êtes-vous vraiment sûr de vouloir utiliser des graphiques circulaires ? Certes, les camemberts, ou diagrammes circulaires, sont d'excellents outils pour enseigner aux enfants des écoles élémentaires ce que sont les graphiques et les tracés de données. Par ailleurs, on les voit souvent dans les journaux et dans les magazines. Mais ce sont des outils bien moins efficaces pour la compréhension visuelle des données et pour la communication visuelle des informations quantitatives.

La plupart du temps, l'information qui apparaît dans un graphique circulaire serait plus compréhensible si elle était affichée dans un simple tableau.

Les graphiques circulaires possèdent plusieurs faiblesses :

» **Ils imposent de travailler avec un très petit ensemble de classes.**

Logique, non ? Vous ne pouvez pas découper le diagramme en très petits secteurs ou en très nombreuses parties sans qu'il devienne illisible.

» **Les graphiques circulaires ne sont pas précis visuellement.**

Les lecteurs ou les spectateurs sont toujours invités à comparer visuellement les secteurs du diagramme, mais c'est souvent tellement imprécis que cela en devient vite inutile. Ces informations seraient beaucoup mieux mises en évidence dans une simple liste, un tableau ou un histogramme.

» **Les graphiques circulaires sont limités à une seule série de données.**

Par exemple, dans un graphique circulaire qui montre les ventes de différents produits d'une entreprise, les lecteurs trouveront presque toujours plus intéressant de connaître également les profits par ligne de produits. Ou peut-être préféreraient-ils aussi connaître les ventes par boutique ou par zone géographique. Parce qu'ils sont limités à une seule série de données, les graphiques circulaires restreignent beaucoup les informations que l'on peut afficher.

Les tableaux croisés dynamiques pour les petites séries de données

Bien que les tableaux croisés dynamiques soient souvent le meilleur moyen pour croiser et recouper les données, puis pour les présenter sous forme de graphiques, ils sont aussi très bien adaptés aux petits ensembles de données. Il faut garder à l'esprit qu'ils gèrent aussi bien quelques lignes de données que des tableaux de grande taille.

Si vous créez un tableau croisé qui montre seulement quelques lignes de données, pensez à tracer un graphique croisé dynamique pour illustrer le tableau. La Figure 15.2 montre un tableau croisé dynamique constitué de quelques lignes, et la Figure 15.3, un graphique croisé dynamique. Vous pouvez constater que, pour beaucoup de gens, la présentation graphique illustrée à la Figure 15.3 montrera les tendances dans les données sous-jacentes plus rapidement, plus facilement et plus efficacement que le tableau de la Figure 15.2.

Figure 15.2 Tableau croisé dynamique constitué de quelques lignes.

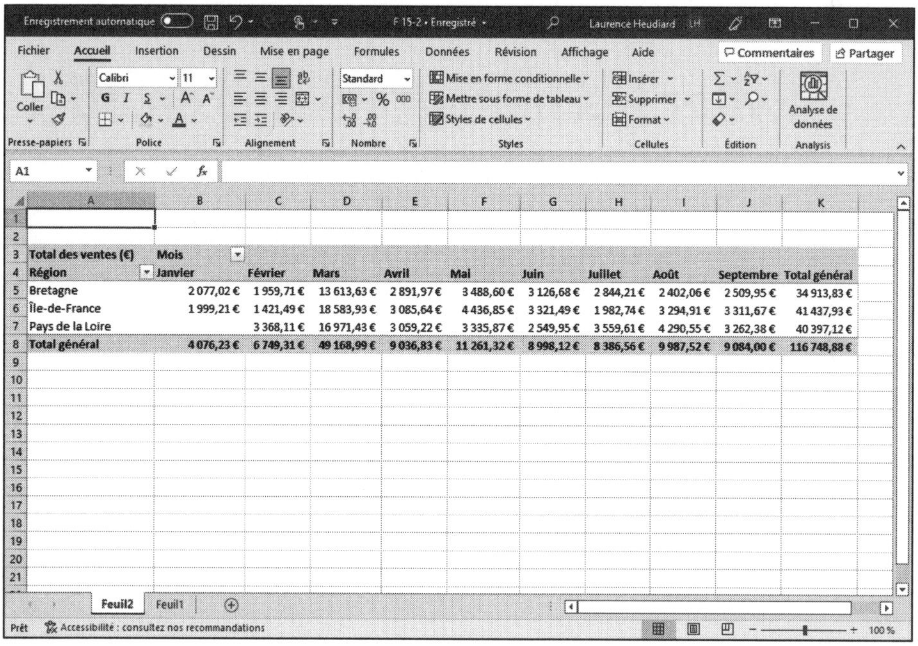

Total des ventes (€)	Mois									
Région	Janvier	Février	Mars	Avril	Mai	Juin	Juillet	Août	Septembre	Total général
Bretagne	2 077,02 €	1 959,71 €	13 613,63 €	2 891,97 €	3 488,60 €	3 126,68 €	2 844,21 €	2 402,06 €	2 509,95 €	34 913,83 €
Île-de-France	1 999,21 €	1 421,49 €	18 583,93 €	3 085,64 €	4 436,85 €	3 321,49 €	1 982,74 €	3 294,91 €	3 311,67 €	41 437,93 €
Pays de la Loire		3 368,11 €	16 971,43 €	3 059,22 €	3 335,87 €	2 549,95 €	3 559,61 €	4 290,55 €	3 262,38 €	40 397,12 €
Total général	4 076,23 €	6 749,31 €	49 168,99 €	9 036,83 €	11 261,32 €	8 998,12 €	8 386,56 €	9 987,52 €	9 084,00 €	116 748,88 €

Figure 15.3 Graphique croisé dynamique.

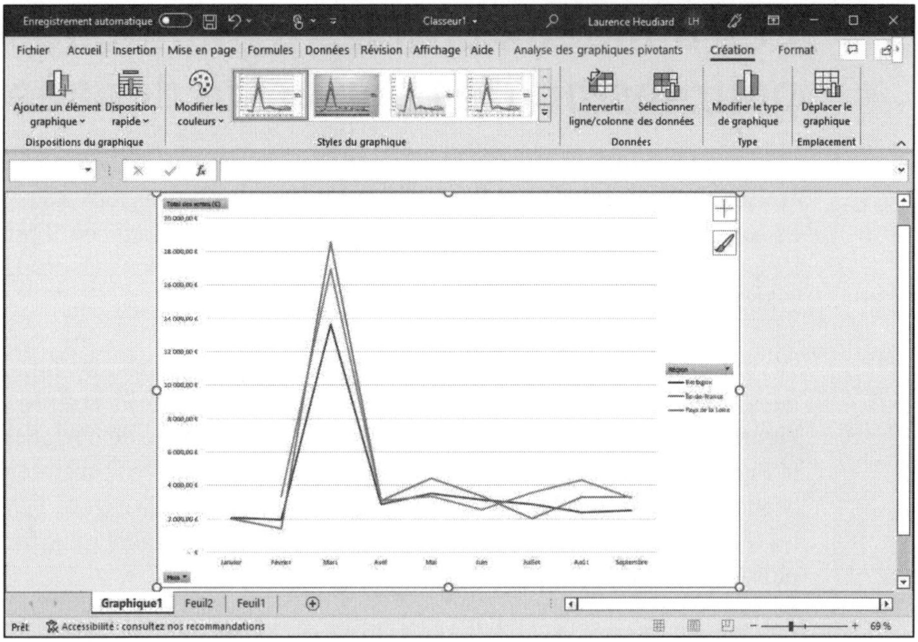

Éviter les histogrammes en 3D

En général, il est conseillé d'éviter des graphiques en trois dimensions. En effet, la dimension supplémentaire, ou l'illusion de la profondeur, réduit la précision visuelle du graphique. Avec un graphique 3D, il est beaucoup plus difficile d'évaluer simplement ou précisément les données tracées.

La Figure 15.4 montre un graphique avec des colonnes simples, un histogramme à barres verticales, alors que la Figure 15.5 montre la même information dans un histogramme en 3D. Si l'on observe attentivement ces deux graphiques, on peut voir qu'il est beaucoup plus difficile de comparer précisément les deux séries de données dans le graphique 3D et de voir vraiment ce que les valeurs de données sous-jacentes représentent.

Figure 15.4

Un histogramme à barres verticales en 2D.

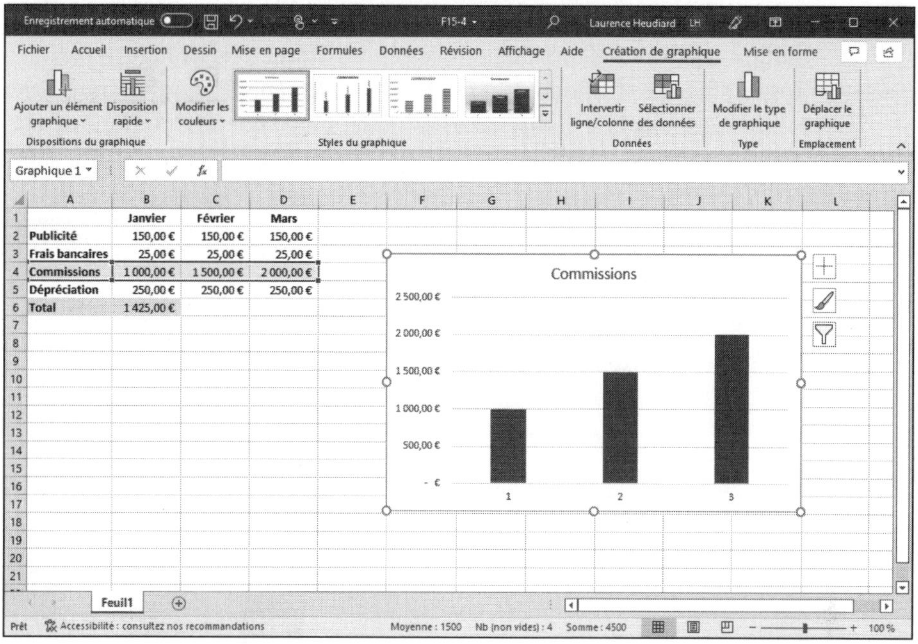

Figure 15.5

Un graphique en colonnes 3D.

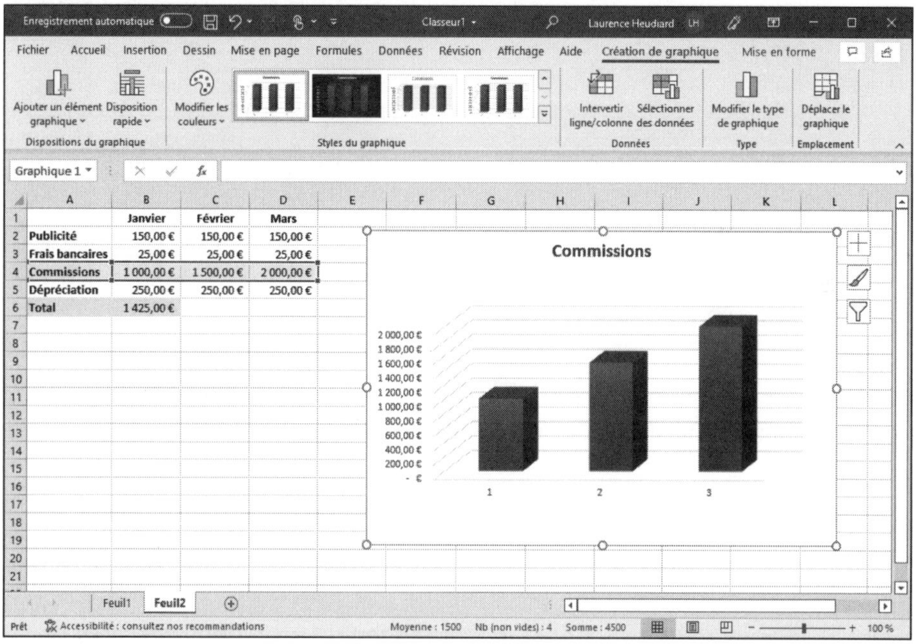

Évidemment, il est possible de pallier l'imprécision d'un graphique 3D en l'annotant avec des valeurs de données et des étiquettes. La Figure 15.6 montre l'histogramme en 3D modifié après l'ajout d'éléments de graphique. Cette solution n'améliore pas la lisibilité du graphique, parce que l'histogramme est encombré d'informations superflues et déroutantes, et n'a pas beaucoup de sens.

Figure 15.6

En ajoutant trop de détails au graphique 3D, on le rend difficile à lire.

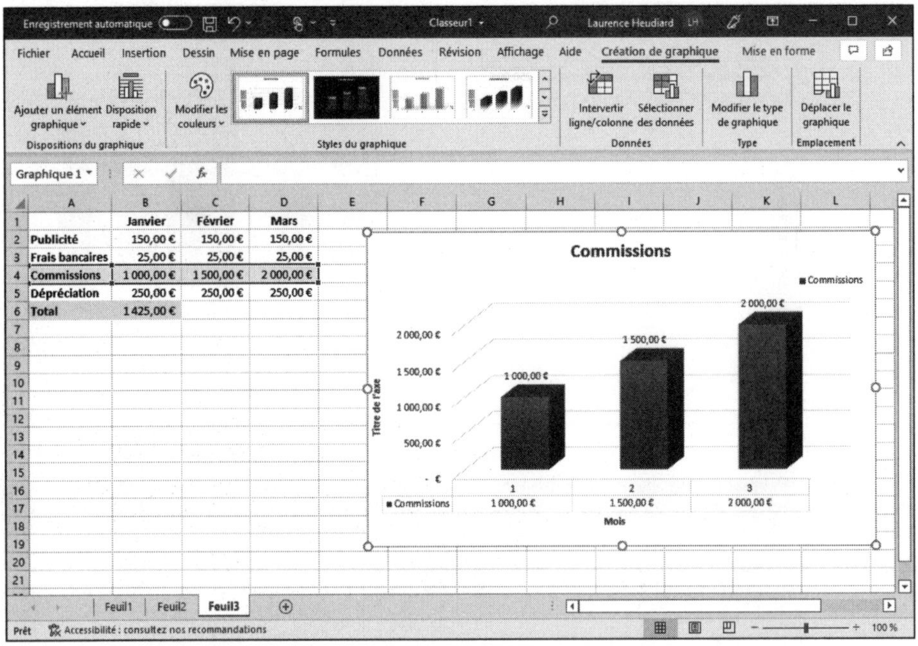

Éviter les diagrammes sectoriels en 3D

Les diagrammes circulaires ou sectoriels en 3D sont des outils qui n'aident pratiquement pas à la compréhension des tableaux de données. Ils n'améliorent pas la visualisation des informations, parce que l'ajout d'une troisième dimension réduit encore leur précision. Lorsque l'on combine la faiblesse d'un diagramme circulaire avec l'inexactitude et l'imprécision de la troisième dimension, on obtient un diagramme sans grand intérêt, et le résultat est réellement très trompeur.

La Figure 15.7 montre la représentation du diagramme sectoriel en 3D ; on peut remarquer l'épaisseur accentuée de la tranche des secteurs au premier plan. Les journaux et les magazines font souvent appel à cette astuce pour exagérer le thème d'une histoire.

Figure 15.7 Les diagrammes sectoriels en 3D sont très trompeurs.

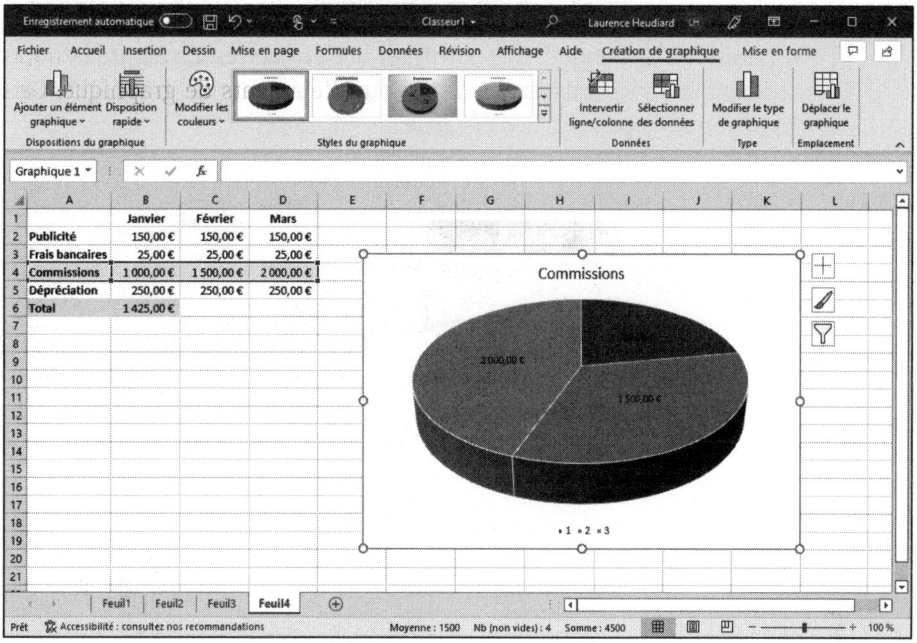

Évitez les diagrammes circulaires en 3D.

L'échelle logarithmique

Il est probable que la notion de logarithmes vous évoque quelque chose ; cependant, la définition risque d'être assez floue. Néanmoins, les logarithmes et la mise à l'échelle logarithmique sont des outils que vous risquez d'utiliser dans les tableaux, parce qu'ils sont une aide à l'analyse et qu'ils permettent de réaliser des représentations graphiques très puissantes.

Une échelle logarithmique permet de représenter sur un même graphique des nombres dont les ordres de grandeur sont très différents.

Dans les séries de données, la mise à l'échelle logarithmique d'un axe des valeurs permet de comparer des changements relatifs (mais pas des changements absolus). Par exemple, supposons que nous voulions comparer les ventes d'une très grande entreprise, dont le chiffre d'affaires est en constante augmentation (mais avec une progression lente de 10 % par an) avec les ventes d'une petite entreprise qui, elle, est en croissance très rapide (avec une progression de 50 % par an). Un graphique linéaire typique compare les valeurs des données absolues ; pour cette raison, si l'on représente les ventes de ces deux entreprises sur le même graphique en ligne, on ne met pas en évidence le fait que le chiffre d'affaires d'une entreprise croît beaucoup plus rapidement que l'autre. La Figure 15.8 montre un graphique traditionnel de lignes simples ; cette courbe linéaire n'utilise pas d'échelle logarithmique pour l'axe des valeurs.

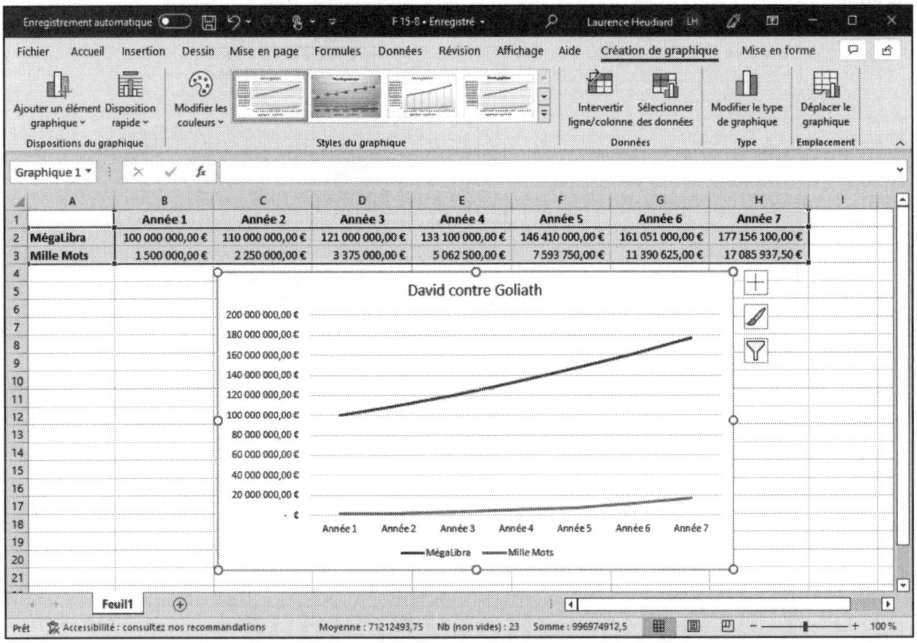

Figure 15.8 Un graphique linéaire qui trace les ventes de deux concurrents, mais sans mise à l'échelle logarithmique.

Nous allons maintenant jeter un coup d'œil au graphique linéaire représenté sur la Figure 15.9. Il s'agit des mêmes informations et du même type de graphique, un graphique linéaire, mais l'échelle de l'axe des valeurs (l'axe vertical représentant le chiffre d'affaires des sociétés) utilise une échelle logarithmique. Avec la mise à l'échelle logarithmique, les taux de croissance apparaissent très nettement, et on remarque immédiatement que celui de la petite entreprise, Mille Mots, est beaucoup plus rapide que celui de la société MégaLibra. En fait, avec cette représentation qui fait appel à une échelle logarithmique, il est très simple, en observant les courbes de croissance, d'extrapoler l'évolution de la croissance de ces deux sociétés et de deviner au bout de combien de temps la petite entreprise aura rattrapé la grande. Pour cela, il suffit de prolonger les lignes.

Voici la méthode pour indiquer à Excel que vous souhaitez utiliser une échelle logarithmique pour l'axe des valeurs :

1. **Faites un clic droit sur l'axe des valeurs (Y), puis, dans le menu contextuel qui apparaît, choisissez la commande Mise en forme de l'axe.**

Figure 15.9 Un graphique linéaire simple, qui utilise l'échelle logarithmique pour l'axe des valeurs.

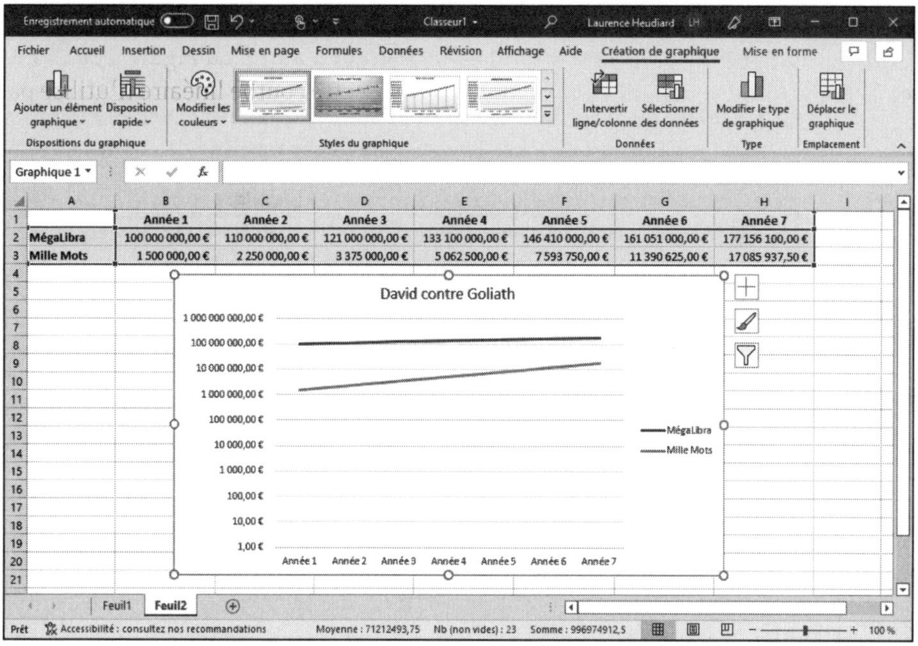

❷ **Dans le volet Format de l'axe qui s'affiche à droite de la fenêtre, sélectionnez l'onglet Options d'axe, comme le montre la Figure 15.10.**

Figure 15.10 Activation de l'échelle logarithmique.

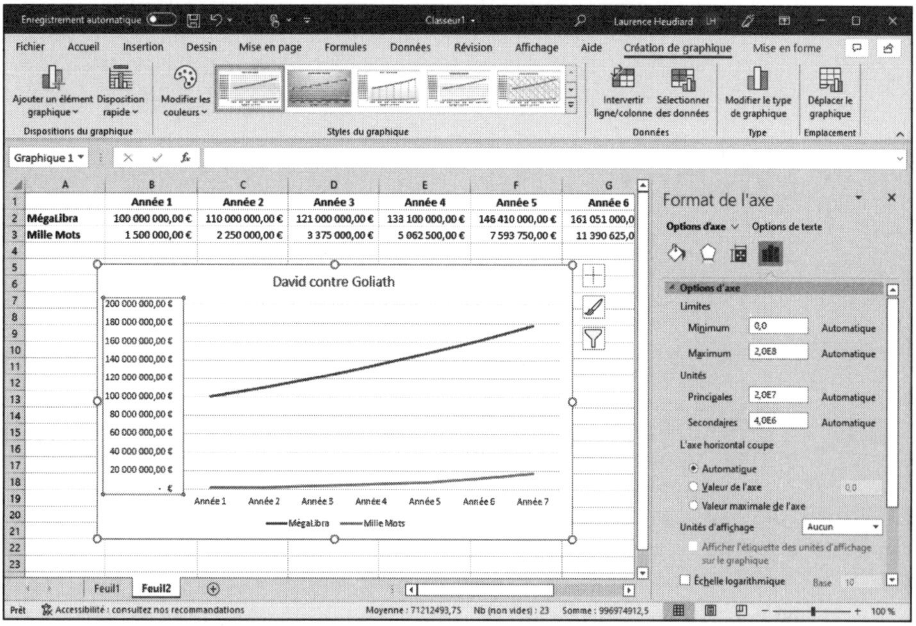

❸ **Cochez la case Échelle logarithmique pour indiquer à Excel d'utiliser l'échelle logarithmique pour l'axe des valeurs (Y).**

❹ **L'échelle du graphique est immédiatement modifiée. Fermez la boîte de dialogue Format de l'axe lorsque vous avez terminé.**

Excel utilise une échelle logarithmique en base 10, comme le montre la Figure 15.10, mais il est possible de modifier la base de l'échelle logarithmique en entrant une autre valeur dans la zone Base, en bas à droite du volet. La mise à l'échelle est modifiée en conséquence.

Le logarithme de base b d'un nombre réel strictement positif est la puissance à laquelle il faut élever la base b pour obtenir ce nombre. Par exemple, le logarithme de 1 000 en base 10 est 3, car 1000 = 10 puissance 3 ; le logarithme de 100 000 en base 10 est 5, parce que 100 000 = 10 puissance 5.

L'importance de l'expérience

L'ensemble des conseils donnés tout au long de ce chapitre sont, à certains égards, assez restrictifs, dans la mesure où ils suggèrent telle ou telle action : « faites ceci, ..., ne faites pas cela ! » Ces suggestions, qui sont des conseils, constituent des lignes directrices, mais vous ne devez pas vous en contenter : faites des essais, testez des commandes, modifiez vos données, faites des expériences et observez les résultats. Parfois, en modifiant les données et en faisant des essais, vous obtiendrez des résultats auxquels vous ne vous attendiez pas, mais vous progresserez dans la maîtrise de votre outil.

Edward Tufte

Edward Rolf Tufte est un professeur de statistiques, d'informatique, de design de l'information et d'économie politique à l'Université de Yale, aux États-Unis. Né en 1942, il a été désigné par le *New York Times* comme étant le « Léonard de Vinci des données ».

Si, grâce à ce livre, les statistiques vous ont intéressé et si vous souhaitez améliorer vos connaissances, consultez ses publications. Si vous utilisez régulièrement des tableaux et des graphiques pour analyser les informations ou si vous présentez régulièrement ces informations à d'autres personnes, la lecture d'un ou plusieurs de ses ouvrages sera d'une aide importante.

Vous pouvez vous procurer les livres d'Edward Tufte dans les grandes librairies en ligne. Vous pouvez également les commander directement sur son site Web : www.edwardtufte.com.

Index

Symboles

A

B

C

D

E

F

G

H

I

K

L

M

N

O

P

Z